헬로!
파이썬 프로그래밍
쉽고 재이있게 프로그래밍 배우기

헬로!
파이썬 프로그래밍
쉽고 재이있게 프로그래밍 배우기

지은이 **워렌 산데, 카터 산데**

옮긴이 **이대엽**

펴낸이 **박찬규** 엮은이 **김윤래** 디자인 **북누리** 표지디자인 **아로와 & 아로와나**

펴낸곳 **위키북스** 전화 **031-955-3658, 3659** 팩스 **031-955-3660**

주소 **경기도 파주시 문발로 115 세종출판벤처타운 #311**

가격 **27,000** 페이지 **544** 책규격 **188 x 240mm**

초판 발행 **2015년 09월 04일** 2쇄 발행 **2017년 03월 13일**

ISBN **979-11-5839-011-2 (93000)**

등록번호 **제406-2006-000036호** 등록일자 **2006년 05월 19일**

홈페이지 **wikibook.co.kr** 전자우편 **wikibook@wikibook.co.kr**

Hello World!: Computer Programming for Kids and Other Beginners 2ED by Warren Sande and Carter Sande

Original English language edition published by Manning Publications, Co. USA.

Copyright © 2014 by Manning Publications Co.

Korean edition copyright © 2015 by WIKIBOOKS.

All rights reserved.

이 도서의 국립중앙도서관 출판시도서목록 CIP는

e-CIP 홈페이지 http://www.nl.go.kr/cip.php에서 이용하실 수 있습니다.

CIP제어번호 2015023459

개정증보판

헬로!
파이썬 프로그래밍
쉽고 재미있게 프로그래밍 배우기

워렌 산데, 카터 산데 지음 / 이대엽 옮김

08 반복문　　109

09 주석　　127

어린이와 청소년을 위한 훌륭한 책

—고든 콜퀴훈, 컴퓨터 컨설턴트, 아발론 컨설팅 서비스

어른들을 위한 파이썬 책

—존 그레이슨 박사, 『파이썬과 Tkinter 프로그래밍』의 저자

재미있게 읽을 수 있고 배울 점이 많은 책!

—안드레 로버즈 박사, 총장, 세인트 앤 대학교

이 책의 저자들은 재미있고 어려움 없이 배울 수 있는
친근하고 교육적인 프로그래밍 책을 써냈습니다.

—브라이언 바인가르텐, 소프트웨어 아키텍트

이 책을 적극 추천합니다!

—호스트 젠스, 파이썬 강사이자 『놀면서 배우는 프로그래밍』의 저자

파이썬은 초보자에게 프로그래밍을 가르치기에 아주 좋은 언어입니다.
어린이의 눈높이에 맞춘 파이썬 책을 보게 되어 기쁩니다!

—제프리 엘크너, 교육자

자녀에게 한 가지만 가르칠 수 있다면 황금률을 가르치십시오.
자녀에게 두 가지를 가르치실 수 있다면 황금률과 컴퓨터 프로그래밍을 가르치십시오.
후자를 가르치는 데는 이 책 한 권이면 됩니다.

—조쉬 크로네마이어, 소트웍스의 선임 소프트웨어 컨설턴트

이 책에서 카터와 대화하는 것은 정말 즐거운 경험이었습니다...
우리 학생들도 분명 디지털 애완동물 프로그램을 재미있어 할 것입니다!
이 프로그램을 보니 몇 년 전에 했던 다마고치가 생각납니다.

—카리 J 스텔프루, 교육자, 로체스터 MN 소재의 로체스터 공립 학교

컴퓨터 프로그래밍은 아이들이 무언가를 배우는 법을 배우는 강력한 도구입니다.
... 프로그래밍을 배우는 아이들은 그러한 배움의 과정을 다른 곳에도 그대로 적용할 수 있습니다.

—니콜라스 네그로폰테, OLPC(One Laptop Per Child) 프로젝트

이 책을 보면 프로그래밍이 베이컨을 굽는 것만큼이나 쉬워 보입니다.

—엘리자베트 고든, 10학년 학생, 이글 하버 고등학교

모든 이들을 위한 훌륭한 파이썬 입문서. 이 책은 정말 재미있습니다!

—메이슨 젠킨스, 7학년 학생, 미론 B. 톰슨 아카데미

남녀노소를 불문하고 모든 이들을 위한 책입니다.
이 책은 파이썬 프로그래밍을 재미있는 방식으로 다루고 있을 뿐만 아니라
다른 프로그래밍 언어에도 활용할 수 있는 훌륭한 실천법의 기초를 다집니다.

—벤 움스, 소프트웨어 엔지니어, 소게티

프로그래밍을 배우거나 어린이에게 프로그래밍을 가르친다면
이 책이 바로 여러분을 위한 책입니다.

—Cuberick.com

프로그래밍이라는 필수적이고 매우 즐거운 기술을 배우고 싶어하는
모든 이들에게 프로그래밍을 소개하는 아주 훌륭한 입문서.

—수 기, I-Programmer

이 책의 저자들은 처음에는 간단하게 시작해서 어린이나 어른들을 재미있는
2D 게임이나 시뮬레이션을 만드는 과정까지 이끌어줍니다.
파이썬은 신입 프로그래머가 배워야 할 진짜 프로그래밍 언어로 가장 먼저 추천하는 언어이며,
이 책을 읽는 것은 파이썬을 배우는 아주 좋은 방법입니다.
저는 이 책의 초판이 나온 이후로 저희 학생들에게 이 책을 추천해오고 있습니다.

—데이브 브리세티, 소프트웨어 개발자이자 교사, 데이브 브리세티 소프트웨어 LCC

서문은 바로 본문으로 건너뛰곤 하는 책의 첫 부분입니다. 그렇지 않나요? 물론 서문을 읽고 싶지 않다면 건너뛰어도 되지만(그렇다고 바로 페이지를 넘기고 있나요?) 놓치고 있는 부분이 있을지도 모릅니다. 서문은 그리 길지 않으니 만약을 대비해서 한 번 읽어보기 바랍니다.

프로그래밍이란?

아주 간단하게 설명하자면 프로그래밍이란 컴퓨터가 뭔가를 수행하게 하는 것을 의미합니다. 컴퓨터는 멍청한 기계라서 뭔가를 어떻게 해야 할지 모릅니다. 여러분이 직접 컴퓨터에게 모든 것을 알려주고 모든 세부사항을 하나하나 챙겨야만 합니다.

하지만 정확한 **명령어(instruction)**만 사용한다면 컴퓨터는 놀랍고 멋진 일들을 할 수 있습니다.

용어 설명

명령어는 컴퓨터에게 내리는 기초적인 구문으로서, 대개 단 하나의 구체적인 일을 하게 만듭니다.

컴퓨터 프로그램은 여러 개의 명령어로 만들어집니다. 오늘날 컴퓨터가 엄청난 일들을 해낼 수 있는 것은 수많은 똑똑한 프로그래머들이 프로그램 또는 소프트웨어를 작성해 컴퓨터에게 어떻게 그러한 일들을 할 수 있는지 알려줬기 때문입니다. **소프트웨어(Software)**는 컴퓨터, 혹은 웹 서버처럼 여러분이 접속해 있는 다른 컴퓨터에서 실행되는 프로그램 또는 프로그램의 모음을 의미합니다.

컴퓨터 안에서는 무슨 일이 일어날까?

컴퓨터는 수없이 많은 전자 회로를 이용해 "생각"합니다. 실제로 이러한 회로는 켜고(ON) 끄는(OFF) 스위치에 해당합니다.

엔지니어와 컴퓨터 과학자들은 ON과 OFF를 1과 0으로 표현합니다. 이러한 1과 0으로 표현되는 코드를 **바이너리(binary)**라고 합니다. 실제로 바이너리는 "두 가지 상태"를 의미합니다. 두 가지 상태란 바로 ON과 OFF, 즉 1과 0입니다.

혹시 여러분은 비트(bit)가 바이너리 디지트(binary digit)라는 것을 알고 계셨습니까?

파이썬: 인간과 컴퓨터를 위한 언어

모든 컴퓨터에서는 내부적으로 바이너리를 사용합니다. 하지만 대부분의 사람들은 바이너리에 익숙하지 않습니다. 우리가 원하는 바를 컴퓨터가 하도록 알려주는 더 쉬운 방법이 필요합니다. 그래서 사람들은 프로그래밍 언어를 발명했습니다. 컴퓨터 프로그래밍 언어를 이용하면 우리가 이해할 수 있는 방식으로 작성한 다음 그것을 컴퓨터가 사용하는 바이너리로 번역할 수 있습니다.

프로그래밍 언어의 종류는 다양하지만 이 책에서는 그러한 언어 중 파이썬이라고 하는 언어를 이용해 컴퓨터가 어떤 일을 하게 만드는 법을 배우겠습니다.

이 책의 설치 프로그램을 사용하길 적극 권장합니다. 이 설치 프로그램은 이 책을 진행하는 데 적합한 파이썬을 설치하며, www.helloworldbook2.com에서 내려받을 수 있습니다.

프로그래밍은 왜 배우나요?

대부분의 사람들이 그렇듯이 전문 프로그래머가 되지 않더라도 프로그래밍을 배우는 데는 여러 가지 이유가 있습니다.

- 가장 중요한 것은 여러분이 프로그래밍을 배우고 싶기 때문입니다! 프로그래밍은 취미나 직업으로 삼기에 아주 흥미롭고 보람 찬 일이 될 수 있습니다.
- 컴퓨터에 관심이 있고 컴퓨터의 동작 원리 및 여러분이 원하는 바를 컴퓨터가 하게 만드는 방법을 더 자세히 알고 싶다면 프로그래밍에 관해 배울 이유가 충분합니다.
- 직접 게임을 만들고 싶을 수도 있고, 정확히 원하거나 필요한 프로그램을 찾을 수 없어서 직접 만들어보고 싶을 수도 있습니다.

- 요즘엔 컴퓨터를 어디서나 볼 수 있습니다. 따라서 컴퓨터를 직장이나 학교, 집에서 모두 사용할 수 있을 것입니다. 프로그래밍을 배우면 컴퓨터를 더 잘 이해하는 데 도움될 것입니다.

왜 파이썬입니까?

수많은 프로그래밍 언어 가운데 아이들을 위한 프로그래밍 책에서 파이썬을 선택한 이유는 무엇일까요? 여기엔 다음과 같은 이유가 있습니다.

- 파이썬은 처음부터 배우기 쉽게 만들어졌습니다. 파이썬 프로그램은 지금까지 본 컴퓨터 언어 중에서 가장 읽고 쓰고 이해하기가 쉽습니다.
- 파이썬은 공짜입니다. 파이썬을 비롯해 파이썬으로 작성된 수많은 재미있고 유용한 프로그램들도 무료로 내려받을 수 있습니다.
- 파이썬은 오픈소스 소프트웨어입니다. 오픈소스란 누구든지 파이썬을 확장할 수 있다는 것을 의미합니다. 여기서 확장이란 파이썬을 이용해 더 많은 일을 하거나 같은 일이라도 더 쉽게 해주는 것을 만들 수 있다는 뜻입니다. 많은 사람들이 이렇게 해왔고 무료로 내려받을 수 있는 수많은 파이썬 관련 프로그램이 있습니다.
- 파이썬은 장난감이 아닙니다. 파이썬은 프로그래밍을 배우는 데도 좋지만 NASA나 구글 같은 곳에 근무하는 프로그래머들을 비롯해 오늘날 전 세계의 수많은 전문가들도 파이썬을 사용합니다. 그래서 파이썬을 배우고 나면 굳이 "진짜" 프로그램을 만들기 위해 "진짜" 언어를 배울 필요가 없습니다. 파이썬으로 할 수 있는 일도 무궁무진합니다.
- 파이썬은 다양한 컴퓨터에서 실행됩니다. 파이썬은 윈도우 PC, 맥, 리눅스에서도 모두 사용할 수 있습니다. 대부분의 경우 집에 있는 윈도우 PC에서 작동하는 파이썬 프로그램은 학교에 있는 맥에서도 작동할 것입니다. 이 책의 내용은 파이썬이 설치된 어떤 컴퓨터에서도 실습할 수 있습니다. (컴퓨터에 파이썬이 설치돼 있지 않더라도 파이썬을 무료로 내려받을 수 있습니다.)
- 저는 파이썬을 좋아합니다. 저는 파이썬을 배우고 사용하는 것을 즐기며, 여러분도 그렇게 될 것입니다.

프로그래머처럼 생각하기

이 책에서는 파이썬을 사용하지만 여기서 프로그래밍에 관해 배운 내용은 대다수의 컴퓨터 언어에도 적용됩니다. 파이썬으로 프로그래밍하는 법을 배워두면 나중에 다른 대부분의 언어를 배우는 데 훌륭한 토대가 될 것입니다.

재미있는 것들

한 가지 더 하고 싶은 말이 있습니다...

특히 어린이들의 경우 컴퓨터를 사용할 때 그래픽과 사운드가 포함된 게임을 하는 것이 가장 재미있을 것입니다. 이 책에서는 직접 게임을 만들고 그 과정에서 그래픽과 사운드를 다양하게 활용하는 법을 배울 것입니다. 다음은 이 책에서 만들 프로그램의 예입니다.

하지만 위 그림에 있는 우주선이나 스키 게임을 만드는 것만큼이나 프로그래밍 기초를 배우고 여러분의 첫 번째 프로그램을 만드는 과정 또한 즐겁고 보람 찬 일이라는 것을 알게 될 것입니다.

그럼 즐거운 시간 되시길!

감사의 글

이 책은 저의 멋진 아내인 패트리시야의 격려와 결단력, 도움이 없었다면 시작하거나 끝내지도 못했을 것입니다. 프로그래밍에 지대한 관심을 보이는 우리 아들에게 줄 적당한 책을 찾을 수 없었을 때 아내는 제게 "당신이 하나 써봐요. 당신과 카터가 함께 쓴다면 아주 멋진 프로젝트가 될 거에요."라고 말했습니다. 거의 대부분이 그렇듯 이번에도 아내가 옳았습니다. 아내는 사람들에게서 최선을 이끌어내는 방법을 알고 있습니다. 그래서 카터와 나는 책에 어떤 내용을 담아야 할지 고민하고 각 장의 구성과 예제 프로그램을 만들며, 재미있고 흥미로운 내용으로 만드는 방법을 찾기 시작했습니다. 책을 쓰기 시작한 이후로 카터와 아내 덕분에 책을 마무리할 수 있었습니다. 카터는 책 쓰는 작업을 위해 잠들기 전에 동화책을 읽어주는 일과도 포기했습니다. 그리고 잠시 책 쓰는 작업을 하지 않으면 "아빠, 책 쓰기를 며칠 빼먹었어요!"라면서 제게 상기시켜줬습니다. 카터와 아내는 제가 어떤 일을 작정하고 거기에 전념하면 어떤 일이든 해낼 수 있을 거라 말해줬습니다. 그리고 딸 카이라를 포함해서 우리 가족들 모두 이 책의 집필 작업을 진행하는 동안 가족과 함께 보내는 시간들을 포기했습니다. 이 책이 나오기까지 그동안 견뎌주고 애정 어린 응원을 해준 우리 가족 모두에게 감사드립니다.

원고를 쓰는 것과 책을 출판하는 것은 별개의 일입니다. 이 책은 매닝 출판사에 근무하는 마이클 스티븐슨의 열렬하고 지속적인 지원이 없었다면 절대 나오지 못했을 것입니다. 마이클은 처음부터 이 책의 콘셉트를 이해하고 이 같은 책의 수요가 있으리라는 점에 대해 동의했습니다. 이 책의 집필 프로젝트에 대한 마이클의 변함없는 믿음과 초보 저자를 이끌면서 보여준 인내심은 대단히 소중하고 감사할 만한 것이었습니다. 아울러 이 책이 나올 수 있게 도와주신 매닝 출판사의 모든 분들께도, 특히 책이 제작되는 과정을 모두 끈기 있게 조율해준 마리 피어지스에게 진심으로 감사드립니다.

이 책은 마틴 머토넌의 생기 있고 재미있는 삽화가 없었다면 절대 지금과 같지 않았을 것입니다. 마틴의 삽화는 그 자체로 마틴의 창의성과 재능을 보여줍니다. 하지만 마틴이 함께 일하기에 아주 좋은 사람이라는 점은 삽화에 드러나지 않습니다. 마틴과 함께 일하는 것은 정말 즐거운 경험이었습니다.

하루는 제 친구이자 동료인 션 카바나에게 "이걸 펄로 작성한다면 어떻게 할 거야?"라고 물어봤더니 션은 "아니. 나라면 파이썬을 쓰겠어"라고 답했습니다. 그래서 저는 파이썬이라는 새로운 프로그래밍 언어를 배우는 데 푹 빠지게 됐습니다. 션은 내가 파이썬을 배우는 동안 수많은 질문에 답해주고 이 책의 초안을 검토해줬습니다. 또한 설치 프로그램도 만들고 유지보수해줬습니다. 그의 도움에 크게 감사드립니다.

그리고 이 책의 구성을 검토하고 원고 준비를 도와주신 많은 분들께 감사드립니다: 비부 칸드라세카, 팸 콜퀸, 고든 콜퀸, 팀 쿠퍼 박사, 조쉬 크로네마이어, 사이먼 크로네마이어, 케빈 드리스콜, 제프리 엘크너, 테드 펠릭스, 데이비드 구저, 리사 L. 굿이어, 존 그레이슨 박사, 미셸 휴튼, 호스트 젠스, 앤디 주드키스, 케이든 쿠마르, 앤서니 린판테, 섀넌 매디슨, 케네스 맥도널드, 에반 모리스, 알렉산더 레페닝 교수, 안드레 로버즈, 카리 J. 스텔프루, 커비 어너, 브라이언 바인가르텡.

이분들의 노력 덕분에 최종 결과물이 훨씬 나아질 수 있었습니다.

워렌 산데

저의 캐리커처를 멋지게 그려주신 마틴 머토넌 아저씨, 제가 2살 때 컴퓨터를 하게 해주시고 책을 쓰는 아이디어를 내주신 엄마, 그리고 무엇보다도 저와 함께 이 책을 쓰시고 제게 프로그래밍을 가르쳐 주신 아빠에게 감사드려요.

카터 산데

2차 개정판에 대한 감사의 글

『헬로! 파이썬 프로그래밍』을 업데이트하는 동안 초판을 펴내는 데 도움을 주셨던 분들 가운데 많은 분들이 기여해주셨습니다. 앞에서 나열한 분들에 더해 2차 개정판을 구상하는 과정에서 검토해주신 벤 움스, 브라이언 T. 영, 코디 로즈보로, 데이브 브리세티, 엘리자베트 고든, 아이리스 파라웨이, 메이슨 젠킨스, 릭 고든, 숀 스테브너, 자카리 영에게 감사드립니다. 이 책이 제작되기 직전까지 최종 원고를 세심하게 기술 교정해주신 이그나시오 벨트란-토레스와 다니엘 솔티스에게도 감사드립니다.

『헬로! 파이썬 프로그래밍』의 2차 개정판을 초판보다 크게 개선하는 데 도움을 주신 매닝 출판사의 모든 관계자분들께도 감사드립니다.

이 책에서는 컴퓨터 프로그래밍의 기초를 알려줍니다. 이 책은 어린이를 대상으로 하지만 컴퓨터 프로그래밍을 배우고 싶은 누구라도 이 책의 도움을 받을 수 있습니다.

이 책을 읽기에 앞서 미리 알아둬야 할 프로그래밍 지식은 없지만 기초적인 컴퓨터 사용법은 알고 있어야 합니다. 여기엔 이메일을 사용하거나 웹 서핑, 음악 감상, 게임, 학교 숙제를 하는 방법 등이 있습니다. 프로그램을 실행하고 파일을 열거나 저장하는 것과 같이 기초적인 컴퓨터 활용이 가능하다면 이 책을 읽는 데 아무런 문제가 없을 것입니다.

준비 사항

이 책에서는 파이썬이라는 컴퓨터 언어를 이용해 프로그래밍을 알려줍니다. 파이썬은 무료이고, 이 책의 웹 사이트를 비롯해 여러 곳에서 내려받을 수 있습니다. 이 책을 통해 프로그래밍을 배우려면 다음과 같은 사항이 필요합니다.

- 이 책(물론입니다!)
- 윈도우, 맥, 리눅스가 탑재된 컴퓨터. 이 책의 예제는 윈도우에서 실습합니다(이 책의 웹 사이트인 www.helloworldbook2.com에서는 맥이나 리눅스 사용자를 위한 도움말을 확인할 수 있습니다).
- 컴퓨터 활용에 관한 기본 지식(프로그램 실행, 파일 저장 등). 이러한 기본 지식이 부족하다면 다른 누군가에게 도움을 요청할 수 있습니다.

- 컴퓨터에 파이썬을 설치하기 위한 허가(부모님이나 선생님, 또는 컴퓨터를 관리하는 분께 허락을 받으십시오). **참고로 이 책의 설치 프로그램을 사용하길 적극 권장합니다.** 설치 프로그램은 이 책을 진행하는 데 적합한 파이썬을 설치하며, www.helloworldbook2.com에서 내려받을 수 있습니다.

준비하지 않아도 되는 사항

이 책으로 프로그래밍을 배울 때는 다음과 같은 사항은 필요하지 않습니다.

- 소프트웨어 구입: 이 책을 진행하는 데 필요한 것들은 모두 무료이고, 이 책의 웹 사이트인 www.helloworldbook2.com에서 내려받을 수 있습니다.
- 컴퓨터 프로그래밍에 관한 지식. 이 책은 초보자를 위한 책입니다.

책 활용법

이 책으로 프로그래밍을 배울 경우 더 효율적으로 배우는 방법은 다음과 같습니다.

- 예제를 따라 합니다.
- 프로그램을 직접 입력합니다.
- 문제를 직접 풀어봅니다.
- 걱정하지 말고 즐깁니다!

예제 따라 하기

이 책의 예제는 다음과 같습니다.

```
if timsAnswer == correctAnswer:
    print "You got it right!"
    score = score + 10
```

항상 프로그램을 직접 따라 해보고 입력해보려고 하십시오. (정확히 어떻게 하는지도 알려주겠습니다.) 크고 편안한 의자에 앉아서 이 책을 읽기만 해도 프로그래밍에 관해 배우는 점은 있을 테지만 프로그래밍을 직접 해보면 훨씬 더 많이 배울 것입니다.

파이썬 설치

이 책을 읽고 진행하려면 컴퓨터에 파이썬이 설치돼 있어야 합니다. **이 책의 설치 프로그램을 사용하길 적극 권장합니다.** 설치 프로그램은 이 책을 진행하는 데 적합한 파이썬을 비롯해 다른 몇 가지 필요한 것들을 함께 설치합니다. 설치 프로그램은 이 책의 웹 사이트인 www.helloworldbook2.com에서 내려받을 수 있습니다.

다른 방법으로 파이썬을 설치하고, 이 책에서 사용하는 것과 다른 버전의 파이썬이나 모듈을 사용할 경우 프로그램이 예상과 다르게 동작해서 혼동될 수 있습니다.

프로그램 입력

이 책과 함께 제공되는 설치 프로그램을 사용하면 모든 예제 프로그램이 하드디스크에 복사됩니다. 설치 프로그램은 이 책의 웹 사이트인 www.helloworldbook2.com에 있습니다. 웹 사이트에서 개별 예제를 보거나 내려받을 수도 있지만 가능한 한 예제 프로그램을 직접 입력하길 권장합니다. 프로그램을 입력해 보는 것만으로도 프로그래밍, 특히 파이썬 프로그래밍의 "감"을 잡을 수 있을 것입니다. (그리고 타자 연습도 됩니다!)

문제 풀기

각 장의 끝에는 해당 단원에서 배운 내용을 실습할 수 있는 문제가 있습니다. 이 문제를 가능한 한 많이 푸십시오. 문제를 풀다가 막히면 프로그래밍에 관해 아는 분들께 도와달라고 합니다. 그분들과 함께 문제를 풀다 보면 그 과정에서 더 많이 배우게 됩니다. 정말로 문제 풀이가 막히지 않는 이상 문제 풀이를 마치기 전까지 해답을 들춰보지 마십시오(그렇습니다. 일부 문제의 해답이 이 책의 뒷부분과 웹 사이트에 있지만 앞에서 말했듯이 미리 들춰보지 마십시오).

걱정하지 말고, 즐기세요!

실수하는 것을 걱정하지 마십시오. 사실 실수를 많이 저지르십시
오! 제가 생각하기에 실수를 하고 그것을 어떻게 바로잡을지 알아
내는 과정이야말로 프로그래밍을 배우는 가장 좋은 방법입니다.
프로그래밍할 때는 실수를 하더라도 이를 바로잡느라 시간이 조금 더
걸리는 것을 제외하면 아무런 비용도 들지 않습니다. 그러니 실수를
많이 해보고 실수로부터 배우고 즐기십시오.

카터가 말하길

저는 이 책이 어린이들에게 재미있고 이해하기 쉬운
좋은 책이길 바랐습니다. 다행히도 제가 거기에 조금
이나마 보탬이 됐습니다. 카터는 컴퓨터를 좋아하고
컴퓨터에 관해 배우고 싶어하는 아이입니다. 그래서
이 책이 잘 만들어졌는지 확인하는 데 도움을 주었습
니다. 카터가 뭔가를 우스꽝스럽거나 이상하거나, 혹
은 말이 되지 않는다고 생각하면 오른쪽과 같은 그림
을 통해 보여줄 것입니다.

개정판에서 달라진 점

먼저 변경되지 않은 부분을 알려드리겠습니다. 『헬로! 파이썬 프로그래밍』에서는 파이썬 3으로 넘어가는 대신 계속해서 파이썬 2를 사용하기로 했습니다. 그 이유를 1장에서 설명합니다.

이제 초판에 비해 2차 개정판에서 달라진 점을 소개하겠습니다.

- 컬러 책으로 바뀌었습니다! 코드 예제도 컬러로 바뀌어서 코드를 읽고 이해하기가 훨씬 더 쉬워졌습니다.
- 파이썬 2와 파이썬 3의 차이점을 설명하는 부분을 이 책 전체에 걸쳐 추가했습니다.
- 12장에 파이썬 딕셔너리에 관한 절을 추가했습니다.
- 20장의 GUI 프로그래밍에서는 더는 지원되지 않는 파이썬카드(PythonCard)를 더 폭넓게 사용되는 PyQt로 교체했습니다. PyQt는 22장의 행맨 프로그램과 24장의 가상 애완동물 프로그램에서도 사용합니다.
- 스키어 프로그램(10장에서 자세한 설명 없이 소개하는)을 자세히 설명하는 25장을 추가했습니다.
- 인공지능(AI; artificial intelligence) 로봇을 제작하는 주제를 다룬 26장을 추가했습니다. 인공지능 로봇은 간단한 전투 게임을 통해 다른 인공지능 로봇과 경쟁합니다.
- 파이썬 2와 파이썬 3의 차이점을 정리한 부록을 추가했습니다.

저자 문의

www.helloworldbook2.com에 있는 이 책의 게시판(Author Online)을 통해 저자에게 메시지를 보내거나 질문할 수 있습니다.

부모님과 선생님들을 위한 메모

파이썬은 무료이자 오픈소스 소프트웨어이며, 안심하고 컴퓨터에 설치해서 사용하실 수 있습니다. www.helloworldbook2.com에서 파이썬 소프트웨어를 비롯해 이 책을 진행하는 데 필요한 사항을 모두 무료로 내려받을 수 있습니다. 내려받은 파일은 간단히 설치해서 사용할 수 있고, 바이러스나 스파이웨어로부터 안전합니다.

시작하기

파이썬 설치

맨 먼저 컴퓨터에 파이썬을 설치해야 합니다.

파이썬을 설치하는 것은 상당히 쉽습니다. **이때 이 책의 설치 프로그램을 사용하길 적극 권장합니다.** 설치 프로그램을 사용하면 이 책에서 사용하는 버전의 파이썬이 설치됩니다. 설치 프로그램은 www.helloworldbook2.com에서 내려받을 수 있습니다. 이곳에서 현재 사용 중인 컴퓨터의 운영체제에 해당하는 설치 프로그램을 내려받습니다.

옛날 옛적에

개인용 컴퓨터(PC; Personal Computer)가 나온 초창기에는 사람들이 컴퓨터를 편안하게 사용했습니다. 초창기에 나온 PC에는 대부분 베이직(BASIC)이라는 프로그래밍 언어가 컴퓨터에 탑재돼 있어서 사람들은 아무것도 설치할 필요가 없었습니다. 컴퓨터 만 켜면 화면에 "READY"라고 나오고 곧바로 베이직 프로그램을 작성할 수 있었죠. 멋지지 않나요?

물론 "READY" 말고는 아무것도 없었습니다. 아무런 프로그램, 창, 메뉴도 없었습니다. 컴퓨터가 '뭔가'를 하게 하려면 프로그램을 작성해야 했습니다! 워드 프로세서라든가 미디어 재생기, 웹 브라우저를 비롯해 지금 우리에게 익숙한 것들은 아무것도 없었습니다. 심지어 인터넷도 없었죠. 화려한 그래픽이나 사운드도 없었고, 그저 실수할 때마다 가끔 "삑"하는 소리만 날 뿐이었습니다.

설치 프로그램은 윈도우, 맥 OS X, 리눅스 버전이 있습니다. 이 책의 모든 예제는 윈도우를 사용하지만 맥 OS X이나 리눅스에서 파이썬을 사용하는 법도 매우 비슷합니다. 웹 사이트에 있는 안내에 따라 시스템에 맞는 설치 프로그램을 실행하기만 하면 됩니다.

이 책에서 사용하는 파이썬 버전은 2.7.3입니다. 이 책의 웹 사이트에 있는 설치 프로그램을 사용한다면 2.7.3 버전이 설치됩니다. 이 책을 읽을 때쯤이면 새로운 버전의 파이썬이 나왔을 수도 있습니다. 이 책의 모든 예제는 파이썬 2.7.3 버전으로 테스트했으며, 2.x 버전에서 동작할 테지만 미래를 내다볼 수는 없기 때문에 확실히 보장할 수는 없습니다.

컴퓨터에 이미 파이썬이 설치돼 있고 설치 프로그램을 사용하지 않을 예정이라면 이 책에 필요한 몇 가지 "부가 요소"를 설치해야 할 것입니다. 웹 사이트(www.helloworldbook2.com)의 '설치' 부분을 참고해서 어떻게 해야 할지 확인하세요. 그런데 다시 한번 이야기하지만 이 책의 코드가 올바르게 동작하게 만드는 가장 좋은 방법은 www.helloworldbook2.com에서 내려받을 수 있는 설치 프로그램을 사용하는 것입니다.

파이썬 2 vs. 파이썬 3

이 책을 쓰기 몇 년 전에 파이썬의 새로운 버전인 파이썬 3이 출시됐습니다. 하지만 파이썬 3은 단순히 기존 버전을 업그레이드한 버전이 아니었습니다. 다시 말해, 많은 사람들이 파이썬 3으로 바꾸지 않고 파이썬 2를 그대로 사용하고 싶어했습니다. 파이썬을 개발하는 사람들은 파이썬 3의 새 버전은 물론 파이썬 2의 새 버전도 계속해서 만들었습니다. 이 책의 2차 개정판을 쓰는 지금도 두 파이썬의 최신 버전은 각각 파이썬 2.7.3과 파이썬 3.3.0입니다. 이 책에서는 파이썬 2.7.3을 사용하며, 예제 코드는 이후 버전의 파이썬 2.x에서도 호환될 가능성이 높습니다.

파이썬 2 vs. 파이썬 3에 관한 자세한 사항은 부록 B를 참고하세요.

IDLE을 이용해 파이썬 시작하기

파이썬을 사용하는 방법은 여러 가지가 있습니다. 그중 하나가 바로 IDLE이며, 지금 당장은 IDLE을 사용하겠습니다.

시작 메뉴에서 Python 2.7 메뉴를 보면 IDLE(Python GUI)가 있을 것입니다. 이 항목을 클릭하면 다음과 같은 IDLE 창이 열릴 것입니다.

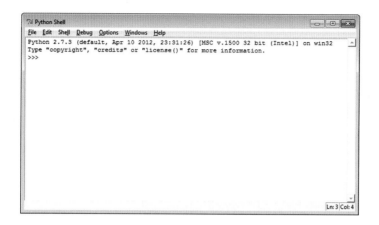

IDLE은 파이썬 셸(shell)입니다. 셸은 기본적으로 텍스트를 입력해 프로그램과 상호작용하며, 이 셸을 통해 파이썬과 상호작용할 수 있습니다(제목 표시줄에 **Python Shell**이라고 적혀 있는 것은 바로 이런 이유에서입니다). IDLE은 GUI이기도 하므로 **시작** 메뉴에 **Python GUI**라고 나오기도 하는 것입니다. IDLE은 셸 외에도 몇 가지 다른 기능이 있지만 그 부분은 잠시 후에 알아보겠습니다.

용어 설명

GUI는 그래픽 사용자 인터페이스(Graphic User Interface)를 가리키는 말입니다. 즉, 창, 메뉴, 버튼, 스크롤바 등이 포함돼 있다는 의미입니다. GUI가 없는 프로그램을 가리켜 텍스트 모드(text-mode) 프로그램이나 콘솔(console) 프로그램, 명령줄(command-line) 프로그램이라고 합니다.

위 그림에서 >>>을 파이썬 프롬프트(prompt)라고 합니다. 프롬프트는 프로그램이 사용자가 뭔가를 입력하기를 기다릴 때 표시하는 것입니다. >>> 프롬프트는 여러분이 파이썬 명령어를 입력하기를 파이썬이 기다리고 있음을 나타냅니다.

명령을 내려 주세요

첫 번째 파이썬 명령을 내려 봅시다. >>> 프롬프트의 끝에 커서를 두고 다음과 같이 입력한 다음

```
print "Hello World!"
```

엔터 키(어떤 키보드에서는 리턴(Return) 키라고도 합니다)를 누릅니다. 매번 줄을 바꿀 때마다 엔터 키를 눌러야 합니다.

엔터 키를 누르고 나면 다음과 같은 결과가 나올 것입니다.

```
Hello World!
>>>
```

그럼 IDLE 창의 모습은 다음 그림과 같이 바뀝니다.

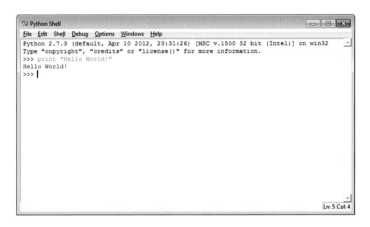

여러분이 입력한 내용대로 파이썬이 그대로 수행합니다. 즉, 여러분이 입력한 메시지가 출력됩니다(프로그래밍에서는 print가 프린터를 이용해 종이에 뭔가를 출력하는 것이 아니라 화면에 텍스트를 표시하는 것을 의미할 때가 많습니다). 방금 입력한 내용이 바로 파이썬 **명령**(instruction)입니다. 이렇게 해서 드디어 프로그래밍에 발을 들였습니다! 이제 여러분은 컴퓨터를 마음껏 부릴 수 있습니다!

그런데 프로그래밍을 배울 때는 컴퓨터에게 맨 먼저 'Hello World!'를 표시하게 하는 전통이 있습니다. 이 책의 제목도 거기서 온 것이며, 이렇게 해서 여러분도 이러한 전통을 따랐습니다. 프로그래밍의 세계에 온 것을 환영합니다!

좋은 질문입니다! IDLE은 여러분이 좀 더 잘 이해할 수 있게 도와줍니다. 서로 다른 색깔로 보여주는 이유는 코드의 각 부분들을 구분하기 위해서입니다(**코드(code)**는 파이썬 같은 언어에서 컴퓨터에게 내리는 명령을 나타내는 또 다른 용어입니다). 각 부분이 무엇인지에 대해서는 이 책의 나머지 부분을 진행하면서 설명하겠습니다.

프로그램이 동작하지 않는다면

뭔가 실수를 한다면 다음과 같은 식으로 출력될 것입니다.

```
>>> pront "Hello World!"
SyntaxError: invalid syntax
>>>
```

오류 메시지는 파이썬이 이해하지 못하는 뭔가를 입력했음을 의미합니다. 이 예제에서는 print를 pront로 잘못 입력했고, 파이썬은 이를 어떻게 처리해야 할지 모릅니다. 만약 오류 메시지가 나타나면 다시 시도해 보고 예제의 내용을 정확히 입력했는지 확인합니다.

그렇습니다. 그 이유는 print는 파이썬 키워드지만 pront는 아니기 때문입니다.

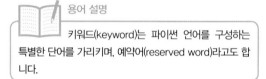

용어 설명

키워드(keyword)는 파이썬 언어를 구성하는 특별한 단어를 가리키며, 예약어(reserved word)라고도 합니다.

파이썬과의 상호작용

지금까지 한 일은 인터랙티브 모드로 파이썬을 사용한 것이었습니다. 명령을 입력했고 파이썬은 그것을 즉시 **실행(execute)**했습니다.

용어 설명

명령이나 프로그램을 '돌린다'거나 '동작시킨다'라고 하기보다는 명령이나 프로그램을 '실행'한다는 것이 더 고급스러운 표현입니다.

이번에는 인터랙티브 모드에서 다른 것을 해봅시다. 프롬프트에서 다음과 같이 입력합니다.

```
>>> print 5 + 3
```

결과는 다음과 같습니다.

```
8
>>>
```

이처럼 파이썬은 덧셈을 할 수 있습니다! 이것이 당연한 이유는 컴퓨터가 셈에 능하기 때문입니다.

하나 더 해봅시다.

```
>>> print 5 * 3
15
>>>
```

거의 모든 컴퓨터 프로그램과 언어에서 * 기호는 곱셈을 하는 데 사용됩니다. 이 문자를 **애스터리스크 (asterisk)** 또는 **별표**라고 합니다.

수학 시간에 "5 곱하기 3"을 "5 x 3"으로 썼다면 파이썬에서는 곱셈에 *를 사용한다는 사실에 익숙해져야 할 것입니다(*는 대부분의 키보드에서 숫자 8 위에 있는 기호입니다).

그럼 이건 어떨까요?

```
>>> print 2345 * 6789
15920205
>>>
```

좋습니다. 그럼 이건 어떨까요?

```
>>> print 1234567898765432123456789 * 9876543212345678987654321
1219326320073159600060965220240816607224511263 5269
>>>
```

그렇습니다. 컴퓨터를 이용하면 정말로 큰 숫자도 계산할 수 있습니다.

컴퓨터로는 다음과 같은 일도 할 수 있습니다.

```
>>> print "cat" + "dog"
catdog
>>>
```

아니면 다음과 같이 해보세요.

```
>>> print "Hello " * 20
Hello Hello Hello Hello Hello Hello Hello Hello Hello Hello
Hello Hello Hello Hello Hello Hello Hello Hello Hello Hello
```

수학 말고도 컴퓨터는 뭔가를 반복하는 일에도 능합니다. 여기서는 파이썬이 "Hello"를 20번 출력하게 했습니다.

나중에 인터랙티브 모드에서 더 많은 일을 할 테지만 지금 당장은 다른 것을 해보겠습니다.

프로그래밍할 시간

지금까지 살펴본 예제에서는 파이썬 명령어를 단 하나만 사용했습니다(인터랙티브 모드에서). 그런 식으로도 파이썬의 기능을 확인할 수 있지만 한 줄짜리 예제는 진정한 프로그램이 아닙니다. 앞에서도 언급했듯이 프로그램은 여러 개의 명령이 한데 모인 것입니다. 그럼 첫 번째 파이썬 프로그램을 만들어봅시다.

우선 프로그램을 작성할 방법이 필요합니다. 인터랙티브 창에서 입력하면 파이썬은 그것을 "기억"하지 못합니다. 프로그램을 하드디스크에 저장할 수 있는 텍스트 편집기(윈도우의 메모장이나 맥 OS X의 텍스트 편집기, 리눅스의 vi 같은)가 필요합니다. IDLE에는 메모장보다 훨씬 더 나은 텍스트 편집기가 포함돼 있습니다. 이 텍스트 편집기를 실행하려면 IDLE 메뉴에서 **File > New Window**를 차례로 선택합니다.

다음 그림과 같은 창이 나타날 것입니다. 아직 파일의 이름을 지정하지 않아서 제목 표시줄에 **Untitled**라고 적혀 있습니다.

File > New 같은 메뉴 선택에 관해 이야기할 때 첫 번째 부분(이 경우 File)은 메인 메뉴입니다. 그리고 >는 다음 항목(이 경우 New)이 File 메뉴에 들어 있음을 의미합니다. 이 책에서는 이러한 표기법을 사용하겠습니다.

이제 다음과 같은 프로그램을 편집기에 입력합니다.

예제 1.1 첫 번째 진짜 프로그램

```
print "I love pizza!"
print "pizza " * 20
print "yum " * 40
print "I'm full."
```

제목이 "예제 1.1"이라고 돼 있습니다. 예제 코드가 하나의 완전한 파이썬 프로그램을 구성할 경우 이처럼 번호를 붙이면 \examples 폴더나 웹 사이트에서 찾기 쉬울 것입니다.

프로그램을 모두 입력하고 나면 **File > Save**나 **File > Save As** 메뉴를 차례로 선택해 프로그램을 저장합니다. 프로그램은 아무 곳에나 저장해도 됩니다(나중에 찾을 수 있게 어디에 저장해 뒀는지 기억할 수만 있다면요). 파이썬 프로그램을 저장하기 위해 폴더를 새로 만들어도 됩니다. 파일명 끝의 **.py** 부분은 중요한데, 이 부분을 통해 이 파일이 파이썬 프로그램이고 일반 텍스트 파일이 아니라는 사실을 컴퓨터가 알 수 있기 때문입니다.

편집기에서도 프로그램에 다양한 색상을 사용했다는 사실을 알 수 있습니다. 오렌지 색으로 나오는 단어도 있고 녹색으로 나오는 단어도 있습니다. 그 까닭은 IDLE 편집기가 여러분이 파이썬 프로그램을 입력할 것이라고 가정하기 때문입니다. 파이썬 프로그램의 경우 IDLE 편집기가 파이썬 키워드는 오렌지 색으로 보여주고 따옴표 안에 들어 있는 내용은 녹색으로 보여줍니다. 그럼 파이썬 코드를 더 쉽게 읽을 수 있기 때문입니다.

첫 번째 프로그램 실행하기

프로그램을 저장하고 나면 **Run** 메뉴(IDLE 편집기에서)로 가서 **Run Module**을 선택합니다(다음 그림 참고). 이렇게 하면 프로그램이 실행됩니다.

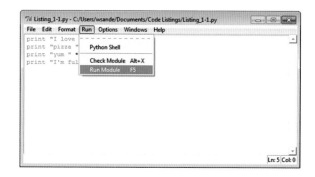

그러면 파이썬 셀 창(IDLE을 실행했을 때 나타나는)이 다시 활성화되고 다음과 같은 결과가 나타납니다.

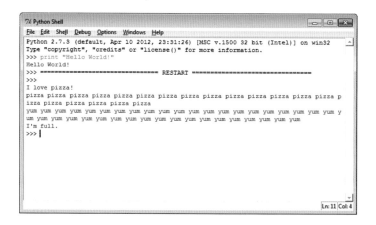

RESTART 부분은 프로그램 실행을 시작했다는 것을 의미합니다(이렇게 하면 프로그램을 테스트하기 위해 반복 실행할 때 좋습니다).

그러고 나면 프로그램이 실행됩니다. 아직까진 프로그램이 많은 일을 하지 않습니다. 하지만 여러분이 시킨 일을 컴퓨터가 하게 만들었습니다. 앞으로 진행하다 보면 좀 더 흥미로운 프로그램이 만들어질 것입니다.

뭔가가 잘못됐다면

프로그램에 오류가 있어서 실행되지 않는다면 어떻게 될까요? 오류에는 두 가지 종류가 있습니다. 두 가지 종류를 모두 살펴보고 나면 오류가 발생했을 때 어떻게 해야 할지 알 수 있을 것입니다.

구문 오류

IDLE은 프로그램을 실행하기 전에 몇 가지 검사를 수행합니다. IDLE에서 발견한 오류는 보통 **구문 오류** (syntax error)입니다. 구문은 프로그래밍 언어의 철자와 문법 규칙이므로 **구문 오류**는 적절한 파이썬 코드가 아닌 뭔가를 입력했음을 의미합니다.

다음 예제를 봅시다.

```
print "Hello, and welcome to Python!"
print "I hope you will enjoy learning to program."
print Bye for now!"          따옴표가 빠짐
```

print와 Bye for now!" 사이에 따옴표를 빼먹었습니다.

이 프로그램을 실행하면 IDLE은 "프로그램에 오류가 있습니다: 유효하지 않은 구문(There's an error in your program: invalid syntax)"이라는 내용의 메시지를 보여줄 것입니다. 그럼 코드에 잘못된 부분이 없는지 살펴봐야 합니다. IDLE 편집기는 오류가 발생한 지점을 강조(빨간색으로)해줍니다. 잘못된 부분이 정확히 그곳에 있지 않을 수도 있지만 멀지 않은 곳에 잘못된 부분이 있을 것입니다.

런타임 오류

두 번째 오류 유형은 파이썬(또는 IDLE)이 프로그램을 실행하기 전까지는 알아낼 수 없는 오류입니다. 이러한 오류는 프로그램이 실행될 때만 일어나기 때문에 **런타임 오류**(runtime error)라고 합니다. 다음은 프로그램에 포함된 런타임 오류의 예입니다.

```
print "Hello, and welcome to Python!"
print "I hope you will enjoy learning to program."
print "Bye for now!" + 5
```

이 프로그램을 저장하고 실행해 보면 프로그램이 실제로 실행되기 시작합니다. 처음 두 줄은 출력되지만 다음과 같은 오류 메시지가 나타납니다.

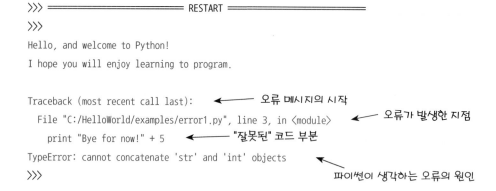

```
>>> ======================== RESTART ========================
>>>
Hello, and welcome to Python!
I hope you will enjoy learning to program.

Traceback (most recent call last):         ◄─── 오류 메시지의 시작
  File "C:/HelloWorld/examples/error1.py", line 3, in <module>   ◄─── 오류가 발생한 지점
    print "Bye for now!" + 5               ◄─── "잘못된" 코드 부분
TypeError: cannot concatenate 'str' and 'int' objects
>>>                                        파이썬이 생각하는 오류의 원인
```

Traceback으로 시작하는 줄부터 오류 메시지가 시작됩니다. 다음 줄에서는 어느 지점(파일명과 줄 번호)에서 오류가 발생했는지 알 수 있습니다. 그런 다음 잘못된 코드 부분을 보여줍니다. 이로써 코드 상에서 어느 부분이 문제인지 쉽게 알 수 있습니다. 오류 메시지의 마지막 부분은 파이썬이 생각하는 오류의 원인입니다. 프로그래밍과 파이썬에 대해 좀 더 알고 나면 오류 메시지의 의미가 좀 더 쉽게 이해될 것입니다.

이것은 사과와 악어를 비교하는 격입니다. 파이썬에서는 숫자와 텍스트처럼 종류가 다른 것끼리 더할 수 없습니다. print "Bye for now!" + 5를 실행했을 때 오류가 나는 것은 바로 이런 이유에서입니다. 이것은 마치 "사과 5개에 악어 3마리를 더하면 몇 개가 되지?"라고 말하는 것과 같습니다. 8개가 되겠지만 뭐가 8개가 된다는 걸까요? 이것들을 더한다는 것은 말이 되지 않습니다. 그러나 같은 종류의 것을 더 많이 갖기 위해 숫자로 곱하는 것은 어떤 것도 가능합니다(악어 2마리에 5를 곱하면 10마리의 악어가 됩니다!). 그런 이유로 print "Bye for now!" * 5는 동작하는 것입니다.

프로그래머처럼 생각하기

오류 메시지가 나오더라도 걱정하지 마세요. 오류 메시지는 무엇이 잘못됐는지 파악해서 그것을 고칠 수 있게 도와줍니다. 프로그램에서 뭔가가 잘못됐다면 오류 메시지를 보고 싶을 겁니다. 오류 메시지가 나오지 않는 버그가 훨씬 더 찾기 어렵습니다!

두 번째 프로그램

첫 번째 프로그램에서는 별로 하는 일이 없었습니다. 그냥 화면에 몇 가지를 출력하기만 했죠. 이번에는 좀 더 흥미로운 것을 해봅시다.

예제 1.2는 간단한 숫자 알아맞히기 게임입니다. 첫 번째 프로그램을 만들 때 했던 것처럼 IDLE 편집기에서 **File > New Window**를 선택해 파일을 하나 새로 만듭니다. 예제 1.2를 입력한 다음 저장합니다. 파일명 끝에 .py라고만 지정한다면 파일명은 어떻게 지어도 무방합니다. **NumGuess.py**도 적절한 이름입니다.

두 번째 프로그램은 18줄짜리이며, 파이썬 명령 및 프로그램을 읽기 쉽게 만들어주는 빈 줄로 구성돼 있습니다. 코드를 입력하는 데는 그리 오래 걸리지 않을 것입니다. 이 코드의 의미를 아직 이해할 수 없다고 해서 걱정할 필요는 없습니다. 조만간 알아볼 것입니다.

예제 1.2 숫자 알아맞히기 게임

```
import random
secret = random.randint(1, 99)          ◀──── 비밀 숫자를 고름
guess = 0
tries = 0
print "AHOY! I'm the Dread Pirate Roberts, and I have a secret!"
print "It is a number from 1 to 99. I'll give you 6 tries. "
while guess != secret and tries < 6:
    guess = input("What's yer guess? ")   ◀──── 플레이어가 추측한
                                                숫자를 가져옴
    if guess < secret:
        print "Too low, ye scurvy dog!"
    elif guess > secret:
        print "Too high, landlubber!"

    tries = tries + 1    ◀──── 추측할 기회를 하나 사용

if guess == secret:
    print "Avast! Ye got it! Found my secret, ye did!"
else:
    print "No more guesses! Better luck next time, matey!"
    print "The secret number was", secret
```

6번까지 추측을 허용

게임이 끝나면 결과를 출력

코드를 입력할 때 while 명령 다음 줄에 코드를 들여쓰고 if와 elif 다음 줄도 추가로 들여쓰는 것을 눈여겨봅시다. 아울러 특정 줄 끝에는 콜론(:)을 넣는다는 것도 눈여겨봅니다. 콜론을 적절한 곳에 입력하면 편집기가 다음 줄을 들여쓸 수 있게끔 도와줍니다.

코드를 저장하고 나면 첫 번째 프로그램을 실행했을 때처럼 **Run > Run Module**을 통해 프로그램을 실행합니다. 게임을 직접 해보고 어떻게 되는지 확인해 보세요. 다음은 제가 게임을 해본 결과입니다.

```
>>> =============== RESTART ===============
>>>
AHOY! I'm the Dread Pirate Roberts, and I have a secret!
It is a number from 1 to 99. I'll give you 6 tries.
What's yer guess? 40
Too high, landlubber!
What's yer guess? 20
Too high, landlubber!
What's yer guess? 10
Too low, ye scurvy dog!
What's yer guess? 11
Too low, ye scurvy dog!
What's yer guess? 12
Avast! Ye got it! Found my secret, ye did!
>>>
```

5번만에 비밀 숫자가 12라는 것을 알아맞혔습니다.

while, if, else, elif, input 명령에 대해서는 이어지는 장에서 모두 배우게 될 것입니다. 하지만 이 프로그램이 어떻게 동작하는지 기본적인 내용은 이미 이해했을 수도 있습니다.

1. 프로그램에서 무작위로 비밀 숫자를 고릅니다.
2. 사용자가 추측한 숫자를 입력합니다.
3. 사용자가 추측한 숫자가 비밀 숫자보다 크거나 작은지 확인합니다.
4. 숫자를 알아맞히거나 알아맞힐 기회가 소진될 때까지 사용자는 계속 숫자를 추측합니다.

추측한 숫자와 비밀 숫자가 일치하면 플레이어가 게임에서 승리합니다.

Hello Python!

이번 장에서 배운 내용

이번 장에서는 상당히 많은 내용을 다뤘습니다. 이번 장에서 배운 내용은 다음과 같습니다.

- 파이썬 설치
- IDLE을 실행하는 법
- 인터랙티브 모드
- 파이썬 명령 입력과 실행
- 파이썬이 숫자를 계산하는 법(정말 큰 수까지 포함해서)
- 첫 번째 프로그램을 작성하기 위한 IDLE 텍스트 편집기 실행
- 첫 번째 파이썬 프로그램 실행
- 오류 메시지
- 두 번째 파이썬 프로그램(숫자 알아맞히기 게임) 실행

학습 내용 점검

1. IDLE을 실행하려면 어떻게 해야 할까요?
2. print는 어떤 역할을 합니까?
3. 파이썬에서 곱셈 기호는 무엇입니까?
4. 프로그램을 실행하면 IDLE에서는 무엇을 출력합니까?
5. 프로그램을 실행한다는 것을 다른 말로 하면 무엇입니까?

도전 과제

1. 인터랙티브 모드에서 파이썬을 이용해 한 주는 몇 분인지 계산하십시오.

2. 이름과 생일, 좋아하는 색깔을 출력하는 짧은 프로그램을 작성해 보십시오. 출력 결과는 다음과 같아야 합니다.

   ```
   My name is Warren Sande.
   I was born January 1, 1970.
   My favorite color is blue.
   ```

   프로그램을 저장하고 실행해 봅시다. 프로그램이 예상대로 동작하지 않거나 오류 메시지가 나타나면 오류를 고쳐서 동작하게 만들어 봅시다.

02

기억하세요 – 메모리와 변수

프로그램이란 무엇일까요? 잠깐만요, 1장에서 이미 이 질문에 답한 적이 있습니다! 프로그램은 컴퓨터에게 내리는 일련의 명령이라고 이야기했습니다.

이것은 사실입니다. 그러나 유용하거나 재미있는 일을 하는 거의 모든 프로그램은 다음과 같은 특징도 있습니다.

- **입력**을 받는다.
- 입력을 **처리**한다.
- **출력**을 만들어낸다.

입력, 처리, 출력

첫 번째 프로그램(예제 1.1)에서는 입력을 받거나 처리하지 않았습니다. 그래서 첫 번째 프로그램이 그다지 재미있지 않았습니다. 첫 번째 프로그램의 출력은 화면에 표시된 메시지였습니다.

두 번째 프로그램인 숫자 알아맞히기 게임(예제 1.2)에는 세 가지 기본요소가 모두 포함돼 있었습니다.

- **입력**은 사용자가 입력한 숫자였습니다.
- **처리**는 사용자가 추측한 숫자를 검사하고 횟수를 세는 프로그램이었습니다.
- **출력**은 프로그램에서 출력한 메시지였습니다.

이러한 세 가지 요소가 모두 포함된 프로그램의 예를 하나 더 보여주겠습니다. 비디오 게임에서 **입력**은 조이스틱이나 게임 컨트롤러에서 보내주는 신호입니다. **처리**는 플레이어가 외계인을 맞췄는지, 총알을 피했는지, 레벨을 완수했는지 등을 판단하는 프로그램입니다. **출력**은 화면에 나타나는 그래픽과 스피커나 헤드폰에서 들리는 사운드입니다.

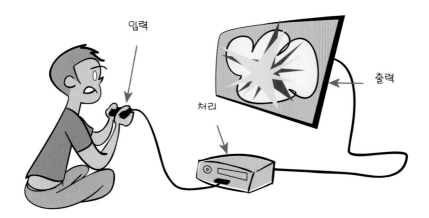

입력, 처리 출력을 기억하세요.

컴퓨터는 입력을 필요로 합니다. 그런데 컴퓨터는 입력을 가지고 무엇을 할까요? 컴퓨터가 입력을 가지고 뭔가를 하려면 입력을 기억하거나 어딘가에 보관해야 합니다. 컴퓨터는 입력(그리고 프로그램 자체)을 비롯해 뭔가를 보관할 때 바로 컴퓨터의 **메모리**(memory)에 보관합니다.

컴퓨터 안에서는 무슨 일이 일어날까?

컴퓨터 메모리에 대해 들어본 적이 있을지도 모르지만 메모리가 정말로 의미하는 것은 뭘까요?

컴퓨터는 켜고(on) 끄는(off) 스위치의 모음이라고 이야기한 적이 있습니다. 메모리는 잠시 동안 같은 위치에 유지되는 스위치의 그룹과도 같습니다. 스위치를 어떤 방식으로 설정해 두면 그것을 바꿀 때까지 스위치가 그대로 유지됩니다. 여러분이 설정한 곳을 **기억**해 두는 것이 바로... 메모리입니다!

메모리에 값을 쓰거나(스위치를 설정) 메모리로부터 값을 읽어 들일 수 있습니다(스위치 설정을 바꾸지 않은 채로 스위치가 어떻게 설정돼 있는지만 살펴본다는 뜻입니다).

그런데 파이썬이 메모리에 뭔가를 넣게 하려면 어떻게 해야 할까요? 그리고 메모리에 뭔가가 들어 있으면 그것을 다시 어떻게 찾아야 할까요?

파이썬에서는 프로그램이 뭔가를 기억하게 하고 그것을 나중에 사용할 수 있으려면 "그것"에다가 '이름'만 주면 됩니다. 그럼 파이썬은 그게 숫자나 텍스트, 그림, 음악이든 상관없이 컴퓨터 메모리에 보관할 장소를 만듭니다. 그것을 다시 사용하고 싶을 때는 같은 이름을 쓰기만 하면 됩니다.

파이썬을 인터랙티브 모드에서 실행해 이름에 관해 좀 더 알아봅시다.

이름

파이썬 셸 창으로 되돌아갑니다(1장의 예제를 실습한 후로 IDLE을 닫아뒀다면 다시 엽니다). 프롬프트에서 다음과 같이 입력합니다.

```
>>> Teacher = "Mr. Morton"
>>> print Teacher
```

(>>>가 파이썬이 보여주는 프롬프트라는 점을 기억하세요. >>> 다음에 나오는 내용만 입력한 후 엔터 키를 누릅니다.) 그럼 다음과 같은 결과가 출력될 것입니다.

```
Mr. Morton
>>>
```

이렇게 해서 "Mr. Morton"이라는 글자로 구성된 것을 하나 만들어 거기에 Teacher라는 이름을 부여했습니다.

등호(=)를 쓰면 파이썬은 **할당(assign)**, 즉 "똑같은 것으로 만듭니다". 즉, "Mr. Morton"이라는 문자열에 Teacher라는 이름을 **할당**한 것입니다.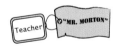

컴퓨터 메모리 속 어딘가에 "Mr. Morton"이라는 문자열이 존재합니다. 그것이 정확히 어디에 있는지는 알 필요가 없습니다. 파이썬에게 해당 문자열의 이름이 Teacher라고 이야기했으므로 지금부터는 Teacher라는 이름으로 문자열을 가리킬 수 있습니다. 이름은 뭔가를 구별할 때 붙이는 라벨이나 태그, 스티커와 같습니다.

뭔가를 따옴표로 감싸면 파이썬은 그것을 그대로 받아들입니다. 그래서 따옴표 안에 있는 것을 그대로 출력합니다. 반면 따옴표로 감싸지 않으면 파이썬은 그게

>>> print Teacher 라고 입력했을 때 왜 "Teacher"가

아닌 "Mr. Morton"이 나오는 거죠?

무엇인지 알아내야 합니다. 그것은 숫자(5 같은)나 수식(5 + 3 같은), 이름(Teacher 같은)일 수도 있습니다. 앞에서는 Teacher라는 이름을 만들었기 때문에 파이썬은 그 이름에 해당하는 것, 즉 "Mr. Morton"을 출력합니다.

이것은 마치 누군가가 "주소를 적어주세요."라고 했을 때 오른쪽 그림과 같이 적지 않는 것과 같습니다.

(음, 카터는 장난을 좋아해서 그렇게 할 수도 있겠지만요...)

여러분이라면 이렇게 쓸 것입니다.

하지만 "주소"라고 쓴다면 그 문장 그대로를 받아들일 것입니다. 파이썬은 뭔가를 따옴표로 감싸지 않는다면 그것을 글자 그대로 받아들이지 않습니다. 또 다른 예제를 봅시다.

```
>>> print "53 + 28"
53 + 28
>>> print 53 + 28
81
```

따옴표로 감쌌기 때문에 파이썬이 53 + 28이라고 쓴 것을 그대로 출력했습니다.

따옴표로 감싸지 않으면 파이썬은 53 + 28을 **산술식**(arithmetic expression)으로 취급해서 수식을 **평가**(evaluate)합니다. 이 경우 두 숫자를 더하는 수식이라서 파이썬은 두 숫자의 합을 출력합니다.

용어 설명

산술식은 파이썬이 값을 알아낼 수 있는 숫자와 기호의 조합을 가리킵니다. **평가**는 '값을 알아내다'를 의미합니다.

파이썬은 글자를 저장하는 데 얼마만큼의 메모리가 필요한지, 메모리의 어느 부분을 사용할지 알아냅니다. 정보를 조회하려면(다시 가져오려면) 다시 한 번 같은 이름을 사용하기만 하면 됩니다. 앞에서는 print 키워드와 함께 **이름**을 사용했고, 이렇게 해서 화면에 숫자나 텍스트 같은 것들이 나타났습니다.

프로그래머처럼 생각하기

Teacher에 "Mr. Morton"을 할당하는 것처럼 이름에 값을 할당할 경우 그 값은 메모리에 저장되고, 이를 **변수(variable)**라고 부릅니다. 대부분의 프로그래밍 언어에서는 변수에 값을 **저장**한다고 이야기합니다.

그런데 파이썬에서는 다른 대부분의 컴퓨터 언어와는 조금 다르게 동작합니다. **변수에 값을 저장**하는 대신 **값에 이름을 부여**하는 것과 비슷합니다.

파이썬 프로그래머 중에는 파이썬에는 '변수'가 없고 '이름'만 있다고 이야기하는 사람도 있습니다. 변수와 이름은 아주 비슷한 방식으로 동작합니다. 그래서 이 책에서는 파이썬 **이름**에 관해 이야기할 때 **변수, 이름, 변수명**과 같은 용어를 사용할 것입니다. 변수가 어떻게 동작하고 프로그램에서 변수를 어떻게 사용할지만 이해한다면 그것들을 어떻게 불러도 상관없습니다.

그런데 파이썬을 만든 귀도 반 로섬(Guido van Rossum)은 파이썬 자습서에서 "변수에 값을 할당할 때는 '=' 기호를 사용한다."라고 이야기했기에 저는 그가 파이썬에도 변수가 있다고 생각한다고 추측합니다!

뭔가를 저장하는 깔끔한 방법

파이썬에서 이름을 사용하는 것은 드라이 클리닝하러 가는 것과 같습니다... 여러분의 옷은 옷걸이에 걸리고 이름이 부착된 후 커다란 이동식 행거에 놓입니다. 옷을 찾으러 갈 때는 옷이 커다란 이동식 행거에서 정확히 어느 곳에 놓여 있는지 알 필요가 없습니다. 세탁소 주인에게 이름만 말하면 옷을 가져다 주니까요. 사실 옷은 맡기러 갔을 때와 다른 곳에 놓여 있을 수도 있습니다. 하지만 세탁소 주인이 여러분을 대신해서 옷을 관리하고, 여러분은 그저 이름만 말하면 옷을 찾아올 수 있습니다.

변수도 똑같습니다. 정보가 정확히 메모리의 어딘가에 저장돼 있는지 몰라도 됩니다. 정보를 저장할 때 사용했던 것과 같은 이름만 사용하면 됩니다.

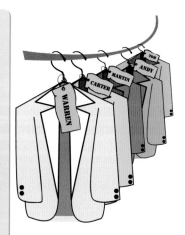

글자가 아닌 다른 것들에 대해서도 변수를 만들 수 있습니다. 숫자 값에도 이름을 줄 수 있습니다. 앞에서 살펴본 예제를 떠올려봅시다.

```
>>> 5 + 3
8
```

이 예제에 변수를 이용해 봅시다.

```
>>> First = 5
>>> Second = 3
>>> print First + Second
8
```

여기서는 First와 Second라는 두 개의 이름을 만들었습니다. 숫자 5는 First에 할당되고, 숫자 3은 Second
에 할당됐습니다. 그런 다음 print를 이용해 두 값의 합을 출력했습니다. 다음은 같은 예제를 다르게 하는
방법입니다. 다음 코드를 봅시다.

```
>>> Third = First + Second
>>> Third
8
```

 여기서 변수를 어떻게 사용했는지 눈여겨봅시다. 인터랙티브 모드에서는 print를 사용하지 않고 이름을 입력하는 것만으로
도 변수의 값을 출력할 수 있습니다(프로그램에서는 이렇게 되지 않습니다).

이 예제에서는 print 명령에서 합계를 계산하지 않고 각각 First와 Second라고 이름을 부여한 것에서 값을
가져와 더한 다음 Third라는 것을 새롭게 만들었습니다. Third는 First와 Second의 합입니다.

같은 것에 이름을 두 개 이상 부여할 수도 있습니다. 인터랙티브 모드에서 다음 코드를 실행해 봅시다.

```
>>> MyTeacher = "Mrs. Goodyear"
>>> YourTeacher = MyTeacher
>>> MyTeacher
"Mrs. Goodyear"
>>> YourTeacher
"Mrs. Goodyear"
```

이것은 같은 것에다 태그를 두 개 단 것과 같습니다. 한 태그에는 YourTeacher 라고 적혀 있고, 다른 태그에는 MyTeacher라고 적혀 있지만 둘 모두 "Mrs. Goodyear"에 붙어있습니다.

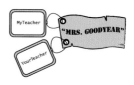

MyTeacher를 "Mrs, Tysick"이라고 바꾸면 YourTeacher도 "Mrs, Tysick"으로 바뀔까요?

아주 좋은 질문입니다. 답은 '아니오'입니다. 이 경우 "Mrs. Tysick"이라는 것이 새로 만들어집니다. MyTeacher 태그는 "Mrs. Goodyear"에서 떨어져 나와 "Mrs. Tysick"에 붙습니다. 두 개의 서로 다른 이름(두 개의 태그)이 생겼지만 이제 두 이름은 같은 것에 붙어 있는 것이 아니라 서로 다른 것에 붙습니다.

이름 안에는 뭐가 들었을까?

변수에는 어떤 이름도 줄 수 있습니다. 원한다면 이름에 글자와 숫자도 넣을 수 있고 밑줄 문자(_)도 넣을 수 있습니다.

하지만 변수명을 지을 때는 몇 가지 규칙이 있습니다. 가장 중요한 규칙은 변수명이 대소문자를 구분한다는 점입니다. 즉, 대문자와 소문자가 중요하게 작용한다는 뜻입니다. 그래서 teacher와 TEACHER는 두 개의 서로 다른 이름입니다. first와 First도 마찬가지입니다.

또 한 가지 규칙은 변수명은 글자나 밑줄 문자로 시작해야 한다는 점입니다. 변수명은 숫자로 시작할 수 없습니다. 따라서 4fun은 변수명으로 사용할 수 없습니다.

규칙을 하나 더 이야기하자면 변수명에는 공백을 둘 수 없습니다.

파이썬의 변수명 규칙을 모두 알고 싶다면 이 책의 끝에 있는 부록 A를 참고하세요.

옛날 옛적에

프로그래밍 언어가 나온 초기에는 변수명으로 한 글자만 쓸 수 있었습니다. 그리고 일부 컴퓨터에서는 대문자만 사용할 수 있었는데, 이것은 곧 변수명으로 A~Z까지 26개밖에 쓸 수 없었다는 뜻입니다. 프로그램에서 26개가 넘는 변수가 필요했다면 그야말로 운이 없는 것이었죠!

숫자와 문자열

지금까지는 글자(텍스트)와 숫자에 대해서만 변수를 만들었습니다. 그런데 덧셈 예제에서는 파이썬이 어떻게 5와 3이 문자("5"와 "3"이라는)가 아닌 숫자라는 점을 알 수 있었을까요? 방금 이야기한 것처럼 따옴표가 그 차이를 만들어냅니다.

문자 또는 문자(글자, 숫자, 구두점)의 나열을 **문자열(string)**이라고 합니다. 파이썬에서는 문자 주위로 따옴표를 넣으면 문자열이 만들어집니다. 이때 큰따옴표를 써도 되고 작은따옴표를 써도 됩니다. 둘 중 아무거나 써도 됩니다.

```
>>> teacher = "Mr. Morton"        ←———— 큰따옴표
>>> teacher = 'Mr. Morton'        ←———— 작은따옴표
```

하지만 시작하고 끝날 때 같은 종류의 따옴표를 써야 합니다.

따옴표를 쓰지 않고 숫자를 입력하면 파이썬은 그것을 문자가 아닌 숫자값으로 받아들입니다. 다음 예제를 통해 차이점을 살펴봅시다.

```
>>> first = 5
>>> second = 3
>>> first + second
8
>>> first = '5'
>>> second = '3'
>>> first + second
'53'
```

따옴표를 쓰지 않으면 5와 3이 숫자로 취급되어 합계가 출력됩니다. 따옴표를 쓰면 '5'와 '3'으로 취급되어 두 문자가 "더해져" '53'이 됩니다. 1장에서 본 것처럼 문자열을 합칠 수도 있습니다.

```
>>> print "cat" + "dog"
catdog
```

이처럼 두 개의 문자열을 합칠 경우 둘 사이에 공백이 없다는 점을 눈여겨봅시다. 보다시피 두 문자열이 딱 붙어있습니다.

용어 설명

> **문자열 연결**
>
> 문자열에 관해 이야기할 때 "더한다"라고 말하는 것은 정확하지 않은 표현입니다. 문자나 문자열을 합쳐서 더 긴 문자열을 만들 때는 그것을 표현하는 특별한 이름이 있습니다. "더한다"(숫자에 대해서만 사용하는)라고 표현하는 대신 **연결한다**(concatenation)라고 표현합니다. 즉, 두 문자열을 '연결했다'라고 합니다.

긴 문자열

한 줄보다 긴 문자열이 있을 경우 **삼중 따옴표 문자열(triple-quoted string)**이라고 하는 특별한 종류의 문자열을 사용해야 합니다. 다음 코드를 봅시다.

```
long_string = """Sing a song of sixpence, a pocket full of rye,
Four and twenty blackbirds baked in a pie.
When the pie was opened the birds began to sing.
Wasn't that a dainty dish to set before the king?"""
```

이러한 문자열은 세 개의 따옴표로 시작하고 끝납니다. 이때 따옴표로 큰따옴표를 써도 되고 작은따옴표를 써도 되므로 다음과 같이 할 수도 있습니다.

```
long_string = '''Sing a song of sixpence, a pocket full of rye,
Four and twenty blackbirds baked in a pie.
When the pie was opened the birds began to sing.
Wasn't that a dainty dish to set before the king?'''
```

삼중 따옴표 문자열은 함께 보여주고 싶은 문자열이 여러 줄에 걸쳐 있고, 문자열을 각 줄로 나누고 싶지 않을 때 매우 유용합니다.

왜 '변수'인가요?

변수가 '변수'라고 불리는 데는 이유가 있습니다. 그 까닭은 변수는 변할 수 있기 때문입니다! 즉, 변수에 할당된 값이 바뀔 수 있다는 뜻입니다. 파이썬에서는 기존 것과 다른 새로운 것을 만들고 기존 라벨(이름)을 새로운 것에 붙여서 값을 바꿀 수 있습니다. 앞에서 MyTeacher 예제에서 이렇게 한 적이 있는데, MyTeacher 태그를 "Mrs. Goodyear"에서 떼어내 새로운 것인 "Mrs. Tysick"에 붙였습니다. 이렇게 해서 MyTeacher에 새로운 값을 할당했습니다.

다른 예제를 하나 더 살펴봅시다. 앞에서 만든 Teacher 변수를 기억하십니까? IDLE을 닫지 않았다면 아직 거기에 있을 것입니다. 다음 코드를 봅시다.

```
>>> Teacher
'Mr. Morton'
```

보다시피 그대로 있습니다. 그런데 Teacher를 다른 뭔가로 바꿀 수 있습니다.

```
>>> Teacher = 'Mr. Smith'
>>> Teacher
'Mr. Smith'
```

여기서는 "Mr. Smith"라는 것을 새로 만들어 Teacher라고 이름을 붙였습니다. Teacher라는 태그가 기존 것에서 새로운 것으로 옮겨졌습니다. 그런데 기존의 "Mr. Morton"에는 어떤 일이 일어났을까요?

이것들은 이름을 두 개 이상 가질 수 있다는 점을 떠올려봅시다(즉, 태그를 두 개 이상 붙일 수 있습니다). "Mr. Morton"에 태그가 하나 더 붙어 있다면 컴퓨터 메모리에도 그대로 남아있을 것입니다. 그런데 태그가 하나도 없기 때문에 파이썬은 그것을 원하는 사람이 더는 없다고 판단하고 메모리에서 지웁니다.

이런 식으로 아무도 사용하지 않는 것들은 메모리를 차지하지 않게 됩니다. 파이썬은 이러한 정리 작업을 자동으로 수행하기 때문에 여러분은 걱정하지 않아도 됩니다.

한 가지 중요한 점은 실제로 "Mr. Morton"을 "Mr. Smith"로 바꾸지는 않았다는 것입니다. 단순히 태그를 다른 곳으로 옮긴 것에 불과합니다(즉, 이름을 재할당한 것에 불과합니다). 파이썬에서는 숫자와 문자열과 같은 것들은 변경할 수 없습니다. 그것의 이름을 다른 것으로 재할당할 수만 있고(바로 여러분이 한 것처럼) 원래의 것을 바꿀 수는 없습니다.

파이썬에는 바꿀 수 있는 것들도 있습니다. 12장에서 리스트(list)에 대해 이야기할 때 더 자세히 알아보겠습니다.

새로운 나

어떤 변수를 자신과 동일하게 만들 수도 있습니다.

```
>>> Score = 7
>>> Score = Score
```

분명 "정말 쓸데 없는 짓이군!"이라고 생각할 것입니다. 그리고 여러분의 생각이 맞습니다. 이것은 "나는 나다"라고 말하는 것과 같습니다. 그러나 코드를 조금만 바꾸면 완전히 '새로운' 나가 될 수 있습니다! 다음과 같이 해봅시다.

```
>>> Score = Score + 1
>>> print Score
8
```

7에서 8로 점수를 바꿈

여기서는 어떤 일이 일어났을까요? 첫 줄에서는 7이라는 값에 Score 태그가 붙었습니다. 그리고 Score + 1, 즉 7 + 1로 새로운 것을 만들었습니다. 새로운 것은 8이 됩니다. 그런 다음 Score 태그를 기존 것(7)에서 떼어 새로운 것(8)에 붙였습니다. 그렇게 해서 Score가 7에서 8로 재할당됐습니다.

변수를 뭔가와 똑같이 만들 때마다 해당 변수는 항상 등호(=)의 왼쪽에 나타납니다. 여기서 중요한 점은 변수가 오른쪽에도 나타날 수 있다는 것입니다. 이 기법은 상당히 유용해서 각종 프로그램에서 볼 수 있을 것입니다. 가장 흔히 사용되는 경우는 앞의 예제에서처럼 변수의 값을 **증가**(increment)시키거나(특정 양만큼 변수의 값을 늘림), 반대로 변수를 **감소**(decrement)시킬(특정 양만큼 변수의 값을 줄임) 때입니다.

1. Score = 7로 시작

2. Score에 1을 더해서 새로운 것을 만듦(8이 만들어짐)

3. 새로운 것에 Score라는 이름을 부여

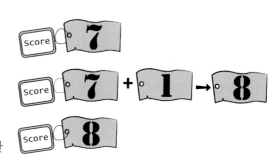

그렇게 해서 Score는 7에서 8로 바뀝니다.

다음은 변수에 관해 기억해야 할 중요한 점들을 정리한 것입니다.

- 변수는 프로그램에서 언제든지 재할당당할 수 있습니다(태그를 새로운 것에 붙일 수 있습니다). 이것은 아주 중요해서 반드시 기억해 둬야 하는데, 프로그래밍에서 가장 흔히 발생하는 "버그"는 잘못된 변수를 변경하거나 변수를 잘못된 시점에 바꾸는 것이기 때문입니다.

  이를 방지하는 데 도움되는 한 가지 방법은 기억하기 쉬운 변수명을 사용하는 것입니다. 가령 다음과 같은 변수명을 사용할 수도 있습니다.

  ```
  t = 'Mr. Morton'
  ```

  또는

  ```
  x1796vc47blahblah = 'Mr. Morton'
  ```

  하지만 이렇게 하면 프로그램에서 변수를 기억하기가 어려워집니다. 이러한 이름을 사용하면 실수를 저지를 가능성이 높아질 것입니다. 변수의 용도를 잘 나타내는 이름을 써야 합니다.

- 변수명은 대소문자를 구분합니다. 즉, 대문자와 소문자가 중요하게 작용한다는 뜻입니다. 그래서 teacher와 Teacher 는 서로 다른 이름입니다.

모든 파이썬 변수 명명규칙을 알고 싶다면 부록 A를 참고하세요.

프로그래머처럼 생각하기

변수명으로 어떤 것이든 사용할 수 있다고(명명규칙 내에서) 이야기했는데, 그것은 사실입니다. 변수 명을 teacher로 지을 수도 있고 Teacher로 지을 수도 있습니다.

전문 파이썬 프로그래머들은 거의 항상 소문자로 변수명을 시작하며, 컴퓨터 언어마다 스타일이 다릅 니다. 이것은 여러분이 파이썬 스타일을 따르느냐 마느냐에 달린 문제입니다. 이 책에서는 파이썬을 사용하기 때문에 이 책의 나머지 부분에서는 파이썬 스타일을 따르겠습니다.

Hello Python!

이번 장에서 배운 내용

이번 장에서는 다음과 같은 내용을 배웠습니다.

- 변수를 이용해 컴퓨터 메모리에 뭔가를 "기억"하거나 보관하는 법
- 변수는 "이름"이나 "변수명"으로 부릅니다.
- 변수는 숫자나 문자열과 같이 다양한 종류가 있습니다.

학습 내용 점검

1. 파이썬은 어떤 변수가 숫자가 아닌 문자열(문자)인지 어떻게 알 수 있습니까?

2. 변수를 만들고 나면 해당 변수에 할당된 값을 바꿀 수 있습니까?

3. TEACHER와 TEACHEr는 같은 변수명입니까?

4. 파이썬에서 'Blah'는 "Blah"와 같습니까?

5. 파이썬에서 '4'는 4와 같습니까?

6. 다음 중 올바른 변수명이 아닌 것은 무엇입니까? 그리고 그 이유는 무엇입니까?

    a) Teacher2

    b) 2Teacher

    c) teacher_25

    d) TeaCher

7. "10"은 숫자입니까, 문자열입니까?

도전 과제

1. 변수를 만들고 숫자를 할당합니다(여러분이 원하는 아무 숫자). 그런 다음 print를 이용해 해당 변수를 출력하십시오.

2. 기존 값을 새로운 값으로 대체하거나 기존 값에 뭔가를 더해서 변수를 수정합니다. print를 이용해 새로운 값을 출력하십시오.

3. 변수를 하나 더 만들어 문자열(텍스트)을 할당합니다. 그런 다음 print를 이용해 해당 변수를 출력하십시오.

4. 1장에서 한 것처럼 인터랙티브 모드에서 파이썬이 일주일이 몇 분인지 계산하게 합니다. 그런데 이번에는 변수를 사용합니다. DaysPerWeek, HoursPerDay, MinutesPerHour라는 변수(또는 여러분이 직접 이름을 지어보세요)를 만든 다음 그것들을 곱하십시오.

5. 사람들은 늘 모든 일을 하기에는 시간이 부족하다고 말합니다. 하루가 26시간이라면 일주일은 몇 분이 될까요? (힌트: HoursPerDay 변수를 변경하세요.)

03

기초 수학

인터랙티브 모드에서 파이썬을 처음 사용했을 때 파이썬이 간단한 산수를 할 수 있다는 것을 확인했습니다. 이제 파이썬이 숫자와 수학을 가지고 다른 무슨 일도 할 수 있는지 알아보겠습니다. 깨닫지 못할 수도 있겠지만 수학은 어디에나 있습니다! 특히 프로그래밍에서는 수학이 늘 사용됩니다. 그렇다고 프로그래밍을 배우기 위해 수학의 달인이 돼야 한다는 의미는 아니지만 한 번 생각해 보십시오. 모든 게임에는 합산되는 점수가 있습니다. 화면 상에 그려지는 그래픽은 숫자를 이용해 위치와 색상을 계산합니다.

움직이는 물체에는 숫자로 기술되는 방향과 속도가 있습니다. 거의 모든 프로그램에서는 어떤 식으로든 숫자와 수학을 사용할 것입니다. 그래서 이번에는 파이썬에서 수학과 숫자에 관한 기초적인 내용을 배워봅시다.

 그런데 여기서 배울 많은 내용들은 다른 프로그래밍 언어나 스프레드시트 같은 프로그램에도 적용됩니다. 여기서 배우는 내용대로 수학을 이용하는 곳은 파이썬 말고도 많습니다.

4가지 기초 연산

이미 1장에서는 파이썬에서 더하기(+) 기호와 별표(*)를 이용해 덧셈과 곱셈과 같은 간단한 수학을 할 수 있음을 확인했습니다.

파이썬에서 뺄셈을 할 때는 하이픈(−, 마이너스 기호라고도 합니다)을 사용합니다. 다음 예제를 봅시다.

```
>>> print 8 - 5
3
```

컴퓨터 키보드에는 나눗셈 기호(÷)가 없기 때문에 모든 프로그램에서는 나눗셈을 할 때 전방 슬래시(/)를 사용합니다.

```
>>> print 6/2
3
```

위 코드는 동작합니다. 그런데 때로는 파이썬에서 나눗셈을 할 때 예상과는 다른 결과가 나오기도 합니다.

```
>>> print 3/2
1
```

엇? 컴퓨터는 수학에 능통할 줄 알았는데요! 3 / 2 = 1.5라는 건 누구나 아는 사실인데 도대체 어떻게 된 것일까요?

파이썬이 멍청하게 행동한 것처럼 보일 수도 있겠지만 파이썬은 정말로 영리해지려고 노력합니다. 이 상황을 설명하려면 정수와 소수에 관해 알아둘 필요가 있습니다. 정수와 소수의 차이점을 모른다면 하단의 용어 설명을 참고하세요.

 용어 설명

정수(integer)는 1, 2, 3을 비롯해 0, 그리고 −1, −2, −3처럼 손쉽게 셀 수 있는 수를 말합니다.

실수(real number)라고도 하는 **소수(decimal number)**는 1.25, 0.3752, −101.2처럼 소수점과 소수점 이하 숫자를 포함한 수를 말합니다.

컴퓨터 프로그래밍에서 소수는 **부동 소수점 수(floating-point number)** 또는 줄여서 **플로트(float)**라고 합니다. 부동 소수점 수라고 부르는 이유는 소수점이 숫자 사이를 "떠다니기" 때문입니다. 0.001234560|나 12345.6과 같은 것이 부동 소수점 수에 해당합니다.

앞에서는 3과 2를 정수로 입력했기 때문에 파이썬은 우리가 연산의 결과로 정수를 원한다고 생각합니다. 그래서 해답인 1.5에서 가장 가까운 정수인 1로 내림한 것이죠. 다시 말해 파이썬은 나머지 없이 나눗셈을 한 것입니다.

이를 고치기 위해 다음과 같이 입력해 봅시다.

```
>>> print 3.0 / 2
1.5
```

그렇죠! 두 숫자 중 하나만 소수로 입력해도 파이썬은 소수 형태의 답을 돌려줍니다.

정수 나눗셈

파이썬 2에서 나눗셈을 하는 방식을 "정수 나눗셈(floor division)"이라 합니다. 그런데 파이썬 3에서는 다른 방식으로 동작합니다. 파이썬 3에서 일반 나눗셈 연산자(전방 슬래시)를 사용하면 정수 나눗셈이 아닌 정규 나눗셈을 수행합니다.

```
>>> print 3/2
1.5
```

파이썬 3에서 정수 나눗셈을 하려면 이중 전방 슬래시를 사용하면 됩니다.

```
>>> print 3//2
1
```

이것은 파이썬 2와 파이썬 3의 뚜렷한 차이점 중 하나이며, 파이썬 3에서 파이썬 2 프로그램을 실행하거나 그 반대의 경우 프로그램이 자주 망가지는 원인 중 하나입니다.

꼭 기억하세요!

파이썬 2에서 정수 나눗셈이 어떻게 동작하는지 기억해 두세요. 이 내용은 아주 중요하며, 많은 파이썬 프로그래머(저를 포함해서!)가 한 번쯤 잊어버리고 실수를 저지르곤 합니다.

연산자

+, −, *, / 기호를 **연산자**(operator)라고 합니다. 이러한 기호를 연산자라 하는 이유는 주변에 놓인 숫자를 대상으로 **연산을 수행하기 때문**입니다. = 기호 또한 연산자이며, 변수에 값을 할당할 때 쓴다는 이유로 **할당 연산자**(assignment operator)라고 합니다.

용어 설명

연산자는 연산자 주변의 것들을 대상으로 어떤 영향을 주거나 '연산을 수행하는' 것을 말합니다. 이러한 효과로는 값을 할당하거나 값을 검사하거나 둘 이상의 값을 변경하는 것이 있습니다.

myNumber + yourNumber

피연산자   연산자   피연산자

보다시피 산술 계산에 사용하는 +, −, *, / 기호가 **연산자**이고, 연산의 대상이 되는 것들은 **피연산자**(operand)에 해당합니다.

학교에서 덧셈을 할 때의 피연산자를 가수(addend)라고 한다고 배웠어요.

연산의 순서

다음 중 어느 게 맞는 것일까요?

    2 + 3 * 4 = 20

또는

    2 + 3 * 4 = 14

이것은 어떤 순서로 계산하느냐에 따라 달라집니다. 덧셈을 먼저 하면 2 + 3 = 5가 되어 5 * 4 = 20이 됩니다.

반면 곱셈을 먼저 하면 3 * 4 = 12가 되어 2 + 12 = 14가 됩니다.

올바른 순서는 두 번째이므로 정확한 답은 14입니다. 수학에는 **연산 순서**라는 게 있어서 어느 연산자를 먼저 적용해야 할지 정해져 있습니다. 그래서 심지어 나중에 쓴 연산자라도 먼저 계산되는 경우가 있습니다.

앞의 예제에서는 + 기호가 * 기호 앞에 나왔어도 곱셈이 먼저 계산됩니다. 파이썬에서는 적절한 수학 규칙을 따르기 때문에 덧셈에 앞서 곱셈을 먼저 합니다. 이를 확인하기 위해 인터랙티브 모드에서 다음과 같은 코드를 실행해 봅시다.

```
>>> print 2 + 3 * 4
14
```

파이썬에서 사용하는 순서는 우리가 수학 시간에 배운 것과 같습니다. 즉, 지수 계산을 맨 먼저 하고, 그다음으로 곱셈과 나눗셈, 그다음에 덧셈과 뺄셈을 합니다.

연산의 순서를 바꿔서 뭔가를 먼저 계산하고 싶다면 다음과 같이 주변에 **괄호(parentheses)**를 넣으면 됩니다.

```
>>> print (2 + 3) * 4
20
```

이번에는 파이썬이 2 + 3을 먼저 계산해서(괄호 때문에) 5가 나오고, 5 * 4가 계산되어 20이 됩니다.

다시 한 번 이야기하지만 정확히 수학 시간에 배운 것과 같습니다. 파이썬(그리고 다른 모든 프로그래밍 언어)은 적절한 수학 규칙 및 연산 순서를 따릅니다.

연산자 두 개 더

수학 연산자 두 개를 더 소개하겠습니다. 이번에 소개할 연산자 두 개와 앞에서 배운 기본 연산자 네 개만 있으면 거의 대부분의 프로그램에서는 충분할 것입니다.

지수 연산 – 제곱

3을 5번 곱하고 싶다면 다음과 같이 작성할 수도 있습니다.

```
>>> print 3 * 3 * 3 * 3 * 3
243
```

하지만 이것은 3^5, 즉 "3의 5승" 또는 "3의 5제곱"과 같습니다. 파이썬에서는 지수승 또는 제곱을 계산할 때 별표를 두 개 씁니다.

```
>>> print 3 ** 5
243
```

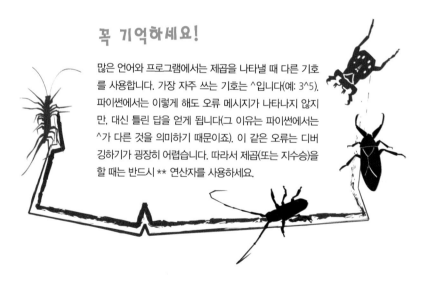

꼭 기억하세요!

많은 언어와 프로그램에서는 제곱을 나타낼 때 다른 기호를 사용합니다. 가장 자주 쓰는 기호는 ^입니다(예: 3^5). 파이썬에서는 이렇게 해도 오류 메시지가 나타나지 않지만, 대신 틀린 답을 얻게 됩니다(그 이유는 파이썬에서는 ^가 다른 것을 의미하기 때문이죠). 이 같은 오류는 디버깅하기가 굉장히 어렵습니다. 따라서 제곱(또는 지수승)을 할 때는 반드시 ** 연산자를 사용하세요.

여러 번 곱하지 않고 지수승을 사용하는 이유는 지수승이 입력하기가 더 쉽기 때문입니다. 하지만 좀 더 중요한 이유는 **를 사용했을 때 다음과 같이 정수가 아닌 수로도 제곱할 수 있기 때문입니다.

```
>>> print 3 ** 5.5
420.888346239
```

곱셈으로는 이렇게 하기가 쉽지 않습니다.

나머지 연산 – 나머지 구하기

파이썬에서 처음으로 나눗셈을 했을 때 정수끼리 나누면 파이썬 2에서는 답도 정수였습니다(그리고 파이썬 3에서는 // 연산자로 같은 계산을 할 수 있습니다). 이것은 정수 나눗셈을 한 것입니다. 그런데 정수 나눗셈에서 나눗셈의 결과는 실제로 두 부분으로 구성됩니다.

나눗셈을 처음 배웠을 때가 기억나십니까? 숫자가 딱 나누어 떨어지지 않으면 **나머지(remainder)**가 생깁니다.

    7 / 2 = 3, 나머지는 1

7 / 2의 답은 **몫**(여기서는 3)과 **나머지**(여기서는 1)로 구성됩니다. 파이썬에서 두 개의 정수를 나누면 몫이 나옵니다. 그런데 나머지는 어떻게 구할까요?

파이썬에는 정수 나눗셈의 나머지를 계산하는 특별한 연산자가 있습니다. 이를 **나머지(modulus) 연산자**라고 하며, 퍼센트 기호(%)를 씁니다. 나머지 연산자는 다음과 같이 쓸 수 있습니다.

```
>>> print 7 % 2
1
```

따라서 /와 %를 모두 쓰면 정수 나눗셈 문제의 몫과 나머지를 모두 구할 수 있습니다.

```
>>> print 7 / 2
3
>>> print 7 % 2
1
```

7을 2로 나누면 몫은 3이고 나머지는 1입니다. 실수 나누기를 하면 답이 소수로 나옵니다.

```
>>> print 7.0 / 2
3.5
```

연산자(operator)를 하나 더 알아요, 바로 전화 교환원(telephone operator)이죠!

사실 연산자와 전화 교환원은 비슷한 역할을 합니다. 옛날에 전화 교환원이 전화를 서로 연결하던 것처럼 산술 연산자는 숫자를 연결하니까요.

알려주고 싶은 연산자가 두 개 더 있습니다. 두 개만이라고 말하긴 했지만 두 연산자는 정말 쉽습니다!

증가 연산자와 감소 연산자

2장에서 살펴본 score = score + 1 예제를 기억하십니까? 이렇게 하는 것을 **증가시키기**(incrementing)라 한다고 했습니다. 비슷한 것으로 score = score - 1이 있으며, 이를 **감소시키기**(decrementing)라고 합니다. 이러한 연산은 프로그래밍에 자주 쓰이기 때문에 +=(증가)와 -=(감소)로 쓸 수도 있습니다.

즉, 연산자를 다음과 같이 사용하거나

```
>>> number = 7
>>> number += 1          ← 1만큼 증가
>>> print number
8
```

다음과 같이 사용할 수 있습니다.

```
>>> number = 7
>>> number -= 1          ← 1만큼 감소
>>> print number
6
```

첫 번째 예제에서는 숫자에 1을 더했습니다(그래서 7에서 8로 바뀝니다). 두 번째 예제에서는 숫자에서 1을 뺍니다(그래서 7에서 6으로 바뀝니다).

정말로 큰 수와 정말로 작은 수

1장에서 아주 큰 수 두 개를 곱한 것을 기억하십니까? 그 결과 아주 큰 숫자가 나왔습니다. 간혹 파이썬에서는 큰 수를 약간 다르게 보여주기도 합니다. 인터랙티브 모드에서 다음 예제를 실험해 봅시다.

```
>>> print 9938712345656.34 * 4823459023067.456
4.79389717413e+025
```

(어떤 수를 입력해도 상관없습니다. 소수가 포함된 큰 수라면 어떤 것이든 좋습니다.)

숫자 중간에 있는 'e'는 무슨 역할을 하는 거죠?

여기서 e는 컴퓨터에서 아주 크거나 아주 작은 수를 보여주는 방법 중 하나입니다. 이를 **E-표기법**이라 합니다. 굉장히 큰(또는 굉장히 작은) 수를 다룰 때 모든 숫자와 소수점을 보여주기가 힘들 수 있으며, 이 같은 숫자는 수학과 과학 분야에서 자주 나타납니다.

예를 들어, 어떤 천문학 프로그램에서 지구에서 알파 센타우리까지의 거리를 킬로미터로 보여줄 경우 38000000000000000이나 38,000,000,000,000,000 또는 38 000 000 000 000 000으로 보여줄 수도 있습니다(3경 8천조 킬로미터나 됩니다!). 하지만 어느 방법이든 0의 개수를 세느라 피곤해질 것입니다.

이 숫자를 보여주는 또 다른 방법은 소수와 10의 제곱을 사용하는 **과학적 표기법(scientific notation)**을 이용하는 것입니다. 과학적 표기법으로는 알파 센타우리까지의 거리를 3.8×10^{16}으로 쓸 것입니다(16을 위첨자로 쓴 것을 눈여겨보세요). 이것을 읽을 때는 "3.8 곱하기 10의 16승"이라고 합니다. 이는 3.8에서 소수점을 오른쪽으로 16자리만큼 옮겨서 0을 추가한다는 뜻입니다.

3.80000000000000000000000

소수점을 오른쪽으로 16자리만큼 옮긴다.

$$38000000000000000.0 = 3.8 \times 10^{16}$$

앞에서 한 것처럼 16을 지수승(위첨자 형태의)으로 쓸 수 있다면 과학적 표기법이 아주 편리할 것입니다. 연필과 종이를 이용하거나 위첨자를 쓸 수 있는 프로그램을 사용 중이라면 과학적 표기법을 쓸 수 있습니다.

용어 설명

위첨자(superscript)는 10^{13}처럼 다른 글자보다 위에 있는 문자를 의미합니다. 여기서 13이 위첨자입니다. 보통 위첨자는 본문 글자보다 크기가 작습니다.

$\log_2$와 같은 아래첨자도 위첨자와 비슷하지만 다른 글자보다 아래에 있고 더 작습니다. 여기서 2가 아래첨자입니다.

그런데 위첨자를 언제든지 쓸 수 있는 것은 아니라서 E-표기법을 이용해 같은 것을 보여주기도 합니다. E-표기법은 과학적 표기법을 쓰는 또 한 가지 방법에 불과합니다.

E-표기법

E-표기법에서는 숫자를 3.8E16이나 3.8e16과 같이 표현합니다. 이것을 읽을 때는 "3.8의 16승" 또는 줄여서 "3.8 e 16"이라고 합니다. E-표기법에서는 지수가 10의 제곱승이라고 가정합니다. 따라서 3.8 x 10^{16}을 쓰는 것과 같습니다.

 파이썬을 비롯한 대부분의 프로그램과 컴퓨터 언어에서는 대문자 E나 소문자 e를 모두 쓸 수 있습니다.

0.0000000000001752와 같은 아주 작은 숫자의 경우 음의 지수승이 사용됩니다. 과학적 표기법으로는 1.752×10^{-13}이 되고, E-표기법으로는 1.752e-13이 될 것입니다. 음의 지수승은 소수점 위치를 오른쪽이 아닌 왼쪽으로 옮기는 것을 의미합니다.

```
00000000000000001.752
왼쪽으로 13자리만큼 옮긴다.

0.00000000000011752 = 1.752e-13
```

파이썬에서는 아주 큰 수나 아주 작은 수(또는 어떤 수든 관계없습니다)를 입력할 때 E-표기법을 쓸 수 있습니다. 나중에 파이썬이 어떻게 E-표기법을 이용해 숫자를 출력하는지 살펴보겠습니다.

다음과 같이 E-표기법을 이용해 숫자를 입력해 봅시다.

```
>>> a = 2.5e6
>>> b = 1.2e7
>>> print a + b
14500000.0
```

숫자를 E-표기법에 따라 입력했음에도 결과는 일반 소수로 나옵니다. 그 이유는 숫자를 E-표기법으로 출력하라고 지정하지 않거나 숫자가 아주 크거나 아주 작은(0이 많은) 경우가 아니면 파이썬이 숫자를 보여줄 때 E-표기법을 쓰지 않기 때문입니다.

그럼 이번에는 다음과 같이 해봅시다.

```
>>> c = 2.6e75
>>> d = 1.2e74
>>> print c + d
2.72e+75
```

이번에는 자동으로 결과가 E-표기법으로 나왔는데, 그 까닭은 0이 73개나 되는 숫자를 그대로 보여주는 것은 적절하지 않기 때문입니다.

14,500,000 같은 숫자를 E-표기법으로 보여주고 싶다면 파이썬에 특별한 명령을 내려야 합니다. 이 방법에 대해서는 이 책의 후반부(21장)에서 배우겠습니다.

걱정하지 말고, 즐기세요!

E-표기법이 어떻게 작동하는지 잘 이해되지 않더라도 걱정할 필요는 없습니다. 이 책의 나머지 부분에서는 E-표기법을 사용하지 않습니다. 여기서 E-표기법을 보여준 이유는 혹시 필요한 경우에 대비해 E-표기법이 어떻게 작동하는지 보여주고 싶었기 때문입니다.

적어도 이제는 파이썬으로 수학 계산을 하다가 5.673745e16 같은 숫자가 결과로 나와도 그것이 아주 큰 수이고 오류가 난 것이 아니라는 사실을 알게 될 것입니다.

지수승 vs. E-표기법

숫자만큼 제곱하는 지수승과 E-표기법을 혼동해서는 안 됩니다.

- 3**5는 3^5, 즉 "3의 5승" 또는 3 * 3 * 3 * 3 *3 = 243을 의미합니다.
- 3e5는 $3 * 10^5$, 즉 "3 곱하기 10의 5승" 또는 3 * 10 * 10 * 10 * 10 *10 = 300,000을 의미합니다.
- 어떤 수를 제곱한다는 것은 해당 숫자를 지정한 만큼 곱한다는 것을 의미합니다. E-표기법은 10의 제곱수로 곱해서 나타내는 것을 의미합니다.

어떤 사람들은 3e5와 3**5를 모두 "3의 5승"으로 읽기도 하지만 두 개는 전혀 다른 것입니다. 각각의 의미를 이해한다면 그것들을 어떻게 부르는가는 크게 문제가 되지 않습니다.

Hello Python!

이번 장에서 배운 내용

이번 장에서는 다음과 같은 내용을 배웠습니다.

- 파이썬에서 기본적인 수학 연산을 하는 법
- 정수와 부동 소수점 수
- 지수승(제곱하기)
- 나머지를 계산하는 법
- E-표기법

학습 내용 점검

1. 파이썬에서 곱셈에 사용되는 기호는 무엇입니까?

2. 파이썬 2에서 8 / 3을 계산하면 어떤 결과가 나옵니까?

3. 8 / 3의 나머지를 구하려면 어떻게 해야 합니까?

4. 파이썬 2에서 8 / 3의 답을 소수로 구하려면 어떻게 해야 합니까?

5. 파이썬에서 6 * 6 * 6 * 6을 계산하는 다른 방법은 무엇입니까?

6. 17,000,000을 E-표기법으로 쓰는 방법은 무엇입니까?

7. 4.56e-5를 일반 표기법(E-표기법이 아닌)으로 나타내면 어떻게 됩니까?

도전 과제

1. 다음 문제를 인터랙티브 모드를 이용하거나 프로그램을 작성해 풀어보십시오.

    a) 세 명이 식당에서 저녁식사를 하고 각자 계산하려고 합니다. 총 금액은 35.27달러이고 15%를 팁으로 남기고 싶
       다면 각자 얼마를 내야 할까요?

    b) 길이와 너비가 각각 12.5미터, 16.7미터에 달하는 직사각형 방의 넓이와 둘레를 계산하십시오.

2. 화씨 온도를 섭씨 온도로 변환하는 프로그램을 작성하십시오. 공식은 다음과 같습니다.

    C = 5 / 9 * (F - 32)

    (힌트: 정수 나눗셈에 주의하세요!)

3. 자동차로 이동할 때 시간이 얼마나 걸릴지 계산하는 법을 알고 계십니까? 공식을 말로 표현해 보면 다음과 같습니
   다. "이동한 시간은 거리를 속도로 나눈 것과 같다." 200km에 달하는 거리를 시속 80km로 이동했을 때 걸리는 시
   간을 계산해서 출력하는 프로그램을 작성하십시오.

04

자료형

지금까지 변수(컴퓨터 메모리에 보관하기 위한)에 할당할 수 있는 것으로 정수, 실수, 문자열이 있다는 것을 확인했습니다. 나중에 배우겠지만 파이썬에는 다른 자료형(type)도 있으며, 지금 당장은 이러한 세 가지 자료형으로도 충분합니다. 4장에서는 자료형이 무엇인지 확인하는 법을 배우겠습니다. 아울러 한 자료형을 다른 자료형으로 만드는 방법도 살펴보겠습니다.

자료형 바꾸기

자료형을 다른 것으로 변환해야 할 때가 자주 있습니다. 예를 들면, 숫자를 출력하고 싶을 경우 화면에 나타나게 하려면 먼저 숫자를 텍스트로 변환해야 합니다. 파이썬의 print 명령어는 이를 대신해줄 수 있지만 때로는 출력하지 않고 변환해야 하거나 문자열을 숫자로 변경해야 할 때가 있습니다(print로는 이렇게 할 수 없습니다). 이를 **형변환(type conversion)**이라 합니다. 그럼 형변환은 어떻게 작동하는 걸까요?

파이썬은 실제로 뭔가를 다른 자료형으로 "변환"하지 않습니다. 원래의 것으로부터 여러분이 원하는 유형의 것을 새로 만듭니다. 다음은 자료형을 변환하는 함수의 예입니다.

- float( )는 문자열이나 정수로부터 새로운 실수(소수)를 만듭니다.
- int( )는 문자열이나 실수로부터 새로운 정수를 만듭니다.
- str( )은 숫자(또는 다른 어떠한 자료형)로부터 새로운 문자열을 만듭니다.

보다시피 float(), int(), str() 끝에는 괄호가 있습니다. 그 이유는 float(), int(), str()이 print 같은 파이썬 **키워드**가 아니라 파이썬의 내장 **함수(function)**이기 때문입니다.

함수에 대해서는 이 책의 후반부에서 배웁니다. 지금은 괄호 **안**에 변환하고 싶은 값을 넣는다고만 알아둡시다. 예제를 통해 보여주는 게 가장 좋은 방법이니 IDLE 셸에서 인터랙티브 모드로 예제를 살펴봅시다.

정수를 실수로 바꾸기

정수로 시작해서 float()를 이용해 정수로부터 새로운 실수(소수)를 하나 만들어봅시다.

```
>>> a = 24
>>> b = float(a)
>>> a
24
>>> b
24.0
```

b에 소수점이 생기고 0이 끝에 붙은 것을 눈여겨봅시다. 이로써 b가 실수고 정수가 아님을 알 수 있습니다. a 변수는 그대로인데 float()는 원본 값은 바꾸지 않고 새로운 변수를 하나 만들어내기 때문입니다.

여기서 한 가지 기억해야 할 점은 인터랙티브 모드에서는 변수명만 입력해도(print를 사용하지 않고도) 파이썬이 해당 변수의 값을 보여준다는 것입니다(이를 2장에서 확인했습니다). 이것은 인터랙티브 모드에서만 되고 프로그램에서는 되지 않습니다.

실수를 정수로 바꾸기

이번에는 반대로 해봅시다. 실수로 시작해서 int()를 이용해 정수를 하나 만들어봅시다.

```
>>> c = 38.0
>>> d = int(c)
>>> c
38.0
>>> d
38
```

새로운 정수인 d가 만들어졌고 d는 c의 '정수부'에 해당합니다.

앗! 어쩌다 그렇게 됐을까요? 아무래도 컴퓨터가 고장 난 것 같군요!

농담입니다. 이 부분에 대해서는 "컴퓨터 안에서는 무슨 일이 일어날까?"를 참고하세요.

컴퓨터 안에서는 무슨 일이 일어날까?

컴퓨터 내부에서는 이진법을 사용한다고 했던 것을 기억하십니까? 파이썬이 저장하는 모든 숫자는 이진법으로 저장됩니다. 그래서 0.1과 0.2를 더하면 파이썬은 소수점 이하 15자리까지 포함한 이진수 자리(비트)로 실수(소수)를 만듭니다. 그런데 그렇게 만든 이진수는 0.3과 정확히 같지 않고 아주 아주 근접한 수일 뿐입니다(이 경우 0.000000000000004만큼의 오차가 있습니다). 이러한 차이를 **반올림 오차**(roundoff error)라고 합니다.

인터랙티브 모드에서 0.1 + 0.2라는 수식을 입력하면 파이썬이 모든 소수부까지 포함한 원본 숫자를 보여줍니다. print를 사용할 경우에는 여러분이 기대했던 결과가 나오는데, 그 이유는 print가 좀 더 영리해서 숫자를 반올림한 후 0.3으로 보여주기 때문입니다.

이것은 누군가에게 시간을 물어보는 것과 비슷합니다. 어떤 사람은 "12시 44분 53초"라고 말할 수도 있습니다. 하지만 대부분의 사람들은 "1시 15분 전"이라고 말하는데, 그렇게까지 정확할 필요는 없다는 사실을 알기 때문입니다. 반올림 오차는 모든 컴퓨터 언어의 실수에서도 일어납니다. 정확한 숫자는 컴퓨터나 언어마다 다르지만 실수를 저장하는 기본적인 방법은 모두 같습니다.

대개 반올림 오차는 충분히 작아서 걱정할 필요는 없습니다.

다른 예제를 봅시다.

```
>>> e = 54.99
>>> f = int(e)
>>> print e
54.99
>>> print f
54
```

54.99는 55와 아주 가까운데도 정수로 54가 나옵니다. int() 함수는 항상 버림을 합니다. 즉, **가장 가까운 정수**를 주는 것이 아니라 다음으로 **가장 작은 정수**를 돌려줍니다. int() 함수는 기본적으로 소수부를 잘라냅니다.

가장 가까운 정수를 구하고 싶다면 방법이 있는데, 이 방법은 21장에서 배울 것입니다.

문자열을 실수로 바꾸기

다음과 같이 문자열로부터 숫자를 만들어낼 수도 있습니다.

```
>>> a = '76.3'
>>> b = float(a)
>>> a
'76.3'
>>> b
76.3
```

a를 보여줄 때 결괏값 주위에 따옴표가 있는 것을 눈여겨봅시다. 파이썬에서는 이 같은 방식으로 a가 문자열임을 나타냅니다. b를 보여줄 때는 부동 소수점 값이 나왔습니다.

정보를 더 얻는 방법: type( )

앞 절에서는 어떤 값이 숫자인지 문자열인지 확인할 때 따옴표가 있느냐 없느냐로 판단했습니다. 이를 확인하는 좀 더 직접적인 방법이 있습니다.

파이썬에는 type( )이라는 함수가 있는데, 이 함수는 변수의 자료형이 무엇인지 분명하게 알려줍니다. 다음 예제를 봅시다.

```
>>> a = '44.2'
>>> b = 44.2
>>> type(a)
<type 'str'>
>>> type(b)
<type 'float'>
```

type( ) 함수가 a가 type 'str'임을 알려주는데, str은 **문자열(string)**을 줄인 표현입니다. b에 대해서는 type 'float'라고 나옵니다. 이 경우에는 더는 추측하지 않아도 되겠죠?

형변환 오류

int( )나 float( )에 숫자가 아닌 것을 주면 당연히 제대로 동작하지 않습니다. 다음 예제를 봅시다.

```
>>> print float('fred')
Traceback (most recent call last):
  File "<pyshell#1>", line 1, in <module>
    print float('fred')
ValueError: could not convert string to float: fred
```

보다시피 오류 메시지가 나타납니다. 오류 메시지의 의미는 파이썬이 "fred"를 숫자로 만드는 방법을 모른다는 것입니다. 혹시 여러분은 알고 있나요?

형변환 이용하기

3장의 도전 과제에 나온 화씨 온도를 섭씨 온도로 변환하는 프로그램에서는 5를 5.0으로 바꾸거나 9를 9.0으로 바꿔서 정수 나눗셈이 제대로 동작하도록 고쳐야 했습니다.

```
cel = 5.0 / 9 * (fahr - 32)
```

float() 함수를 이용하면 이를 다음과 같은 방법으로 하거나

```
cel = float(5) / 9 * (fahr - 32)
```

혹은 다음과 같은 방법으로 고칠 수 있습니다.

```
cel = 5 / float(9) * (fahr - 32)
```

직접 해보고 결과를 확인해봅시다.

Hello Python!

이번 장에서 배운 내용

이번 장에서는 다음과 같은 내용을 배웠습니다.

- 자료형 변환(더 정확하게 말하면 기존 자료형으로부터 새로운 자료형 만들기): str(), int(), float()
- print를 사용하지 않고 바로 값 출력하기
- type()을 이용해 변수의 자료형 검사하기
- 반올림 오차와 반올림 오차가 일어나는 이유

학습 내용 점검

1. int()를 이용해 소수를 정수로 바꿀 경우 결과가 올림일까요, 버림일까요?

2. 온도 변환 프로그램에서 아래의 코드가 제대로 동작했습니까?

   ```
   cel = float(5 / 9 * (fahr - 32))
   ```

   아래의 코드는 어떻습니까?

   ```
   cel = 5 / 9 * float(fahr - 32)
   ```

   제대로 동작하지 않는다면, 그 이유는 무엇일까요?

3. (추가 심화 질문) int() 함수만 사용해 숫자를 반올림하려면 어떻게 해야 할까요? (예를 들어, 13.2은 버림되어 13이 되고, 13.7은 올림되어 14가 됩니다.)

도전 과제

1. float()를 이용해 '12.34'와 같은 문자열로부터 숫자를 만드십시오. 결괏값은 반드시 숫자여야 합니다!

2. int()를 이용해 56.78과 같은 소수로부터 정수를 만드십시오. 결과는 올림입니까, 버림입니까?

3. int()를 이용해 문자열로부터 정수를 만드십시오. 결과는 반드시 정수여야 합니다!

05

입력

지금까지는 프로그램이 "숫자를 계산"하게 하려면 코드에 직접 숫자를 입력해야 했습니다. 이를테면, 3장의 "도전 과제"에 있는 온도 변환 프로그램을 작성했다면 아마도 코드에 직접 변환할 온도를 지정했을 것입니다. 그래서 다른 온도를 변환하고 싶다면 코드를 변경해야 할 것입니다.

프로그램이 실행될 때 사용자가 원하는 온도를 입력할 수 있게 하면 어떨까요? 앞에서 프로그램은 입력, 처리, 출력이라는 세 가지 부분으로 구성된다고 이야기했습니다. 우리가 처음으로 만든 프로그램에는 출력밖에 없었습니다. 온도 변환 프로그램은 처리(온도 변환)와 출력이 있었지만 입력은 없었습니다. 이제 드디어 프로그램의 세 번째 재료인 '입력'을 추가할 차례입니다. 입력은 프로그램이 실행 중일 때 어떤 정보를 프로그램으로 가져오는 것을 의미합니다.

이 같은 식으로 사용자와 상호작용하는 프로그램을 작성할 수 있으며, 프로그램을 더욱 흥미롭게 만들 수 있습니다.

파이썬에는 사용자에게 입력을 받는 데 사용되는 raw_input()이라는 내장 함수가 있습니다. 5장에서는 프로그램에서 raw_input()을 사용하는 법을 살펴봅니다.

raw_input()

raw_input() 함수는 사용자로부터 문자열을 받습니다. 보통 사용자가 키보드로 입력하는 문자열을 받습니다.

raw_input()은 str(), int(), float(), type()과 같은 파이썬 내장 함수 중 하나입니다(파이썬 내장 함수는 4장에서 살펴본 바 있습니다). 나중에 더 많은 함수에 대해 배울 테지만 지금은 raw_input()을 사용할 때 괄호(둥근 괄호)도 입력한다는 점만 기억해둡시다.

입력 함수
파이썬 3에서는 raw_input() 함수가 input()으로 이름이 바뀌었습니다. input() 은 파이썬 2의 raw_input()과 정확히 같은 방식으로 동작합니다.

raw_input() 함수는 다음과 같이 사용합니다.

```
someName = raw_input()
```

이렇게 하면 사용자가 문자열로 입력한 내용이 someName이라는 이름에 할당됩니다.

이제 사용자가 입력한 내용을 프로그램에 넣어봅시다. IDLE에서 새로운 파일을 하나 만들고 다음 예제의 코드와 같이 입력합니다.

예제 5.1 raw_input을 이용한 문자열 받기

```
print "Enter your name: "
somebody = raw_input()
print "Hi", somebody, "how are you today?"
```

프로그램을 저장한 후 IDLE에서 실행해 어떻게 동작하는지 봅시다. 다음과 같은 결과를 볼 수 있습니다.

```
Enter your name:
Warren
Hi Warren how are you today?
```

저는 제 이름을 입력했고 프로그램에서는 그것을 somebody라는 이름에 할당했습니다.

print 명령어와 콤마

보통 사용자에게서 입력을 받을 경우 다음과 같은 짧은 메시지로 어떤 내용을 입력해야 할지 알려줘야 합니다.

```
print "Enter your name: "
```

그런 다음 raw_input() 함수를 이용해 사용자의 응답을 받을 수 있습니다.

```
someName = raw_input()
```

이 코드를 실행한 후 이름을 입력하면 다음과 같은 결과가 나타납니다.

```
Enter your name:
Warren
```

사용자의 대답을 메시지와 같은 줄에서 받고 싶다면 다음과 같이 print 문 끝에 콤마를 넣으면 됩니다.

```
print "Enter your name: ",
someName = raw_input()
```

참고로 콤마가 닫는 따옴표 밖에 있다는 점을 눈여겨보세요.

이 코드를 실행하면 다음과 같은 결과가 나타납니다.

```
Enter your name: Warren
```

콤마는 여러 print 문을 한 줄로 만드는 데 사용할 수 있습니다. 콤마가 실제로 의미하는 바는 "이것을 출력한 후 다음 줄로 내려가지 마세요"입니다. 예제 5.1의 마지막 줄에서 바로 이렇게 했습니다.

IDLE 편집 창에서 다음 코드를 입력한 후 실행해봅시다.

예제 5.2 콤마가 하는 역할은?

```
print "My",
print "name",
print "is",
print "Dave."
```

이 코드를 실행한 결과는 다음과 같습니다.

```
My name is Dave.
```

따옴표 안의 각 단어 끝에 공백이 아무것도 없는데도 프로그램을 실행했을 때 각 단어 사이에 공백이 생겼습니다. 콤마를 이용해 print 문을 한 줄로 합칠 경우 파이썬이 공백을 추가해줍니다.

종료 콤마

파이썬 3에서는 같은 줄에 계속 출력하기 위해 끝에 콤마를 두는 방법이 통하지 않습니다. 아울러 파이썬 3에서는 print()를 사용할 때 출력할 내용을 괄호 안에 넣어야 합니다. 따라서 파이썬 3을 사용하고 있다면 예제 5.2를 다음과 같이 작성해야 할 것입니다.

```
print("My", end=" ")
print("name", end=" ")
print("is", end=" ")
print("Dave.", end=" ")
```

raw_input()
앞에 입력 요청 메시지를
두는 더 간편한 방법은
없나요?

좋은 질문입니다! 방금 그것에 관해 이야기하려던 참이었습니다.

더 간편한 raw_input() 입력 요청 메시지

입력 요청 메시지를 출력하는 더 간편한 방법이 있습니다. raw_input() 함수가 메시지를 출력할 수 있으므로 군이 print 문을 사용하지 않아도 됩니다.

```
someName = raw_input ("Enter your name: ")
```

raw_input() 함수 자체에 print 문이 내장돼 있는 것 같습니다. 지금부터는 더 간편한 방법을 사용하겠습니다.

숫자 입력하기

raw_input()을 이용해 문자열을 받는 방법을 살펴봤습니다. 그런데 숫자를 받고 싶다면 어떻게 해야 할까요? 입력에 관한 이야기를 시작한 이유도 사용자가 온도 변환 프로그램에 온도를 입력할 수 있게 하기 위해서였습니다.

4장을 읽어봤다면 이미 정답을 알고 있을 것입니다. int()나 float() 함수를 이용하면 raw_input()으로 받은 문자열을 숫자로 만들 수 있습니다. 다음 예제를 봅시다.

```
temp_string = raw_input()
fahrenheit = float(temp_string)
```

raw_input()을 이용해 사용자 입력을 문자열로 받습니다. 그런 다음 float()를 이용해 해당 문자열을 숫자로 만들고, 실수로 만든 온도를 fahrenheit라는 이름에 할당합니다.

하지만 좀 더 간편한 방법이 있습니다. 이 모든 과정을 다음과 같은 한 단계로 줄일 수 있죠.

```
fahrenheit = float(raw_input())
```

이 코드는 정확히 같은 일을 합니다. 사용자로부터 문자열을 받아 숫자로 만듭니다. 좀 더 짧은 코드로 작업을 처리하는 것이죠.

이제 온도 변환 프로그램에 이 코드를 사용해봅시다. 다음 프로그램을 작성해서 실행한 후 결과를 확인해봅시다.

예제 5.3 raw_input()을 이용한 온도 변환

```
print "This program converts Fahrenheit to Celsius"
print "Type in a temperature in Fahrenheit: ",
fahrenheit = float(raw_input())    ◀──────  float(raw_input())을 이용해 사용자에게서
                                             화씨 온도를 받습니다.
celsius = (fahrenheit - 32) * 5.0 / 9
print "That is",
print celsius,                      │  각 줄의 끝에 콤마를 둔 것을 눈여겨보세요.
print "degrees Celsius"
```

예제 5.3의 마지막 세 줄을 다음과 같이 한 줄로 합칠 수 있습니다.

```
print "That is", celsius, "degrees Celsius"
```

이렇게 하면 세 개의 print 문이 한 줄로 줄어듭니다.

int()와 raw_input() 함께 쓰기

사용자에게 입력받고 싶은 숫자가 항상 정수(소수가 없는)가 되게 하려면 다음과 같이 int()를 이용해 숫자를 변환하면 됩니다.

```
response = raw_input("How many students are in your class: ")
numberOfStudents = int(response)
```

프로그래머처럼 생각하기

숫자를 입력받는 또 다른 방법도 있습니다. 파이썬 2에는 곧바로 숫자를 받는 input()이라는 함수가 있어서 int()나 float()로 입력을 변환하지 않아도 됩니다. 1장의 숫자 알아맞히기 프로그램에서 input() 함수를 사용했는데, input()이 사용자에게서 숫자를 입력받는 가장 간단한 방법이었기 때문입니다. 하지만 일관성을 유지하기 위해 이 책의 나머지 부분에서는 항상 raw_input() 함수를 사용하겠습니다. 게다가 raw_input() 함수(입력을 변환할 필요 없이 바로 숫자를 입력받는)는 파이썬 3에서 없어졌습니다. 그래서 파이썬 3에는 input()만 있습니다. 조금 혼동되게 만들자면 파이썬 2의 raw_input() 함수는 파이썬 3에서 input()으로 이름이 바뀌었는데 이번 장에서 본 것과 동일한 함수로서 문자열만 받습니다. 이미 여러분은 문자열로부터 숫자를 만들어내는 방법을 알고 계실 테니 파이썬 2의 input() 대신 raw_input()을 사용하는 방법을 권장합니다.

웹에서 입력받기

보통 프로그램에 대한 입력은 사용자에게 받습니다. 하지만 입력을 받는 다른 방법도 있습니다. 컴퓨터의 하드디스크에 있는 파일로부터 입력받거나(22장에서 배웁니다) 인터넷에서 입력받을 수도 있습니다.

컴퓨터가 인터넷에 연결돼 있으면 예제 5.4의 프로그램을 실행해 봅시다. 이 프로그램은 이 책의 홈페이지에서 파일을 가져와 해당 파일에 들어있는 메시지를 보여줍니다.

예제 5.4 웹 상의 파일로부터 입력받기

```python
import urllib2
file = urllib2.urlopen('http://helloworldbook2.com/data/message.txt')
message = file.read()
print message
```

이게 끝입니다. 컴퓨터는 이 4줄의 코드만으로 웹을 가로질러 이 책의 홈페이지로 가서 파일을 가져와 파일의 내용을 보여줍니다. 이 프로그램을 실행하면(인터넷에 연결돼 있다는 가정하에) 메시지를 보게 될 것입니다.

이 프로그램을 사무실이나 학교 컴퓨터에서 실행하면 동작하지 않을 가능성이 있습니다. 그 이유는 어떤 사무실이나 학교에서는 프락시(proxy)라는 것을 이용해 인터넷에 접속하기 때문입니다. 프락시는 인터넷과 사무실 및 학교 사이에서 다리나 통로처럼 동작하는 또 하나의 컴퓨터를 의미합니다. 프락시가 어떻게 설정돼 있느냐에 따라 이 프로그램은 프락시를 통해 인터넷에 연결하는 법을 알지 못할 수도 있습니다. 집에서(또는 프락시 없이 인터넷에 바로 연결돼 있는 어딘가에서) 이 프로그램을 실행해 보면 프로그램이 문제없이 동작할 것입니다.

프로그래머처럼 생각하기

현재 사용 중인 운영체제(윈도우, 리눅스, 맥 OS X)에 따라 예제 5.4의 프로그램을 실행했을 때 각 줄의 끝에 자그마한 사각형이나 \r과 같은 것이 보일 수도 있습니다. 그 이유는 운영체제에 따라 텍스트의 줄 끝을 나타내는 방법이 다르기 때문입니다. 윈도우(및 윈도우 이전의 MS-DOS)에서는 CR(Carriage Return)과 LF(Line Feed)라는 두 개의 문자를 사용합니다. 리눅스에서는 LF만 사용하고 맥 OS X에서는 CR만 사용합니다.

어떤 프로그램에서는 이 세 가지를 모두 처리할 수 있지만 IDLE과 같은 일부 프로그램에서는 줄마침 문자가 기대하는 바와 다르면 혼란스러워합니다. 그러한 경우 "이 문자를 인식할 수 없습니다"를 의미하는 자그마한 사각형이 표시됩니다. 이러한 자그마한 사각형은 현재 사용 중인 운영체제나 실행 중인 프로그램(IDLE을 이용하거나 다른 어떤 방법으로 실행한)에 따라 보이거나 보이지 않을 수도 있습니다.

Hello Python!

이번 장에서 배운 내용

이번 장에서는 다음과 같은 내용을 배웠습니다.

- `raw_input()`을 이용해 텍스트 입력하기
- `raw_input()`에 입력 요청 메시지 추가하기
- `raw_input()`과 `int()` 및 `float()`를 이용해 숫자 입력하기
- 콤마를 이용해 여러 개를 한 줄에 출력하기

학습 내용 점검

1. 다음 코드를 통해

   ```
   answer = raw_input()
   ```

   사용자가 12를 입력하면 answer의 자료형은 무엇입니까? 문자열입니까, 숫자입니까?

2. `raw_input()`으로 입력 요청 메시지를 출력하려면 어떻게 해야 합니까?

3. `raw_input()`으로 정수를 받으려면 어떻게 해야 합니까?

4. `raw_input()`으로 부동 소수점 수를 받으려면 어떻게 해야 합니까?

도전 과제

1. 인터랙티브 모드에서 여러분의 이름과 성을 각각 나타내는 변수를 두 개 만듭니다. 그런 다음 한 개의 print 문을 이용해 이름과 성을 함께 출력하십시오.

2. 이름과 성을 각각 차례로 묻는 프로그램을 작성한 다음, 이름과 성이 포함된 메시지를 출력하십시오.

3. 직사각형 방의 넓이(단위는 피트)를 입력받아 바닥에 까는 데 필요한 카페트의 넓이를 계산해서 보여주는 프로그램을 작성하십시오.

4. 3번 문항과 같은 일을 수행하는 프로그램을 작성하되 제곱 야드당 카페트 가격도 입력받는 프로그램을 작성하십시오. 그런 다음 프로그램에서는 다음의 세 가지를 출력합니다.
   - 카페트의 총 규모(피트 단위)
   - 카페트의 총 규모(제곱 야드 단위, 1제곱 야드 = 9제곱 피트)
   - 카페트에 드는 총 비용

Hello Python!

5. 사용자가 잔돈을 계산하는 데 유용한 프로그램을 작성하십시오. 프로그램에서는 다음과 같은 내용을 질문해야 합니다.

- 500원짜리가 몇 개인가요?("How many 500-won coins?")

- 100원짜리가 몇 개인가요?("How many 100-won coins?")

- 50원짜리가 몇 개인가요?("How many 50-won coins?")

- 10원짜리가 몇 개인가요?("How many 10-won coins?")

그런 다음 잔돈의 총 금액을 출력해야 합니다.

06

GUI:
그래픽 사용자 인터페이스

지금까지는 모든 입력과 출력이 IDLE 창 안에서 간단한 텍스트였습니다. 하지만 현대의 컴퓨터와 프로그램에서는 그래픽을 많이 사용합니다. 프로그램에서 그래픽을 보여줄 수 있다면 멋질 것입니다. 그래서 6장에서는 간단한 GUI를 만들어보겠습니다. 다시 말해 프로그램을 창, 버튼 등과 같이 지금까지 봐온 것과 비슷하게 만들겠다는 뜻입니다.

GUI란?

GUI는 **그래픽 사용자 인터페이스(Graphical User Interface)**를 줄인 말입니다. GUI에서는 텍스트를 입력하고 받는 대신 사용자가 창, 버튼, 텍스트 상자 등과 같은 그래픽 형태의 것들을 보고 마우스를 이용해 키보드를 입력할 때처럼 클릭할 수 있습니다. 지금까지 만든 프로그램은 **명령줄(command-line)** 혹은 **텍스트 모드(text-mode)** 프로그램이었습니다. GUI는 프로그램과 상호작용하는 다른 방법에 불과합니다. GUI를 갖춘 프로그램도 여전히 세 가지 기본 요소인 입력, 처리, 출력을 가지고 있습니다. 하지만 입력과 출력이 좀 더 세련됐다는 점이 다릅니다.

그런데 GUI는 보통 '지 유 아이(Gee You Eye)'처럼 각 글자별로 발음하는 것이 아니라 '구이(gooey)'처럼 발음합니다. 참고로 컴퓨터에 GUI는 둬도 괜찮지만 끈적끈적(gooey)한 것을 둬서는 안 됩니다. 키에 들러붙어 키보드를 치기가 어려워질 테니까요. :)

첫 번째 GUI

이미 여러분은 GUI를 사용해 봤습니다. 사실 여러 개를 사용해봤죠. 웹 브라우저는 GUI입니다. IDLE도 GUI이고요. 이제 직접 GUI를 만들어보겠습니다. 그러자면 EasyGui라는 것의 도움을 받아야 합니다.

EasyGui는 간단한 GUI를 매우 쉽게 만들 수 있게 해주는 파이썬 모듈입니다. 아직까진 모듈에 관해 많이 이야기하지 않았지만(15장에서 다루겠습니다) 모듈은 파이썬에 기본적으로 탑재돼 있지 않은 것들에 뭔가를 더하는 방법입니다.

이 책에서 제공하는 설치 프로그램으로 파이썬을 설치했다면 이미 EasyGui가 설치돼 있을 것입니다. 그렇지 않다면 **easygui.sourceforge.net**/에서 EasyGui를 내려받아도 됩니다.

EasyGui 설치

easygui.py이나 **easygui.py**가 포함된 ZIP 파일을 내려받을 수 있습니다. EasyGui를 설치하려면 **easygui.py**를 파이썬이 찾을 수 있는 곳에 둬야 합니다. 그곳은 어디일까요?

파이썬 경로

파이썬은 사용 가능한 모듈을 찾아보는 하드디스크 상의 장소 목록을 가지고 있습니다. 이 내용은 조금 복잡할 수도 있는데, 윈도우, 맥 OS X, 리눅스마다 다르기 때문입니다. 하지만 **easygui.py**를 파이썬 자체가 설치돼 있는 곳에 두면 파이썬이 그것을 찾을 것입니다. 그러므로 하드디스크에서 **Python27**이라는 이름의 폴더를 찾아 **easygui.py**를 해당 폴더에 넣으면 됩니다.

GUI 만들기

IDLE을 실행한 다음 인터랙티브 모드에서 다음 코드를 입력합니다.

```
>>> import easygui
```

이 코드는 여러분이 EasyGui 모듈을 사용할 것이라고 파이썬에게 알려줍니다. 오류 메시지가 나오지 않는다면 파이썬이 EasyGui 모듈을 찾은 것입니다. 오류 메시지가 나타나거나 EasyGui가 동작하지 않는 것처럼 보일 경우 이 책의 홈페이지(www.helloworldbook2.com)로 가면 도움말을 찾을 수 있을 것입니다.

이제 **OK** 버튼이 포함된 간단한 메시지 상자를 만들어봅시다.

```
>>> easygui.msgbox("Hello There!")
```

EasyGui의 `msgbox()` 함수는 메시지 상자를 만드는 데 사용됩니다. 대부분의 경우 EasyGui 함수의 이름은 영어 단어를 줄인 형태입니다.

`msgbox()` 함수를 사용하면 다음과 같은 결과가 나타날 것입니다.

그리고 **OK** 버튼을 클릭하면 메시지가 닫힙니다.

GUI 입력

앞에서 GUI 출력의 일종인 메시지 상자를 확인했습니다. 그럼 입력은 어떨까요? EasyGui로도 입력을 받을 수 있습니다.

앞의 예제를 인터랙티브 모드에서 실행했을 때 **OK** 버튼을 클릭하셨나요? 만약 그랬다면 셸이나 터미널, 명령창에서 다음과 같은 내용이 보일 것입니다.

```
>>> import easygui
>>> easygui.msgbox("Hello there!")
'OK'
```

`'OK'` 부분은 파이썬과 EasyGui이 여러분에게 사용자가 **OK** 버튼을 클릭했음을 의미합니다. EasyGui는 사용자가 GUI에서 한 일(무슨 버튼을 클릭했고, 무엇을 입력했는지 등등)을 알려주기 위해 정보를 돌려줍니다. 그럼 이 응답에 이름을 부여할 수 있습니다(변수에 할당). 다음과 같이 해봅시다.

```
>>> user_response = easygui.msgbox("Hello there!")
```

메시지 상자에서 **OK**를 클릭해 닫습니다. 그런 다음 다음과 같이 입력합니다.

```
>>> print user_response
OK
```

이제 사용자의 응답인 OK가 user_response라는 변수명을 갖게 됐습니다. 이번에는 EasyGui로 입력을 받는 몇 가지 다른 방법을 살펴봅시다.

방금 살펴본 메시지 상자는 **대화상자(dialog box)**라고 하는 것의 한 예에 불과합니다. 대화상자는 사용자에게 뭔가를 알려주거나 사용자로부터 입력을 받는 데 사용되는 GUI 요소입니다. 입력은 버튼 클릭(**OK** 같은)이거나 파일명, 텍스트(문자열)일 수 있습니다.

EasyGui의 msgbox는 메시지와 **OK**라는 버튼이 하나 포함된 대화상자입니다. 하지만 더 많은 버튼 및 그밖의 다양한 것이 포함된 갖가지 종류의 대화상자도 사용할 수 있습니다.

좋아하는 맛 고르기

이번에는 가장 좋아하는 맛의 아이스크림을 선택하는 예제를 이용해 EasyGui로 사용자에게서 입력(아이스크림 맛)을 받는 다양한 방법을 살펴보겠습니다.

버튼이 여러 개인 대화상자

버튼이 여러 개인 대화상자(메시지 상자 같은)를 만들어 봅시다. 이렇게 하려면 **버튼 상자**(buttonbox)를 이용하면 됩니다. 이번에는 인터랙티브 모드에서 하는 것이 아니라 프로그램을 만들어봅시다.

IDLE에서 새 파일을 하나 만듭니다. 그런 다음 다음 예제를 프로그램에 입력합니다.

예제 6.1 버튼을 이용한 입력받기

```
import easygui
flavor = easygui.buttonbox("What is your favorite ice cream flavor?",
                choices = ['Vanilla', 'Chocolate', 'Strawberry'] )     ◀──── 선택 목록
easygui.msgbox ("You picked " + flavor)
```

대괄호 안에 들어 있는 코드를 **리스트(list)**라고 합니다. 아직 리스트에 이야기하진 않았지만 12장에서 리스트에 관해 배울 것입니다. 일단 지금은 EasyGui 프로그램이 동작할 수 있게 코드에 입력합니다(혹은 정말로 궁금하다면 미리 확인해봐도 됩니다).

그런 다음 파일을 저장하고(여기서는 ice_cream1.py라는 이름으로 저장했습니다) 실행합니다. 그럼 다음과 같은 결과를 볼 수 있을 것입니다.

그러고 나서 어느 맛을 클릭했느냐에 따라 다음과 같은 화면을 보게 될 것입니다.

이 프로그램은 어떻게 작동했을까요? 사용자가 클릭한 버튼의 라벨은 '입력'이었습니다. 여기서는 해당 입력에 변수명(여기서는 flavor)을 할당했습니다. 사용자가 직접 내용을 입력하지 않고 버튼을 클릭했다는 점만 제외하면 raw_input()을 사용하는 것과 똑같습니다. 이것이 바로 GUI입니다.

선택 상자

이번에는 사용자가 맛을 선택하는 다른 방법을 알아봅시다. EasyGui에는 선택 목록을 보여주는 **선택 상자(choicebox)**라는 것이 있습니다. 선택 상자의 경우 사용자가 하나를 선택한 다음 **OK** 버튼을 누릅니다.

선택 상자를 시험해 보려면 예제 6.1의 프로그램에서 buttonbox를 choicebox로만 바꾸면 됩니다. 프로그램의 새 버전은 다음과 같습니다.

예제 6.2 선택 상자를 이용한 입력받기

```
import easygui
flavor = easygui.choicebox("What is your favorite ice cream flavor?",
                choices = ['Vanilla', 'Chocolate', 'Strawberry'] )
easygui.msgbox ("You picked " + flavor)
```

예제 6.2의 프로그램을 저장한 후 실행합니다. 그럼 다음과 같은 결과를 볼 수 있을 것입니다.

맛을 클릭한 다음 **OK** 버튼을 클릭하면 앞에서 본 것과 같은 메시지가 나타날 것입니다. 참고로 마우스로 항목을 선택하는 것뿐만 아니라 키보드의 위아래 화살표로 맛을 선택할 수도 있다는 점을 알아둡시다.

만약 **Cancel**을 클릭하면 프로그램이 종료되고 오류가 나타날 것입니다. 그 이유는 프로그램의 마지막 줄에서 텍스트(Vanilla 같은)를 기대하는데 **Cancel**을 클릭했기 때문에 아무것도 받지 못하기 때문입니다.

제가 프로그램을 실행했을 때는 선택 상자가 엄청 컸어요. 거의 화면을 가득 채울 정도였죠! 그리고 창을 줄이려고 해도 그렇게 할 수 없었어요. 왜 그런 거죠?

저도 마찬가지입니다. 그런데 그렇게 큰 선택 상자는 이 책에 넣기에도 너무 컸습니다. 그래서 저는 약간의 속임수를 썼습니다. 저는 **easygui.py**를 수정해서 선택 상자의 크기를 이 책에 맞게 작게 줄였습니다. 여러분은 그렇게 하지 않아도 되지만 정말로 그렇게 하고 싶다면 방법을 알려주겠습니다. 미리 경고하건대 방법이 약간 복잡합니다.

1. **easygui.py** 파일에서 def __choicebox로 시작하는 부분을 찾습니다(제가 사용한 버전의 easygui.py에서는 934번째 줄 근처였습니다). 참고로 코드를 작성할 때 쓰는 대부분의 편집기에서는 창 하단에 줄 번호를 보여줍니다.

2. 거기서부터 약 30줄 아래에(대략 970번째 줄 근처에) 다음과 같은 코드가 있을 것입니다.

```
root_width = int((screen_width * 0.8))
root_height = int((screen_height * 0.5))
```

0.8을 0.4로, 0.5를 0.25로 변경합니다. 그런 다음 변경사항을 easygui.py에 저장합니다. 이제 다시 프로그램을 실행해 보면 선택 상자 창이 더 작게 나타날 것입니다.

텍스트 입력

이번 장의 예제에서는 사용자가 여러분, 즉 프로그래머가 제공한 선택 목록에서 고를 수 있게 했습니다. 그런데 raw_input()처럼 사용자가 텍스트를 입력할 수 있는 것이 필요하다면 어떨까요? 그렇게 되면 사용자는 원하는 어떤 맛도 입력할 수 있습니다. EasyGui에는 그러한 작업을 위한 **입력 상자**(enterbox)라는 것이 있습니다. 다음 예제를 봅시다.

예제 6.3 입력 상자를 이용한 입력받기

```
import easygui
flavor = easygui.enterbox("What is your favorite ice cream flavor?")
easygui.msgbox ("You entered " + flavor)
```

이 프로그램을 실행하면 다음과 같은 결과를 볼 수 있습니다.

그런 다음 좋아하는 맛을 입력한 다음 **OK**를 클릭하면 앞에서와 마찬가지로 메시지 상자가 나타날 것입니다.

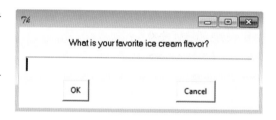

마치 raw_input()처럼 사용자에게서 텍스트(문자열)를 받습니다.

기본 입력

때로는 사용자가 정보를 입력할 때 일반적으로 입력되리라 예상되는 특정한 답변이 있습니다. 이를 기본값(default)이라 합니다. 자동으로 가장 일반적인 답변을 입력해 둠으로써 사용자가 입력해야 할 양을 줄일 수 있습니다. 그리고 나면 사용자는 기본값과 다른 내용을 입력해야 할 때만 입력하면 됩니다.

입력 상자에 기본값을 넣으려면 프로그램을 다음과 같이 변경합니다.

예제 6.4 기본값 만들기

```
import easygui
flavor = easygui.enterbox("What is your favorite ice cream flavor?",
                          default = 'Vanilla')  ←——————————  기본값
easygui.msgbox ("You entered " + flavor)
```

이제 프로그램을 실행하면 "Vanilla"가 입력 상자에 미리 입력됩니다. 이것을 지우고 원하는 값을 입력해도 되고, 좋아하는 맛이 바닐라 맛이라면 아무것도 입력하지 않고 **OK**만 클릭해도 됩니다.

숫자 입력

EasyGui에서 숫자를 입력해야 한다면 입력 상자를 이용해 문자열을 입력받은 다음 `int()`나 `float()`를 이용해 문자열로부터 숫자를 만들면 됩니다(4장에서 했던 것처럼).

EasyGui에는 정수를 입력하는 데 사용할 수 있는 **정수 상자**(`integerbox`)라는 것도 있습니다. 정수 상자에는 입력할 수 있는 최댓값과 최솟값을 설정할 수 있습니다.

그렇지만 정수 상자에는 실수(소수)는 입력할 수 없습니다. 소수를 입력하려면 입력 상자를 이용해 문자열을 받은 다음 `float()`를 이용해 문자열을 변환해야 합니다.

숫자 알아맞히기 게임... 한번 더!

1장에서는 간단한 숫자 알아맞히기 프로그램을 만들었습니다. 이제 이 게임에서 입력과 출력에 EasyGui를 이용해 봅시다. 다음 코드를 봅시다.

예제 6.5 EasyGui를 이용한 숫자 알아맞히기 게임

```
import random, easygui
secret = random.randint(1, 99)          ◀——— 비밀 숫자를 고름
guess = 0
tries = 0
easygui.msgbox("""AHOY! I'm the Dread Pirate Roberts, and I have a secret! It is a number from 1 to 99.
I'll give you 6 tries.""")
while guess != secret and tries < 6:                    플레이어가 추측한 숫자를 가져옴
    guess = easygui.integerbox("What's yer guess, matey?")
    if not guess: break
    if guess < secret:
        easygui.msgbox(str(guess) + " is too low, ye scurvy dog!")
    elif guess > secret:                                          6번까지 추측을 허용
        easygui.msgbox(str(guess) + " is too high, landlubber!")
    tries = tries + 1          ◀——— 추측할 기회를 하나 사용
if guess == secret:
    easygui.msgbox("Avast! Ye got it! Found my secret, ye did!")
else:                                                  게임이 끝나면 결과를 출력
    easygui.msgbox("No more guesses! The number was " + str(secret))
```

이 프로그램의 각 부분이 어떻게 동작하는지 아직 배우지 않았지만 일단 코드를 입력한 다음 실행해 봅시다. 프로그램을 실행하면 다음과 같은 화면을 볼 수 있을 것입니다.

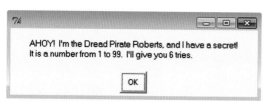
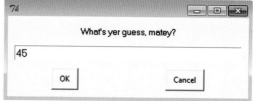

if, else, elif에 관해서는 7장에서, while에 관해서는 8장에서 배울 것입니다. random에 관해서는 15장에서 배우고, 23장에서 random을 더욱더 많이 사용할 것입니다.

기타 GUI 요소

EasyGui에는 여러 개(딱 하나만이 아니라)를 고를 수 있는 선택 상자를 비롯해 파일명을 받는 특별한 대화상자 등과 같은 다른 GUI 요소도 있습니다. 하지만 지금은 이번 장에서 살펴본 것들로도 충분합니다.

EasyGui는 GUI를 만드는 작업을 아주 수월하게 만들고 GUI와 관련된 복잡한 부분들을 걱정하지 않아도 되게끔 감춰줍니다. 나중에 더 유연하고 섬세한 제어가 가능한 GUI를 만드는 법도 살펴보겠습니다.

EasyGui에 관한 더 자세한 사항은 EasyGui 홈페이지(easygui.sourceforge.net)를 참고합니다.

(파이썬) 프로그래머처럼 생각하기

EasyGui와 같이 파이썬으로 할 수 있는 것들을 좀 더 알아보고 싶다면 내장 도움말 시스템을 이용할 수 있습니다.

인터랙티브 모드라면 프롬프트에서 다음과 같이 입력하면

```
>>>help()
```

도움말 시스템이 나타납니다. 그런 다음 프롬프트가 다음과 같이 바뀔 것입니다.

```
help >
```

도움말 시스템이 실행된 후 다음과 같이 자세히 알고 싶은 것의 이름만 입력하면

```
help> time.sleep
```

혹은

```
help> easygui.msgbox
```

도움말이 나타날 것입니다.

도움말 시스템에서 나와 일반 인터랙티브 프롬프트로 되돌아갈 때는quit을 입력하면 됩니다.

```
help> quit
>>>
```

도움말 중 일부는 읽거나 이해하기 어려울 수도 있고, 원하는 것을 찾지 못하는 경우도 있을 것입니다. 하지만 파이썬에 관한 더 자세한 정보가 필요하다면 한 번 시도해 볼 만합니다.

Hello Python!

이번 장에서 배운 내용

이번 장에서는 다음과 같은 내용을 배웠습니다.

- EasyGui를 이용해 GUI 만들기
- 메시지 상자(msgbox)를 이용해 메시지 보여주기
- buttonbox, choicebox, enterbox, integerbox와 같은 버튼, 선택 상자, 텍스트 입력 상자를 이용해 입력받기
- 파이썬에 내장된 도움말 시스템을 사용하는 법

학습 내용 점검

1. EasyGui를 이용해 메시지 상자를 어떻게 보여줄 수 있습니까?
2. EasyGui를 이용해 문자열(텍스트)을 입력받으려면 어떻게 해야 합니까?
3. EasyGui를 이용해 정수를 입력받으려면 어떻게 해야 합니까?
4. EasyGui를 이용해 실수(소수)를 입력받으려면 어떻게 해야 합니까?
5. 기본값이란 무엇입니까? 기본값을 사용할 만한 예제를 보여주십시오.

도전 과제

1. 5장의 온도 변환 프로그램에서 raw_input()과 print 대신 GUI 입력과 출력을 사용하도록 바꿔보십시오.

2. 사용자의 이름과 시/도, 시/구/군, 읍/면/동, 번지수, 우편번호를 모두 EasyGui 대화상자로 묻는 프로그램을 작성하십시오. 그런 다음 이 프로그램에서는 다음과 같은 편지 주소 형식으로 결과를 출력해야 합니다.

```
Hong Gildong
Munballo 155, PajuBookCity
Paju-si, Gyeonggi-do
413-120
```

판단과 결정

처음 몇 개의 장에서는 프로그램의 기본적인 구성 요소를 살펴봤습니다. 이제 **입력, 처리, 출력**이 포함된 프로그램을 만들 수 있습니다. 심지어 GUI를 이용해 입력과 출력을 좀 더 멋지게 만들 수도 있습니다. 입력을 변수에 할당해서 나중에 사용할 수 있고, 수학을 이용해 그것을 처리할 수도 있습니다. 이제 프로그램이 하는 일을 제어하는 방법을 살펴봅시다.

프로그램이 매번 같은 일을 했다면 조금 지루하고 그리 유용하지 않을 것입니다. 프로그램은 무엇을 할지 **결정**할 수 있어야 합니다. 여기서는 프로그램의 **처리** 과정에 다양한 의사결정 기법을 추가해보겠습니다.

테스트

프로그램은 입력을 토대로 다양한 일을 할 수 있어야 합니다. 다음은 몇 가지 예입니다.

- 만약 팀이 정답을 맞히면 1점을 얻는다.
- 만약 제인이 외계인을 쏘면 폭발음이 난다.
- 만약 파일이 없으면 오류 메시지가 나타난다.

프로그램은 의사결정을 내리기 위해 어떤 **조건**(condition)이 참인지 거짓인지 검사(테스트)합니다. 첫 번째 예제에서는 조건이 "정답을 맞히면"입니다.

파이썬에는 뭔가를 검사하는 방법이 몇 가지 있으며, 검사할 때마다 나올 수 있는 결과는 **참**(true)이나 **거짓**(false)밖에 없습니다.

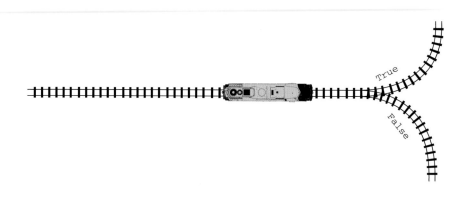

다음은 파이썬이 뭔가를 검사하기 위해 질문할 수 있는 것들입니다.

- 두 개가 서로 같은가?

- 어느 하나가 다른 것보다 작은가?

- 어느 하나가 다른 것보다 큰가?

그런데 "정답을 맞히면"은 검사할 수 없는 것이고, 적어도 직접적으로는 그렇습니다. 즉, 파이썬이 이해할 수 있는 방식으로 검사 내용을 설명해야 한다는 뜻입니다.

팀이 정답을 맞혔는지 알고 싶을 경우 아마 팀의 답변은 물론 정확한 답도 알고 있을 것입니다. 그럼 다음과 같이 쓸 수 있습니다.   만약 팀의 답변이 정답과 같다면

만약 팀이 정답을 말했다면 두 변수의 값은 같을 것이고 **조건**은 **참**일 것입니다. 팀의 답이 틀렸다면 두 변수의 값은 같지 않을 것이고 **조건**은 **거짓**일 것입니다.

> **용어 설명**
>
> 검사를 수행하고 그 결과에 따라 의사결정을 내리는 것을 **분기**(branching)라고 합니다. 프로그램은 검사 결과를 토대로 어느 곳으로 가야 할지, 즉 어떤 분기를 따라가야 할지 결정합니다.

파이썬에서는 다음과 같이 if라는 키워드를 이용해 조건을 검사합니다.

```
if timsAnswer == correctAnswer:
    print "You got it right!"
    score = score + 1
print "Thanks for playing."
```

이 두 줄은 코드 "블록"을 형성하는데, 두 줄 모두 윗줄과 아랫줄을 기준으로 들여쓰기 돼 있기 때문입니다.

if 문 끝의 콜론(:)은 파이썬에게 다음에 명령 블록이 온다고 알려줍니다. if 문 다음 줄부터 들여쓰기되지 않은 부분 전까지 들여쓰기된 부분이 모두 명령 블록에 포함됩니다.

조건이 참이면 이어서 나오는 블록 안의 것들이 모두 실행됩니다. 앞의 예제에서 2, 3번째 줄이 1번째 줄에 있는 if에 대한 구문 블록을 형성합니다.

이제 들여쓰기와 코드 블록에 관해 이야기하겠습니다.

들여쓰기

어떤 언어에서는 들여쓰기가 단순히 스타일의 문제에 불과합니다. 즉, 원하는 대로 들여쓰기를 하거나 아예 들여쓰기를 하지 않을 수도 있습니다. 하지만 파이썬에서는 들여쓰기가 코드를 작성할 때 필수적인 부분입니다. 들여쓰기는 파이썬에게 어디서부터 코드 블록이 시작되고 끝나는지 말해줍니다.

파이썬에서는 if 문과 같은 특정 구문에 어떤 일을 해야 할지 알려주는 코드 블록이 필요합니다. if 문의 경우 코드 블록은 파이썬으로 하여금 조건이 참일 경우 어떤 일을 할지 알려줍니다.

전체 블록이 같은 크기로만 들여쓰기돼 있다면 블록을 얼마만큼 들여쓸지는 중요하지 않습니다. 파이썬에서는 코드 블록을 들여쓸 때 공백 4칸을 쓰는 것이 **관례**(convention)입니다. 따라서 여러분이 만드는 프로그램에서도 이러한 형식을 따르는 것이 좋습니다.

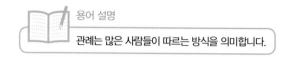

용어 설명

관례는 많은 사람들이 따르는 방식을 의미합니다.

내 눈엔 두 개로 보이는데?

if 문에 정말로 등호가 두 개 있는 것인가요(if timsAnswer == correctAnswer)? 그렇습니다, 두 개입니다. 그 이유는 다음과 같습니다.

내 눈엔 두 개로 보이는데?

사람들은 "5 더하기 4는 9와 같다"라고 말하고 "5 더하기 4는 9와 같습니까?"라고 묻곤 합니다. 하나는 문장이고 다른 하나는 질문이죠.

파이썬에서도 **문장**과 **질문**이 있습니다. **문장**의 예로 변수에 값을 할당하는 것이 있습니다. **질문**의 예로 어떤 변수가 특정 값과 같은지 검사하는 것이 있습니다. 하나는 뭔가를 설정하는 것을 의미하고(할당하거나 같게 만들거나), 다른 하나는 뭔가를 **검사**하는 것을 의미합니다(같은가, 예/아니오). 그래서 파이썬에서는 두 개의 서로 다른 기호를 사용합니다.

변수에 값을 설정하거나 할당하는 데 사용되는 등호(=)는 이미 살펴본 적이 있습니다. 다음은 몇 가지 예입니다.

```
correctAnswer = 5 + 3
temperature = 35
name = "Bill"
```

두 개가 같은지 검사하기 위해 파이썬에서는 다음과 같이 이중 등호(==)를 사용합니다.

```
if myAnswer == correctAnswer:
if temperature == 40:
if name == "Fred":
```

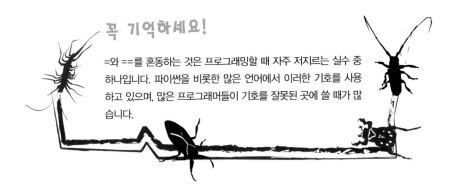

꼭 기억하세요!

=와 ==를 혼동하는 것은 프로그래밍할 때 자주 저지르는 실수 중 하나입니다. 파이썬을 비롯한 많은 언어에서 이러한 기호를 사용하고 있으며, 많은 프로그래머들이 기호를 잘못된 곳에 쓸 때가 많습니다.

테스트하거나 검사하는 것을 **비교한다**(comparing)라고 표현하기도 합니다. 그래서 이중 등호를 **비교 연산자**(comparison operator)라고 합니다. 3장에서 연산자에 관해 이야기했던 것을 떠올려봅시다. 연산자는 연산자 주위의 값을 연산하는 특별한 기호입니다. 이 경우에는 연산자가 값이 같은지 검사하는 역할을 합니다.

다른 종류의 검사

다행히도 다른 비교 연산자 ~보다 작다(<), ~보다 크다(>), 같지 않다(!=)는 기억하기가 쉽습니다(같지 않음을 표현할 때 <>를 사용할 수도 있지만 대부분의 사람들은 !=를 사용합니다). >나 <를 =와 결합해서 ~보다 크거나 같다(>=)와 ~보다 작거나 같다(<=)를 만들 수도 있습니다. 이러한 기호를 수학시간에 본 적이 있을 것입니다.

같지 않다
파이썬 3에서는 **같지 않다**를 나타내는 <> 문법이 더는 지원되는 않습니다. 그래서 파이썬 3에서는 **같지 않다**를 나타낼 때 !=를 사용해야 합니다.

게다가 다음과 같이 ~보다 크다나 ~보다 작다 연산자를 두 개 연결해서 둘 사이의 값을 검사할 수도 있습니다.

```
if 8 < age < 12:
```

이렇게 하면 age 변수의 값이 8과 12(8과 12는 포함하지 않음) 사이에 있는지 검사합니다. 이 경우 age가 9나 10, 11(혹은 8.1이나 11.6 등)이었다면 **참**일 것입니다. 나이의 범위에 8과 12도 포함하고 싶다면 다음과 같이 작성하면 됩니다.

```
if 8 <= age <= 12:
```

> **용어 설명**
>
> **비교 연산자**는 관계 연산자(relational operator)라고도 합니다. 그 이유는 양측의 관계, 즉 같거나 같지 않음, 크거나 작다와 같은 관계를 검사하기 때문입니다. 비교는 **조건부 검사**(conditional test) 또는 **논리 검사**(logical test)라고도 합니다. 프로그래밍에서 논리란 결과가 참이거나 거짓인 경우를 가리킵니다.

예제 7.1에서는 비교 연산자를 사용하는 예제 프로그램을 볼 수 있습니다. IDLE 편집기에서 새 파일을 열어 이 프로그램을 입력한 후 compare.py라는 이름으로 저장합니다. 그런 다음 프로그램을 실행합니다. 각기 다른 숫자를 이용해 여러 번 실행해 봅시다. 첫 번째 숫자가 더 큰 경우, 첫 번째 숫자가 더 작은 경우, 두 숫자가 같은 경우를 각각 실습해보고 결과를 확인합니다.

예제 7.1 비교 연산자 사용하기

```
num1 = float(raw_input("Enter the first number: "))
num2 = float(raw_input("Enter the second number: "))
if num1 < num2:
    print num1, "is less than", num2
if num1 > num2:
    print num1, "is greater than", num2
if num1 == num2:                          ← 이중 등호임을 기억하세요
    print num1, "is equal to", num2
if num1 != num2:
    print num1, "is not equal to", num2
```

검사 결과가 거짓이면 어떻게 될까?

지금까지는 검사 결과가 **참**일 때 파이썬이 어떤 일을 하게 만드는 법을 살펴봤습니다. 그런데 검사 결과가 **거짓**이면 파이썬은 어떻게 할까요? 파이썬에서는 다음과 같은 세 가지 가능성이 있습니다.

■ **또 다른 검사를 수행합니다.** 첫 번째 검사가 거짓이면 다음과 같이 elif("else if"의 줄임말) 키워드를 이용해 파이썬이 다른 검사를 수행하게 할 수 있습니다.

```
if answer >= 10:
    print "You got at least 10!"
elif answer >= 5:
    print "You got at least 5!"
elif answer >= 3:
    print "You got at least 3!"
```

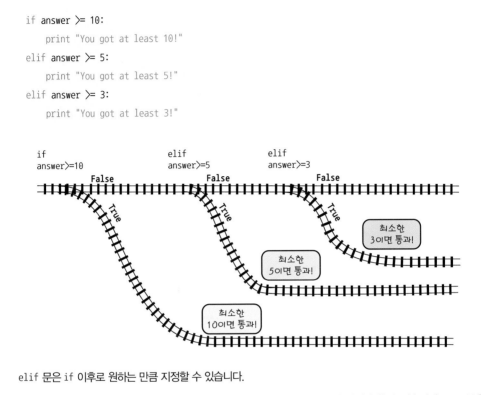

elif 문은 if 이후로 원하는 만큼 지정할 수 있습니다.

■ **다른 모든 검사가 거짓이면 다른 작업을 수행합니다.** else 키워드를 이용하면 이렇게 할 수 있습니다. else 문은 항상 if나 elif 문이 끝난 후 마지막에 나옵니다.

```
if answer >= 10:
    print "You got at least 10!"
elif answer >= 5:
    print "You got at least 5!"
elif answer >= 3:
    print "You got at least 3!"
else:
    print "You got less than 3."
```

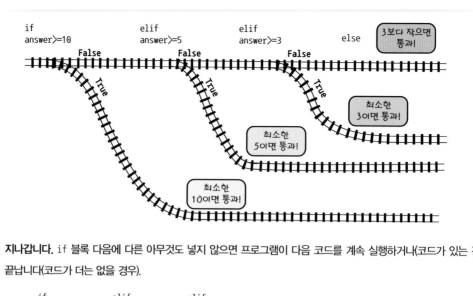

- **지나갑니다.** if 블록 다음에 다른 아무것도 넣지 않으면 프로그램이 다음 코드를 계속 실행하거나(코드가 있는 경우) 끝납니다(코드가 더는 없을 경우).

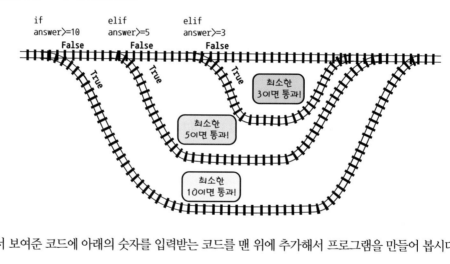

앞에서 보여준 코드에 아래의 숫자를 입력받는 코드를 맨 위에 추가해서 프로그램을 만들어 봅시다.

```
answer = float(raw_input ("Enter a number from 1 to 15"))
```

파일을 저장한 다음(이번에는 직접 파일명을 지어보세요) 프로그램을 실행합니다. 입력을 다르게 해서 몇 번 실행해 보고 결과를 확인합니다.

조건을 2개 이상 검사하기

조건을 2개 이상 검사하고 싶다면 어떻게 해야 할까요? 나이가 8살보다 많은 아이들을 대상으로 하는 게임을 만들었고 플레이어가 최소한 3학년이어야 한다고 해봅시다. 이 경우 두 개의 조건을 충족해야 합니다. 다음은 두 조건을 모두 검사하는 방법입니다.

```
age = float(raw_input("Enter your age: "))
grade = int(raw_input("Enter grade: "))
if age >= 8:
    if grade >= 3:
        print "You can play this game."
else:
    print "Sorry, you can't play the game."
```

참고로 첫 번째 print 문은 4칸이 아닌 8칸만큼 들여쓰기했습니다. 그 이유는 각 if마다 블록이 필요하므로 각각 들여쓰기를 해야 하기 때문입니다.

기억을 되살려 봅시다
파이썬 3을 사용하고 있다면 raw_input()을 input()으로 대체하고 다음과 같이 print에 괄호를 사용해야 합니다.
```
print("You can play this game.")
```

and 사용하기

마지막 예제는 문제 없이 실행될 것입니다. 하지만 같은 일을 하지만 더 짧게 표현하는 방법이 있습니다. 즉, 다음과 같이 조건을 결합할 수 있습니다.

```
age = float(raw_input("Enter your age: "))
grade = int(raw_input("Enter grade: "))
if age >= 8 and grade >= 3:          ← "and"를 이용해 조건을 결합
    print "You can play this game."
else:
    print "Sorry, you can't play the game."
```

and 키워드를 이용해 두 개의 조건을 합쳤습니다. and는 이어지는 블록이 실행되려면 두 개의 조건이 모두 참이어야 한다는 것을 의미합니다.

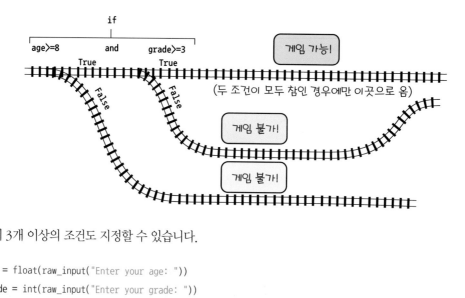

and에 3개 이상의 조건도 지정할 수 있습니다.

```
age = float(raw_input("Enter your age: "))
grade = int(raw_input("Enter your grade: "))
color = raw_input("Enter your favorite color: ")
if age >= 8 and grade >= 3 and color == "green":
    print "You are allowed to play this game."
else:
    print "Sorry, you can't play the game."
```

조건이 3개 이상이면 모든 조건이 참이어야 if 문이 참이 됩니다.

조건을 결합하는 다른 방법도 있습니다.

or 사용하기

or 키워드도 조건을 함께 지정하는 데 사용됩니다. or를 사용할 경우 여러 조건 중 하나라도 참이면 블록이 실행됩니다.

```
color = raw_input("Enter your favorite color: ")
if color == "red" or color == "blue" or color == "green":
    print "You are allowed to play this game."
else:
    print "Sorry, you can't play the game."
```

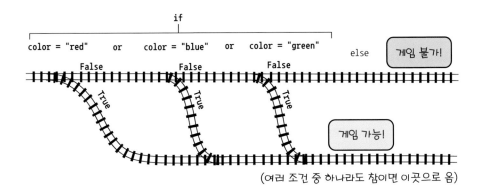

(여러 조건 중 하나라도 참이면 이곳으로 옴)

not 사용하기

not을 이용하면 비교 결과를 반대되는 의미로 뒤집을 수도 있습니다.

```
age = float(raw_input("Enter your age: "))
if not (age < 8):
    print "You are allowed to play this game."
else:
    print "Sorry, you can't play the game."
```

다음 코드는

```
if not (age < 8):
```

다음 코드와 의미가 같습니다.

```
if age >= 8:
```

두 경우 모두 나이가 8살이거나 그 이상일 경우 블록이 실행되고, 나이가 8보다 적으면 블록이 실행되지 않습니다.

4장에서는 +, -, *, /와 같은 **수학 연산자**를 살펴봤습니다. 이번 장에서는 **비교 연산자**인 <, >, == 등을 살펴봤습니다. and, or, not 키워드도 연산자입니다. 이러한 연산자를 **논리 연산자**(logical operator)라고 합니다. 논리 연산자는 두 개 이상의 비교 항목을 결합하거나(and, or) 반대로 뒤집어서(not) 비교 결과를 조정하는 데 사용됩니다.

표 7.1은 지금까지 설명한 연산자를 모두 정리한 것입니다.

표 7.1 수학 및 비교 연산자 목록

연산자	이름	역할
수학 연산자		
=	할당	이름(변수)에 값을 할당합니다.
+	더하기	두 숫자를 더합니다. 문자열을 연결하는 데도 사용할 수 있습니다.
−	빼기	두 숫자를 뺍니다.
+=	증가	숫자를 증가시킵니다.
−=	감소	숫자를 감소시킵니다.
*	곱하기	두 숫자를 곱합니다.
/	나누기	두 숫자를 나눕니다. 두 숫자가 모두 정수이면 결과로 나머지 없이 정수 몫만 나옵니다.
%	나머지	두 숫자의 정수 나눗셈에 대한 나머지(모듈러)를 구합니다.
**	지수승	숫자를 지정한 수만큼 거듭제곱합니다. 두 수 모두 정수나 실수로 지정할 수 있습니다.
비교 연산자		
==	같음	두 대상이 같은지 검사합니다.
⟨	~보다 작음	첫 번째 숫자가 두 번째 숫자보다 작은지 검사합니다.
⟩	~보다 큼	첫 번째 숫자가 두 번째 숫자보다 큰지 검사합니다.
⟨=	작거나 같음	첫 번째 숫자가 두 번째 숫자보다 작거나 같은지 검사합니다.
⟩=	크거나 같음	첫 번째 숫자가 두 번째 숫자보다 크거나 같은지 검사합니다.
!= ⟨⟩	같지 않음	두 대상이 같지 않은지 검사합니다(두 연산자 모두 사용할 수 있습니다).

이 표를 나중에 쉽게 참고할 수 있게 이 페이지를 즐겨찾기에 추가해 두십시오.

Hello Python!

이번 장에서 배운 내용

이번 장에서는 다음과 같은 내용을 배웠습니다.

- 비교 검사와 관계 연산자
- 들여쓰기와 코드 블록
- and와 or를 이용해 검사 항목 결합하기
- not을 이용해 검사 항목의 의미를 반대로 바꾸기

학습 내용 점검

1. 이 프로그램의 실행 결과는 무엇입니까?

```
my_number = 7
if my_number < 20:
    print 'Under 20'
else:
    print '20 or over'
```

2. 1번 문항의 프로그램에서 my_number를 25로 바꾸면 출력 결과는 어떻게 됩니까?

3. 어떤 숫자가 30보다 크지만 40보다 작거나 같은지 검사하려면 어떤 종류의 if 문을 사용해야 합니까?

4. 사용자가 입력한 글자인 "Q"가 대문자인지 소문자인지 검사하려면 어떤 종류의 if 문을 사용해야 합니까?

도전 과제

1. 어느 가게에서 할인행사를 진행 중입니다. 가격이 10만원 이하이면 10% 할인을 하고, 10만원 이상이면 20% 할인을 합니다. 사용자에게 구매가격을 묻고 할인율(10%나 20%)과 최종 가격을 보여주는 프로그램을 작성하십시오.

2. 어떤 축구팀에서 팀에 참가할 10살에서 12살에 해당하는 소녀를 모집하는 중입니다. 사용자의 나이와 사용자가 남자인지 여자인지("m"이나 "f"를 사용)를 묻는 프로그램을 작성하십시오. 사용자가 축구팀에 참가할 수 있는지를 나타내는 메시지를 출력합니다.

   보너스: 사용자가 여자가 아닐 경우 나이를 묻지 않도록 프로그램을 만드십시오.

3. 긴 자동차 여행을 하는 중에 주유소에 도착했습니다. 다음 주유소는 200km 떨어져 있습니다. 이번 주유소에서 연료를 충전해야 하는지, 아니면 다음 주유소까지 기다릴 수 있는지 계산하는 프로그램을 작성하십시오. 프로그램에서는 다음과 같은 세 가지 질문을 해야 합니다.

- 연료통의 크기는 몇 리터입니까?
- 연료통이 얼마나 차 있습니까(단위: 퍼센트, 예를 들어, 절반이 차 있으면 50)?
- 차의 연비는 리터당 몇 km입니까?

출력 결과는 다음과 같은 형태여야 합니다.

```
Size of tank: 60
percent full: 40
km per liter: 10
You can go another 240 km
The next gas station is 200 km away
You can wait for the next station.
```

혹은

```
Size of tank: 60
percent full: 30
km per liter: 8
You can go another 144 km
The next gas station is 200 km away
Get gas now!
```

보너스: 연료 표시 장치가 정확하지 않은 경우에 대비해 5리터 정도의 여유를 두도록 프로그램을 작성하십시오.

4. 사용자가 비밀번호를 입력해야만 프로그램을 사용할 수 있는 프로그램을 작성하십시오. 물론 여러분은 비밀번호를 알고 있습니다(코드를 여러분이 작성할 것이므로). 하지만 친구는 여러분에게 비밀번호를 물어보거나 비밀번호를 추측하거나, 또는 코드를 보고 비밀번호를 알아낼 수 있을 정도로 파이썬을 배워야 할 것입니다!

프로그램은 어떤 것이든 관계없습니다. 지금까지 작성한 프로그램 중 하나여도 되고 올바른 비밀번호를 입력했을 때 "성공!"과 같은 메시지를 보여주는 간단한 프로그램이어도 됩니다.

반복문

대다수의 사람들은 같은 일을 끊임없이 반복하는 일을 아주 지루해 합니다. 그렇다면 컴퓨터가 우리를 대신해서 하게 하면 어떨까요? 컴퓨터는 절대 지루해 하는 법이 없기 때문에 반복적인 작업을 하기에 아주 좋습니다. 8장에서는 컴퓨터가 어떤 일을 반복하게 하는 방법을 살펴보겠습니다.

컴퓨터 프로그램은 같은 단계를 끊임없이 반복할 때가 많습니다. 이를 반복(loop)이라고 합니다. 반복에는 크게 두 가지 종류가 있습니다.

- **특정 횟수만큼 반복:** 이를 계수 반복(counting loop)이라 합니다.
- **어떤 상황이 일어날 때까지 반복:** 이를 조건 반복(conditional loop)이라 하는데, 특정 조건이 참이면 계속 반복하기 때문입니다.

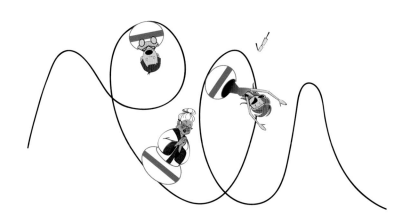

계수 반복

첫 번째 종류의 반복을 계수 반복이라 합니다. 계수 반복을 for 반복문이라고 부르기도 하는데, 파이썬을 비롯한 많은 언어에서는 for 키워드를 이용해 프로그램에 이러한 종류의 반복문을 만들어내기 때문입니다.

계수 반복을 이용하는 프로그램을 만들어봅시다. IDLE에서 **File > New**를 차례로 선택해 새로운 텍스트 편집 창을 엽니다(첫 번째 프로그램을 만들 때처럼). 그런 다음 다음 프로그램을 입력합니다.

예제 8.1 아주 간단한 for 반복문

```
for looper in [1, 2, 3, 4, 5]:
    print "hello"
```

프로그램을 **Loop1.py**라는 이름으로 저장한 후 실행합니다(**Run > Run Module** 메뉴를 이용하거나 단축키인 **F5** 키를 누르면 됩니다).

그럼 다음과 같은 결과를 확인할 수 있습니다.

```
>>> ============== RESTART ==============
>>>
hello
hello
hello
hello
hello
```

마치 메아리치는 것 같지 않습니까? 프로그램에서는 "hello"를 5번 출력했습니다. print 문이 단 하나밖에 없었는데도 말입니다. 어떻게 이렇게 할 수 있었을까요? 첫 줄(for looper in [1, 2, 3, 4, 5]:)은 다음과 같이 번역할 수 있습니다.

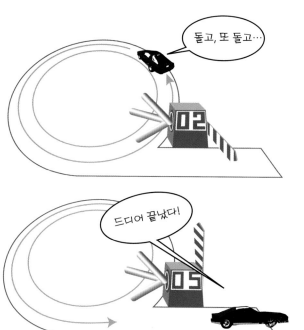

1. looper 변수는 값으로 1을 가지고 시작합니다(looper = 1).

2. 반복문에서는 다음 명령 블록 안에 있는 내용을 리스트의 각 값마다 한 번씩 수행합니다(이 리스트는 대괄호 안에 들어 있는 숫자를 의미합니다).

3. 반복문의 내용을 실행할 때마다 looper에는 리스트 상의 다음 값이 할당됩니다.

두 번째 줄(print "hello")은 파이썬이 매 반복마다 실행할 코드 블록입니다. for 반복문은 반복할 때마다 프로그램이 실행할 코드 블록이 필요합니다. 블록(코드에서 들여쓰기한 부분)을 반복문 본문이라고 합니다(7장에서 들여쓰기와 블록에 관해 이야기한 내용을 떠올려 봅시다).

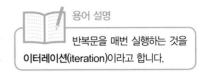

용어 설명

반복문을 매번 실행하는 것을 **이터레이션(iteration)**이라고 합니다.

이번에는 다른 것을 해봅시다. 같은 것을 매번 출력하는 대신 이번에는 프로그램이 반복문을 매번 반복할 때마다 다른 것을 출력하게 해봅시다.

예제 8.2 for 반복문에서 매번 다른 것을 출력하기

```
for looper in [1, 2, 3, 4, 5]:
    print looper
```

이 프로그램을 Loop2.py라는 이름으로 저장한 후 실행합니다. 실행 결과는 다음과 같을 것입니다.

```
>>> ============ RESTART ============
>>>
1
2
3
4
5
```

이번에는 "hello"를 5번 출력하는 대신 looper 변수의 값을 출력했습니다. 반복문을 매번 실행할 때마다 looper는 리스트 상의 다음 값을 가져갑니다.

폭주하는 반복문

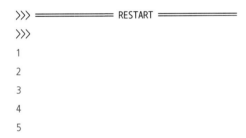

프로그램을 잘못 작성했더니 반복이 멈추질 않아요!

반복문을 멈추려면 어떻게 해야 할까요?

카터가 이야기한 일이 제게도 일어났습니다! 폭주하는 반복문(끝없는 반복문 또는 무한 루프라고도 합니다)을 경험해 보지 못한 프로그래머는 없을 것입니다. 파이썬 프로그램을 중지시키고 싶을 때는(심지어 폭주하는 반복문이 실행될 때도) **Ctrl + C**를 누르면 됩니다. 즉, **Ctrl** 키를 누른 상태에서 **C** 키를 누르면 됩니다. 이 방법은 나중에 아주 유용할 것입니다. 게임이나 그래픽 프로그램은 반복문 내에서 계속해서 실행됩니다. 그러한 프로그램에서는 마우스, 키보드, 게임 컨트롤러로부터 입력을 계속 받아들여 입력을 처리한 후 화면을 갱신합니다. 이러한 프로그램을 작성할 경우 반복문을 아주 많이 사용할 것이며, 특정 시점에서 프로그램 실행을 제어할 수 없게 될 가능성이 있으므로 이때 빠져나올 방법을 알아둘 필요가 있습니다.

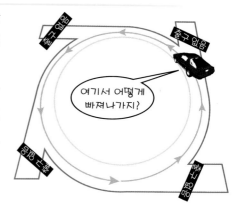

대괄호의 용도

반복문에서 값의 리스트를 대괄호로 감싼 것을 본 적이 있을 것입니다. 파이썬에서는 대괄호와 각 숫자 사이의 콤마를 이용해 **리스트**를 만듭니다. 리스트에 관해서는 조만간 더 자세히 배울 테지만(정확히 말하자면 12장에서) 지금은 리스트를 여러 가지를 함께 저장하기 위한 "컨테이너"의 일종이라고만 알고 있으면 됩니다. 이 경우 컨테이너에 숫자를 넣었고, 이 숫자들은 반복문의 각 반복마다 looper 변수가 가져가는 값에 해당합니다.

계수 반복문 사용하기

이제 반복문을 이용해 좀 더 유용한 일을 해봅시다. 여기서는 구구단을 출력하겠습니다. 앞에서 만든 프로그램을 조금만 변경하면 됩니다. 다음은 새 버전의 프로그램입니다.

예제 8.3 8단 출력

```
for looper in [1, 2, 3, 4, 5]:
    print looper, "times 8 =", looper * 8
```

이 프로그램을 **Loop3.py**라는 이름으로 저장한 후 실행합니다. 그럼 다음과 같은 결과를 볼 수 있을 것입니다.

```
>>> ================ RESTART ================
>>>
1 times 8 = 8
2 times 8 = 16
3 times 8 = 24
4 times 8 = 32
5 times 8 = 40
```

이제 반복문의 위력을 확인해 봅시다. 반복문이 없었다면 같은 결과를 얻기 위해 다음과 같은 식으로 프로그램을 작성해야 했을 것입니다.

```
print "1 times 8 =", 1 * 8
print "2 times 8 =", 2 * 8
print "3 times 8 =", 3 * 8
print "4 times 8 =", 4 * 8
print "5 times 8 =", 5 * 8
```

구구단을 10단이나 20단까지 만들려면 프로그램이 훨씬 더 길어질 테지만 앞에서 만든 반복문 프로그램은 거의 차이가 없을 것입니다(리스트에 숫자만 더 넣기만 하면 됩니다). 보다시피 반복문은 이러한 작업을 훨씬 더 쉽게 만들어줍니다!

손쉬운 방법 – range()

이전 예제에서는 5번만 반복했습니다.

```
for looper in [1, 2, 3, 4, 5]:
```

그런데 반복문을 100번이나 1,000번 실행하고 싶다면 어떻게 해야 할까요? 그러면 입력해야 할 양이 무지 많아질 것입니다!

```
for looper in [1,2,3,4,5,6,7,8,9,10,11,12,13,14,15,16,17,18,...
```

다행히도 손쉬운 방법이 있습니다. range() 함수에 시작하는 값과 끝나는 값만 입력하면 그 사이에 있는 모든 값이 만들어집니다. range() 함수가 범위에 해당하는 숫자가 담긴 리스트를 만들어 줍니다.

다음 예제에서는 구구단 예제에 range() 함수를 사용했습니다.

```
for looper in range (1, 5):
    print looper, "times 8 =", looper * 8
```

이 프로그램을 Loop4.py라는 이름으로 저장한 후 실행합니다(**Run > Run Module** 메뉴를 이용하거나 단축키인 **F5** 키를 눌러도 됩니다). 그럼 다음과 같은 결과를 확인할 수 있습니다.

```
>>> ============== RESTART ==============
>>>
1 times 8 = 8
2 times 8 = 16
3 times 8 = 24
4 times 8 = 32
```

첫 번째 결과와 거의 같습니다... 마지막 반복이 누락돼 있다는 점만 제외하면 말이죠! 왜 그런 걸까요?

그 이유는 range(1, 5)를 실행하면 [1, 2, 3, 4]가 만들어지기 때문입니다. 이를 인터랙티브 모드에서 확인해 봅시다.

```
>>> print range(1, 5)
[1, 2, 3, 4]
```

왜 5는 나오지 않을까요?

음, range() 함수는 바로 이런 식으로 동작합니다. range() 함수는 첫 번째 숫자로 시작해서 마지막 숫자 바로 **앞의** 숫자로 끝나는 리스트를 만들어냅니다. 따라서 이를 염두에 두고 원하는 반복문 숫자를 만들기 위해 범위를 조정해야 합니다.

Range

파이썬 3에서 다음과 같은 코드를 실행하면 조금 다른 결과가 나올 것입니다.

```
>>> print(range(1, 5))
range(1,5)
```

그 이유는 파이썬 3에서는 range( ) 함수가 숫자 리스트가 아닌 **이터러블(iterable)**이라는 것을 만들어내기 때문입니다. 그러면 이터러블을 대상으로 반복을 수행할 수 있습니다(앞의 용어 설명을 참고하세요).

for 반복문 안에서 range( )를 사용하는 경우에는 이전과 똑같이 동작합니다. 단지 내부 구조만 달라졌을 뿐입니다.

다음 예제는 8단을 10까지 계산하도록 수정한 프로그램입니다.

예제 8.5 range()를 이용해 8단을 10까지 계산해서 출력하기

```
for looper in range(1, 11):
    print looper, "times 8 =", looper * 8
```

이 프로그램을 실행하면 다음과 같은 결과를 볼 수 있습니다.

```
>>> ━━━━━━━━ RESTART ━━━━━━━━
>>>
1 times 8 = 8
2 times 8 = 16
3 times 8 = 24
4 times 8 = 32
5 times 8 = 40
6 times 8 = 48
7 times 8 = 56
8 times 8 = 64
9 times 8 = 72
10 times 8 = 80
```

예제 8.5에서 range(1, 11)은 1에서 10까지에 해당하는 숫자 리스트가 만들어지고, 반복문에서는 해당 리스트의 각 숫자에 대해 반복을 수행합니다. 그리고 반복할 때마다 looper 변수는 리스트 상의 다음 값을 사용합니다.

그나저나 예제에서는 반복 변수의 이름이 looper였지만 여러분이 원하는 어떤 이름도 사용할 수 있습니다.

스타일의 문제 - 반복 변수명

반복 변수는 다른 여느 변수와 다르지 않습니다. 반복 변수라고 해서 특별한 것은 없으며, 그저 값의 이름에 불과합니다. 변수를 반복 계수로 사용해도 전혀 문제될 것이 없습니다.

앞에서 변수명은 변수의 역할을 설명해야 한다고 이야기한 적이 있습니다. 앞의 예제에서 looper라는 이름을 쓴 것은 바로 이런 이유에서입니다. 하지만 반복 변수는 때때로 예외를 둘 수 있는 곳 중 하나입니다. 그 이유는 프로그래밍에서는 반복 변수로 i, j, k 등과 같은 글자를 사용하는 관례(공통적인 습관을 의미하는)가 있기 때문입니다.

많은 이들이 반복 변수로 i, j, k를 사용하기 때문에 프로그래머들은 프로그램에서 이러한 이름을 보는 데 익숙합니다. 앞에서 했던 것처럼 반복 변수에 다른 이름을 사용해도 전혀 문제가 없습니다. 하지만 반복 변수가 아닌 다른 경우에는 i, j, k를 사용해서는 안 됩니다.

옛날 옛적에

왜 반복문에 i, j, k라는 이름을 쓰는 거죠?

그 이유는 초창기 프로그래머들은 수학적인 계산을 하기 위해 프로그램을 사용했고, 수학에서는 이미 a, b, c나 x, y, z 같은 것들을 사용하고 있었기 때문입니다. 게다가 아주 유명한 한 프로그래밍 언어에서는 i, j, k 변수가 항상 정수였고, 이것들을 다른 자료형으로 만들 수 없었습니다. 반복 계수는 늘 정수이기 때문에 프로그래머들은 대개 반복 계수로 i, j, k를 사용했고, 그것이 관례로 자리 잡았습니다.

이러한 관례를 따랐다면 프로그램이 다음과 같이 바뀌었을 것입니다.

```
for i in range(1, 5):
    print i, "times 8 =", i * 8
```

그리고 프로그램은 똑같이 동작할 것입니다(직접 해보고 확인해보세요!).

반복 변수로 어떤 이름을 사용하느냐는 스타일의 문제입니다. 스타일은 프로그램이 동작할지 여부에 관한 것이 아니라 프로그램의 형태에 관한 문제에 불과합니다. 하지만 다른 프로그래머들과 같은 스타일을 사용한다면 여러분이 작성한 프로그램을 더 쉽게 읽거나 이해하거나 디버그할 수 있을 것입니다. 게다가 이러한 스타일에 익숙해지면 다른 사람들의 프로그램을 읽는 것도 더 쉬워집니다.

더 쓰기 쉬운 range()

예제 8.5에서 했던 것처럼 range()에 언제나 숫자를 두 개 지정할 필요는 없습니다. 다음과 같이 숫자를 딱 하나만 지정해도 됩니다.

```
for i in range(5):
```

이 코드는 다음과 같이 작성하는 것과 같습니다.

```
for i in range(0, 5):
```

즉, [0, 1, 2, 3, 4]와 같은 숫자 리스트가 만들어집니다.

사실 대부분의 프로그래머는 반복문을 1이 아닌 0부터 시작합니다. range(5)를 사용하면 반복문을 5번 반복하게 되고, 이것은 기억하기 쉬운 형태입니다. 단지 맨 처음 반복될 때 i의 값이 1이 아닌 0이고 마지막 반복에서 i의 값이 5가 아니라 4라는 것만 알면 됩니다.

옛날 옛적에

왜 대부분의 프로그래머는 반복문을 1이 아닌 0부터 시작하는 거죠?

아주 옛날에는 어떤 사람들은 1부터 시작하고 어떤 사람들은 0부터 시작했습니다. 그들은 어떤 방식이 더 낫느냐를 가지고 굉장히 괴짜스러운 논쟁을 벌였습니다. 그리고 결국 0으로 시작하는 방식이 좋다는 사람들이 논쟁에서 이겼습니다.

그래서 지금과 같이 된 것입니다. 오늘날 대부분의 사람들은 0부터 시작하긴 하지만 여러분이 선호하는 방식을 사용해도 됩니다. 단지 반복 횟수를 정확하게 맞추려면 상한 값을 조정해야 한다는 것만 기억하면 됩니다.

문자열은 문자의 리스트와 같습니다. 계수 반복문은 반복을 위해 리스트를 사용한다는 것을 앞에서 배웠습니다. 이것은 문자열도 반복할 수 있다는 뜻입니다. 문자열을 구성하는 각 문자는 반복문에서 하나의 반복에 해당합니다. 그래서 반복 변수(예제의 letter)를 출력하면 문자열을 구성하는 글자가 매번 하나씩 출력되는 것입니다. 각 print 문은 새로운 줄을 시작하기 때문에 각 글자가 한 줄씩 차지하는 것입니다.

문자열 반복과 같은 다른 다양한 것들에 대해서도 실험해 보면 훨씬 더 재미있게 배울 수 있습니다!

간격을 두고 세기

지금까지는 계수 반복문에서 각 반복마다 1씩 숫자가 올라갔습니다. 각 반복마다 2나 5, 10씩 간격을 두게 하려면 어떻게 해야 할까요? 아니면 반대로 숫자를 세어 내려가는 것은 어떨까요?

range() 함수에는 기본값이 1인 반복 간격을 다른 숫자로 지정할 수 있는 별도의 인자를 지정할 수 있습니다.

> 📖 용어 설명
>
> **인자(argument)**는 range() 같은 함수를 사용할 때 괄호 안에 지정하는 값을 말합니다. 이때 함수에 인자를 전달한다고 표현합니다. **매개변수(parameter)**라는 용어도 사용되며, 마찬가지로 "매개변수를 전달한다"라고 표현합니다. 함수, 인자, 매개변수에 대해서는 13장에서 더 자세히 배우겠습니다.

인터랙티브 모드에서 반복문을 몇 가지 실습해봅시다. 첫 줄을 입력할 때는 끝에 콜론을 붙이면 IDLE이 자동으로 다음 줄을 들여쓰기 해줍니다. 이것은 for 반복문에 코드 블록이 필요하다는 사실을 알고 있기 때문입니다. 코드 블록을 완성하고 나면 엔터(또는 리턴) 키를 두 번 누릅니다. 다음 코드를 직접 입력해서 실행해봅시다.

```
>>> for i in range(1, 10, 2):
        print i
1
3
5
7
9
```

range() 함수에 세 번째 매개변수로 2를 추가했습니다. 이제 반복문은 2씩 간격을 두고 증가합니다. 다른 예제를 하나 더 살펴봅시다.

```
>>> for i in range(5, 26, 5):
        print i
5
10
15
20
25
```

이제 5씩 간격을 두고 증가합니다. 그럼 반대로 숫자를 세어 내려가게 하려면 어떻게 해야 할까요?

```
>>> for i in range(10, 1, -1):
        print i
10
9
8
7
6
5
4
3
2
```

range() 함수의 세 번째 인자가 음수이면 반복문에서는 숫자를 증가시키는 대신 감소시킵니다. 반복문에서는 첫 번째 숫자로 시작해 숫자를 올리거나 내리지만 두 번째 숫자는 포함하지 않기 때문에 마지막 예제에서는 1이 아닌 2까지만 내려갑니다.

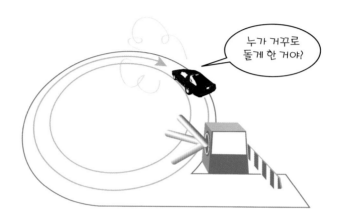

이를 이용하면 카운트다운 타이머를 만들 수 있습니다. 앞에서 작성한 예제에 몇 줄만 추가하면 됩니다. IDLE에서 새로운 편집기 창을 연 다음 아래와 같은 프로그램을 입력합니다. 그런 다음 프로그램을 실행해봅시다.

예제 8.6 이륙 준비 끝?

```
import time
for i in range(10, 0, -1):    ←————————— 거꾸로 수를 센다.
    print i
    time.sleep(1)    ←————————— 1초 기다린다.
print "BLAST OFF!"
```

import나 time, sleep처럼 아직 설명하지 않은 부분에 대해서는 걱정하지 않아도 됩니다. 이 부분에 대해서는 이어지는 장에서 모두 배울 것입니다. 지금은 예제 8.6의 프로그램을 실행해 보고 어떻게 동작하는지만 확인합니다. 여기서 중요한 부분은 숫자를 10에서 1까지 거꾸로 세는 반복문을 만드는 range(10, 0, -1) 부분입니다.

숫자 없이 세기

앞에서 만든 예제에서는 모두 반복 변수가 숫자였습니다. 프로그래밍 용어로 표현하면 반복문이 숫자 리스트를 **순회한다**(iterate over)라고 합니다. 하지만 리스트가 꼭 숫자 리스트여야 하는 것은 아닙니다.

이미 앞에서 살펴봤듯이 문자 리스트(문자열)일 수도 있습니다. 그뿐만 아니라 문자열 리스트나 다른 어떤 것도 될 수 있습니다.

이를 확인하는 가장 좋은 방법은 예제를 통해 배우는 것입니다. 다음 프로그램을 실행해보고 어떤 일이 일어나는지 봅시다.

예제 8.7 누가 가장 멋질까?

```
for cool_guy in ["Spongebob", "Spiderman", "Justin Timberlake", "My Dad"]:
    print cool_guy, "is the coolest guy ever!"
```

보다시피 숫자 리스트를 순회하는 것이 아니라 문자열 리스트를 순회하고 있습니다. 그리고 반복 변수로 i가 아니라 cool_guy를 사용했습니다. cool_guy 반복 변수는 매번 리스트를 순회할 때마다 다른 값을 할당받습니다. 이 또한 **계수 반복**의 일종인데, 리스트가 숫자 목록은 아니지만 파이썬이 얼마나 많이 반복할지 파악하기 위해 리스트 안에 항목이 몇 개나 들어 있는지 세기 때문입니다(이번에는 이 프로그램을 출력 결과를 보여주지 않겠습니다. 프로그램을 직접 실행해 보면 알 수 있습니다).

그런데 반복 횟수를 미리 알 수 없다면 어떻게 해야 할까요? 사용 가능한 값의 리스트가 없다면? 이어지는 단락에서 다룰 테니 너무 조급해 할 필요는 없습니다.

조건을 만족하는 동안

지금까지 반복문의 첫 번째 종류인 for 문(**계수 반복**)에 관해 배웠습니다. 두 번째 종류의 반복문을 while 반복문 또는 **조건 반복**이라고 합니다.

for 반복문은 반복문을 몇 번 실행할지 미리 아는 경우에 사용하기 좋습니다. 그런데 때로는 어떤 상황이 일어나기 전까지는 반복문을 계속 실행하고 싶고, 그러한 상황이 일어날 때까지 몇 번 반복해야 할지 모를 때가 있습니다. while 반복문을 이용하면 그렇게 할 수 있습니다.

7장에서는 **조건**과 **검사**, if 문에 관해 배웠습니다. while 반복문에서는 반복문을 몇 번 실행할지 세는 대신 검사 구문을 이용해 언제 반복문을 멈춰야 할지 결정합니다. while 반복문을 조건 반복이라고도 합니다. 어떤 조건이 충족되는 동안 반복을 계속 수행하기 때문입니다.

기본적으로 while 반복문은 완료되기 전까지 "이제 끝났나? 이제 끝났나? … 이제 끝났나?"라고 묻습니다. 그러다가 조건이 더는 참이 아닐 때 비로소 반복이 끝납니다.

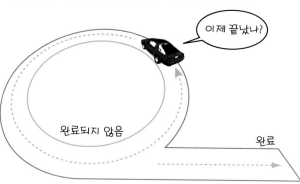

while 반복문에서는 파이썬 키워드인 while을 사용합니다. 예제 8.8에서 while

반복문의 예를 확인할 수 있습니다. 프로그램을 입력한 후 어떻게 동작하는지 확인해 봅시다(프로그램을 저장한 다음 실행합니다).

> **예제 8.8 조건 반복 혹은 while 반복문**

```
print "Type 3 to continue, anything else to quit."
someInput = raw_input()
while someInput == '3':          ← someInput = '3'인 동안 반복문을 계속 실행
    print "Thank you for the 3. Very kind of you."
    print "Type 3 to continue, anything else to quit."    반복문의 본문
    someInput = raw_input()
print "That's not 3, so I'm quitting now."
```

이 프로그램에서는 사용자 입력을 계속 요구합니다. 입력이 3과 같은 **동안(while)**에는 조건이 true가 되고 반복문이 계속 실행됩니다. 이러한 종류의 반복문을 while 반복문이라고도 하고, 파이썬 키워드인 while을 사용하는 이유가 바로 여기에 있습니다. 입력이 3과 같지 않으면 조건이 false가 되고 반복문이 중단됩니다.

반복문에서 벗어나기 – break와 continue

때로는 for 반복문이 숫자 세기를 완료하기 전이나 while 반복문이 종료 조건을 발견하기 전에 반복문 중간에 빠져나오고 싶을 때가 있습니다. 이렇게 하는 데는 두 가지 방법이 있습니다. continue를 이용해 반복문의 다음 반복으로 건너뛰거나 break를 이용해 반복 자체를 멈추는 방법이 있습니다. 이 두 가지 방법에 대해 좀 더 자세히 살펴봅시다.

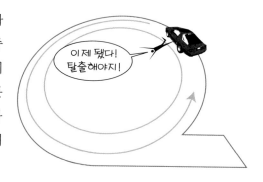

앞으로 건너뛰기 - continue

반복문의 현재 반복의 실행을 중단하고 다음 반복으로 건너뛰고 싶다면 continue 문을 사용하면 됩니다.
다음 예제를 봅시다.

예제 8.9 반복문에서 continue 사용하기

```
for i in range(1, 6):
    print
    print 'i =', i,
    print 'Hello, how',
    if i == 3:
        continue
    print 'are you today?'
```

이 프로그램을 실행하면 다음과 같은 출력 결과를 볼 수 있습니다.

```
>>> ============== RESTART ==============
>>>

i = 1 Hello how are you today?

i = 2 Hello how are you today?

i = 3 Hello how
i = 4 Hello how are you today?

i = 5 Hello how are you today?
```

보다시피 세 번째 반복(i = 3일 경우)에서는 반복문의 본문이 마무리되지 않고 네 번째 반복(i = 4일 경우)으로 건너뛰었습니다. 즉, continue 문이 동작한 것입니다. continue 문은 while 문에서도 동일한 방식으로 동작합니다.

빠져 나오기 - break

반복문에서 완전히 빠져나오고 싶다면(즉, 숫자 세기를 완료하지 않거나 종료 조건을 기다리지 않은 채로) 어떻게 해야 할까요? 이 경우 break 문을 사용하면 됩니다.

예제 8.9에서 6번째 줄만 continue를 break로 바꾼 다음 프로그램을 다시 실행해 프로그램이 어떻게 동작하는지 살펴봅시다.

```
>>> ============== RESTART ==============
>>>

i = 1 Hello how are you today?

i = 2 Hello how are you today?

i = 3 Hello how
```

이번에는 반복문이 3번째 반복의 나머지 부분을 건너뛰지 않고 반복문 전체가 멈췄습니다. break는 바로 이러한 역할을 합니다. break 문은 while 반복문에서도 동일한 방식으로 동작합니다.

그런데 break와 continue를 사용하는 것은 바람직하지 않다고 생각하는 사람들도 있습니다. 개인적으로 저는 break와 continue 문이 나쁜 것은 아니라고 생각하지만 아주 드물게 사용하곤 합니다. break와 continue 문은 꼭 필요한 경우에만 사용하기 바랍니다.

Hello Python!

이번 장에서 배운 내용

이번 장에서는 다음과 같은 내용을 배웠습니다.

- for 반복문(혹은 계수 반복)
- range() 함수 – 계수 반복을 위한 좀 더 편리한 방법
- range()의 간격을 다르게 지정하기
- while 반복문(혹은 조건 반복)
- continue를 이용해 다음 반복으로 건너뛰기
- break를 이용해 반복문에서 빠져나오기

학습 내용 점검

1. 다음 반복문의 반복 횟수는 얼마입니까?

    ```
    for i in range(1, 6):
        print 'Hi, Warren'
    ```

2. 다음 반복문의 반복 횟수는 얼마입니까? 그리고 각 반복마다 i의 값은 어떻게 됩니까?

    ```
    for i in range(1, 6, 2):
        print 'Hi, Warren'
    ```

3. range(1, 8)로 만들어지는 숫자 리스트는 무엇입니까?
4. range(8)로 만들어지는 숫자 리스트는 무엇입니까?
5. range(2, 9, 2)로 만들어지는 숫자 리스트는 무엇입니까?
6. range(10, 0, -2)로 만들어지는 숫자 리스트는 무엇입니까?
7. 반복문의 현재 반복을 중단하고 다음 반복으로 건너뛰는 데 사용하는 키워드는 무엇입니까?
8. while 반복문은 언제 끝납니까?

도전 과제

1. 구구단을 출력하는 프로그램을 작성하십시오. 맨 처음에 몇 단을 출력할지 사용자에게 묻고, 출력 결과는 다음과 같아야 합니다.

```
Which multiplication table would you like?
5
Here's your table:
5 x 1 = 5
5 x 2 = 10
5 x 3 = 15
5 x 4 = 20
5 x 5 = 25
5 x 6 = 30
5 x 7 = 35
5 x 8 = 40
5 x 9 = 45
5 x 10 = 50
```

2. 1번 문항에서 작성한 프로그램에서는 아마 for 반복문을 사용했을 것입니다. 대부분의 사람들이 그렇게 할 테지만 연습을 위해 같은 작업을 while 반복문으로도 만들어 보십시오. 혹은 1번 문항에서 while 반복문을 사용했다면 for 반복문으로 만들어 보십시오.

3. 구구단 프로그램에 다른 것을 추가해봅시다. 몇 단을 출력할지 사용자에게 물은 다음 얼마까지 곱할지도 묻습니다. 출력 결과는 다음과 같을 것입니다.

```
Which multiplication table would you like?
7
How high do you want to go?
12
Here's your table:
7 x 1 = 7
7 x 2 = 14
7 x 3 = 21
7 x 4 = 28
7 x 5 = 35
7 x 6 = 42
7 x 7 = 49
7 x 8 = 56
7 x 9 = 63
7 x 10 = 70
7 x 11 = 77
7 x 12 = 84
```

이 프로그램은 for 반복문이나 while 반복문, 혹은 두 반복문을 모두 이용해서 만들어도 됩니다.

09

주석

지금까지는 프로그램(그리고 인터랙티브 모드)에 입력한 것이 모두 컴퓨터에 내리는 명령이었습니다. 하지만 프로그램에 여러분 자신을 위해 프로그램이 무슨 일을 하고 프로그램이 어떻게 동작하는지 설명하는 메모를 넣어두면 아주 좋을 것입니다. 이 메모는 나중에 여러분이(또는 다른 누군가가) 프로그램을 살펴봤을 때 어떤 일을 했는지 파악할 때 유용할 것입니다.

컴퓨터 프로그램에서는 이러한 메모를 **주석**(comment)이라고 합니다.

주석 추가하기

주석은 여러분이 읽을 용도로 만들어진 것이지 컴퓨터가 실행하라고 있는 것이 아닙니다. 주석은 프로그램 문서화의 일부이며, 컴퓨터가 프로그램을 실행할 때는 주석을 무시합니다.

파이썬에는 프로그램에 주석을 추가하는 몇 가지 방법이 있습니다.

> 용어 설명
>
> **문서화(documentation)**는 프로그램과 프로그램의 동작 방식을 설명하는 프로그램에 관한 정보입니다. 주석은 프로그램 문서화의 일부로서 코드 바깥에서 다음과 같은 것들을 비롯해 굉장히 많은 것들을 설명합니다.
>
> - 프로그램을 작성한 이유(프로그램의 목적)
> - 프로그램 제작자
> - 프로그램이 누구를 위한 것인지(대상)
> - 프로그램의 구성
>
> 보통 규모가 크고 복잡한 프로그램일수록 문서화의 내용도 많습니다.

6장의 "(파이썬) 프로그래머처럼 생각하기"에서 언급한 파이썬 도움말도 문서화의 일종입니다. 파이썬 도움말은 여러분과 같은 사용자가 파이썬의 동작 방식을 이해하도록 도와줍니다.

한 줄 주석

어떤 줄을 # 문자(숫자 기호 또는 **파운드 기호**라고도 하는)로 시작하면 해당 줄은 주석이 됩니다.

```
# 이것은 파이썬 프로그램의 주석입니다.
print '이것은 주석이 아닙니다'
```

위의 두 줄을 실행하면 다음과 같은 출력 결과를 볼 수 있습니다.

```
이것은 주석이 아닙니다
```

프로그램이 실행될 때 첫 번째 줄은 무시됩니다. # 문자로 시작하는 주석은 여러분과 코드를 읽는 다른 이들만을 위한 것입니다.

줄 끝 주석

다음과 같이 코드 줄 끝에도 주석을 넣을 수 있습니다.

```
area = length * width     # 직사각형의 넓이를 계산한다
```

주석은 # 문자로 시작합니다. # 앞의 것들은 모두 일반 코드입니다. # 이후에 나오는 내용은 모두 주석입니다.

여러 줄 주석

때로는 주석을 두 줄 이상 쓰고 싶을 때가 있습니다. 다음과 같이 여러 줄의 맨 앞에 # 문자를 넣어 주석을 만들 수 있습니다.

```
# ****************
# 이것은 파이썬에서 주석이 어떻게 사용되는지 보여주기 위한 프로그램입니다.
# 별표(*)로 시작하는 줄은 주석을 나머지 코드 부분과 시각적으로
# 분리하는 데 사용됩니다.
# ****************
```

여러 줄 주석은 코드를 읽을 때 여러분이 작성한 코드가 시각적으로 눈에 잘 띄게 만들 때 좋습니다. 여러 줄 주석을 이용해 각 코드 영역에서 어떤 일이 진행되는지 설명할 수 있습니다. 프로그램이 시작되는 부분에 여러 주 주석을 둬서 제작자 이름이나 프로그램의 이름, 프로그램의 작성 일자나 갱신 일자, 그리고 그 밖의 유용할 만한 정보를 나열할 수 있습니다.

삼중 따옴표 문자열

파이썬에는 여러 줄 주석처럼 동작하는 것을 만드는 또 한 가지 방법이 있습니다. 바로 이름을 지정하지 않은 채로 삼중 따옴표 문자열을 만들면 됩니다. 2장에서 삼중 따옴표 문자열은 여러 줄에 걸쳐 쓸 수 있는 문자열이라고 설명했던 것을 떠올려 봅시다. 그럼 다음과 같이 할 수 있습니다.

```
"""삼중 따옴표 문자열을 이용해 여러 줄에 걸쳐 작성한 주석입니다.
실제로 주석은 아니지만 주석처럼 동작합니다.
"""
```

삼중 따옴표 문자열에는 이름이 없고 프로그램에서는 해당 문자열에 대해 아무것도 하지 않기 때문에 프로그램이 실행되는 데는 아무런 영향을 주지 않습니다. 따라서 삼중 따옴표 문자열은 엄격히 파이썬 관점에서 주석이 아님에도 주석처럼 동작합니다.

(파이썬) 프로그래머처럼 생각하기

삼중 따옴표 문자열(여러 줄 주석)을 주석처럼 사용해서는 안 된다고 말하는 파이썬 프로그래머도 있습니다. 개인적으로 그러지 말아야 할 타당한 이유는 없다고 봅니다. 주석을 작성하는 이유는 여러분이 작성한 코드를 더 읽거나 이해하기 쉽게 만드는 데 있습니다. 삼중 따옴표 문자열이 편리하다면 코드에 삼중 따옴표 문자열을 넣을 일이 많을 테고, 이는 바람직한 일입니다.

IDLE 편집기에서 주석을 입력한다면 주석에는 따로 색상이 적용될 것입니다. 이는 코드를 더욱 읽기 쉽게 만들기 위해서입니다.

대부분의 코드 편집기에서는 주석(및 코드의 다른 부분)의 색상을 변경할 수 있습니다. IDLE에서 주석에 대한 기본색은 빨간색입니다. 삼중 따옴표 문자열은 실제로 파이썬 주석이 아니기 때문에 색깔이 다릅니다. IDLE에서 삼중 따옴표 문자열은 녹색인데, IDLE에서 문자열에 대한 기본색이 녹색이기 때문입니다.

주석 스타일

그럼 이제 주석을 어떻게 추가하는지 알았습니다. 그런데 주석에는 어떤 내용을 넣어야 할까요?

주석은 프로그램의 동작 방식에 영향을 주지 않기 때문에 주석을 어떻게 작성하느냐는 스타일의 문제입니다. 즉, 주석에는 어떤 것이든 넣을 수 있습니다(또는 주석을 아예 안 쓸 수도 있습니다). 하지만 그렇다고 해서 주석이 중요하지 않다는 의미는 아닙니다. 대부분의 프로그래머는 주석이 중요하다는 사실을 고생하면서 배우는데, 몇 주 전이나 몇 달 전, 또는 1년 전에(심지어 어제) 작성한 프로그램을 다시 살펴봤을 때 프로그램이 이해되

지 않곤 합니다. 그것은 대부분 프로그램이 어떻게 동작하는지를 설명하는 주석을 충분히 작성하지 않았기 때문입니다. 프로그램을 작성할 때는 분명히 이해했겠지만 나중에 다시 살펴봤을 때는 프로그램이 완전히 생소해 보일 수 있습니다.

주석에 어떤 내용을 넣어야 할지 엄격히 정해진 바는 없지만 원하는 만큼 주석을 작성하길 권장합니다. 지금 당장은 많을수록 좋습니다. 지금은 주석이 너무 적은 것보다는 너무 많아서 고생하는 편이 더 낫습니다. 프로그래밍 경험을 쌓다 보면 주석을 얼마만큼 작성하고 어떤 종류의 주석이 가장 알맞은지 감이 잡힐 것입니다.

이 책의 주석

이 책에 인쇄된 코드 예제에서는 주석이 그리 많지 않을 것입니다. 그 이유는 이 책에서는 주석 대신 코드 주변에 자그마한 설명을 넣었기 때문입니다. 하지만 \examples 폴더나 이 책의 홈페이지에 있는 코드 예제를 살펴보면 모든 코드마다 주석이 포함돼 있음을 확인할 수 있습니다.

주석 처리

주석을 이용해 프로그램의 일부를 임시로 실행에서 제외할 수도 있습니다. 주석에 해당하는 것이라면 어떤 것이든 무시됩니다.

```
#print "Hello"
print "World"
```

```
>>> ============= RESTART =============
>>>
World
```

print "Hello"가 주석으로 처리됐기 때문에 해당 줄은 실행되지 않았고, 따라서 "Hello"는 출력되지 않았습니다.

이 방법은 프로그램을 디버깅할 때 코드의 특정 부분만 실행하고 다른 부분은 무시하고 싶을 때 유용합니다. 컴퓨터가 무시하게끔 만들고 싶은 줄의 맨 앞에 #을 넣거나 컴퓨터가 무시하게끔 만들고 싶은 코드 영역 주변으로 삼중 따옴표를 넣으면 됩니다.

IDLE을 비롯한 대부분의 코드 편집기에는 빠르게 코드 블록 전체를 주석으로 처리하거나(주석을 해제하는) 기능이 있습니다. IDLE 편집기에서는 **Format** 메뉴를 확인해 보십시오.

Hello Python!

이번 장에서 배운 내용

이번 장에서는 다음과 같은 내용을 배웠습니다.

- 주석은 컴퓨터가 아닌 여러분(그리고 다른 사람들)을 위한 것입니다.
- 주석을 코드의 특정 부분이 실행되지 않도록 막는 데 사용할 수 있습니다.
- 삼중 따옴표 문자열을 여러 줄에 걸친 주석의 한 종류로 사용할 수 있습니다.

학습 내용 점검

주석은 아주 간단하기 때문에 이번 장에서는 쉽고 아무런 질문도 하지 않겠습니다.

도전 과제

온도 변환 프로그램(3장의 '도전 과제'에 있는)으로 되돌아가서 주석을 추가해 봅시다. 프로그램을 다시 실행해 여전히 동일하게 실행되는지 확인하십시오.

10

게임할 시간

프로그래밍을 배우는 가장 훌륭한 전통 중 하나는 이해하지 못하는 코드를 입력해 보는 것입니다. 정말입니다!

때로는 그냥 입력해 보는 것만으로도 프로그램이 어떻게 동작하는가에 관한 감을 잡을 수 있습니다. 심지어 모든 줄이나 키워드를 속속들이 이해하지 못하는 경우에도 말입니다. 1장에서는 숫자 알아맞히기 게임에서 그렇게 했습니다. 이번에도 똑같이 해볼 테지만 이번에는 좀 더 길고 흥미로운 프로그램으로 해보겠습니다.

스키어

스키어(Skier)는 스키프리(SkiFree)라는 게임에서 영감을 받은 아주 간단한 스키 게임입니다(스키프리에 관해서는 en.wikipedia.org/wiki/SkiFree를 참고하세요).

스키어 게임에서는 언덕을 내려오면서 나무를 피하고 깃발을 먹어야 합니다. 깃발을 먹으면 10점을 얻고, 나무와 충돌하면 100점을 잃습니다.

프로그램을 실행하면 다음과 같은 화면을 볼 수 있습니다.

스키어는 파이게임(Pygame)이라는 것을 이용해 그래픽을 처리합니다. 파이게임은 파이썬 **모듈 (module)**입니다(모듈에 관해서는 15장에서 배웁니다). 이 책의 홈페이지에서 제공하는 설치 프로그램을 실행하면 파이게임이 설치됩니다. 설치 프로그램을 사용하지 않았다면 www.pygame.org에서 내려받아도 됩니다. 파이게임에 대해서는 16장에서 자세히 배우겠습니다.

프로그램을 실행하려면 다음과 같은 그래픽 파일이 필요합니다.

- skier_down.png   skier_right1.png
- skier_crash.png   skier_right2.png
- skier_tree.png   skier_left1.png
- skier_flag.png   skier_left2.png

이 파일들은 \examples\skier(설치 프로그램을 실행한 경우)나 이 책의 홈페이지에서 찾을 수 있습니다. 이 파일들을 프로그램이 저장된 폴더나 디렉터리에 넣습니다. 이 부분이 중요합니다. 그래픽 파일이 프로그램과 같은 디렉터리에 들어 있지 않으면 파이썬이 그래픽 파일을 찾지 못할 테고, 프로그램도 실행되지 않을 것입니다.

스키어 코드를 예제 10.1에서 볼 수 있습니다. 예제가 조금 길며, 약 100줄 정도에 달하는 코드(중간중간에 있는 빈 줄은 코드를 더 읽기 쉽게 만들어줍니다)로 돼 있지만 시간을 들여 직접 코드를 입력해봅시다. 예제에는 코드의 역할을 설명하는 메모가 들어 있습니다. 참고로 코드에 있는 __init__은 init 양 옆에 밑줄이 두 개 있는 것입니다. 즉, 한쪽에만 있는 것이 아니라 앞뒤로 밑줄이 각각 두 개씩 있습니다.

예제 10.1 스키어

```
import pygame, sys, random

skier_images = ["skier_down.png", "skier_right1.png",
                "skier_right2.png", "skier_left2.png",
                "skier_left1.png"]

class SkierClass(pygame.sprite.Sprite):
    def __init__(self):
        pygame.sprite.Sprite.__init__(self)
        self.image = pygame.image.load("skier_down.png")
        self.rect = self.image.get_rect()
        self.rect.center = [320, 100]
        self.angle = 0
```

스키 선수 생성

```
    def turn(self, direction):
        self.angle = self.angle + direction
        if self.angle < -2: self.angle = -2
        if self.angle > 2: self.angle = 2
        center = self.rect.center
        self.image = pygame.image.load(skier_images[self.angle])
        self.rect = self.image.get_rect()
        self.rect.center = center
        speed = [self.angle, 6 - abs(self.angle) * 2]
        return speed
```
스키 선수 회전

```
    def move(self, speed):
        self.rect.centerx = self.rect.centerx + speed[0]
        if self.rect.centerx < 20: self.rect.centerx = 20
        if self.rect.centerx > 620: self.rect.centerx = 620
```
스키 선수를 좌우로 움직임

```
class ObstacleClass(pygame.sprite.Sprite):
    def __init__(self, image_file, location, type):
        pygame.sprite.Sprite.__init__(self)
        self.image_file = image_file
        self.image = pygame.image.load(image_file)
        self.rect = self.image.get_rect()
        self.rect.center = location
        self.type = type
        self.passed = False
```
나무와 깃발 생성

```
    def update(self):
        global speed
        self.rect.centery -= speed[1]
        if self.rect.centery < -32:
            self.kill()
```
배경을 위로 올림

화면 위로 올라간 장애물을 삭제

```
def create_map():
    global obstacles
    locations = []
    for i in range(10):
        row = random.randint(0, 9)
        col = random.randint(0, 9)
        location = [col * 64 + 20, row * 64 + 20 + 640]
        if not (location in locations):
            locations.append(location)
            type = random.choice(["tree", "flag"])
```
임의의 나무와 깃발로 채워진 화면을 하나 생성

```
            if type == "tree": img = "skier_tree.png"
            elif type == "flag": img = "skier_flag.png"
            obstacle = ObstacleClass(img, location, type)
            obstacles.add(obstacle)
```
임의의 나무와 깃발로 채워진 화면을 하나 생성

```
def animate():
    screen.fill([255, 255, 255])
    obstacles.draw(screen)
    screen.blit(skier.image, skier.rect)
    screen.blit(score_text, [10, 10])
    pygame.display.flip()
```
화면을 다시 그림

```
pygame.init()
screen = pygame.display.set_mode([640,640])
clock = pygame.time.Clock()
skier = SkierClass()
speed = [0, 6]
obstacles = pygame.sprite.Group()
map_position = 0
points = 0
create_map()
font = pygame.font.Font(None, 50)
```
게임 준비

```
running = True
while running:
    clock.tick(30)
    for event in pygame.event.get():
        if event.type == pygame.QUIT:
            running = False
        if event.type == pygame.KEYDOWN:
            if event.key == pygame.K_LEFT:
                speed = skier.turn(-1)
            elif event.key == pygame.K_RIGHT:
                speed = skier.turn(1)
    skier.move(speed)

    map_position += speed[1]

    if map_position >=640:
        create_map()
        map_position = 0
```
메인 반복문 시작
초당 30번에 걸쳐 그래픽을 업데이트
키를 입력했거나 창을 닫았는지 검사
스키 선수 움직이기
배경 움직이기
배경으로 채워진 새로운 화면을 생성

```
        hit = pygame.sprite.spritecollide(skier, obstacles, False)
        if hit:
            if hit[0].type == "tree" and not hit[0].passed:
                points = points - 100
                skier.image = pygame.image.load("skier_crash.png")
                animate()
                pygame.time.delay(1000)
                skier.image = pygame.image.load("skier_down.png")
                skier.angle = 0
                speed = [0, 6]
                hit[0].passed = True
            elif hit[0].type == "flag" and not hit[0].passed:
                points += 10
                hit[0].kill()
        obstacles.update()
        score_text = font.render("Score: " +str(points), 1, (0, 0, 0))
        animate()
pygame.quit()
```

나무와 깃발에 닿았는지 검사

◀── 점수 표시

예제 10.1의 코드는 \examples\skier 폴더에 있으므로 입력하다가 막히거나 코드를 모두 입력하고 싶지 않은 경우에는 해당 파일을 이용하면 됩니다. 하지만 믿거나 말거나 단순히 파일을 열어 예제를 살펴보는 방법보다는 직접 입력하는 편이 더 많이 배울 수 있을 것입니다.

이후 장에서는 스키어에서 사용된 키워드와 기법에 대해 모두 배울 것입니다. 그리고 이 책의 끝에는 스키어 프로그램이 동작하는 세부사항을 설명하는 장이 포함돼 있습니다. 하지만 지금은 그냥 코드를 입력해 보고 실행해 보기만 하십시오.

Hello Python!

도전 과제

이번 장에서는 스키어 프로그램(예제 10.1)을 입력하고 실행해보기만 합시다. 프로그램을 실행했을 때 오류가 발생하면 오류 메시지를 살펴보고 어디에서 실수했는지 알아내봅시다.

행운을 빕니다!

11

중첩 반복문과 가변 반복문

반복문의 본문(코드 블록)에 또 다른 블록을 넣을 수 있다는 것을 이미 확인했습니다. 1장의 숫자 알아맞히기 게임을 보면 다음과 같은 부분이 있습니다.

```
while guess != secret and tries < 6:
    guess = input("What's yer guess? ")        ──── while 반복문 블록
    if guess < secret:
        print "Too low, ye scurvy dog!"         ──── if 블록
    elif guess > secret:
        print "Too high, landlubber!"           ──── elif 블록
    tries = tries + 1
```

바깥에 밝은 회색으로 돼 있는 부분은 while 반복문 블록이고, 어두운 회색 블록은 while 반복문 블록 안에 있는 if 블록과 elif 블록입니다.

반복문 안에 또 다른 반복문을 넣을 수도 있습니다. 이러한 반복문을 **중첩 반복문(nested loop)**이라고 합니다.

중첩 반복문

8장의 "도전 과제"에서 작성한 구구단 프로그램을 기억하십니까? 사용자 입력 부분을 빼면 다음과 같은 모습일 것입니다.

```
multiplier = 5
for i in range (1, 11):
    print i, "x", multiplier, "=", i * multiplier
```

세 개의 곱셈표를 한 번에 출력하고 싶다면 어떻게 해야 할까요? 이 경우 **중첩 반복문**을 쓰면 안성맞춤입니다. 중첩 반복문은 다른 반복문 안에 들어 있는 반복문입니다. 바깥 반복문이 반복될 때마다 안쪽 반복문이 모든 반복을 수행합니다.

세 개의 곱셈표를 출력하려면 원래의 반복문(한 개의 곱셈표만 출력하는)을 바깥 반복문(세 번 실행하는)으로 감싸야 합니다. 이렇게 하면 프로그램에서 하나가 아닌 세 개의 곱셈표를 출력합니다. 다음 예제를 봅시다.

예제 11.1 세 개의 곱셈표를 한번에 출력

```
for multiplier in range (5, 8):
    for i in range (1, 11):
        print i, "x", multiplier, "=", i * multiplier
    print
```

> 안쪽 반복문에서는
> 곱셈표를 하나 출력

> 바깥쪽 반복문에서는
> 5, 6, 7 값을 가지고
> 3번 반복을 수행

참고로 안쪽 반복문과 print 문은 바깥쪽 for 반복문이 시작하는 지점으로부터 공백 4칸만큼 들여쓰기했습니다. 이 프로그램은 5, 6, 7단을 출력하고, 각 단마다 10까지 곱해서 출력합니다.

```
>>> ============== RESTART ==============
>>>
1 x 5 = 5
2 x 5 = 10
3 x 5 = 15
4 x 5 = 20
5 x 5 = 25
6 x 5 = 30
7 x 5 = 35
8 x 5 = 40
9 x 5 = 45
10 x 5 = 50

1 x 6 = 6
2 x 6 = 12
3 x 6 = 18
```

```
 4 x 6 = 24
 5 x 6 = 30
 6 x 6 = 36
 7 x 6 = 42
 8 x 6 = 48
 9 x 6 = 54
10 x 6 = 60

 1 x 7 = 7
 2 x 7 = 14
 3 x 7 = 21
 4 x 7 = 28
 5 x 7 = 35
 6 x 7 = 42
 7 x 7 = 49
 8 x 7 = 56
 9 x 7 = 63
10 x 7 = 70
```

다소 지루해 보일 수도 있지만 중첩 반복문에서 어떤 일이 일어날지 확인하는 좋은 방법은 화면에 별표를 출력하고 그것들을 세는 것입니다. 다음 절에서 이렇게 해보겠습니다.

가변 반복문

range() 함수에서 사용한 것과 같은 고정적인 숫자를 **상수 (constant)**라고 합니다. for 반복문의 range() 함수에서 상수를 사용할 경우 프로그램을 실행할 때마다 같은 횟수로 반복문이 실행될 것입니다. 그러한 경우 반복문의 횟수를 **하드코드(hard-code)**했다고 이야기하는데, 코드에 정의된 횟수가 절대로 바뀌지 않기 때문입니다. 하지만 늘 이렇게 해야만 하는 것은 아닙니다.

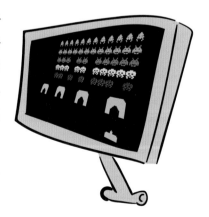

이따금 반복문 횟수를 사용자나 프로그램의 다른 부분에서 결정하고 싶을 때가 있습니다. 그러자면 변수가 필요합니다.

예를 들어, 외계인 격추 게임을 만들고 있었다고 해봅시다. 외계인이 지워지면 화면을 계속해서 다시 그려야 할 것입니다. 그리고 외계인이 얼마나 남았는지 추적하는 카운터가 있어야 할 것이고, 화면이 갱신될 때마다 남은 외계인을 순회해서 화면에 외계인 이미지를 그려야 할 것입니다. 외계인의 수는 플레이어가 외계인을 격추할 때마다 바뀌어야 할 것입니다.

화면에 외계인을 그리는 방법은 아직 배우지 않았으므로 지금은 가변 반복문을 이용하는 간단한 예제 프로그램을 살펴봅시다.

```
for i in range(1, numStars):
    print '*',
```

```
>>> ================= RESTART =================
>>>
How many stars do you want? 5
* * * *
```

이 프로그램에서는 사용자에게 별표를 몇 개 출력할지 물어본 다음 가변 반복문을 이용해 별표를 그만큼 출력했습니다. 그렇지만 완벽한 것은 아닙니다. 별표를 5개 출력해 달라고 했는데 4개만 출력됐습니다! 이런, for 반복문은 range에 지정한 두 번째 숫자보다 1만큼 작은 수만큼 반복한다는 사실을 잠시 잊어버렸습니다. 그러므로 사용자가 입력한 숫자에 1을 더해야 합니다.

```
numStars = int(raw_input ("How many stars do you want? "))
for i in range(1, numStars + 1):   ◄──── 여기에 1을 더합니다. 그래야만 5개의 별표를
    print '*',                              출력해 달라고 했을 때 5개가 출력됩니다.
```

이 프로그램이 하는 일을 다르게 하는 방법은 반복문 계수를 1이 아닌 0부터 시작하는 것입니다(이 부분에 대해서는 8장에서 언급한 바 있습니다). 이 방법은 프로그래밍에서 아주 흔히 볼 수 있는 방법이며, 다음 장에서 왜 이렇게 하는지 알아보겠습니다. 다음 코드를 봅시다.

```
numStars = int(raw_input ("How many stars do you want? "))
for i in range(0, numStars):
    print '*',
```

```
>>> ================= RESTART =================
>>>
How many stars do you want? 5
* * * * *
```

가변 중첩 반복문

이제 가변 중첩 반복문을 만들어 봅시다. 가변 중첩 반복문은 2개 이상의 반복문이 range() 함수 안에서 변수를 사용하는 중첩 반복문입니다. 다음 예제를 봅시다.

예제 11.2 가변 중첩 반복문

```
numLines = int(raw_input ('How many lines of stars do you want? '))
numStars = int(raw_input ('How many stars per line? '))
for line in range(0, numLines):
    for star in range(0, numStars):
        print '*',
    print
```

이 프로그램을 실행해 결과가 생각한 바와 일치하는지 확인해봅시다. 프로그램의 실행 결과는 다음과 같습니다.

```
>>> ================= RESTART =================
>>>
How many lines of stars do you want? 3
How many stars per line? 5
*****
*****
*****
```

첫 두 줄에서는 사용자에게 총 몇 줄을 출력할지, 그리고 각 줄당 별표를 몇 개나 출력할지 묻습니다. 사용자가 입력한 내용을 numLines와 numStars 변수를 이용해 기억해둡니다. 그런 다음 두 개의 반복문을 실행합니다.

- 안쪽 반복문(for star in range (0, numStars):)은 각 별을 출력하고 한 줄의 각 별표에 대해 한 번씩 실행됩니다.
- 바깥쪽 반복문(for line in range (0, numLines):)은 별표로 구성된 각 줄에 대해 한 번씩 실행됩니다.

두 번째 print 명령은 새로운 별표 줄을 시작하는 데 필요합니다. 이 부분이 없으면 첫 번째 print 문에 있는 콤마 때문에 모든 별표가 한 줄에 출력될 것입니다.

심지어 두 번 중첩된 반복문(이중 중첩 반복문)을 만들 수도 있습니다. 다음 예제를 봅시다.

예제 11.3 이중 중첩 반복문을 이용한 별표 블록

```
numBlocks = int(raw_input ('How many blocks of stars do you want? '))
numLines = int(raw_input ('How many lines in each block? '))
numStars = int(raw_input ('How many stars per line? '))
for block in range(0, numBlocks):
    for line in range(0, numLines):
        for star in range(0, numStars):
            print '*',
        print
    print
```

출력 결과는 다음과 같습니다.

```
>>> ================= RESTART ==================
>>>
How many blocks of stars do you want? 3
How many lines of stars in each block? 4
How many stars per line? 8
* * * * * * * *
* * * * * * * *
* * * * * * * *
* * * * * * * *

* * * * * * * *
* * * * * * * *
* * * * * * * *
* * * * * * * *

* * * * * * * *
* * * * * * * *
* * * * * * * *
* * * * * * * *
```

이 경우 반복문이 3번 중첩됐다고 이야기합니다.

훨씬 더 가변적인 중첩 반복문

다음 예제는 예제 11.3의 프로그램보다 좀 더 까다로운 버전입니다.

예제 11.4 더 까다로운 버전의 별표 블록

```
numBlocks = int(raw_input('How many blocks of stars do you want? '))
for block in range(1, numBlocks + 1):
    for line in range(1, block * 2 ):
        for star in range(1, (block + line) * 2):    │ 줄 수와 별표를 계산하는 공식
            print '*',
        print
    print
```

출력 결과는 다음과 같습니다.

```
>>> ================= RESTART =================
>>>
How many blocks of stars do you want? 3
* * * *

* * * * *
* * * * * * *
* * * * * * * * *

* * * * * * *
* * * * * * * * *
* * * * * * * * * * *
* * * * * * * * * * * * *
* * * * * * * * * * * * * * *
```

예제 11.4에서는 안쪽 반복문의 범위를 설정하는 데 바깥쪽 반복문의 반복 변수가 사용됐습니다. 그래서 각 블록에서 출력하는 줄의 수와 각 줄에서 출력하는 별표의 수가 같지 않고 매번 반복문을 실행할 때마다 달라집니다.

반복문은 원하는 만큼 중첩할 수 있습니다. 하지만 그렇게 할 경우 프로그램의 동작 방식을 추적하기가 어려워질 수 있기 때문에 다음 예제와 같이 반복 변수의 값을 출력하는 것이 도움될 때가 있습니다.

예제 11.5 중첩 반복문에서 반복 출력하기

```python
numBlocks = int(raw_input('How many blocks of stars do you want? '))
for block in range(1, numBlocks + 1):
    print 'block = ', block
    for line in range(1, block * 2 ):
        for star in range(1, (block + line) * 2):
            print '*',
        print ' line = ', line, 'star = ', star
    print
```

변수 출력

이 프로그램의 출력 결과는 다음과 같습니다.

```
>>> ================= RESTART =================
>>>
How many blocks of stars do you want? 3
block = 1
* * * line = 1 star = 3

block = 2
* * * * * line = 1 star = 5
* * * * * * * line = 2 star = 7
* * * * * * * * * line = 3 star = 9

block = 3
* * * * * * * line = 1 star = 7
* * * * * * * * * line = 2 star = 9
* * * * * * * * * * * line = 3 star = 11
* * * * * * * * * * * * * line = 4 star = 13
* * * * * * * * * * * * * * * line = 5 star = 15
```

변수의 값을 출력하는 것은 반복문뿐만이 아니라 다양한 상황에서 도움될 수 있습니다. 이것은 가장 흔한 디버깅 방법 중 하나입니다.

중첩 반복문 사용하기

그럼 이러한 중첩 반복문을 이용하면 뭘 할 수 있을까요? 중첩 반복문은 뭔가를 결정할 때 모든 가능한 순열과 조합을 파악하기에 좋습니다.

> 📖 용어 설명
>
> **순열(permutation)**은 어떤 것들을 섞는 고유한 방법을 의미하는 수학 용어입니다. **조합(combination)**은 순열과 아주 비슷합니다. 차이점은 조합의 경우에는 순서가 중요하지 않지만 순열의 경우에는 순서가 중요하다는 것입니다.
>
> 가령 1~20 범위의 숫자 가운데 3개를 선택하라고 하면 다음과 같이 고를 수 있습니다.
>
> - 5, 8, 14
> - 2, 12, 20
> - 기타 등등
>
> 1~20 범위에 속하는 세 개의 숫자로 구성된 모든 순열 목록을 만든다면 다음의 두 개는 각각 별도의 항목으로 취급될 것입니다.
>
> - 5, 8, 14
> - 8, 5, 14
>
> 그 이유는 순열의 경우 요소가 나타나는 순서가 중요하기 때문입니다. 반면 모든 조합 목록을 만든다면 다음의 세 항목은 단 하나의 항목으로 취급될 것입니다.
>
> - 5, 8, 14
> - 8, 5, 14
> - 8, 14, 5
>
> 그 이유는 조합의 경우에는 순서가 중요하지 않기 때문입니다.

이를 설명하는 가장 좋은 방법은 예제를 이용하는 것입니다. 학교 봄축제에서 핫도그 가판대를 운영하는데, 핫도그, 빵, 케첩, 겨자, 양파에 대한 모든 가능한 주문의 경우의 수를 숫자로 만들어 포스터로 보여주고 싶다고 해봅시다. 그렇다면 가능한 모든 조합을 파악할 필요가 있습니다.

이 문제에 접근하는 한 가지 방법은 **의사결정 트리**(decision tree)라고 하는 것을 사용하는 것입니다. 다음 그림은 핫도그 문제에 대한 의사결정 트리를 보여줍니다.

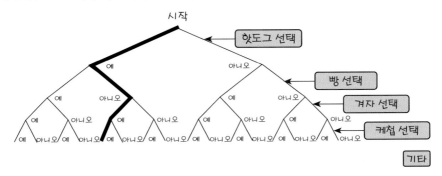

각 의사결정 지점에는 '예'와 '아니오'로 두 개의 선택이 있습니다. 트리 아래로 향하는 각기 다른 경로는 핫도그 자료의 조합을 의미합니다. 그림에서 강조된 경로는 핫도그에 대해서는 "예", 빵에 대해서는 "아니오", 겨자에 대해서는 "예", 케첩에 대해서는 "예를 선택한 경우입니다.

이제 중첩 반복문을 이용해 모든 조합(의사결정 트리에서 아래로 향하는 모든 경로)을 나열해 봅시다. 핫도그 예제의 경우 5개의 의사결정 지점이 있기 때문에 의사결정 트리의 단계도 5개이고, 프로그램에서도 5개의 중첩 반복문이 필요할 것입니다(앞에서 보여준 그림에서는 처음 4단계만 보여줍니다).

IDLE 편집기 창에서 다음 예제의 코드를 입력한 다음 **hotdog1.py**라는 이름으로 저장합니다.

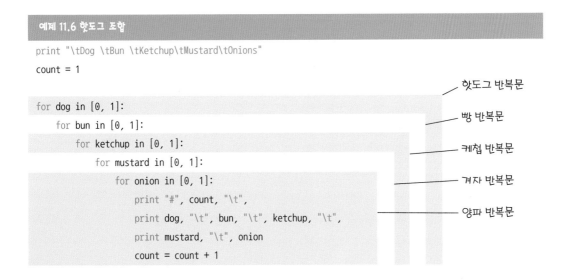

예제 11.6 핫도그 조합

```
print "\tDog \tBun \tKetchup\tMustard\tOnions"
count = 1

for dog in [0, 1]:
    for bun in [0, 1]:
        for ketchup in [0, 1]:
            for mustard in [0, 1]:
                for onion in [0, 1]:
                    print "#", count, "\t",
                    print dog, "\t", bun, "\t", ketchup, "\t",
                    print mustard, "\t", onion
                    count = count + 1
```

핫도그 반복문

빵 반복문

케첩 반복문

겨자 반복문

양파 반복문

반복문이 어떻게 중첩돼 있는지 봅시다. 중첩 반복문의 실제 모습은 이처럼 한 반복문이 다른 반복문 안에 들어 있는 형태입니다.

- 바깥쪽(dog) 반복문은 두 번 실행됩니다.
- bun 반복문은 dog 반복문의 각 반복에 대해 2번씩 실행됩니다. 그러므로 2 x 2 = 4번 실행됩니다.
- ketchup 반복문은 bun 반복문의 각 반복에 대해 2번씩 실행됩니다. 그러므로 2 x 2 x 2 = 8번 실행됩니다.
- 등등

가장 안쪽 반복문(onion 반복문)은 2 x 2 x 2 x 2 x 2 = 32번 실행됩니다. 이렇게 하면 모든 가능한 조합이 만들어져서 총 32개의 가능한 조합이 나옵니다.

예제 11.6을 실행하면 다음과 같은 결과를 확인할 수 있습니다.

```
>>> ======================== RESTART ========================
>>>
          Dog     Bun     Ketchup  Mustard  Onions
#  1       0       0        0        0       0
#  2       0       0        0        0       1
#  3       0       0        0        1       0
#  4       0       0        0        1       1
#  5       0       0        1        0       0
#  6       0       0        1        0       1
#  7       0       0        1        1       0
#  8       0       0        1        1       1
#  9       0       1        0        0       0
# 10       0       1        0        0       1
# 11       0       1        0        1       0
# 12       0       1        0        1       1
# 13       0       1        1        0       0
# 14       0       1        1        0       1
# 15       0       1        1        1       0
# 16       0       1        1        1       1
# 17       1       0        0        0       0
# 18       1       0        0        0       1
# 19       1       0        0        1       0
# 20       1       0        0        1       1
# 21       1       0        1        0       0
# 22       1       0        1        0       1
```

# 23	1	0	1	1	0
# 24	1	0	1	1	1
# 25	1	1	0	0	0
# 26	1	1	0	0	1
# 27	1	1	0	1	0
# 28	1	1	0	1	1
# 29	1	1	1	0	0
# 30	1	1	1	0	1
# 31	1	1	1	1	0
# 32	1	1	1	1	1

5개의 중첩 반복문으로 dog, bun, ketchup, mustard, onion의 모든 가능한 조합을 순회했습니다.

예제 11.6에서는 탭 문자를 이용해 줄을 맞췄습니다. 즉, 예제의 \t 부분입니다. **출력 서식 지정(print formatting)**에 관해서는 아직 이야기하지 않았지만 이 부분에 관해 좀 더 알고 싶다면 21장을 미리 살펴봐도 됩니다.

그리고 count라는 변수를 이용해 각 조합에 번호를 붙였습니다. 그래서 가령 빵과 겨자가 포함된 핫도그는 #27이 됩니다. 물론 32개의 조합 중 일부는 말이 되지 않는 것도 있을 것입니다(빵은 없고 겨자와 케첩은 있다면 약간 엉망일 것입니다). 하지만 "고객은 늘 옳다!"라는 말이 있으니까요.

열량 계산하기

요즘에는 누구나 영양에 관해 걱정하기 때문에 이번에는 메뉴의 각 조합에 대해 열량을 계산하는 기능을 추가해 봅시다(여러분은 열량에 대해 신경 쓰지 않을지 몰라도 부모님들은 절대 그렇지 않을 것입니다!) 이번에는 3장에서 배운 파이썬의 수학 기능을 활용하겠습니다.

이미 각 조합에 어떤 재료가 있는지 알고 있습니다. 여기서는 각 재료의 열량만 있으면 됩니다. 그런 다음 가장 안쪽 반복문에서 열량을 모두 더하기만 하면 됩니다.

다음은 각 재료에 들어있는 열량을 설정하는 코드입니다.

```
dog_cal = 140
bun_cal = 120
mus_cal = 20
ket_cal = 80
onion_cal = 40
```

이제 이들 열량을 더하기만 하면 됩니다. 코드에서는 메뉴 조합의 각 재료에 대해 0이나 1이 설정돼 있습니다. 그러므로 다음과 같이 모든 재료에 대한 열량을 수량과 곱하기만 하면 됩니다.

```
tot_cal = (dog * dog_cal) + (bun * bun_cal) + \
        (mustard * mus_cal) + (ketchup * ket_cal) + \
        (onion * onion_cal)
```

 연산의 순서는 곱셈이 먼저이고 덧셈이 그다음이기 때문에 실제로는 괄호를 넣지 않아도 됩니다. 하지만 여기서는 코드를 보기 쉽게 괄호를 넣었습니다.

긴 코드

앞의 코드에서 각 줄 끝에 백슬래시(\) 문자가 있는 것이 보이십니까? 긴 수식이 한 줄에 들어가지 않을 경우 백슬래시 문자를 이용해 파이썬에게 "이 줄은 아직 끝나지 않았습니다. 다음 줄에 있는 내용을 이 줄의 일부로 취급하세요."라고 말할 수 있습니다. 앞의 예제에서는 2개의 백슬래시를 이용해 긴 코드를 세 줄의 짧은 코드로 나눴습니다. 백슬래시는 **줄연속 문자**(line-continuation character)라고 하며, 여러 프로그래밍 언어에서 지원합니다.

또한 다음과 같이 전체 식 좌우에 괄호를 두는 방법으로 백슬래시를 사용하지 않고도 식을 여러 줄에 걸쳐 나눌 수도 있습니다.

```
tot_cal = ((dog * dog_cal) + (bun * bun_cal) +
        (mustard * mus_cal) + (ketchup * ket_cal) +
        (onion * onion_cal))
```

방금 작성한 열량 계산 부분까지 합치고 나면 핫도그 프로그램의 새로운 열량 계산 버전은 다음과 같습니다.

예제 11.7 열량 계산기가 포함된 핫도그 프로그램

```
dog_cal = 140
bun_cal = 120
ket_cal = 80          핫도그의 각 재료에 대한 열량을 나열
mus_cal = 20
onion_cal = 40

print "\tDog \tBun \tKetchup\tMustard\tOnions\tCalories"    ◀──── 머리글 출력
```

```
count = 1
for dog in [0, 1]:        ←——————  dog가 바깥쪽 반복문입니다.
    for bun in [0, 1]:
        for ketchup in [0, 1]:              중첩 반복문
            for mustard in [0, 1]:
                for onion in [0, 1]:
                    total_cal = (bun * bun_cal)+(dog * dog_cal) + \
                        (ketchup * ket_cal)+(mustard * mus_cal) + \
                            (onion * onion_cal)
                    print "#", count, "\t",
                    print dog, "\t", bun, "\t", ketchup, "\t",
                    print mustard, "\t", onion,
                    print "\t", total_cal
                    count = count + 1
```

안쪽 반복문에서
열량을 계산

중첩 반복문

IDLE에서 예제 11.7을 실행합니다. 그럼 다음과 같은 출력 결과가 나타날 것입니다.

```
>>> ================ RESTART ================
>>>
```

	Dog	Bun	Ketchup	Mustard	Onions	Calories
# 1	0	0	0	0	0	0
# 2	0	0	0	0	1	40
# 3	0	0	0	1	0	20
# 4	0	0	0	1	1	60
# 5	0	0	1	0	0	80
# 6	0	0	1	0	1	120
# 7	0	0	1	1	0	100
# 8	0	0	1	1	1	140
# 9	0	1	0	0	0	120
# 10	0	1	0	0	1	160
# 11	0	1	0	1	0	140
# 12	0	1	0	1	1	180
# 13	0	1	1	0	0	200
# 14	0	1	1	0	1	240
# 15	0	1	1	1	0	220
# 16	0	1	1	1	1	260
# 17	1	0	0	0	0	140
# 18	1	0	0	0	1	180

# 19	1	0	0	1	0	160
# 20	1	0	0	1	1	200
# 21	1	0	1	0	0	220
# 22	1	0	1	0	1	260
# 23	1	0	1	1	0	240
# 24	1	0	1	1	1	280
# 25	1	1	0	0	0	260
# 26	1	1	0	0	1	300
# 27	1	1	0	1	0	280
# 28	1	1	0	1	1	320
# 29	1	1	1	0	0	340
# 30	1	1	1	0	1	380
# 31	1	1	1	1	0	360
# 32	1	1	1	1	1	400

직접 손으로 이러한 모든 조합에 대한 열량을 계산한다면 얼마나 지루할지 상상해 보십시오. 계산기가 있었어도 마찬가지였을 것입니다. 프로그램을 작성해 열량을 계산하는 편이 좀 더 재미있습니다. 파이썬에서 반복과 수학 계산을 조금만 이용하면 아주 쉽게 처리할 수 있습니다.

Hello Python!

이번 장에서 배운 내용

이번 장에서는 다음과 같은 내용을 배웠습니다.

- 중첩 반복문
- 가변 반복문
- 순열과 조합
- 의사결정 트리

학습 내용 점검

1. 파이썬에서 가변 반복문을 만드는 방법은 무엇입니까?
2. 파이썬에서 중첩 반복문을 만드는 방법은 무엇입니까?
3. 다음 코드를 실행했을 때 출력되는 별표의 총 개수는 몇 개입니까?

```
for i in range(5):
    for j in range(3):
        print '*',
    print
```

4. 3번 문항의 코드를 실행했을 때 어떤 결과가 출력됩니까?
5. 의사결정 트리에 4단계가 있고 각 단계마다 2가지 선택이 있을 경우 가능한 선택의 총 가짓수(의사결정 트리를 지나는 경로)는 몇 개입니까?

도전 과제

1. 8장에서 만든 카운트 다운 프로그램이 기억나십니까? 바로 다음과 같은 코드였습니다.

```
import time
for i in range (10, 0, -1):
    print i
    time.sleep(1)
print "BLAST OFF!"
```

가변 반복문을 사용하도록 이 프로그램을 수정하십시오. 프로그램을 실행하면 다음과 같이 사용자에게 카운트다운할 숫자를 물어봐야 합니다.

```
Countdown timer:  How many seconds?  4
4
3
2
1
BLAST OFF!
```

2. 1번 문항에서 작성한 프로그램을 수정해 다음과 같이 각 숫자 옆에 별표를 출력하십시오.

```
Countdown timer:  How many seconds?  4
4 * * * *
3 * * *
2 * *
1 *
BLAST OFF!
```

(힌트: 아마 중첩 반복문을 사용해야 할 것입니다.)

12

함께 모으기:
리스트와 딕셔너리

파이썬은 이름을 이용해 뭔가를 메모리에 저장하고 메모리에서 가져올 수 있습니다. 지금까지는 **문자열**과 **숫자**(**정수**와 **실수** 모두)만 저장했습니다. 때로는 어떤 것들을 묶음 또는 모음의 형태로 한꺼번에 저장하는 것도 도움이 됩니다. 그러고 나면 전체 모음에 대해 한 번에 어떤 작업을 수행하거나 그것들의 묶음을 좀 더 쉽게 관리할 수 있습니다. 이러한 모음 중 하나로 **리스트(list)**가 있으며, 또 다른 것으로 **딕셔너리(dictionary)**라는 것이 있습니다. 12장에서는 리스트와 딕셔너리에 관해 배우면서 그것들이 무엇이고 어떻게 만들고, 수정하고, 사용하는지 살펴보겠습니다.

리스트는 굉장히 유용해서 아주 많은 프로그램에서 사용됩니다. 이어지는 장에서도 그래픽 및 게임 프로그래밍 예제에 리스트를 많이 사용할 텐데, 게임 내의 많은 그래픽 객체는 리스트로 저장될 때가 많기 때문입니다.

리스트란?

여러분에게 가족 구성원의 목록을 적어보라고 한다면 아마 다음과 같이 적을지도 모릅니다.

이를 파이썬에서는 다음과 같이 작성합니다.

```
family = ['엄마', '아빠', '형', '동생']
```

이번에는 행운의 숫자를 적어달라고 한다면 다음과 같이 쓸 수도 있습니다.

2, 7, 14, 26, 30

이를 파이썬에서는 다음과 같이 작성합니다.

```
luckyNumbers = [2, 7, 14, 26, 30]
```

family와 luckyNumbers는 파이썬 리스트의 예이며, 리스트 안의 개별 요소를 **항목(item)**이라고 합니다. 보다시피 파이썬에서 리스트는 일상생활에서 만드는 목록과 크게 다르지 않습니다. 리스트는 대괄호를 이용해 리스트가 어디서 시작하고 끝나는지 보여주고, 콤마를 이용해 리스트 안의 항목을 구분합니다.

리스트 만들기

family와 luckyNumbers는 모두 변수입니다. 앞에서 변수에는 서로 다른 종류의 값을 할당할 수 있다고 이야기했습니다. 이미 숫자와 문자열에 대한 변수를 사용해봤기 때문에 변수에 리스트도 할당할 수 있습니다.

다른 여느 변수를 만드는 것과 같이 리스트도 만들 수 있습니다. 즉, luckyNumbers에 했던 것과 같이 뭔가를 할당하기만 하면 됩니다. 다음과 같이 빈 리스트를 만드는 것도 가능합니다.

```
newList = []
```

대괄호 안에 항목이 아무것도 없기 때문에 이 리스트는 비어 있습니다. 그런데 빈 리스트의 장점은 무엇일까요? 빈 리스트를 만들 이유가 있을까요?

리스트 안에 뭐가 들어갈지 미리 알지 못하는 경우가 많습니다. 몇 개의 항목이 들어갈지, 리스트에 들어갈 항목이 어떤 것일지 알지 못하는 경우가 있습니다. 오로지 아는 것은 리스트를 이용해 그것들을 보관한다는 것뿐입니다. 빈 리스트가 있으면 프로그램에서 해당 리스트에 뭔가를 집어넣을 수 있습니다. 그럼 어떻게 할 수 있을까요?

리스트에 항목 추가하기

리스트에 항목을 추가하려면 append( )를 사용하면 됩니다. 인터랙티브 모드에서 다음 코드를 실행해봅시다.

```
>>> friends = []            ←──────────  빈 리스트를 새로 만듦
>>> friends.append('David')  ←──────  리스트에 "David"라는 항목을 추가
>>> print friends
```

그럼 다음과 같은 결과를 볼 수 있습니다.

```
['David']
```

항목을 또 하나 추가해봅시다.

```
>>> friends.append('Mary')
>>> print friends
['David', 'Mary']
```

참고로 항목을 추가하기 전에 리스트(비어 있거나 비어 있지 않은)를 먼저 만들어야 합니다. 이것은 마치 케이크를 만드는 경우와 비슷합니다. 바로 재료를 부을 수는 없습니다. 먼저 그것들을 부을 그릇이 있어야 합니다. 그렇지 않으면 조리대가 엉망이 될 테니까요.

점은 뭘까?

friends와 append() 사이에 점을 넣은 이유는 뭘까요? 이를 설명하려면 먼저 **객체(object)**라는 꽤나 복잡한 주제를 설명해야 합니다. 객체에 관해서는 14장에서 더 자세히 배우겠지만 지금은 간단하게만 설명하겠습니다.

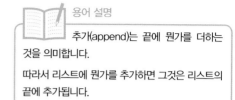

용어 설명

추가(append)는 끝에 뭔가를 더하는 것을 의미합니다.
따라서 리스트에 뭔가를 추가하면 그것은 리스트의 끝에 추가됩니다.

파이썬에서는 많은 것들이 객체입니다. 객체를 이용해 뭔가를 하려면 객체의 이름(변수명), 점, 그리고 해당 객체를 이용해 하고 싶은 것을 지정해야 합니다. 그래서 friends 리스트에 뭔가를 **추가**하려면 다음과 같이 작성하면 됩니다.

```
friends.append(something)
```

리스트는 무엇이든 담을 수 있다

리스트는 파이썬에서 저장할 수 있는 어떤 종류의 데이터도 담을 수 있습니다. 여기엔 숫자, 문자열, 객체, 심지어 다른 리스트도 포함됩니다. 리스트 안의 항목은 같은 자료형이거나 비슷한 종류가 아니어도 됩니다. 즉, 한 리스트에, 이를테면 숫자와 문자열을 동시에 담을 수 있다는 뜻입니다. 다음의 리스트 예제를 봅시다.

```
my_list = [5, 10, 23.76, 'Hello', myTeacher, 7, another_list]
```

알파벳 문자와 같이 간단한 뭔가가 담긴 리스트를 새로 만들어봅시다. 그럼 리스트에 관해 배운 내용을 이해하기가 좀 더 수월할 것입니다. 인터랙티브 모드에서 다음 코드를 입력합니다.

```
>>> letters = ['a', 'b', 'c', 'd', 'e']
```

리스트에서 항목 가져오기

인덱스 숫자를 이용하면 리스트에서 항목을 하나 가져올 수 있습니다. 리스트 인덱스는 0부터 시작하므로 리스트의 첫 번째 항목은 letter[0]입니다.

```
>>> print letters[0]
a
```

또 다른 예제를 봅시다.

```
>>> print letters[3]
d
```

인덱스는 왜 1이 아닌 0부터 시작할까?

이 질문은 컴퓨터가 발명된 이래로 많은 프로그래머, 엔지니어, 컴퓨터 과학자들 사이에서 논쟁을 불러일으켰습니다. 그 논쟁에 끼어들 생각은 없으므로 여기서 그저 "왜냐하면"이라고만 이야기하고 넘어가겠습니다...

그래, 알았어. "컴퓨터 안에서는 무슨 일이 일어날까?"를 보면 인덱스가 1이 아닌 0부터 시작하는 이유를 확인할 수 있습니다.

아빠, 그런 식으로 쉽게 빠져나가면 안 되죠!

컴퓨터 안에서는 무슨 일이 일어날까?

이 정신 나간 당나귀야! 이리 돌아와!

컴퓨터는 이진수, 즉 비트를 이용해 모든 것을 저장한다는 사실을 떠올려 보십시오. 옛날에는 그러한 비트가 값이 비쌌습니다. 그래서 비트 농장에서 각 비트를 일일이 손으로 거둬서 당나귀에 실어 날라야 했다고... 농담입니다. 어쨌든 비트는 비쌌습니다.

이진수는 0부터 계산을 시작합니다. 그래서 비트를 가장 효율적으로 활용하고 낭비하지 않기 위해 메모리 위치와 리스트 인덱스와 같은 것들도 0부터 시작하는 것입니다.

0부터 시작하는 인덱스에 금방 익숙해질 것입니다. 이것은 프로그래밍에서 아주 흔히 볼 수 있습니다.

용어 설명

인덱스(index)는 뭔가의 위치를 의미합니다. 여러분이 어떤 줄에서 4번째에 있는 사람이라면 여러분의 인덱스는 4입니다. 하지만 파이썬 리스트에서 4번째에 있는 사람이라면 인덱스는 3이 됩니다. 왜냐하면 파이썬 리스트 인덱스는 0부터 시작하기 때문입니다.

리스트 "자르기"

인덱스를 이용하면 리스트에서 한 번에 여러 개의 항목을 가져올 수 있습니다. 이를 리스트 '자르기'라고 합니다.

```
>>> print letters[1:4]
['b', 'c', 'd']
```

for 반복문의 range()와 비슷하게 자르기를 하면 첫 번째 인덱스로 시작하는 항목을 가져오기 시작해서 두 번째 인덱스 바로 앞에서 가져오는 것을 멈춥니다. 그래서 앞의 예제에서 가져온 항목이 4개가 아니라 3개인 것입니다. 이를 기억하는 한 가지 방법은 가져오는 항목의 수는 늘 두 인덱스 숫자의 차라는 것입니다(4 - 1 = 3이므로 3개의 항목을 가져옵니다).

리스트 자르기와 관련해서 기억해야 할 한 가지가 더 있습니다. 리스트를 잘랐을 때 받게 되는 것은 (보통 더 작은) 리스트라는 점입니다. 이처럼 더 작은 리스트를 원본 리스트의 **조각(slice)**이라 합니다. 원본 리스트는 바뀌지 않습니다. 조각은 원본 리스트에서 일부분만 **복사**된 것입니다.

다음 예제에서 차이점을 눈여겨봅시다.

```
>>> print letters[1]
b
>>> print letters[1:2]
['b']
```

첫 번째 경우에는 항목을 하나 받았습니다. 두 번째 경우에는 항목이 하나 담긴 리스트를 받았습니다. 미묘한 차이지만 이 부분에 관해 알아둬야 합니다. 첫 번째 경우에는 리스트에서 한 **항목**을 가져오기 위해 인덱스를 하나만 썼습니다. 두 번째 예제에서는 **자르기 표기법(slice notation)**을 이용해 리스트로부터 항목이 하나 담긴 **조각**을 가져왔습니다.

자세한 차이점을 확인하려면 다음 코드를 입력하고 실행해봅시다.

```
>>> print type(letters[1])
<type 'str'>
>>> print type(letters[1:2])
<type 'list'>
```

각 항목의 type을 출력하면 항목을 하나 받았던 경우(이 경우 **문자열**)와 리스트를 받았던 경우가 확실히 구분됩니다.

리스트를 잘랐을 때 받게 되는 더 작은 리스트는 원본 리스트의 항목으로 구성된 사본입니다. 이는 사본 리스트를 변경하더라도 원본 리스트는 영향을 받지 않는다는 것을 의미합니다.

간편한 잘라내기

자르기를 이용할 때 더 간편하게 하는 방법이 있습니다. 입력해야 할 양이 많이 줄어드는 것은 아니지만 프로그래머들은 게으르기 때문에 **축약형(shortcut)**을 많이 씁니다. 축약형이 무엇인지 알아두면 다른 사람들이 작성한 코드에 있는 축약형을 파악하고 동작 방식을 이해할 수 있습니다. 축약형이 중요한 이유는 다른 사람의 코드를 보고 이해하려고 노력하는 것이 새로운 프로그래밍 언어나 프로그래밍 자체를 배우는 좋은 방법이기 때문입니다.

리스트가 시작하는 부분도 포함해서 리스트를 잘라낼 때는 다음과 같이 콜론을 지정한 다음 원하는 항목의 숫자를 적는 식으로 축약형을 사용합니다.

```
>>> print letters[:2]
['a', 'b']
```

참고로 콜론 앞에는 숫자를 붙이지 않았습니다. 이렇게 하면 리스트가 시작하는 부분부터 콜론 다음에 지정한 인덱스까지(포함하지 않음) 잘라냅니다.

이와 비슷하게 리스트의 끝까지 자르는 것도 가능합니다.

```
>>> print letters[2:]
['c', 'd', 'e']
```

숫자 다음에 콜론을 지정하면 지정한 숫자에 해당하는 인덱스부터 리스트의 끝까지 잘라냅니다.

숫자를 입력하지 않고 콜론만 지정하면 전체 리스트를 구할 수 있습니다.

```
>>> print letters[:]
['a', 'b', 'c', 'd', 'e']
```

참고로 자르기는 원본의 사본을 만들어낸다고 앞에서 이야기했습니다. 따라서 letter[:]를 실행하면 전체 리스트의 사본이 만들어집니다. 이렇게 하면 원본 리스트는 그대로 둔 채 리스트를 변경하고 싶을 때 편리합니다.

항목 수정하기

리스트 항목 중 하나를 변경할 때 인덱스를 사용할 수 있습니다.

```
>>> print letters
['a', 'b', 'c', 'd', 'e']
>>> letters[2] = 'z'
>>> print letters
['a', 'b', 'z', 'd', 'e']
```

하지만 리스트에 새 항목을 추가하기 위해 인덱스를 사용할 수는 없습니다. 지금 당장은 리스트에 5개의 항목이 있어서 인덱스의 범위가 0~4에 해당합니다. 그러므로 다음과 같이 할 수는 없습니다.

```
letters[5] = 'f'
```

이 코드는 동작하지 않습니다(원한다면 직접 해보십시오). 이것은 마치 아직 존재하지 않는 것을 변경하려고 하는 것과 같습니다. 리스트에 항목을 추가하려면 다른 방법을 사용해야 하며, 이 방법에 대해서는 다음 절에서 살펴보겠습니다. 하지만 다음 절의 내용을 살펴보기에 앞서 리스트를 원래대로 되돌려둡시다.

```
>>> letters[2] = 'c'
>>> print letters
['a', 'b', 'c', 'd', 'e']
```

리스트에 항목을 추가하는 다른 방법

이미 앞에서 append()를 이용해 리스트에 항목을 추가하는 방법을 살펴봤습니다. 하지만 그 밖에 다른 방법도 있습니다. 사실 리스트에 항목을 추가하기 위한 메서드로 append(), extend(), insert()라는 세 개의 메서드가 있습니다.

- append()는 리스트의 끝에 항목을 하나 추가합니다.
- extend()는 리스트의 끝에 여러 개의 항목을 추가합니다.
- insert()는 리스트의 특정 위치에 항목 하나를 추가합니다(반드시 끝은 아니어도 됩니다). 이 경우 항목을 어디에 추가할지 지정해야 합니다.

끝에 추가하기: append( )

이미 앞에서 append()가 어떻게 동작하는지 확인했습니다. append()는 리스트의 끝에 항목을 하나 추가합니다.

```
>>> letters.append('n')
>>> print letters
['a', 'b', 'c', 'd', 'e', 'n']
```

항목을 하나 더 추가해봅시다.

```
>>> letters.append('g')
>>> print letters
['a', 'b', 'c', 'd', 'e', 'n', 'g']
```

참고로 글자가 순서대로 나열돼 있지 않다는 것을 눈여겨봅시다. 그 까닭은 append()가 리스트 끝에 항목을 추가하기 때문입니다. 항목을 순서대로 나열하고 싶다면 항목을 **정렬(sort)**해야 할 것입니다. 정렬에 관해서는 조만간 살펴보겠습니다.

리스트 확장하기: extend( )

extend()는 리스트 끝에 여러 개의 항목을 추가합니다.

```
>>> letters.extend(['p', 'q', 'r'])
>>> print letters
['a', 'b', 'c', 'd', 'e', 'n', 'g', 'p', 'q', 'r']
```

참고로 extend() 메서드의 소괄호 안에 리스트를 지정했다는 것을 눈여겨봅시다. 리스트에는 대괄호를 지정하므로 extend()의 경우에는 소괄호와 대괄호를 모두 지정할 수 있습니다.

extend()에 지정한 리스트 안의 항목은 모두 원본 리스트의 끝에 추가됩니다.

항목 삽입하기: insert()

insert()는 리스트의 특정 위치에 항목 하나를 추가합니다. 이때 항목을 추가하고 싶은 리스트 상의 위치를 지정합니다.

```
>>> letters.insert(2, 'z')
>>> print letters
['a', 'b', 'z', 'c', 'd', 'e', 'n', 'g', 'p', 'q', 'r']
```

여기서는 인덱스 2에 z라는 글자를 추가했습니다. 인덱스 2는 리스트에서 세 번째 위치에 해당합니다(왜냐하면 인덱스는 0부터 시작하기 때문이죠). 세 번째 위치에 있었던 글자는 c이지만 한 칸 밀려나서 4번째 위치로 옮겨졌습니다. 리스트 상의 다른 모든 항복도 한 칸 밀려났습니다.

append()와 extend()의 차이점

때로는 append()와 extend()가 매우 비슷해 보일 때가 있지만 두 메서드는 서로 다른 작업을 수행합니다. 원본 리스트로 되돌아가서 먼저 extend()를 이용해 세 개의 항목을 추가해봅시다.

```
>>> letters = ['a','b','c','d','e']
>>> letters.extend(['f', 'g', 'h'])
>>> print letters
['a', 'b', 'c', 'd', 'e', 'f', 'g', 'h']
```

이제 append()를 이용해 같은 작업을 해봅시다.

```
>>> letters = ['a', 'b', 'c', 'd', 'e']
>>> letters.append(['f', 'g', 'h'])
>>> print letters
['a', 'b', 'c', 'd', 'e', ['f', 'g', 'h']]
```

여기서 무슨 일이 일어났을까요? 앞에서 append()는 리스트에 항목을 하나 추가한다고 이야기했습니다. 그런데 어떻게 세 개를 추가했을까요? 실제로는 그렇게 하지 않았습니다. append()는 하나의 항목을 추가했는데, 그 항목은 **세 개의 항목이 담긴 또 하나의 리스트**일 뿐입니다. 그래서 리스트 안에 대괄호가 더 생긴 것입니다. 리스트에는 다른 리스트를 포함해서 어떤 것도 담을 수 있다는 점을 기억하십시오. 그 결과를 앞에서 확인할 수 있습니다.

insert()는 새 항목을 집어넣을 위치를 지정한다는 점만 제외하면 append()와 동일한 방식으로 동작합니다. append()는 항상 끝에 항목을 집어넣습니다.

리스트에서 삭제하기

리스트에서 항목을 삭제하거나 제거하려면 어떻게 해야 할까요? 이 경우 remove(), del, pop()을 이용하는 세 가지 방법이 있습니다.

remove()를 이용한 삭제

remove()는 리스트에서 선택한 항목을 삭제하고 버립니다.

```
>>> letters = ['a', 'b', 'c', 'd', 'e']
>>> letters.remove('c')
>>> print letters
['a', 'b', 'd', 'e']
```

리스트 안에서 해당 항목이 어디에 있는지 몰라도 됩니다. 삭제할 항목이 리스트 안 어딘가에 있다는 것만 알면 됩니다. 리스트 안에 없는 것을 제거하려고 하면 오류가 발생합니다.

```
>>> letters.remove('f')
Traceback (most recent call last):
  File "<pyshell#32>", line 1, in <module>
    letters.remove('f')
ValueError: list.remove(x): x not in list
```

그럼 리스트에 특정 항목이 들어 있는지는 어떻게 알 수 있을까요? 이 부분은 바로 조만간 살펴보겠습니다. 우선 리스트에서 항목을 삭제하는 다른 방법부터 살펴봅시다.

del을 이용한 삭제

del을 이용하면 다음과 같이 리스트의 인덱스를 이용해 항목을 하나 삭제할 수 있습니다.

```
>>> letters = ['a', 'b', 'c', 'd', 'e']
>>> del letters[3]
>>> print letters
['a', 'b', 'c', 'e']
```

여기서는 4번째 항목(인덱스 3), 즉 글자 d를 삭제했습니다.

pop()을 이용한 삭제

pop()은 리스트의 마지막 항목을 가져와 돌려줍니다. 즉, 다음과 같이 해당 항목에 이름을 할당할 수 있다는 뜻입니다.

```
>>> letters = ['a', 'b', 'c', 'd', 'e']
>>> lastLetter = letters.pop()
>>> print letters
['a', 'b', 'c', 'd']
>>> print lastLetter
e
```

다음과 같이 pop()에 인덱스를 지정할 수도 있습니다.

```
>>> letters = ['a', 'b', 'c', 'd', 'e']
>>> second = letters.pop(1)
>>> print second
b
>>> print letters
['a', 'c', 'd', 'e']
```

여기서는 두 번째 글자(인덱스 1), 즉 글자 b를 꺼냈습니다. 여기서 꺼낸 항목은 second에 할당됐고, letters에서는 제거됐습니다.

pop()의 괄호 안에 아무것도 지정하지 않으면 마지막 항목을 가져오고 리스트에서 제거합니다. pop(n)처럼 괄호 안에 숫자를 지정하면 해당 인덱스에 위치한 항목을 가져오고 리스트에서 제거합니다.

리스트에서 찾기

리스트에 항목이 여러 개 들어 있을 경우 항목을 찾으려면 어떻게 해야 할까요? 리스트를 대상으로 자주 하는 두 가지 작업은 다음과 같습니다.

- 어떤 항목이 리스트에 들어있는지 여부를 확인
- 어떤 항목이 리스트 내에서 어디에 있는지 확인(인덱스 확인)

in 키워드

리스트 안에 어떤 항목이 들어있는지 확인하려면 다음과 같이 in 키워드를 사용하면 됩니다.

```
if 'a' in letters:
    print "found 'a' in letters"
else:
    print "didn't find 'a' in letters"
```

'a' in letters 부분은 **불린(Boolean)** 또는 **논리식(logical expression)**이라 합니다. 이때 리스트에 a 가 있으면 True가, 그렇지 않으면 False가 반환됩니다.

> 용어 설명
>
> 불린은 1과 0, 또는 참(true)과 거짓(false)이라는 두 개의 값만 사용하는 산술 연산의 일종입니다. 불린은 조지 불(George Boole)이라는 수학자가 발명했으며, 참과 거짓 조건(1과 0으로 표현되는)을 7 장에서 본 것과 같이 and, or, not과 결합할 때 사용됩니다.

이를 인터랙티브 모드에서 해볼 수 있습니다.

```
>>> 'a' in letters
True
>>> 's' in letters
False
```

보다시피 letters라는 리스트에는 a라는 항목이 들어 있지만 s라는 항목은 없음을 알 수 있습니다. 즉, a 는 리스트에 있고 s는 리스트에 없습니다. 이제 in과 remove()를 결합해서 값이 리스트에 들어있지 않더라 도 오류가 발생하지 않는 코드를 작성할 수 있습니다.

```
if 'a' in letters:
    letters.remove('a')
```

이 코드는 값이 리스트에 있는 경우에만 리스트에서 값을 제거합니다.

인덱스 찾기

어떤 항목이 리스트 내에서 어느 위치에 있는지 확인하려면 다음과 같이 index() 메서드를 사용하면 됩니다.

```
>>> letters = ['a', 'b', 'c', 'd', 'e']
>>> print letters.index('d')
3
```

보다시피 d가 인덱스 3에 있음을 알 수 있으며, 이는 리스트에서 4번째 항목에 해당한다는 것을 의미합니다.

remove()와 마찬가지로 리스트에 값이 발견되지 않을 경우 index()도 오류가 발생하므로 다음과 같이 in을 사용하는 것이 좋습니다.

```
if 'd' in letters:
    print letters.index('d')
```

리스트 순회하기

반복문에 관해 처음 이야기했을 때 반복문이 값의 **리스트**를 순회한다는 것을 확인했습니다. 아울러 range() 함수에 대해서도 배웠고, 반복문에 사용할 숫자 리스트를 생성할 때 range()를 이용하면 손쉽게 생성할 수 있었습니다. 즉, range() 함수는 숫자 **리스트**를 만들어줍니다.

하지만 반복문은 어떤 리스트도 순회할 수 있습니다. 꼭 숫자 리스트여야 할 필요는 없습니다. 앞에서 만든 글자 리스트를 각 줄마다 하나씩 출력하고 싶다고 해봅시다. 그럼 다음과 같이 할 수도 있습니다.

```
>>> letters = ['a', 'b', 'c', 'd', 'e']
>>> for letter in letters:
        print letter
a
b
c
d
e
```

이번에는 반복 변수가 letter입니다(앞에서는 looper나 i, j, k 같은 반복 변수를 사용했습니다). 반복문에서는 리스트 안의 모든 값을 순회하고 순회할 때마다 현재 항목이 반복 변수인 letter에 저장된 다음 출력됩니다.

리스트 정렬하기

리스트는 순서가 있는 컬렉션(collection)입니다. 이는 리스트 내의 항목에 특정 순서가 있고, 각 항목에는 위치(인덱스)가 있다는 것을 의미합니다. 리스트에 특정 순서대로 항목을 넣으면 각 항목들은 insert(), append(), remove(), pop()을 이용해 리스트를 변경하지 않는 이상 해당 순서를 유지합니다. 하지만 그 순서가 마음에 들지 않을 수도 있습니다. 리스트를 사용하기 전에 리스트를 **정렬(sort)**하고 싶을 수도 있습니다.

리스트를 정렬하려면 sort() 메서드를 사용하면 됩니다.

```
>>> letters = ['d', 'a', 'e', 'c', 'b']
>>> print letters
['d', 'a', 'e', 'c', 'b']
>>> letters.sort()
>>> print letters
['a', 'b', 'c', 'd', 'e']
```

sort() 메서드는 문자열은 알파벳순으로, 숫자는 숫자 크기대로, 가장 작은 것에서부터 가장 큰 것 순으로 자동으로 정렬합니다.

sort() 메서드는 리스트 자체를 수정한다는 사실을 알아두는 것이 중요합니다. 이는 sort() 메서드가 원본 리스트를 변경한다는 뜻입니다. 즉, 새로운 정렬된 리스트를 만들어내지 **않습니다**. 따라서 다음과 같이 할 수 없습니다.

```
>>> print letters.sort()
```

이렇게 하면 "None"이 출력됩니다. 따라서 다음과 같이 두 단계에 걸쳐 해야 합니다.

```
>>> letters.sort()
>>> print letters
```

역순으로 정렬하기

리스트를 역순으로 정렬하는 데는 두 가지 방법이 있습니다. 하나는 다음과 같이 리스트를 일반적인 방법으로 정렬한 다음 정렬된 리스트를 **뒤집는(reverse)** 것입니다.

```
>>> letters = ['d', 'a', 'e', 'c', 'b']
>>> letters.sort()
>>> print letters
['a', 'b', 'c', 'd', 'e']
>>> letters.reverse()
>>> print letters
['e', 'd', 'c', 'b', 'a']
```

여기서 새로운 리스트 메서드인 reverse()를 볼 수 있습니다. 이 메서드는 리스트 내의 항목을 역순으로 만듭니다.

다른 방법은 sort() 메서드에 매개변수를 추가해 리스트를 내림차순으로 정렬하는 것입니다(가장 큰 것부터 가장 작은 것 순으로).

```
>>> letters = ['d', 'a', 'e', 'c', 'b']
>>> letters.sort (reverse = True)
>>> print letters
['e', 'd', 'c', 'b', 'a']
```

매개변수의 이름은 reverse이고, 예상한 바와 같이 리스트를 역순으로 정렬하는 역할을 합니다.

참고로 방금 설명한 모든 정렬 및 역순 정렬은 원본 리스트를 수정합니다. 즉, 원래 순서를 잃어버린다는 뜻입니다. 원래의 순서를 보존하고 리스트의 사본을 정렬하고 싶다면 이번 장의 앞에서 살펴본 자르기 표기법을 이용해 사본(원본과 동일한 또 하나의 리스트)을 만들 수도 있습니다.

```
>>> original_list = ['Tom', 'James', 'Sarah', 'Fred']
>>> new_list = original_list[:]
>>> new_list.sort()
>>> print original_list
['Tom', 'James', 'Sarah', 'Fred']
>>> print new_list
['Fred', 'James', 'Sarah', 'Tom']
```

아주 좋은 질문입니다. 이름과 변수에 관해 처음 설명했을 때(2장에서)를 돌이켜보면 name1 = name2와 같은 코드를 작성을 때 같은 것을 가리키는 새로운 이름을 만드는 것이라고 설명한 적이 있습니다. 다음 그림이 기억나십니까?

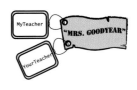

따라서 뭔가에 이름을 또 하나 부여하면 같은 것을 가리키는 새로운 태그가 만들어질 뿐입니다. 방금 예로 든 코드에서 new_list와 original_list는 모두 같은 리스트를 가리킵니다. 두 이름 중 어떤 것으로도 리스트를 변경할 수 있습니다(이를테면, 리스트를 정렬할 수 있습니다). 그러나 리스트는 여전히 하나만 있습니다. 이를 그림으로 나타내면 다음과 같습니다.

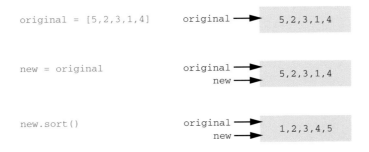

new를 정렬했는데 original도 정렬됐습니다. 그 이유는 new와 original이 같은 리스트를 가리키는 두 개의 서로 다른 이름이기 때문입니다. 두 개의 서로 다른 리스트가 있는 것이 **아닙니다.**

그리고 당연히 다음과 같이 new 태그를 완전히 새로운 리스트로 옮기는 것도 가능합니다.

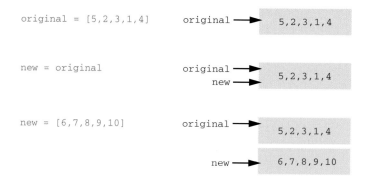

이것은 2장의 문자열과 숫자에 대해 했던 것과 같습니다.

따라서 리스트의 사본을 정말로 만들고 싶다면 new = original과 다른 방법을 이용해야 합니다. 가장 쉬운 방법은 앞에서 했던 것처럼 new = original[:]과 같은 자르기 표기법을 사용하는 것입니다. 이것은 "첫 번째 항목부터 마지막 항목까지 리스트 들어 있는 모든 것을 복사하세요"라는 뜻입니다. 그럼 다음과 같이 됩니다.

보다시피 두 개의 리스트가 만들어졌습니다. 원본 리스트의 사본을 만들어 new라는 이름을 부여했습니다. 이제 한 리스트를 정렬하더라도 다른 리스트는 정렬되지 않을 것입니다.

정렬하는 또 다른 방법: sorted( )

원본 리스트의 순서를 변경하지 않은 채로 리스트의 정렬된 사본을 구하는 또 다른 방법이 있습니다. 파이썬에는 그러한 용도로 sorted( )라는 이름의 함수를 제공합니다. sorted( )는 다음과 같이 동작합니다.

```
>>> original = [5, 2, 3, 1, 4]
>>> newer = sorted(original)
>>> print original
[5, 2, 3, 1, 4]
>>> print newer
[1, 2, 3, 4, 5]
```

sorted( ) 함수는 원본 리스트의 정렬된 사본을 반환합니다.

변경 가능한 것과 변경 불가능한 것

2장의 내용을 떠올려보면 숫자나 문자열 자체는 실제로 변경할 수 없고 숫자나 문자열에 할당된 이름만 변경할 수 있다고(즉, 태그만 옮길 수 있음) 이야기한 적이 있습니다. 그런데 리스트는 변경 가능한 자료형 중 하나입니다. 앞에서 봤겠지만 리스트에는 항목을 추가하거나 삭제할 수 있고 항목을 정렬하거나 역순으로 정렬할 수 있습니다.

이러한 두 가지 종류의 변수를 **가변**(mutable) 및 **불변**(immutable)이라고 합니다. **가변**은 "바꿀 수 있음"을 의미하고, **불변**은 "바꿀 수 없음"을 의미합니다. 파이썬에서 숫자와 문자열은 불변이고(변경할 수 없다), 리스트는 가변입니다(변경할 수 있다).

튜플: 불변 리스트

리스트를 변경 가능하게 만들고 싶지 않을 때가 있습니다. 그럼 파이썬에 불변적인 리스트가 있을까요? 그렇습니다. **튜플**(tuple)이라는 자료형이 바로 불변(변경할 수 없는) 리스트에 해당합니다. 튜플은 다음과 같이 만들 수 있습니다.

```
my_tuple = ("red", "green", "blue")
```

보다시피 리스트에 사용하는 대괄호 대신 소괄호를 사용하면 됩니다.

튜플은 불변(변경할 수 없는)이기 때문에 항목을 정렬하거나 추가, 삭제하는 등의 작업을 할 수 없습니다. 특정 항목을 가지고 튜플을 만들고 나면 그대로 유지됩니다.

리스트의 리스트: 데이터 테이블

프로그램에 데이터가 저장되는 방법을 생각할 경우 그것을 시각화해보면 이해하는 데 도움이 됩니다.

변수는 값을 하나 가집니다.　　myTeacher ⟶ | Mr. Wilson |

리스트는 여러 값이 줄지어 있는 형태입니다.

myFriends ⟶ | Curtis | Karla | Jenn | Kim | Shaun |

때로는 행과 열이 포함된 테이블이 필요할 때가 있습니다.

classMarks ➙	Math	Science	Reading	Spelling
Joe	55	63	77	81
Tom	65	61	67	72
Beth	97	95	92	88

데이터 테이블은 어떻게 저장할 수 있을까요? 리스트가 항목을 여러 개 보관할 수 있다는 사실을 이미 알고 계실 것입니다. 따라서 다음과 같이 각 학생의 점수를 리스트에 넣을 수 있습니다.

```
>>> joeMarks = [55, 63, 77, 81]
>>> tomMarks = [65, 61, 67, 72]
>>> bethMarks = [97, 95, 92, 88]
```

또는 다음과 같이 각 과목에 대한 리스트를 사용할 수도 있습니다.

```
>>> mathMarks = [55, 65, 97]
>>> scienceMarks = [63, 61, 95]
>>> readingMarks = [77, 67, 92]
>>> spellingMarks = [81, 72, 88]
```

하지만 모든 데이터를 단 하나의 **자료 구조**에 모으고 싶을 수도 있습니다.

> 용어 설명
>
> **자료 구조(data structure)**란 프로그램 내의 데이터를 수집, 저장, 표현하는 방법을 일컫습니다. 자료 구조에는 변수, 리스트, 그 밖에 아직까지 설명하지 않은 것들이 포함될 수 있습니다. 자료 구조라는 용어는 실제로 프로그램 내에서 데이터가 구조화되는 방식을 가리킵니다.

시험 점수를 나타내는 단 하나의 자료 구조를 만들기 위해서는 다음과 같이 할 수도 있습니다.

```
>>> classMarks = [joeMarks, tomMarks, bethMarks]
>>> print classMarks
[[55, 63, 77, 81], [65, 61, 67, 72], [97, 95, 92, 88]]
```

이렇게 하면 항목 리스트가 만들어지고, 각 항목은 그 자체로 리스트입니다. 즉, 리스트의 리스트를 만들었습니다. classMarks 리스트 안의 각 항목은 그 자체가 리스트입니다.

아울러 joeMarks, tomMarks, bethMark를 먼저 만들 필요 없이 classMarks 리스트를 곧바로 만들 수도 있습니다.

```
>>> classMarks = [ [55,63,77,81], [65,61,67,72], [97,95,92,88] ]
>>> print classMarks
[[55, 63, 77, 81], [65, 61, 67, 72], [97, 95, 92, 88]]
```

이제 자료 구조를 출력해봅시다. classMarks에는 각 학생을 가리키는 세 개의 항목이 들어 있습니다. 그럼 in을 이용해 각 항목을 순회할 수 있습니다.

```
>>> for studentMarks in classMarks:
        print studentMarks
[55, 63, 77, 81]
[65, 61, 67, 72]
[97, 95, 92, 88]
```

보다시피 classMarks라는 리스트를 순회했습니다. 반복 변수는 studentMarks입니다. 리스트를 순회할 때마다 리스트 내의 각 항목을 출력했습니다. 한 항목은 한 학생의 점수를 나타내며, 그 자체로 리스트입니다 (앞에서 학생 리스트를 만들었습니다).

참고로 이 방법은 앞에서 살펴본 테이블과 아주 비슷합니다. 그래서 모든 데이터를 한 곳에 보관하기 위한 자료 구조를 생각해낸 것입니다.

테이블에서 값 하나 가져오기

이 테이블(리스트의 리스트)에서 값에 접근하려면 어떻게 해야 할까요? 이미 우리는 첫 번째 학생의 점수 (joeMarks)가 classMarks 리스트의 첫 번째 항목에 해당하는 리스트에 들어 있다는 사실을 알고 있습니다. 이를 확인해 봅시다.

```
>>> print classMarks[0]
[55, 63, 77, 81]
```

classMarks[0]은 조가 4개의 과목에서 맞은 점수의 목록입니다. 이제 classMarks[0]에서 값을 하나 가져오고 싶다면 어떻게 해야 할까요? 두 번째 인덱스를 사용하면 됩니다.

조의 세 번째 점수(읽기 점수)가 필요하다면 읽기 점수는 인덱스 2에 해당하므로 다음과 같이 하면 됩니다.

```
>>> print classMarks[0][2]
77
```

이렇게 하면 classMarks(인덱스 0)에 있는 첫 번째 항목(조의 점수 리스트에 해당하는)을 가져온 다음 해당 리스트의 세 번째 항목(인덱스 2)에 해당하는 읽기 점수를 가져옵니다. 여기서 classMarks[0][2]와 같은 두 개의 대괄호 쌍을 볼 수 있는데, 이것은 보통 리스트의 리스트를 가리킬 때 사용됩니다.

classMarks →	Math	Science	Reading	Spelling
Joe	55	63	77	81
Tom	65	61	67	72
Beth	97	95	92	88

classMarks 리스트는 사실 조, 톰, 베스의 이름이나 수학, 과학, 읽기, 받아쓰기 같은 과목에 관해 알지 못합니다. 우리가 그런 식으로 이름을 붙인 것은 우리는 리스트에 무엇을 저장할지 알고 있기 때문입니다. 하지만 파이썬 입장에서 그것들은 그저 리스트 안에서 숫자가 매겨진 위치에 불과합니다. 이것은 우체국에서 숫자가 매겨진 사서함과 비슷합니다. 사서함에는 이름이 붙어 있지 않고 숫자만 붙어 있습니다. 우체부는 우편물이 어느 사서함에 들어가야 할지만 관리하고, 여러분의 사서함이 어느 것인지는 여러분이 압니다.

classMarks 테이블에 좀 더 정확하게 이름을 붙이자면 다음과 같습니다.

classMarks →	[0]	[1]	[2]	[3]
classMarks[0]	55	63	77	81
classMarks[1]	65	61	67	72
classMarks[2]	97	95	92	88

이제 77이라는 점수가 classMarks[0][2]에 저장돼 있음을 좀 더 쉽게 알 수 있습니다.

classMarks를 이용해 데이터를 저장하는 프로그램을 작성하고 있었다면 어느 데이터가 어느 행과 열에 저장되는지 관리해야 할 것입니다. 즉, 우체부와 마찬가지로 데이터가 어느 칸에 속하는지 관리해야 할 것입니다.

딕셔너리

지금까지 파이썬 리스트가 항목을 함께 모으는 방법의 하나라는 사실을 확인했습니다. 그런데 프로그래밍하다 보면 어떤 값을 다른 어떤 값과 연관시킨 형태로 모아둬야 할 때가 많습니다. 이것은 마치 전화번호부에서 이름과 전화번호를 연관시키거나 사전에서 단어와 정의를 연관시키는 것과 비슷합니다.

파이썬 **딕셔너리**(dictionary)는 두 개의 항목을 서로 연관시키는 방법의 하나입니다. 이러한 두 항목을 **키**(key)와 **값**(value)이라고 합니다. 딕셔너리 내의 각 항목에는 키와 값이 있습니다. 이를 **키-값 쌍**(key-value pair)이라고 합니다. 즉, 딕셔너리는 키-값 쌍의 모음입니다.

간단한 예로 전화번호 목록을 들 수 있습니다. 친구의 전화번호 목록을 작성하고 싶다고 해봅시다. 이 경우 이름을 이용해 전화번호를 찾을 것입니다(이름이 같은 친구는 없길 바랍니다). 이때 이름은 **키**(정보를 찾는 데 사용할 항목)가 되고 전화번호는 **값**(찾고자 하는 항목)이 될 것입니다.

다음은 파이썬 딕셔너리를 만들어 이름과 전화번호를 저장하는 방법입니다. 먼저 빈 딕셔너리를 만듭니다.

```
>>> phoneNumbers = {}
```

리스트를 만들 때 사용한 대괄호 대신 중괄호를 사용한다는 점만 제외하면 리스트를 만드는 방법과 아주 비슷합니다.

그런 다음 항목을 추가합니다.

```
>>> phoneNumbers["John"] = "555-1234"
```

딕셔너리를 출력하면 그 결과는 다음과 같습니다.

```
>>> print phoneNumbers
{'John': '555-1234'}
```

키가 먼저 나온 다음 콜론이 나오고, 그다음 값이 나옵니다. 따옴표가 있는데, 그 이유는 여기서는 키와 값이 모두 문자열이기 때문입니다(반드시 그래야만 하는 것은 아닙니다).

같은 작업을 다음과 같은 방법으로도 할 수 있습니다.

```
>>> phoneNumbers = {"John": "555-1234"}
```

이름을 더 추가해봅시다. 리스트에서 append() 메서드를 사용하는 것과 달리 딕셔너리에는 새로운 항목을 추가하는 메서드가 없습니다. 대신 새로운 키와 값을 지정하기만 하면 됩니다.

```
>>> phoneNumbers["Mary"] = "555-6789"
>>> phoneNumbers["Bob"] = "444-4321"
>>> phoneNumbers["Jenny"] = "867-5309"
```

전체 딕셔너리를 확인해 봅시다.

```
>>> print phoneNumbers
{'Bob': '444-4321', 'John': '555-1234', 'Mary': '555-6789', 'Jenny': '867-5309'}
```

딕셔너리를 만든 이유는 항목을 찾을 수 있기 때문이었습니다. 이 경우 이름을 이용해 항목을 찾아볼 수 있습니다. 다음 코드를 봅시다.

```
>>> print phoneNumbers["Mary"]
'555-6789'
```

참고로 대괄호를 이용해 딕셔너리 내에서 찾고자 하는 키를 지정했습니다. 하지만 딕셔너리 전체는 중괄호로 감싸져 있습니다.

딕셔너리는 리스트와 다소 비슷하지만 몇 가지 주된 차이점이 있습니다. 두 자료형 모두 컬렉션입니다. 즉, 다른 자료형의 항목들을 함께 모으는 방법 중 하나입니다.

다음은 비슷한 점을 정리한 것입니다.

- 리스트와 딕셔너리 모두 어떤 자료형의 데이터(심지어 리스트와 딕셔너리까지도)도 보관할 수 있으므로 숫자, 문자열, 객체, 심지어 다른 **컬렉션**으로 구성된 것들을 담을 수 있습니다.
- 리스트와 딕셔너리 모두 컬렉션에서 항목을 찾는 수단을 제공합니다.

그리고 다음은 차이점을 정리한 것입니다.

- 리스트는 **순서가 유지됩니다(ordered)**. 리스트에 항목을 특정 순서대로 넣으면 그 순서가 유지됩니다. 그리고 리스트는 정렬할 수 있습니다. 딕셔너리는 정해진 **순서가 없습니다(unordered)**. 딕셔너리에 항목을 추가한 다음 내용을 출력하면 항목을 추가한 순서와 다른 순서로 나타날 수 있습니다.
- 리스트 내의 항목은 인덱스를 통해 접근합니다. 딕셔너리 내의 항목은 키를 통해 접근합니다.

```
>>> print myList[3]
'eggs'
>>> print myDictionary["John"]
'555-1234'
```

앞에서 언급한 바와 같이 파이썬에서는 리스트와 딕셔너리를 비롯해 많은 것들이 객체입니다. 리스트와 마찬가지로 딕셔너리에도 앞에서 본 것과 같이 점 표기법을 이용해 딕셔너리를 다룰 때 사용할 수 있는 메서드가 있습니다.

keys() 메서드는 모든 딕셔너리 키의 리스트를 돌려줍니다.

```
>>> phoneNumbers.keys()
['Bob', 'John', 'Mary', 'Jenny']
```

values() 메서드는 모든 값의 리스트를 돌려줍니다.

```
>>> phoneNumbers.values()
['444-4321', '555-1234', '555-6789', '867-5309']
```

다른 언어에도 파이썬 딕셔너리와 비슷한 것들이 있습니다. 보통 그러한 것들을 **연관 배열(associative array)**이라 합니다(키와 값을 서로 연관시키기 때문). 또 다른 용어로 **해시 테이블(hash table)**이라고 표현하는 말도 듣게 될 것입니다.

리스트와 마찬가지로 딕셔너리 내의 항목으로는 단순 자료형(정수, 실수, 문자열)이나 컬렉션(리스트나 딕셔너리), 또는 복합 자료형(객체)을 비롯해 어떤 자료형도 가능합니다.

그렇습니다. 리스트의 리스트를 만들 수 있는 것처럼 딕셔너리 안에 다른 딕셔너리를 담는 것도 가능합니다. 사실 이 말은 전부 참은 아닙니다. 딕셔너리 내의 **값**에 대해서는 참이지만 **키**는 조금 제약이 있습니다. 앞에서 **가변** 대 **불변** 자료형에 관해 이야기했습니다. 딕셔너리 키로는 불변 자료형(불린, 정수, 부동 소수점 수, 문자열, 튜플)만 쓸 수 있습니다. 따라서 리스트나 딕셔너리는 가변 자료형이기 때문에 키로 쓸 수 없습니다.

앞에서 딕셔너리가 리스트와 다른 점 중 하나로 딕셔너리는 항목의 순서가 **유지되지 않는다**고 이야기한 적이 있습니다. 밥(Bob)의 전화번호가 딕셔너리에 세 번째로 추가되더라도 딕셔너리의 내용을 출력했을 때는 그것이 첫 번째 항목이었습니다. 딕셔너리에는 순서의 개념이 없어서 딕셔너리를 정렬하는 것은 말이 되지 않습니다. 하지만 때로는 딕셔너리의 내용을 특정 순서대로 출력하고 싶을 때가 있습니다. 리스트는 정렬할 수 있어서 키의 리스트가 있으면 그것을 정렬한 다음 해당 키의 순서대로 딕셔너리를 출력할 수 있습니다. 즉, 다음과 같이 sorted() 함수를 이용해 키의 리스트를 정렬할 수 있습니다.

```
>>> for key in sorted(phoneNumbers.keys()):
        print key, phoneNumbers[key]
```

```
Bob 444-4321
Jenny 867-5309
John 555-1234
Mary 555-6789
```

앞에서 리스트에서 사용한 것과 같은 sorted() 함수입니다. 이 부분에 대해 생각해보면 이렇게 하는 것이 일리가 있는데, 딕셔너리 키의 모음은 리스트이기 때문입니다.

키 대신 값의 순서로 항목을 출력하고 싶다면 어떻게 해야 할까요? 전화번호 예제에서는 전화번호 순서 대로 가장 낮은 번호부터 가장 높은 번호까지 정렬하는 것을 의미할 것입니다. 딕셔너리는 실제로 단방 향 탐색(one-way lookup)입니다. 즉, 딕셔너리는 다른 방법보다는 키를 이용해 값을 찾게 돼 있습니다. 그래서 값을 기준으로 정렬하는 것은 조금 더 어렵지만 가능하긴 합니다. 좀 더 해야 할 일이 많을 뿐입니다.

```
>>> for value in sorted(phoneNumbers.values()):
        for key in phoneNumbers.keys():
            if phoneNumbers[key] == value:
                print key, phoneNumbers[key]


Bob 444-4321
John 555-1234
Mary 555-6789
Jenny 867-5309
```

여기서는 값의 목록을 정렬한 다음 각 값을 가져와 해당 값과 연관된 키를 찾을 때까지 모든 키를 순회해 키를 찾았습니다.

다음은 딕셔너리로 할 수 있는 다른 몇 가지를 나열한 것입니다.

- del을 이용한 항목 삭제

```
>>> del phoneNumbers["John"]
>>> print phoneNumbers
{'Bob': '444-4321', 'Mary': '555-6789', 'Jenny': '867-5309'}
```

- clear()를 이용한 모든 항목 삭제(딕셔너리 정리)

```
>>> phoneNumbers.clear()
>>> print phoneNumbers
{}
```

- in을 이용해 딕셔너리 내에 특정 키가 존재하는지 확인

```
>>> phoneNumbers = {'Bob': '444-4321', 'Mary': '555-6789', 'Jenny': '867-5309'}
>>> "Bob" in phoneNumbers
True
>>> "Barb" in phoneNumbers
False
```

딕셔너리는 파이썬 코드에서 상당히 많이 사용됩니다.

여기서는 파이썬 딕셔너리를 충분히 살펴보진 않았지만 일반적인 개념과 사용법은 알려줬기 때문에 코드에서 딕셔너리를 사용할 수 있을 것이며, 다른 코드에서도 딕셔너리를 알아볼 수 있을 것입니다.

이번 장에서 배운 내용

이번 장에서는 다음과 같은 내용을 배웠습니다.

- 리스트
- 리스트에 항목 추가하기
- 리스트에서 항목 삭제하기
- 리스트에 특정 값이 들어있는지 확인하기
- 리스트 정렬
- 리스트의 사본 만들기
- 튜플
- 리스트의 리스트
- 파이썬 딕셔너리

학습 내용 점검

1. 리스트에 항목을 추가하는 두 가지 방법은 무엇입니까?
2. 리스트에서 항목을 제거하는 두 가지 방법은 무엇입니까?
3. 원본 리스트는 변경하지 않은 채로 리스트의 정렬된 사본을 구하는 방법은 무엇입니까?
4. 리스트 안에 특정 값이 있는지 확인하려면 어떻게 해야 합니까?
5. 리스트 안에 특정 값의 위치를 확인하려면 어떻게 해야 합니까?
6. 튜플이란 무엇입니까?
7. 리스트의 리스트를 만드는 방법은 무엇입니까?
8. 리스트의 리스트에서 값을 하나 가져오려면 어떻게 해야 합니까?
9. 딕셔너리란 무엇입니까?
10. 딕셔너리에 항목을 추가하려면 어떻게 해야 합니까?
11. 키를 통해 항목을 찾으려면 어떻게 해야 합니까?

Hello Python!

도전 과제

1. 사용자에게 5개의 이름을 묻는 프로그램을 작성하십시오. 프로그램에서는 그 이름들을 리스트에 저장한 다음 마지막에 모두 출력해야 합니다. 프로그램을 실행한 결과는 다음과 같을 것입니다.

   ```
   Enter 5 names:
   Tony
   Paul
   Nick
   Michel
   Kevin
   The names are Tony Paul Nick Michel Kevin
   ```

2. 1번 문항에서 작성한 프로그램을 수정해 원본 이름 리스트와 정렬된 리스트를 모두 출력하십시오.

3. 1번 문항에서 작성한 프로그램을 수정해 다음과 같이 사용자가 입력한 세 번째 이름만 출력하십시오.

   ```
   The third name you entered is: Nick
   ```

4. 1번 문항에서 작성한 프로그램을 수정해 사용자가 이름을 바꿀 수 있게 만드십시오. 사용자는 바꿀 이름을 선택한 다음 새로운 이름을 입력할 수 있어야 합니다. 최종적으로 다음과 같이 새로운 리스트를 출력해야 합니다.

   ```
   Enter 5 names:
   Tony
   Paul
   Nick
   Michel
   Kevin
   The names are Tony Paul Nick Michel Kevin
   Replace one name. Which one? (1-5): 4
   New name: Peter
   The names are Tony Paul Nick Peter Kevin
   ```

5. 사용자가 특정 단어와 정의를 입력한 다음 나중에 찾아볼 수 있는 사전 프로그램을 작성하십시오. 사용자는 자신이 입력한 단어가 사전에 들어있는지 알 수 있어야 합니다. 프로그램을 실행한 모습은 다음과 같아야 합니다.

```
Add or look up a word (a/l)? a
Type the word: computer
Type the definition: A machine that does very fast math
Word added!
Add or look up a word (a/l)? l
Type the word: computer
A machine that does very fast math
Add or look up a word (a/l)? l
Type the word: qwerty
That word isn't in the dictionary yet.
```

13

함수

조만간 우리가 만든 프로그램은 더 커지고 복잡해질 것입니다. 프로그램을 더 쉽게 작성하고 관리할 수 있게 더 작은 부분들로 조직화할 방법이 필요합니다.

프로그램을 더 작은 부분으로 쪼개는 데는 크게 세 가지 방법이 있습니다. **함수(function)**는 끊임없이 재사용할 수 있는 코드 기반 요소와 같습니다. **객체(object)**는 프로그램의 각 부분들을 자족적인 단위로 묘사하는 수단입니다. **모듈(module)**은 프로그램의 여러 부분들을 담은 각기 분리된 파일에 해당합니다. 이번 장에서는 함수에 관해 배우고, 다음 두 개의 장에서는 객체와 모듈에 관해 배우겠습니다. 그러고 나면 그래픽과 사운드를 사용하거나 게임을 만드는 데 필요한 기초적인 도구가 모두 갖춰질 것입니다.

함수: 집짓기 블록

함수를 가장 간단한 용어로 설명하자면 어떤 일을 수행하는 코드 덩어리입니다. 즉, 더 큰 프로그램을 제작하는 데 사용할 수 있는 작은 조각입니다. 레고 블록을 이용해 뭔가를 만드는 것처럼 그러한 조각을 다른 조각과 함께 둘 수 있습니다.

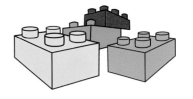

파이썬에서는 def 키워드를 이용해 함수를 생성, 즉 **정의(define)**합니다. 그러고 나서 함수의 이름을 이용해 함수를 사용, 즉 **호출(call)**합니다. 간단한 예제로 시작해봅시다.

함수 만들기

다음 예제에서는 함수를 정의한 다음 사용합니다. 이 함수는 우편 주소를 화면에 출력합니다.

예제 13.1 함수 생성과 사용

```
def printMyAddress():
    print "Warren Sande"
    print "123 Main Street"                함수 정의(생성)
    print "Ottawa, Ontario, Canada"
    print "K2M 2E9"
    print
printMyAddress()  ◄────── 함수 호출(사용)
```

1번째 줄에서는 def 키워드를 이용해 함수를 정의합니다. 그다음 함수의 이름, 괄호, 콜론을 차례로 지정합니다.

```
def printMyAddress():
```

괄호의 용도가 무엇인지에 대해서는 조만간 설명하겠습니다. 콜론은 파이썬에게 코드 블록이 다음에 온다는 사실을 알려줍니다(for 반복문과 while 반복문, if 문과 마찬가지로).

그런 다음 함수를 구성하는 코드를 작성합니다.

예제 13.1의 마지막 줄에는 주 프로그램이 있습니다. 이곳에서 함수명과 괄호를 지정해 함수를 호출하며, 여기서부터 프로그램이 실행되기 시작합니다. 이 한 줄을 통해 프로그램은 앞에서 정의한 함수의 코드를 실행합니다.

주 프로그램에서 함수를 호출할 경우 함수는 주 프로그램이 맡은 일을 완료하게끔 돕는 역할을 합니다.

def 블록 안의 코드는 주 프로그램의 일부가 아니므로 프로그램이 실행될 때 해당 부분은 건너뛰고 def 블록 안에 있지 않은 첫 번째 줄을 실행하기 시작합니다. 다음 그림은 함수를 호출했을 때 어떤 일이 일어나는지 보여줍니다. 여기서는 함수가 실행을 마친 후 메시지를 출력하는 별도의 줄을 프로그램 끝에 추가했습니다.

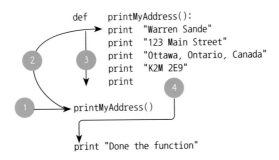

다음은 앞의 그림에 있는 각 단계를 설명한 것입니다.

1. 여기서 시작합니다. 이곳이 주 프로그램이 시작되는 곳입니다.

2. 함수를 호출하면 함수 내의 첫 번째 코드 줄로 이동합니다.

3. 함수 안의 각 줄을 실행합니다.

4. 함수 실행을 마치면 주 프로그램의 나머지 부분을 계속 실행합니다.

함수 호출하기

함수를 호출한다는 것은 함수 안에 들어 있는 코드를 실행한다는 것을 의미합니다. 함수를 정의하고 나서 호출하지 않는다면 해당 코드는 절대 실행되지 않습니다.

함수를 호출할 때는 함수명과 괄호 쌍을 이용합니다. 간혹 괄호 안에 뭔가가 들어있을 때도 있고 들어있지 않을 때도 있습니다.

예제 13.1의 프로그램을 실행한 다음 결과를 확인해 봅시다. 다음과 같은 결과를 볼 수 있을 것입니다.

```
>>> ═══════════════ RESTART ═══════════════
>>>
Warren Sande
123 Main Street
Ottawa, Ontario, Canada
K2M 2E9

>>>
```

하지만 다음과 같이 더 간단한 프로그램을 실행해도 정확히 동일한 결과가 나타납니다.

```
print "Warren Sande"
print "123 Main Street"
print "Ottawa, Ontario, Canada"
print "K2M 2E9"
print
```

그럼 어째서 예제 13.1에서는 일부러 코드를 더 복잡하게 만들고 함수를 사용하느라 애썼을까요?

함수를 사용하는 주된 이유는 함수를 정의해두면 함수를 호출하는 것만으로 함수를 계속해서 사용할 수 있기 때문입니다. 그래서 주소를 다섯 번 출력하고 싶다면 다음과 같이 하면 됩니다.

```
printMyAddress()
printMyAddress()
printMyAddress()
printMyAddress()
printMyAddress()
```

그리고 이 코드의 출력 결과는 다음과 같습니다.

```
Warren Sande
123 Main Street
Ottawa, Ontario, Canada
K2M 2E9

Warren Sande
123 Main Street
Ottawa, Ontario, Canada
K2M 2E9

Warren Sande
123 Main Street
Ottawa, Ontario, Canada
K2M 2E9

Warren Sande
123 Main Street
Ottawa, Ontario, Canada
K2M 2E9
```

Warren Sande
123 Main Street
Ottawa, Ontario, Canada
K2M 2E9

그런데 함수 대신 반복문으로도 같은 일을 할 수 있다고 생각할 수도 있습니다.

함수 대신 반복문으로도 똑같이 할 수 있어요!

그렇게 말할 줄 알았습니다... 하지만 반복문에서는 같은 일만 할 수 있습니다. 그런데 갑자기 프로그램의 여기저기에서 우편주소를 출력해야 한다면 반복문으로는 하기 힘들 것입니다.

함수를 사용하는 또 한 가지 이유는 함수를 실행할 때마다 함수가 다르게 동작하게끔 만들 수 있기 때문입니다. 다음 절에서 어떻게 이렇게 할 수 있는지 살펴보겠습니다.

함수에 인자 전달하기

이제 괄호가 어떤 용도인지 살펴볼 차례입니다. 바로 **인자(argument)**입니다!

며칠 전에 했던 논쟁 같은 건가요?

아닙니다. 컴퓨터는 친절해서 절대로 논쟁하는 법이 없습니다. 프로그래밍에서 **인자**는 함수에 전달하는 정보를 의미합니다. 이때 함수에 인자를 **전달**한다고 표현합니다.

가족 구성원들을 위한 주소 출력 함수를 사용한다고 해봅시다. 주소는 모든 가족 구성원에게 같을 테지만 각자의 이름은 달라야 할 것입니다. 함수에 "워렌 산데"라고 이름을 직접 기재하기보다는 이름을 변수로 만들 수 있습니다. 이 변수는 함수를 호출할 때 전달됩니다.

예제를 통해 이해해봅시다. 예제 13.2에서는 주소 출력 함수를 수정해서 이름에 대한 인자를 하나 사용하게 했습니다. 다른 변수와 마찬가지로 인자에는 이름이 지정돼 있습니다. 이 변수의 이름은 myName이라고 지정했습니다.

함수가 실행되면 myName 변수는 함수를 호출할 때 전달한 인자로 채워집니다. 함수를 호출할 때 괄호 안에 집어넣는 식으로 함수에 인자를 전달합니다.

그래서 예제 13.2에서 myName 인자에는 "Carter Sande"라는 값이 할당됩니다.

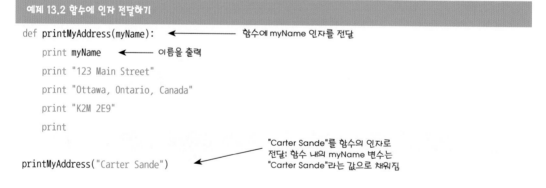

예제 13.2 함수에 인자 전달하기

```
def printMyAddress(myName):         ◀── 함수에 myName 인자를 전달
    print myName         ◀── 이름을 출력
    print "123 Main Street"
    print "Ottawa, Ontario, Canada"
    print "K2M 2E9"
    print

printMyAddress("Carter Sande")
```

"Carter Sande"를 함수의 인자로
전달: 함수 내의 myName 변수는
"Carter Sande"라는 값으로 채워짐

예제 13.2를 실행하면 다음과 같이 예상한 결과를 볼 수 있습니다.

```
>>> ================= RESTART =================
>>>
Carter Sande
123 Main Street
Ottawa, Ontario, Canada
K2M 2E9
```

보다시피 인자를 사용하지 않았던 첫 번째 프로그램을 통해 얻은 출력 결과와 같습니다. 하지만 이제는 다음과 같이 주소를 매번 다르게 출력할 수 있습니다.

```
printMyAddress("Carter Sande")
printMyAddress("Warren Sande")
printMyAddress("Kyra Sande")
printMyAddress("Patricia Sande")
```

그리고 이제는 출력 결과가 함수가 호출될 때마다 다릅니다. 이름이 바뀌는데, 함수에 매번 다른 이름을 전달하기 때문입니다.

```
>>> ===================== RESTART =====================
>>>
Carter Sande
123 Main Street
Ottawa, Ontario, Canada
K2M 2E9

Warren Sande
123 Main Street
Ottawa, Ontario, Canada
K2M 2E9

Kyra Sande
123 Main Street
Ottawa, Ontario, Canada
K2M 2E9

Patricia Sande
123 Main Street
Ottawa, Ontario, Canada
K2M 2E9
```

참고로 함수에 전달한 값은 함수 내에서 사용되고 주소의 이름 부분으로 출력됐습니다.

함수가 실행될 때마다 달라져야 할 것이 두 개 이상이라면 인자가 두 개 이상 필요합니다. 이 부분에 대해 바로 다음에 알아봅시다.

인자가 두 개 이상인 함수

예제 13.2에서는 함수에 인자가 단 하나밖에 없었습니다. 하지만 함수는 인자를 두 개 이상 가질 수 있습니다. 사실 인자를 원하는 만큼 가질 수 있습니다. 이번에는 인자가 두 개인 예제를 살펴보면서 어떻게 되는지 이해해봅시다. 그러고 나면 다음 프로그램에서 필요한 만큼 함수에 인자를 추가할 수 있을 것입니다.

용어 설명

함수에 인자를 전달하는 것에 관해 이야기할 때 듣게 될 또 하나의 용어가 있습니다. 바로 **매개변수(parameter)**입니다. 어떤 사람들은 **인자**와 **매개변수**를 서로 바꿔 쓸 수 있다고 이야기하기도 합니다. 그래서 다음과 같이 이야기할 수도 있습니다. "그 함수에 매개변수를 두 개 전달했어." 혹은 "그 함수에 인자를 두 개 전달했어."라고 말입니다.

어떤 사람들은 전달하는 부분(함수를 호출할 때)에 관해 이야기할 때는 **인자**라는 용어를 사용해야 하고 받는 부분(함수 내부)에 관해 이야기할 때는 **매개변수**라는 용어를 사용해야 한다고 말하기도 합니다.

인자나 매개변수를 함수에 값을 전달하는 것에 관해 이야기할 때 사용한다면 프로그래머들은 어떤 의미인지 이해할 것입니다.

카터의 편지를 동네 사람들에게 보내려면 주소 출력 함수에 인자가 두 개 필요할 것입니다. 하나는 이름이고, 다른 하나는 집주소입니다. 다음 예제는 이를 어떻게 처리하는지 보여줍니다.

예제 13.3 인자가 두 개인 함수

```
def printMyAddress(someName, houseNum):    ◀——— 두 개의 인자를 사용하기 위해 두 개의 변수를 사용
    print someName
    print houseNum,    ◀—— 콤마를 이용해 번지수와 주소를    두 변수 모두 출력됨
                           같은 줄에 출력
    print "Main Street"
    print "Ottawa, Ontario, Canada"
    print "K2M 2E9"
    print


printMyAddress("Carter Sande", "45")
printMyAddress("Jack Black", "64")        함수를 호출하면서 두 개의
printMyAddress("Tom Green", "22")         매개변수를 전달
printMyAddress("Todd White", "36")
```

인자(또는 매개변수)를 여러 개 사용할 경우 리스트 안의 항목과 같이 각 인자를 콤마로 분리합니다. 이 부분에 대해서는 다음 절에서 다루겠습니다.

몇 개가 적당할까?

앞에서 함수에 전달하는 인자의 개수에는 제한이 없다고 이야기했습니다. 그것은 사실이지만 함수에 인자가 대여섯 개 이상이면 다른 식으로 바꿔야 할 시점일지도 모릅니다. 한 가지 방법은 모든 인자를 리스트로 모아서 함수에 해당 리스트를 전달하는 것입니다. 이렇게 하면 여러 개의 값을 리스트에 담아 단 하나의 변수(리스트 변수)만 전달하면 됩니다. 그러면 코드도 더 읽기 쉬워집니다.

값을 반환하는 함수

지금까지 살펴본 함수는 어떤 일을 수행하기만 했습니다. 하지만 함수의 아주 유용한 측면은 바로 함수가 뭔가를 되돌려줄 수도 있다는 점입니다.

앞에서 함수에 정보(인자)를 전달할 수 있다는 것을 확인했는데, 함수에서도 호출자에게 정보를 보낼 수 있습니다. 함수로부터 전달되는 값을 **결과**(result) 또는 **반환값**(return value)이라고 합니다.

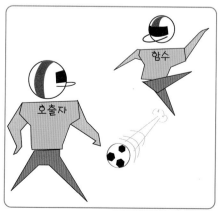

값 반환하기

값을 반환하는 함수를 만들 때는 함수 안에서 파이썬의 return 키워드를 사용합니다. 다음 예제를 봅시다.

```
def calculateTax(price, tax_rate):
    taxTotal = price + (price * tax_rate)
    return taxTotal
```

이 예제에서는 taxTotal 값을 프로그램에서 해당 함수를 호출한 부분으로 보낼 것입니다.

하지만 값이 전송될 때 그 값은 어디로 갈까요? 반환된 값은 함수를 호출한 코드로 돌아갑니다. 다음 예제를 봅시다.

```
totalPrice = calculateTax(7.99, 0.06)
```

calculateTax 함수는 8.4694라는 값을 반환할 것이며, 그 값은 totalPrice에 할당될 것입니다.

수식을 사용하는 곳이라면 어디서든 함수를 사용해 값을 반환할 수 있습니다. 반환값을 변수에 할당하거나(방금 한 것처럼) 다른 수식에서 반환값을 사용하거나, 또는 다음과 같이 출력할 수도 있습니다.

```
>>> print calculateTax(7.99, 0.06)
8.4694
>>> total = calculateTax(7.99, 0.06) + calculateTax(6.59, 0.08)
```

게다가 다음과 같이 반환된 값을 가지고 아무것도 하지 않을 수도 있습니다.

```
>>> calculateTax(7.49, 0.07)
```

마지막 예제에서는 함수를 실행해 세금이 포함된 합계를 계산했지만 그 결과를 사용하지는 않았습니다.

값을 반환하는 함수가 포함된 프로그램을 만들어봅시다. 예제 13.4에서는 calculateTax() 함수가 값을 반환합니다. 예제에서는 세금이 적용되기 전의 가격을 입력하면 세금이 포함된 가격이 반환됩니다. 그런 다음 이 값을 변수에 할당합니다. 따라서 바로 앞에서 했던 것과 같이 함수명만 사용하는 대신 변수와 등호(=), 그리고 함수명을 지정해야 합니다. 변수에는 calculateTax() 함수에서 반환한 결과가 할당될 것입니다.

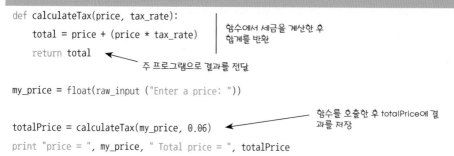

예제 13.4 값을 반환하는 함수를 만들고 사용하기

```
def calculateTax(price, tax_rate):
    total = price + (price * tax_rate)        함수에서 세금을 계산한 후
                                              합계를 반환
    return total
                        주 프로그램으로 결과를 전달

my_price = float(raw_input ("Enter a price: "))

                                                      함수를 호출한 후 totalPrice에 결
                                                      과를 저장
totalPrice = calculateTax(my_price, 0.06)
print "price = ", my_price, " Total price = ", totalPrice
```

예제 13.4의 프로그램을 직접 입력하고 실행해 보십시오. 참고로 세율은 0.06(6%에 해당하는)으로 코드에 고정돼 있습니다. 프로그램에서 다른 세율로 처리해야 한다면 사용자가 가격과 마찬가지로 세율도 입력하게 할 수 있을 것입니다.

변수 유효범위

예제 13.4에서 볼 수 있듯이 total처럼 함수 안에 들어 있는 변수뿐 아니라 totalPrice처럼 함수 밖에도 변수가 있습니다. 이 두 변수는 같은 것을 가리키는 두 개의 이름에 불과합니다. 2장에서 본 YourTeacher = MyTeacher라는 코드와 같습니다.

calculateTax 예제에서는 totalPrice와 total이 동일한 것에 부착된 두 개의 태그에 해당합니다. 함수 내부에 있는 이름은 함수가 실행될 때만 만들어집니다. 그러한 이름은 함수가 실행되기 전이나 함수가 실행을 마친 후에는 존재하지조차 않습니다. 파이썬에는 이를 자동으로 수행하는 **메모리 관리(memory management)**라는 것이 있습니다. 파이썬에서는 함수가 실행될 때 함수 내에서 사용할 새로운 이름을 만들어낸 다음, **함수 실행이 끝나면 그러한 이름을 삭제합니다.** 마지막 부분이 중요합니다. 즉, 함수가 실행을 완료하면 그 안에 있던 이름은 없어집니다.

함수가 실행되는 동안 함수 밖에 있는 이름은 사용되지 않는 상태로 대기합니다. 즉, 함수 안에 있는 이름만이 사용됩니다. 변수가 사용되는(또는 변수를 사용할 수 있는) 프로그램의 영역을 **유효범위(scope)**라고 합니다.

지역 변수

예제 13.4에서 price와 total 변수는 함수 내에서만 사용됐습니다. 이때 price, total, tax_rate가 calculateTax() 함수의 유효범위 안에 있다고 표현합니다. 또 다른 용어로 **지역(local)**이라고 하기도 합니다. price, total, tax_rate 변수는 calculateTax() 함수 내에서 **지역 변수(local variable)**에 해당합니다.

이것이 무슨 의미인지 이해하려면 예제 13.4의 프로그램에서 calculateTax() 함수 밖에서 price의 값을 출력하는 코드를 추가해보면 됩니다. 다음 예제를 봅시다.

예제 13.5 지역 변수 출력하기

```
def calculateTax(price, tax_rate):        세금을 계산한 후 합계를 반환하는
    total = price + (price * tax_rate)    함수를 정의
    return total


my_price = float(raw_input ("Enter a price: "))


totalPrice = calculateTax(my_price, 0.06)   ◄──── 함수를 호출한 후 totalPrice에 결
print "price = ", my_price, " Total price = ", totalPrice    과를 저장하고 출력
print price   ◄──── 가격을 출력
```

이 프로그램을 실행하면 다음과 같은 오류가 발생합니다.

```
Traceback (most recent call last):
  File "C:/.../Listing_13-5.py", line 9, in <module>
    print price
NameError: name 'price' is not defined   ◄──── 이 줄에서 오류 내용을 설명
```

오류 메시지의 마지막 줄에서 오류 내용을 확인할 수 있습니다. calculateTax() 함수 안에 있지 않을 경우 price 변수는 정의되지 않은 것입니다. price 변수는 calculateTax() 함수가 실행 중일 때만 존재합니다. 그래서 calculateTax() 함수 밖에서 price의 값을 출력하려고 하면(함수가 실행되고 있지 않을 때) 오류가 발생하는 것입니다.

전역 변수

price 지역 변수와 달리 예제 13.5의 my_price와 totalPrice는 함수 **밖**, 즉 프로그램의 주 영역에 정의돼 있습니다. 유효범위가 더 넓은 변수를 가리켜 **전역(global)**이라는 용어를 사용합니다. 이 경우 **더 넓다**라는 말은 함수 내부가 아닌 프로그램의 주 영역을 의미합니다. 예제 13.5의 프로그램을 확장한다면 my_ price와 totalPrice 변수를 프로그램의 다른 곳에서도 사용할 수 있고, 그럼에도 두 변수는 이전에 할당했던 값을 가지고 있을 것입니다. 즉, 여전히 **유효범위 안에 들어 있을 것입니다.** 그러한 변수는 프로그램의 어디서도 사용할 수 있기 때문에 그러한 변수를 **전역 변수(global variable)**라고 합니다.

예제 13.5에서 함수 밖에서 함수 안에 들어 있는 변수를 출력하려고 했을 때는 오류가 발생했습니다. 그 변수는 존재하지 않았는데, 바로 유효범위 밖에 있었기 때문입니다. 그와 반대되는 일을 했을 때는 어떻게 될까요? 즉, 함수 안에서 전역변수를 출력하면 어떻게 될까요?

다음 예제에서는 calculateTax() 함수 안에서 my_price 변수를 출력합니다. 예제를 실행해 어떤 일이 발생하는지 확인해 봅시다.

예제 13.6 함수 안에서 전역 변수 사용하기

```
def calculateTax(price, tax_rate):
    total = price + (price * tax_rate)
    print my_price          ◀─────────── my_price를 출력
    return total


my_price = float(raw_input ("Enter a price: "))


totalPrice = calculateTax(my_price, 0.06)
print "price = ", my_price, " Total price = ", totalPrice
```

프로그램이 동작합니까? 그렇습니다! 그런데 어째서 동작하는 것일까요?

변수 유효범위에 관해 이야기하기 시작했을 때 파이썬에서는 메모리 관리를 이용해 함수가 실행될 때 자동으로 지역 변수를 만들어낸다고 말한 적이 있습니다. 메모리 관리자는 몇 가지 다른 일도 합니다. 함수 내에서 주 프로그램에서 정의된 변수명을 사용하면 그것을 변경하지 않는 이상 파이썬이 해당 전역 변수를 사용할 수 있게 해줍니다.

따라서 다음과 같이 하거나

```
print my_price
```

또는 다음과 같이 할 수 있습니다.

```
your_price = my_price
```

그 이유는 이 두 코드 모두 my_price를 변경하지 않기 때문입니다.

하지만 함수 내에서 전역 변수를 변경하려고 하면 파이썬이 그 대신 새로운 지역 변수를 만들어냅니다. 따라서 다음과 같은 코드를 실행하면

```
my_price = my_price + 10
```

함수가 실행될 때 파이썬이 my_price라는 새로운 지역 변수를 만들어냅니다.

예제 13.6에서 출력된 값은 전역 변수 my_price였는데, 함수 내에서 my_price를 변경하지 않았기 때문입니다. 예제 13.7의 프로그램에서는 함수 내에서 전역 변수를 변경하려고 했을 때 새로운 지역 변수가 만들어진다는 것을 보여줍니다. 다음 예제를 실행해 결과를 확인해 봅시다.

예제 13.7 함수 내에서 전역 변수 수정하기

```
def calculateTax(price, tax_rate):
    total = price + (price * tax_rate)

    my_price = 10000          ◀──── 함수 안에서 my_price를 변경
    print "my_price (inside function) = ", my_price
    return total              지역 버전의 my_price를 출력

                                                                  이곳에 있는 my_
                                                                  price는 이곳에 있
                                                                  는 my_price와 다
my_price = float(raw_input ("Enter a price: "))                   른 메모리에 존재

totalPrice = calculateTax(my_price, 0.06)
print "price = ", my_price, " Total price = ", totalPrice
print "my_price (outside function) = ", my_price   ◀──── 전역 버전의 my_price를 출력
```

예제 13.7을 실행하면 출력 결과는 다음과 같을 것입니다.

```
>>> ══════════════════════ RESTART ══════════════════════
>>>
Enter a price: 7.99
my_price (inside function) = 10000    ◀────── 함수 내에서 my_price를 출력
price = 7.99 Total price = 8.4694
my_price (outside function) = 7.99    ◀────── 함수 밖에서 my_price를 출력
```

보다시피 값이 다른 두 개의 my_price 변수가 존재합니다. 하나는 calculateTax() 함수 안에 있는 **지역 변수**로서 값이 10,000으로 설정돼 있습니다. 다른 하나는 주 프로그램 영역에서 정의한 **전역 변수**로서 사용자 입력으로 7.99를 받았습니다.

함수 안에서 전역 변수 사용하기

마지막 절에서는 함수 안에서 **전역 변수**의 값을 변경하려고 할 경우 파이썬이 새로운 **지역 변수**를 만들어 내는 것을 확인했습니다. 이는 함수에서 우연히 전역 변수를 변경하는 것을 방지하기 위해서입니다.

하지만 함수 안에서 전역 변수를 변경하고 싶을 때가 있습니다. 그럼 어떻게 해야 할까요?

파이썬에는 이를 가능케 하는 global이라는 키워드가 있습니다. global 키워드는 다음과 같이 사용합니다.

```
def calculateTax(price, tax_rate):
    global my_price
```
파이썬에게 전역 버전의 my_price를 사용하고 싶다고 말해줌

global 키워드를 사용하면 파이썬이 my_price라는 새로운 지역 변수를 만들어내지 않습니다. 대신 my_price 전역 변수를 사용할 것입니다. my_price라는 전역 변수가 없으면 새로운 변수를 하나 만들어낼 것입니다.

변수명 짓기에 대한 조언

이전 절에서 전역 변수와 지역 변수에 동일한 이름을 사용할 수 있다는 것을 확인했습니다. 파이썬은 자동으로 필요 시 새로운 지역 변수를 만들어낼 것이며, 아니면 직접 global 키워드를 이용해 이를 방지할 수 있습니다. 하지만 이름을 재사용하지 않기를 적극 권장합니다.

몇몇 예제를 통해 알 수 있겠지만 변수가 지역 변수인지 전역 변수인지 파악하기가 힘

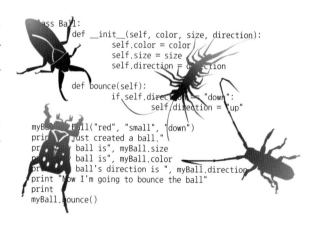

```
class Ball:
    def __init__(self, color, size, direction):
        self.color = color
        self.size = size
        self.direction = direction

    def bounce(self):
        if self.direction == "down":
            self.direction = "up"

myBall = Ball("red", "small", "down")
print "Just created a ball."
print " ball is", myBall.size
print " ball is", myBall.color
print " ball's direction is ", myBall.direction
print "Now I'm going to bounce the ball"
print
myBall.bounce()
```

들어질 수 있습니다. 서로 다른 변수를 같은 이름으로 사용하면 코드가 더 혼동되기도 합니다. 그리고 혼동되는 부분이 있으면 버그가 생기기도 쉽습니다.

앞으로는 지역 변수와 전역 변수에 서로 다른 이름을 사용하길 권장합니다. 그렇게 하면 혼동되는 부분도 없고 버그도 발생하지 않을 것입니다.

Hello Python!

이번 장에서 배운 내용

이번 장에서는 다음과 같은 내용을 배웠습니다.

- 함수란?
- 인자(혹은 매개변수)란?
- 함수에 인자를 전달하는 법
- 함수에 여러 개의 인자를 전달하는 법
- 호출자에게 값을 반환하는 함수를 만드는 법
- 변수 유효범위 및 지역 변수와 전역 변수
- 함수 안에서 전역 변수를 사용하는 법

학습 내용 점검

1. 함수를 사용할 때 사용하는 키워드는 무엇입니까?
2. 함수는 어떻게 호출합니까?
3. 함수에 정보(인자)를 어떻게 전달합니까?
4. 함수는 인자를 최대 몇 개까지 받을 수 있습니까?
5. 함수로부터 정보를 되돌려받는 방법은 무엇입니까?
6. 함수가 실행을 완료하고 나면 함수 안의 지역 변수는 어떻게 됩니까?

도전 과제

1. 다음과 같이 이름을 커다란 글자로 출력하는 함수를 작성하십시오.

```
CCCC      A      RRRRR  TTTTTTT EEEEEE RRRRR
C      C  C A A      R     T    E      R    R
C         A   A      R     T    EEEE   R    R
C       AAAAAAA  RRRRR     T    E      RRRRR
C      C A      A R   R    T    E      R    R
CCCC A        A R   R    T    EEEEEE R    R
```

이 함수를 여러 번 호출하는 프로그램을 작성하십시오.

2. 이름, 주소, 번지, 시, 도, 우편번호, 국가명을 출력하는 함수를 작성하십시오(힌트: 7개의 인자가 필요합니다. 인자를 각각 전달하거나 리스트로 전달할 수 있습니다).

3. 예제 13.7에서 my_price 변수를 전역 변수로 만들고 출력 결과가 달라지는지 확인하십시오.

4. 잔돈(500원, 100원, 50원, 10원)의 합계를 계산하는 함수를 작성하십시오(5장의 "도전 과제"에서 했던 것과 같은). 이 함수에서는 동전의 합계를 반환해야 합니다. 그런 다음 이 함수를 호출하는 프로그램을 작성합니다. 이 프로그램을 실행했을 때 출력 결과는 다음과 같아야 합니다.

```
How many 500-won coins? 3
How many 100-won coins? 6
How many 50-won coins? 7
How many 10-won coins? 2
You have a total of: 2470
```

객체

지난 몇 개의 장에서는 데이터와 프로그램을 구성하고 함께 모으는 다양한 방법을 살펴봤습니다. **리스트**가 변수(데이터)를 모으는 한 가지 방법이고, **함수**가 코드를 끊임없이 재사용할 수 있는 단위로 모으는 방법임을 확인했습니다.

객체(Object)는 뭔가를 모으는 아이디어를 한 단계 더 발전시킵니다. 객체는 **함수와 데이터를 함께 묶는** 방법의 하나입니다. 이는 프로그래밍에서 아주 유용한 방법이고, 아주 많은 프로그램에서 사용됩니다. 사실 파이썬의 내부 구조를 살펴본다면 거의 모든 것이 객체입니다. 프로그래밍 용어로 파이썬은 **객체지향적(object-oriented)**이라고 표현합니다. 이는 파이썬 내에서 객체를 사용하는 것이 가능하다(사실 상당히 쉽게)는 뜻입니다. 반드시 객체를 직접 만들어야 하는 것은 아니지만 그렇게 할 경우 작업이 더 쉬워집니다.

14장에서는 객체가 무엇이고 객체를 만들고 사용하는 법을 배웁니다. 이후 장에서 그래픽 작업을 시작할 때는 객체를 상당히 많이 사용하게 될 것입니다.

현실 세계의 객체

객체란 무엇일까요? 프로그래밍에 관해 이야기하는 게 아니라면 이 질문을 했을 때 다음과 같이 대화가
흘러갈 수도 있습니다.

이 같은 설명은 파이썬에서도 객체란 무엇인가를 정의하기에 좋습니다. 이를테면, 공을 예로 들어봅시다.
공은 들어올리거나 던지거나 발로 차거나 공기를 불어넣어 부풀릴 수 있습니다. 이를 **행동**(action)이라
합니다. 아울러 공의 색깔, 크기, 무게를 이야기하는 식으로 공을 묘사할 수도 있습니다. 이를 공의 **속성**
(attribute)이라고 합니다.

용어 설명

> 객체는 특징 또는 **속성**으로 묘사할 수 있습니다. 공의 속성 중 하나는 공의 모양입니다. 대
> 부분의 공은 원형입니다. 다른 속성의 예로는 색깔, 크기, 무게, 가격이 있습니다. 속성을 다른 말로 **특성**
> (property)이라고도 합니다.

현실 세계의 실제 객체는 다음과 같은 특징이 있습니다.

- 어떤 행동을 할 수 있다.
- 속성이나 특성으로 **묘사할 수 있다.**

프로그래밍의 객체도 이와 비슷합니다.

파이썬의 객체

파이썬에서도 객체의 특징 또는 객체에 관해 알고 있는 사항을 가리켜 **속성**(attribute)이라 하므로 기억
하기 쉬울 것입니다. 파이썬에서 행동 또는 객체에 대해 할 수 있는 것을 가리켜 **메서드**(method)라 합니다.

공의 파이썬 버전이나 공의 **모형**(model)을 만든다면 공이 객체가 되고 **속성**과 메서드를 가질 것입니다.

공의 **속성**은 다음과 같을 것입니다.

```
ball.color
ball.size
ball.weight
```

이러한 속성으로 공을 **묘사**할 수 있습니다.

공의 **메서드**는 다음과 같을 것입니다.

```
ball.kick()
ball.throw()
ball.inflate()
```

이것들은 모두 공에 대해 **할 수 있는** 것을 가리킵니다.

속성이란?

속성은 공에 관해 알고 있는 것(또는 찾을 수 있는)을 말합니다. 공의 속성은 숫자, 문자열 등과 같은 정보로 구성돼 있습니다. 어딘가 익숙하십니까? 그렇습니다, 그것들은 변수입니다. 속성은 객체 안에 포함된 변수에 불과합니다.

속성은 다음과 같이 표시할 수 있습니다.

```
print ball.size
```

속성에 값을 할당할 수도 있습니다.

```
ball.color = 'green'
```

속성을 객체가 아닌 보통의 변수에 할당할 수 있습니다.

```
myColor = ball.color
```

속성을 다른 객체의 속성에 할당할 수도 있습니다.

```
myBall.color = yourBall.color
```

메서드란?

메서드는 객체를 통해 할 수 있는 것들입니다. 메서드는 어떤 일을 하기 위해 호출(call)할 수 있는 코드 덩어리입니다. 어딘가 익숙하십니까? 그렇습니다. **메서드**는 객체 안에 포함된 **함수**에 불과합니다.

인자를 전달하거나 값을 반환하는 것을 비롯해 다른 함수를 통해 할 수 있는 일들은 메서드로도 할 수 있습니다.

객체 = 속성 + 메서드

그러므로 객체는 어떤 것에 대한 **속성**과 **메서드**(여러분이 알고 있는 것과 여러분이 할 수 있는 것)를 함께 모으는 한 가지 방법입니다. 속성은 정보고, 메서드는 행동입니다.

점은 무엇입니까?

앞의 공 예제에서 객체와 속성명 또는 메서드명 사이에 점이 있는 것을 보셨을 겁니다. 그것은 `object.attribute`나 `object.method()`처럼 객체의 속성과 메서드를 사용하기 위한 파이썬 표기법입니다. 간단하게 이를 **점 표기법(dot notation)**이라 하며, 여러 프로그래밍 언어에서 사용됩니다.

이제 객체에 대한 감을 잡았을 것입니다. 그럼 객체를 직접 만들어봅시다!

객체 만들기

파이썬에서 객체를 만들 때는 두 가지 단계가 있습니다.

첫 번째 단계는 객체가 어떤 모습이고 어떻게 행동하는지(객체의 속성과 메서드를) 정의하는 것입니다. 하지만 이렇게 정의한다고 해서 실제로 객체가 만들어지는 것은 아닙니다. 이것은 집의 설계도와도 같습니다. 설계도는 집의 모양을 정확히 설명해주긴 하지만 설계도 자체가 집은 아닙니다. 설계도 안에서는 살 수 없습니다. 설계도는 실제 집을 짓는 데만 사용할 수 있습니다. 사실 설계도를 이용하면 어떤 집이든 지을 수 있습니다.

흠... 이 집을 어떻게 설계해야 할까? 상류층용? 중산층용? 저소득층용?

파이썬에서는 객체의 설명이나 설계도를 **클래스(class)**라고 합니다.

두 번째 단계는 클래스를 이용해 실제 객체를 만드는 것입니다. 이때 객체를 해당 클래스의 **인스턴스(instance)**라고 합니다.

클래스와 **인스턴스**를 만드는 예제를 살펴봅시다. 다음 예제는 간단한 Ball 클래스의 클래스 정의입니다.

예제 14.1 간단한 Ball 클래스 만들기

```
class Ball:          ← 파이썬에서 클래스를
                       만든다는 것을 의미

    def bounce(self):
        if self.direction == "down":          메서드
            self.direction = "up"
```

예제 14.1에서는 bounce()라는 메서드가 하나 포함된 공에 대한 클래스 정의를 볼 수 있습니다. 그런데 속성은 어디에 있을까요? 사실 속성은 클래스에 속하지 않으며, 각 인스턴스에 속합니다. 각 인스턴스가 서로 다른 속성을 가질 수 있는 것은 바로 이런 이유에서입니다.

인스턴스 속성을 설정하는 몇 가지 방법이 있습니다. 이어지는 절에서 그러한 방법을 살펴보겠습니다.

객체의 인스턴스 만들기

앞에서 언급했듯이 클래스 정의가 객체는 아닙니다. 클래스 정의는 설계도에 불과합니다. 이제 실제 집을 지어봅시다.

Ball의 인스턴스를 만들고 싶다면 다음과 같이 하면 됩니다.

```
myBall = Ball()
```

아직까지 공에 아무런 속성이 없으므로 몇 가지 속성을 추가해봅시다.

```
myBall.direction = "down"
myBall.color = "green"
myBall.size = "small"
```

이런 식으로 객체에 속성을 정의할 수 있습니다. 다음 절에서 객체에 속성을 정의하는 다른 방법을 살펴보겠습니다.

이제 메서드를 시험해봅시다. 다음과 같이 bounce() 메서드를 사용할 수 있습니다.

```
myBall.bounce()
```

지금까지 살펴본 코드를 프로그램에 입력하고, print 문을 이용해 어떻게 작동하는지 확인해봅시다.

예제 14.2 Ball 클래스 사용하기

```
class Ball:

    def bounce(self):                                      클래스(전과 동일)
        if self.direction == "down":
            self.direction = "up"

myBall = Ball()        ◀──── 클래스의 인스턴스 생성
myBall.direction = "down"
myBall.color = "red"                                       속성 설정
myBall.size = "small"

print "I just created a ball."
print "My ball is", myBall.size
print "My ball is", myBall.color                           객체의 속성 출력
print "My ball's direction is", myBall.direction
print "Now I'm going to bounce the ball"
print
myBall.bounce()        ◀──── 메서드 사용
print "Now the ball's direction is", myBall.direction
```

예제 14.2의 프로그램을 실행하면 다음과 같은 출력 결과를 볼 수 있습니다.

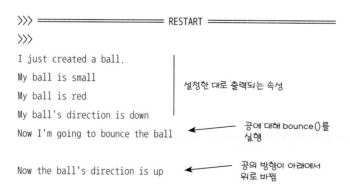

```
>>> ═══════════════ RESTART ═══════════════
>>>
I just created a ball.
My ball is small
My ball is red                            설정한 대로 출력되는 속성
My ball's direction is down
Now I'm going to bounce the ball          ◀──── 공에 대해 bounce()를
                                                 실행

Now the ball's direction is up            ◀──── 공의 방향이 아래에서
                                                 위로 바뀜
```

보다시피 bounce( ) 메서드를 호출한 후 공의 direction이 down에서 up으로 바뀌었습니다. 이것은 bounce( ) 메서드의 코드에서 하는 일과 정확히 일치합니다.

객체 초기화

공 객체를 만들었을 때 공 객체의 size, color, direction에는 아무것도 채워지지 않았습니다. 객체를 생성하고 나서 이러한 속성을 채웠어야 했습니다. 그런데 객체가 생성될 때 객체의 특성을 설정하는 방법이 있습니다. 이를 객체 **초기화(initializing)**라고 합니다.

> 용어 설명
>
> **초기화**란 "뭔가를 초기에 준비시키는 것"을 의미합니다. 소프트웨어에서 뭔가를 **초기화**할 경우 우리가 원하는 상태나 조건에 이르게 함으로써 그것을 사용할 준비를 갖출 수 있습니다.

클래스를 정의할 때 _init_()이라는 특별한 메서드를 정의할 수 있습니다. 이 메서드는 클래스의 새 인스턴스가 만들어질 때마다 실행됩니다. _init_() 메서드에 인자를 전달해 여러분이 원하는 특성을 갖춘 인스턴스를 만들 수 있습니다. 다음 예제를 봅시다.

예제 14.3 __init__() 메서드 추가하기

```
class Ball:

    def __init__(self, color, size, direction):
        self.color = color
        self.size = size
        self.direction = direction

    def bounce(self):
        if self.direction == "down":
            self.direction = "up"

myBall = Ball("red", "small", "down")
print "I just created a ball."

print "My ball is", myBall.size
print "My ball is", myBall.color
print "My ball's direction is ", myBall.direction
print "Now I'm going to bounce the ball"
print
myBall.bounce()
print "Now the ball's direction is", myBall.direction
```

init() 메서드, init 양 옆으로 밑줄이 두 개 지정돼 있음. 총 4개의 밑줄이 양 옆으로 2개씩 지정됨.

←――――― __init__()에 인자로 전달되는 속성

예제 14.3을 실행하면 예제 14.2와 같은 출력 결과가 나타날 것입니다. 한 가지 차이점은 예제 14.3에서는 __init__() 메서드를 이용해 속성을 설정했다는 점입니다.

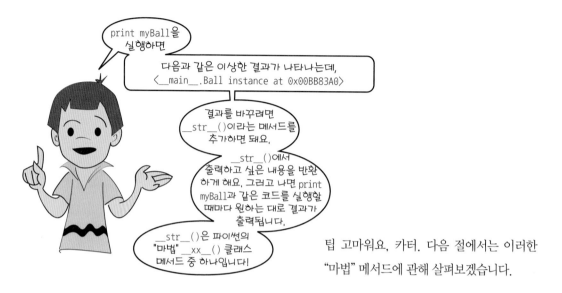

팁 고마워요, 카터. 다음 절에서는 이러한 "마법" 메서드에 관해 살펴보겠습니다.

"마법" 메서드: __str__()

파이썬의 객체에는 "마법" 메서드가 있습니다. 물론 마법 메서드가 진짜 마법인 것은 아닙니다. 마법 메서드는 여러분이 클래스를 만들 때 파이썬이 자동으로 포함시키는 몇몇 메서드에 불과합니다. 파이썬 프로그래머들은 보통 그것들을 **특수 메서드(special method)**라고 부릅니다.

이미 앞에서 객체가 생성될 때 객체를 초기화하는 __init__() 메서드를 살펴봤습니다. 모든 객체에는 __init__() 메서드가 내장돼 있습니다. 클래스 정의에 __init__() 메서드를 넣지 않더라도 내장 메서드가 자동으로 만들어지고, 그것이 하는 역할은 객체를 생성하는 것입니다.

또 다른 특수 메서드로 __str__()이 있습니다. __str__()은 객체에 대해 print를 호출할 때 파이썬이 어떤 내용으로 표시할지 알려줍니다. 기본적으로 파이썬은 다음과 같은 내용을 출력합니다.

- 인스턴스가 정의된 곳(앞의 예제에서는 프로그램의 주요 부분인 __main__)
- 클래스명(Ball)
- 인스턴스가 저장돼 있는 메모리상의 위치(0x00BB83A0 부분)

그러나 print를 이용해 객체에 대해 다른 뭔가를 보여주고 싶다면 직접 __str__()을 정의할 수 있습니다. 그리고 나면 내장된 __str__()이 재정의됩니다. 다음 예제를 봅시다.

예제 14.4 __str__()를 이용해 객체가 출력하는 내용 바꾸기

```
class Ball:
    def __init__(self, color, size, direction):
        self.color = color
        self.size = size
        self.direction = direction

    def __str__(self):                                    ← __str__() 메서드
        msg = "Hi, I'm a " + self.size + " " + self.color + " ball!"
        return msg
myBall = Ball("red", "small", "down")
print myBall
```

이제 예제 14.4를 실행하면 다음과 같이 출력됩니다.

```
>>> ============== RESTART ==============
>>>
Hi, I'm a small red ball!
```

〈__main__.Ball instance at 0x00BB83A0〉보다 훨씬 더 친근하지 않습니까? 모든 "마법" 메서드는 메서드명 앞뒤로 두 개의 밑줄을 사용합니다.

self란?

앞의 클래스 속성과 메서드 정의에 다음과 같이 "self"라는 용어가 몇 번 나왔습니다.

```
def bounce(self):
```

self는 무슨 뜻일까요? 설계도를 이용하면 집을 여러 채 지을 수 있다고 이야기했던 것을 기억하십니까? 클래스를 이용하면 다음과 같이 객체의 인스턴스를 여러 개 만들어낼 수도 있습니다.

```
cartersBall = Ball("red", "small", "down")
warrensBall = Ball("green", "medium", "up")
```
Ball 클래스의 인스턴스를
두 개 생성

다음과 같이 이러한 인스턴스 중 하나에 대해 메서드를 호출할 경우

```
warrensBall.bounce()
```

해당 메서드는 어느 인스턴스에서 메서드를 호출했는지 알아야 합니다. 튀어야 할 공은 cartersBall일까요, 아니면 warrensBall일까요? self 인자는 어느 객체가 메서드를 호출했는지 알려줍니다. 이를 **인스턴스 참조(instance reference)**라고 합니다.

그런데 잠깐만요! 메서드를 호출했을 때 warrensBall.bounce()의 괄호 안에는 인자가 없었지만 메서드 안에는 self라는 인자가 있습니다. 우리가 아무것도 전달하지 않았다면 self 인자는 어디에서 왔을까요? 이것은 파이썬이 객체를 대상으로 수행하는 또 하나의 자그마한 "마법"입니다. 클래스 메서드를 호출할 때 어느 인스턴스가 호출됐느냐에 관한 정보(인스턴스 참조)가 자동으로 메서드로 전달됩니다.

즉, 다음과 같이 작성하는 것과 같습니다.

```
Ball.bounce(warrensBall)
```

이 경우 bounce() 메서드에게 어느 공을 튕길지 알려준 셈입니다. 사실, 이 코드도 동작할 텐데, warrensBall.bounce()을 작성했을 때 파이썬이 내부적으로 하는 일과 정확히 같기 때문입니다.

파이썬에서는 self라는 이름에 아무런 특별한 의미가 없습니다. 이것은 모든 사람들이 인스턴스 참조를 가리킬 때 사용하는 이름일 뿐입니다. 즉, 코드를 더 읽기 쉽게 만들어주는 또 하나의 관례에 불과합니다. 인스턴스 변수의 이름을 아무 이름으로 지정해도 되지만 관례에 따라 self를 쓰기를 적극 권장합니다. 그렇게 하면 혼동할 일이 훨씬 더 줄어듭니다.

11장에서는 핫도그에 관한 프로그램을 만들었습니다. 이제, 객체 활용법의 예로 핫도그에 대한 클래스를 만들어 보겠습니다.

예제 클래스 - HotDog

이 예제에서는 핫도그에 항상 빵이 있다고 가정하겠습니다(그렇지 않으면 너무 지저분해지니까요). 핫도그에 몇 가지 속성과 메서드를 추가하겠습니다.

다음은 속성입니다.

- cooked_level: 핫도그가 얼마나 구워졌는지 나타내는 숫자. 0~3은 약간 구워진 상태를, 3은 중간 정도 구워진 상태를, 5는 바싹 구워진 상태를, 8 이상은 숯처럼 된 상태를 나타냅니다. 핫도그는 약간 구워진 상태로 시작할 것입니다.
- cooked_string: 핫도그가 얼마나 구워졌는지를 설명하는 문자열
- condiments: 핫도그 양념(케첩, 겨자 소스 등) 목록

다음은 메서드입니다.

- cook(): 핫도그를 특정 시간 동안 굽습니다. 이 경우 핫도그가 더 구워집니다.
- add_condiment(): 핫도그에 양념을 추가합니다.
- __init__(): 인스턴스를 생성하고 기본 특성을 설정합니다.
- __str__(): print 출력 결과를 더 보기 좋게 만듭니다.

먼저 클래스를 정의해야 합니다. 핫도그의 기본 속성을 설정할 __init__() 메서드로 시작해봅시다.

```python
class HotDog:
    def __init__(self):
        self.cooked_level = 0
        self.cooked_string = "Raw"
        self.condiments = []
```

굽지 않고 양념이 없는 핫도그로 시작합니다.

이제 핫도그를 굽는 메서드를 만들어봅시다.

```
def cook(self, time):
    self.cooked_level = self.cooked_level + time    ←——— 시간에 따라 굽기 정도가 증가
    if self.cooked_level > 8:
        self.cooked_string = "Charcoal"
    elif self.cooked_level > 5:
        self.cooked_string = "Well-done"                       굽기 정도에 대한 문자열을 설정
    elif self.cooked_level > 3:
        self.cooked_string = "Medium"
    else:
        self.cooked_string = "Raw"
```

더 진행하기에 앞서 이 부분을 테스트해봅시다. 먼저 핫도그 인스턴스를 생성한 후 속성도 테스트합니다.

```
myDog = HotDog()
print myDog.cooked_level
print myDog.cooked_string
print myDog.condiments
```

이 부분을 프로그램에 집어넣은 다음 프로그램을 실행합니다. 다음은 전체 프로그램입니다(지금까지 작성한).

예제 14.5 핫도그 프로그램의 시작 부분

```
class HotDog:
    def __init__(self):
        self.cooked_level = 0
        self.cooked_string = "Raw"
        self.condiments = []
    def cook(self, time):
        self.cooked_level = self.cooked_level + time
        if self.cooked_level > 8:
            self.cooked_string = "Charcoal"
        elif self.cooked_level > 5:
            self.cooked_string = "Well-done"
        elif self.cooked_level > 3:
            self.cooked_string = "Medium"
        else:
            self.cooked_string = "Raw"
myDog = HotDog()
```

```
print myDog.cooked_level
print myDog.cooked_string
print myDog.condiments
```

(파이썬) 프로그래머처럼 생각하기

파이썬 관례 중 하나는 클래스의 이름은 늘 대문자로 시작한다는 것입니다. 지금까지 Ball과 HotDog 라고 썼으므로 관례를 지켜온 셈입니다.

이제 예제 14.5를 실행하고 결과를 확인합니다. 출력 결과는 다음과 같을 것입니다.

```
>>>
0        ◀──── cooked_level 값
Raw      ◀──── cooked_string
[]       ◀──── 양념
```

cooked_level 속성이 0, cooked_string 속성이 "Raw", condiments 속성이 비어 있음을 확인할 수 있습니다.

이제 cook() 메서드를 테스트해봅시다. 예제 14.5의 코드 하단에 다음과 같은 내용을 추가합니다.

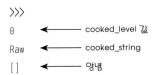

```
print "Now I'm going to cook the hot dog"
myDog.cook(4)    ◀──── 4분 동안 핫도그를 구움
print myDog.cooked_level        굽기 속성을 새로 확인
print myDog.cooked_string
```

프로그램을 다시 한 번 실행합니다. 이제 출력 결과가 다음과 같을 것입니다.

```
>>>
0
Raw      굽기 전
[]

Now I'm going to cook the hot dog
4
Medium   굽기 후
```

보다시피 cook() 메서드가 동작하는 듯합니다. cooked_level이 0에서 4로 바뀌었고, 문자열 또한 바뀌었습니다(Raw에서 Medium으로).

양념을 몇 가지 추가해봅시다. 이를 처리할 새로운 메서드가 필요합니다. __str__() 함수도 추가하면 객체를 출력하기가 더 쉬울 것입니다. 프로그램을 다음과 같이 수정합니다.

예제 14.6 cook(), add_condiments(), __str__() 메서드가 포함된 HotDog 클래스

```python
class HotDog:
    def __init__(self):
        self.cooked_level = 0
        self.cooked_string = "Raw"
        self.condiments = []
    def __str__(self):
        msg = "hot dog"
        if len(self.condiments) > 0:
            msg = msg + " with "
        for i in self.condiments:
            msg = msg+i+", "
        msg = msg.strip(", ")
        msg = self.cooked_string + " " + msg + "."
        return msg
    def cook(self, time):
        self.cooked_level=self.cooked_level+time
        if self.cooked_level > 8:
            self.cooked_string = "Charcoal"
        elif self.cooked_level > 5:
            self.cooked_string = "Well-done"
        elif self.cooked_level > 3:
            self.cooked_string = "Medium"
        else:
            self.cooked_string = "Raw"
    def addCondiment(self, condiment):
        self.condiments.append(condiment)
myDog = HotDog()
print myDog
print "Cooking hot dog for 4 minutes..."
myDog.cook(4)
print myDog
print "Cooking hot dog for 3 more minutes..."
```

새 __str__() 메서드 정의

클래스 정의

새 add_condiments() 메서드 정의

← 인스턴스 생성

프로그램이 제대로 동작 하는지 테스트

```
myDog.cook(3)
print myDog
print "What happens if I cook it for 10 more minutes?"
myDog.cook(10)
print myDog
print "Now, I'm going to add some stuff on my hot dog"
myDog.addCondiment("ketchup")
myDog.addCondiment("mustard")
print myDog
```

프로그램이 제대로 동작
하는지 테스트

이 코드 예제는 조금 길지만 직접 입력할 수 있으리라 믿습니다. 이 프로그램의 일부는 이미 예제 14.5에서 살펴봤습니다. 하지만 손가락이 피곤하거나 시간이 없다면 \examples 폴더나 이 책의 홈페이지에서 코드를 확인할 수 있습니다.

프로그램을 실행한 다음 결과를 확인합니다. 출력 결과가 다음과 같을 것입니다.

```
>>> ======================== RESTART ========================
>>>
Raw hot dog.
Cooking hot dog for 4 minutes...
Medium hot dog.
Cooking hot dog for 3 more minutes...
Well-done hot dog.
What happens if I cook it for 10 more minutes?
Charcoal hot dog.
Now, I'm going to add some stuff on my hot dog
Charcoal hot dog with ketchup, mustard.
```

이 프로그램의 첫 번째 부분에서는 클래스를 생성합니다. 두 번째 부분에서는 가상의 핫도그를 굽고 양념을 추가하는 메서드를 테스트합니다. 하지만 마지막 몇 줄을 봤을 때 핫도그를 너무 많이 구운 것 같습니다. 케첩과 겨자 소스가 아깝군요!

데이터 숨기기

객체 안에 들어 있는 데이터(속성)를 보거나 변경하는 데는 두 가지 방법이 있습니다. 다음과 같이 속성에 직접 접근할 수도 있고

```
myDog.cooked_level = 5
```

다음과 같이 속성을 수정하는 메서드를 이용할 수도 있습니다.

```
myDog.cook(5)
```

핫도그가 익히지 않은 상태(cooked_level = 0)로 시작한다면 이 두 방법 모두 똑같이 핫도그의 cooked_level을 5로 설정할 것입니다. 그렇다면 어떤 이유로 메서드를 만드는 수고를 했던 것일까요? 그냥 속성을 바로 수정하면 되지 않을까요?

여기에는 적어도 두 가지 이유가 있습니다.

- 속성에 직접 접근할 경우 핫도그를 구울 때 최소한 두 가지 부분이 필요합니다. 즉, cooked_level을 변경하는 부분과 cooked_string을 변경하는 부분입니다. 메서드를 이용하면 한 번의 메서드 호출로 원하는 작업을 모두 할 수 있습니다.

- 속성에 직접 접근할 경우 다음과 같이 할 수 있을 것입니다.

  ```
  cooked_level = cooked_level - 2
  ```

  이렇게 하면 핫도그를 전보다 덜 굽게 할 수 있습니다. 하지만 한번 구운 핫도그는 이전 상태로 되돌릴 수 없습니다. 이것은 이치에 맞지 않습니다. 메서드를 이용하면 cooked_level이 증가하기만 하고 감소하지는 않게끔 만들 수 있습니다.

 용어 설명

> 메서드로만 데이터를 획득하거나 변경할 수 있도록 객체의 데이터에 대한 접근을 제한하는 것을 프로그래밍 용어로 **데이터 은닉**(data hiding)이라 합니다. 파이썬에는 데이터 은닉을 강제하는 수단이 없지만 원한다면 이러한 규칙을 따르는 코드를 작성할 수 있습니다.

지금까지 객체에는 속성과 메서드가 있음을 확인했습니다. 객체를 생성하고 __init__()이라는 특별한 메서드를 이용해 객체를 초기화하는 법을 살펴봤습니다. 아울러 객체를 좀 더 멋지게 출력하는 __str__()이라는 특별한 메서드도 살펴봤습니다.

다형성과 상속

다음으로 객체에서 가장 중요한 두 가지 측면인 **다형성**(polymorphism)과 **상속**(inheritance)을 살펴보겠습니다. 이 두 가지는 객체를 아주 유용하게 만듭니다. 다음 절에서 두 용어의 의미를 명료하게 설명하겠습니다.

다형성: 동일한 메서드, 다른 동작 방식

간단히 말해서 **다형성**은 서로 다른 클래스에 이름이 같은 두 개(또는 그 이상)의 메서드를 둘 수 있다는 뜻입니다. 이러한 메서드는 어느 클래스에 적용되느냐에 따라 서로 다르게 동작할 수 있습니다.

예를 들어, 기하학을 실습하는 프로그램을 만든다고 해봅시다. 이 프로그램에서는 삼각형과 사각형 같은 서로 다른 도형의 넓이를 계산해야 합니다. 이때 다음과 같은 두 개의 클래스를 만들 수 있습니다.

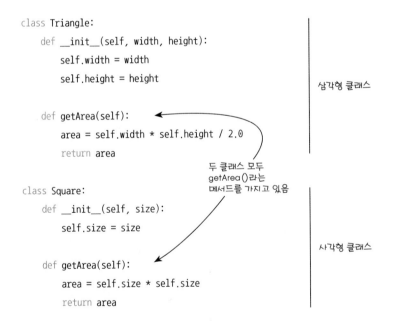

```
class Triangle:
    def __init__(self, width, height):
        self.width = width
        self.height = height

    def getArea(self):
        area = self.width * self.height / 2.0
        return area


class Square:
    def __init__(self, size):
        self.size = size

    def getArea(self):
        area = self.size * self.size
        return area
```

삼각형 클래스

사각형 클래스

두 클래스 모두
getArea()라는
메서드를 가지고 있음

Triangle 클래스와 Square 클래스에 모두 getArea()라는 메서드가 들어 있습니다. 따라서 다음과 같이 각 클래스의 인스턴스가 있다면

```
>>> myTriangle = Triangle(4, 5)
>>> mySquare = Square(7)
```

getArea()를 이용해 두 도형의 넓이를 계산할 수 있습니다.

```
>>> myTriangle.getArea()
10.0
>>> mySquare.getArea()
49
```

두 도형에 대해 모두 getArea() 메서드를 사용했지만 getArea() 메서드에서는 각 도형에 대해 서로 다른 동작을 수행했습니다. 이것이 바로 다형성의 예입니다.

상속: 부모로부터 배우기

현실 세계(프로그래밍 세계가 아닌)에서는 사람들이 부모나 다른 친척으로부터 뭔가를 물려받을 수 있습니다. 빨간색 머리카락 같은 형질을 물려받을 수도 있고 돈이나 재산 같은 것을 물려받을 수도 있습니다.

객체지향 프로그래밍에서 클래스는 다른 클래스로부터 속성과 메서드를 물려받을 수 있습니다. 이로써 공통 속성과 메서드를 공유하는 클래스 "가계도"가 만들어집니다. 따라서 맨 처음부터 시작하지 않고도 가계도에 구성원을 추가할 수 있습니다.

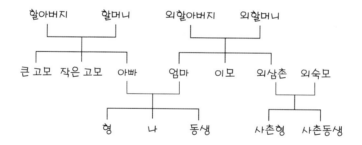

다른 클래스로부터 속성과 메서드를 물려받는 클래스를 **파생 클래스(derived class)** 또는 **하위 클래스(subclass)**라고 합니다. 예제를 통해 살펴봅시다.

플레이어가 길을 가면서 음식, 돈, 옷과 같이 다양한 것들을 주울 수 있는 게임을 만들고 있다고 해봅시다. 이때 GameObject라는 클래스를 만들 수도 있습니다. GameObject 클래스에는 name(예: "coin", "apple", "hat")과 같은 속성이나 pickUp()(플레이어의 객체 수집함에 객체를 추가하는) 같은 메서드를 포함할 수 있습니다. 모든 게임 객체는 이러한 공통적인 메서드와 속성을 가질 것입니다.

그리고 나면 동전에 대한 **하위 클래스**를 만들 수도 있습니다. Coin 클래스는 GameObject로부터 파생될 것입니다. Coin 클래스는 GameObject의 속성과 메서드를 물려받을 것이므로 Coin 클래스는 자동으로 name 속성과 pickUp() 메서드를 갖게 됩니다. 또한 Coin 클래스는 value 속성(동전의 값어치를 나타내는)과 spend() 메서드(물건을 구입하는 데 쓸 수 있는)도 필요할 것입니다.

이러한 클래스를 코드로 작성하면 어떤 모습일지 살펴봅시다.

```python
class GameObject:
    def __init__(self, name):
        self.name = name                          # GameObject 클래스를 정의

    def pickUp(self, player):
        # 이곳에 플레이어의 수집함에 객체를
        # 추가하는 코드를 작성합니다.

class Coin(GameObject):          # Coin은 GameObject의 하위 클래스임
    def __init__(self, value):
        GameObject.__init__(self, "coin")         # __init__()에서는 GameObject의 초기화
        self.value = value                        #   절차를 물려받고 거기에 뭔가를 추가

    def spend(self, buyer, seller):
        # 이곳에 구매자의 돈을 차감하고
        # 판매자의 돈에 차감한 돈만큼 더하는 코드를     # Coin 클래스에서 사용할 새로운
        # 작성합니다.                                #   spend() 메서드
```

미리 생각해보기

마지막 예제에서는 메서드에 실제 코드를 넣지 않고 해당 메서드에서 해야 할 일을 설명하는 주석만 작성했습니다. 이것은 나중에 추가할 것을 계획하거나 그것에 대해 미리 생각하는 방법 중 하나입니다. 실제 코드는 게임이 어떻게 돌아가느냐에 따라 달라질 것입니다. 프로그래머들은 좀 더 복잡한 코드를 작성할 때 자신의 생각을 정리하기 위해 이 같은 방법을 자주 활용합니다. "빈" 함수나 메서드를 **코드 토막(code stub)**이라 합니다.

앞의 예제를 실행하면 오류가 발생할 것입니다. 왜냐하면 함수 정의는 비어 있을 수 없기 때문입니다.

함수 안에 주석이 들어 있으니 비어 있는 게 아니죠!

그 말도 맞습니다. 하지만 주석은 함수 정의에 포함되지 않는데, 주석은 컴퓨터가 아니라 바로 여러분만을 위한 것이기 때문입니다.

파이썬의 pass 키워드는 코드 토막을 만들 때 자리를 채우는 용도로 사용합니다. 따라서 코드를 다음과 같이 작성할 수 있습니다.

```python
class Game_object:
    def __init__(self, name):
        self.name = name

    def pickUp(self):
        pass
        # 이곳에 플레이어의 수집함에 객체를
        # 추가하는 코드를 작성합니다.

class Coin(Game_object):
    def __init__(self, value):
        GameObject.__init__(self, "coin")
        self.value = value

    def spend(self, buyer, seller):
        pass
        # 이곳에 구매자의 돈을 차감하고
        # 판매자의 돈에 차감한 돈만큼 더하는 코드를
        # 작성합니다.
```

이 두 군데에 pass 키워드를 추가

이번 장에서는 객체, 다형성, 상속을 이용하는 상세한 예제를 살펴보지는 않을 것입니다. 이 책의 나머지 부분에서는 객체의 예와 객체가 어떻게 사용되는지 자주 볼 수 있을 것입니다. 게임과 같이 실제 프로그램에서 객체를 사용해본다면 객체를 어떻게 사용하는지 훨씬 더 잘 이해할 수 있을 것입니다.

Hello Python!

이번 장에서 배운 내용

이번 장에서는 다음과 같은 내용을 배웠습니다.

- 객체란?
- 속성과 메서드
- 클래스란?
- 클래스의 인스턴스 생성
- 특수 메서드: __init__(), __str__()
- 다형성
- 상속
- 코드 토막

학습 내용 점검

1. 새로운 객체 유형을 정의할 때 사용하는 키워드는 무엇입니까?
2. 속성이란 무엇입니까?
3. 메서드란 무엇입니까?
4. 클래스와 인스턴스 간의 차이점은 무엇입니까?
5. 메서드에서 인스턴스 참조를 나타내는 데 주로 사용되는 이름은 무엇입니까?
6. 다형성이란 무엇입니까?
7. 상속이란 무엇입니까?

도전 과제

1. BankAccount 클래스를 정의하십시오. 이 클래스에는 은행 계좌의 이름(문자열), 계좌번호(문자열이나 정수), 잔액(부동 소수점 수)에 대한 속성이 있어야 합니다. 그리고 잔액을 표시하고, 입금과 출금을 수행하는 메서드가 있어야 합니다.

2. 이자를 버는 InterestAccount라는 클래스를 만드십시오. 이 클래스는 BankAccount의 하위 클래스여야 합니다 (따라서 BankAccount의 속성과 메서드를 상속합니다). 또한 이율을 나타내는 속성과 이자를 더하는 메서드도 있어야 합니다. 문제를 간단하게 만들기 위해 addInterest() 메서드가 해마다 한 번 호출되어 이자를 계산하고 잔액을 갱신한다고 가정합니다.

15

모듈

15장은 대상을 모으는 방법에 관해 이야기하는 마지막 장입니다. 앞에서 이미 **리스트**, **함수**, **객체**에 관해 배웠습니다. 이번 장에서는 **모듈**(module)에 관해 배웁니다. 다음 장에서는 파이게임(Pygame)이라는 모듈을 이용해 그래픽 그리기를 시작하겠습니다.

모듈이란?

모듈은 조각이나 어떤 것의 일부분입니다. 뭔가가 조각 형태로 돼 있거나 여러 조각으로 손쉽게 분리할 수 있다면 그것을 **모듈화** (modular)됐다고 이야기합니다. 레고 블록을 모듈화의 완벽한 예로 볼 수 있습니다. 서로 다른 레고 조각을 가지고 완전히 다른 것을 만들어낼 수 있기 때문이죠.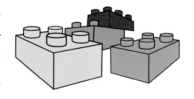

파이썬에서 모듈은 커다란 프로그램을 구성하는 작은 조각들을 의미합니다. 각 모듈 또는 조각은 하드디스크상에 별도의 파일로 돼 있습니다. 커다란 프로그램을 여러 개의 모듈 또는 파일로 나눌 수 있습니다. 또는 하나의 작은 모듈로 시작해 조각을 계속 더함으로써 큰 프로그램을 만들 수도 있습니다.

왜 모듈을 사용할까?

그렇다면 왜 프로그램을 더 작은 조각으로 나누려고 고생하는 걸까요? 프로그램을 동작하게 만들려면 그러한 작은 조각들이 모두 필요할 텐데 말입니다. 그냥 커다란 파일 하나에 모두 넣어도 되지 않을까요?

여기에는 다음과 같은 이유가 있습니다.

- 파일의 크기가 더 작아져서 코드에서 원하는 것을 찾기가 쉬워집니다.
- 모듈을 만들어두면 여러 프로그램에서 해당 모듈을 사용할 수 있습니다. 그러면 다음 번에 같은 기능이 필요할 때 처음부터 시작하지 않아도 됩니다.
- 언제나 모든 모듈이 필요한 것은 아닙니다. 모듈화는 서로 다른 작업에 각기 다른 부분들을 조합해서 사용할 수 있음을 의미합니다. 마치 같은 레고 블록으로 서로 다른 것들을 만들어낼 수 있는 것처럼 말이죠.

블록을 담는 통

함수에 관한 장(13장)에서는 함수가 집 짓기 블록과 같다고 이야기했습니다. 모듈을 집 짓기 블록을 담는 통이라고 생각해도 됩니다. 원하는 만큼 통에다 블록을 담을 수 있고, 그러한 통도 여러 개 만들 수 있습니다. 사각형 블록만 담는 통, 평평한 블록만 담는 통, 이상하게 생긴 블록만 담는 통이 있을 수 있습니다. 대개 프로그래머들은 그와 같은 식으로 모듈을 사용합니다. 프로그래머들은 비슷한 종류의 함수를 한 모듈 안에 모아둡니다. 또는 프로젝트에 필요한 모든 함수를 한 모듈에 모아둘 수도 있습니다. 마치 성을 짓는 데 필요한 블록을 모두 통 하나에 담아두는 것처럼 말입니다.

모듈은 어떻게 만들까?

이번에는 모듈을 만들어봅시다. 모듈은 예제 15.1과 같은 파이썬 파일에 불과합니다. 예제 코드를 IDLE 편집기 창에서 입력한 다음 **my_module.py**라는 이름으로 저장합니다.

예제 15.1 모듈 만들기

```
# "my_module.py" 파일
# 다른 프로그램에서 이 파일을 사용할 것입니다
def c_to_f(celsius):
    fahrenheit = celsius * 9.0 / 5 + 32
    return fahrenheit
```

이게 전부입니다! 방금 모듈 하나를 만들었습니다! 방금 만든 모듈에는 섭씨에서 화씨로 온도를 변환하는 c_to_f()라는 함수가 하나 들어 있습니다.

이어서 다른 프로그램에서 **my_module.py**를 사용해 보겠습니다.

모듈은 어떻게 사용할까?

모듈 안에 들어 있는 것을 사용하려면 먼저 파이썬에게 어느 모듈을 사용할지 말해줘야 합니다. 프로그램에 다른 모듈을 포함시킬 수 있는 파이썬 키워드는 import입니다. import는 다음과 같이 사용합니다.

```
import my_module
```

앞에서 만든 모듈을 사용하는 프로그램을 작성해 봅시다. 이 프로그램에서는 온도 변환을 위해 c_to_f() 함수를 사용할 것입니다.

함수를 사용하고 함수에 매개변수(또는 인자)를 전달하는 법은 이미 앞에서 살펴봤습니다. 하지만 여기서는 사용할 함수가 주 프로그램과 분리된 별도의 파일에 들어 있으므로 import를 사용해야 합니다. 다음 예제에서는 앞에서 만든 모듈인 **my_module.py**를 사용합니다.

예제 15.2 모듈 사용하기

```
import my_module       ◄────── my_module에 c_to_f() 함수가 담
                                겨 있음

celsius = float(raw_input ("Enter a temperature in Celsius: "))
fahrenheit = c_to_f(celsius)
print "That's ", fahrenheit, " degrees Fahrenheit"
```

새 IDLE 편집기 창을 열고 이 프로그램을 입력합니다. 프로그램을 modular.py라는 이름으로 저장한 다음 실행해 결과를 확인해 보십시오. 참고로 **my_module.py**와 같은 폴더(또는 디렉터리)에 프로그램을 저장해야 합니다.

프로그램이 동작합니까? 아마 다음과 같은 출력 결과가 나올 것입니다.

```
>>> ═══════════════════ RESTART ═══════════════════
>>>
Enter a temperature in Celsius: 34

Traceback (most recent call last):
  File "C:/MyPythonPrograms/modular.py", line 4, in <module>
    fahrenheit = c_to_f(celsius)
NameError: name 'c_to_f' is not defined
```

프로그램이 동작하지 않습니다! 어떻게 된 일일까요? 오류 메시지에는 c_to_f() 함수가 정의되지 않았다고 나옵니다. 하지만 my_module에는 c_to_f() 함수가 정의돼 있고, 해당 모듈도 **분명히** 가져왔습니다.

이 문제를 해결하려면 파이썬에게 다른 모듈에 정의된 함수에 관해 더 구체적으로 알려줘야 합니다. 즉, 다음 코드를

```
fahrenheit = c_to_f(celsius)
```

다음과 같이 바꿉니다.

```
fahrenheit = my_module.c_to_f(celsius)
```

이제 파이썬에게 c_to_f() 함수가 my_module 모듈에 들어 있다는 사실을 구체적으로 알려줍니다. 이렇게 변경한 다음 프로그램을 실행해 어떻게 되는지 확인해 봅시다.

이름공간

이것은 **이름공간**(namespace)이라는 것과 관련이 있습니다. 이름공간은 약간 복잡한 주제지만 반드시 알아둬야 할 내용이므로 여기서 짚고 넘어가겠습니다.

이름공간이란?

여러분이 모든 선생님의 교실에 있고, 교실에 숀이라는 학생이 있다고 해봅시다. 그리고 휠러 선생님이 맡은 교실에도 숀이라는 학생이 있다고 해봅시다. 모든 선생님이 가르치는 교실에서 "숀이 가방을 새로 샀대"라고 말한다면 교실에 있는 모든 사람들은 그 교실 안의 숀을 의미한다는 사실을 알 것입니다(또는 적어도 그렇게 가정할 것입니다). 다른 숀을 의미하는 것이었다면 "휠러 선생님 반의 숀"이나 "다른 반의 숀"과 같은 식으로 이야기했을 것입니다.

여러분이 있는 교실에는 숀이 딱 한 명만 있기 때문에 "숀"이라고 말할 때는 친구들이 어느 숀을 이야기하는 것인지 압니다. 다시 말해, 해당 교실 공간 안에서는 "숀"이라는 이름이 단 하나만 있는 것입니다. 여러분이 있는 교실은 이름공간이고, 해당 이름공간 안에는 숀이 단 한 명만 있으므로 혼동할 여지가 없습니다.

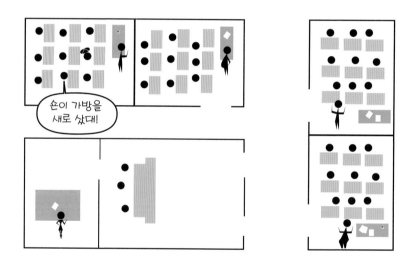

이제 교장 선생님이 방송으로 숀을 교장실로 부를 경우 "숀 학생은 교장실로 오세요."라고 이야기할 수는 없을 것입니다. 그렇게 한다면 두 명의 숀이 모두 교장실로 갈 것이기 때문입니다. 교장 선생님이 방송을 사용할 경우 이름공간은 전체 학교가 됩니다. 즉, 한 교실만이 아니라 학교 내의 모든 사람들이 이름을 듣는 것입니다. 따라서 어느 숀을 의미하는지 구체적으로 말해야 하며, "모든 선생님 반의 숀 학생은 교장실로 오세요."와 같은 식으로 이야기해야 할 것입니다.

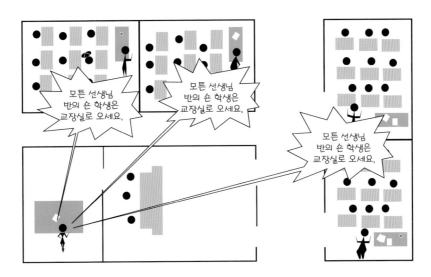

교장 선생님이 숀을 불러오는 또 한 가지 방법은 교실로 가서 "숀 학생은 교장실로 오세요"라고 직접 말하는 것입니다. 이 경우 단 한 명의 숀만 있을 것이므로 해당 학생을 호출할 수 있습니다. 그러한 경우 이름공간은 학교 전체가 아니라 교실 하나가 됩니다.

일반적인 용어로 프로그래머들은 더 작은 이름공간(교실과 같은)을 **지역** 이름공간(local namespace)라고 하고 더 큰 이름공간(전체 학교와 같은)을 **전역** 이름공간(global namespace)이라고 합니다.

이름공간 가져오기

존 영 학교에 프레드라는 이름의 학생이 아무도 없다고 해 봅시다. 교장 선생님이 방송으로 프레드를 찾더라도 아무도 오지 않을 것입니다. 그런데 길 건너에 있는 스티븐 리콕 학교가 내부 수리로 인해 한 반이 존 영 학교에 있는 임시 학급으로 옮기게 됐습니다. 이 반에는 프레드라는 학생이 있습니다. 그런데 임시 학급에는 아직 방송 시스템이 설치돼 있지 않습니다. 그래서 교장 선생님이 프레드를 찾더라도 아무도 오지 않을 것입니다. 하지만 임시 학급이 방송 시스템과 연결된 후 프레드를 찾으면 스티븐 리콕 학교의 프레드를 찾을 수 있을 것입니다.

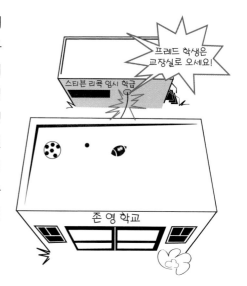

다른 학교의 임시 학급을 연결하는 것은 파이썬에서 모듈을 가져오는 것과 같습니다. 모듈을 가져오면 해당 모듈 내의 모든 이름, 즉 모든 변수, 함수, 객체에 접근할 수 있습니다.

모듈을 가져온다는 것은 이름공간을 가져온다는 것과 같은 뜻입니다. 즉, 모듈을 가져오면 이름공간을 가져오게 됩니다.

이름공간(또는 모듈)을 가져오는 데는 두 가지 방법이 있습니다. 먼저 다음과 같이 할 수 있습니다.

```
import StephenLeacock
```

이렇게 하더라도 StephenLeacock은 여전히 별개의 이름공간입니다. 이름공간에 접근할 수는 있지만 사용하기 전에 어느 이름공간을 사용하고 싶은지 지정해야 합니다. 따라서 교장 선생님은 다음과 같이 해야 할 것입니다.

```
call_to_office(StephenLeacock.Fred)
```

프레드를 부르려면 여전히 이름공간(StephenLeacock)과 이름(Fred)을 모두 지정해야 합니다. 몇 페이지 앞의 온도 변환 프로그램에서 이렇게 했습니다. 온도 변환 프로그램을 작동시키기 위해 다음과 같은 코드를 작성했습니다.

```
fahrenheit = my_module.c_to_f(celsius)
```

즉, 이름공간(my_module)과 함수의 이름(c_to_f)을 모두 지정했습니다.

from을 이용한 가져오기

이름공간을 가져오는 다른 방법은 다음과 같습니다.

```
from StephenLeacock import Fred
```

교장 선생님이 이 방식으로 한다면 StephenLeacock의 Fred라는 이름은 교장 선생님의 이름공간에 포함되고 Fred를 다음과 같이 불러올 수 있습니다.

```
call_to_office(Fred)
```

이제 Fred가 교장 선생님의 이름공간에 들어 있기 때문에 StephenLeacock 이름공간으로 가서 Fred를 불러오지 않아도 됩니다.

이 예제에서는 교장 선생님이 StephenLeacock 이름공간에서 Fred라는 이름 하나만 자신의 지역 이름공간으로 가져왔습니다. 대신 모든 학생들을 가져오고 싶다면 다음과 같이 할 수 있습니다.

```
from StephenLeacock import *
```

여기서 별표(*)는 '모두'를 의미합니다. 하지만 교장 선생님이 한 가지 조심해야 할 부분은 존 영 학교와 스티븐 리콕 학교에 이름이 같은 학생이 있다면 혼동이 생길 것이라는 점입니다.

휴!

지금까지도 이름공간이라는 것이 다소 애매하게 느껴질지도 모릅니다. 하지만 걱정할 필요는 없습니다! 이후 장에서 예제를 실습해 보면 확실하게 이해할 수 있을 것입니다. 모듈을 가져와야 할 때마다 정확히 어떤 식으로 동작하는지 설명하겠습니다.

표준 모듈

이제 모듈을 만들고 사용하는 법을 알았는데 항상 직접 모듈을 작성해야 할까요? 그렇지 않습니다! 파이썬의 좋은 점 중 하나가 바로 그것입니다.

파이썬에는 파일을 찾거나, 시간을 확인하거나(또는 시간을 재거나), 난수를 만들어내는 등의 일을 할 수 있는 표준 모듈이 다수 포함돼 있습니다. 때때로 사람들은 파이썬에는 "필요한 것이 모두 포함돼 있다"라고 말하기도 하는데, 그것이 바로 파이썬의 표준 모듈을 가리키는 말입니다. 이를 **파이썬 표준 라이브러리(Python Standard Library)**라고 합니다.

왜 이런 것들이 별도의 모듈로 포함돼 있는 것일까요? 반드시 그렇게 해야 하는 것은 아니었지만 파이썬을 설계한 사람들은 그 방법이 더 효율적이라고 판단했습니다. 그렇게 하지 않으면 모든 파이썬 프로그램에서 직접 모든 함수를 만들어야 할 것입니다. 하지만 파이썬 표준 라이브러리를 이용하면 필요한 것만 포함하면 됩니다.

물론 print, for, if-else 같은 것들은 파이썬에서 기본적인 명령어라서 따로 모듈이 필요하지 않습니다. 그것들은 파이썬의 주요 부분을 차지하고 있기 때문입니다.

여러분이 하고 싶은 작업(그래픽 게임을 만드는 것과 같은)에 필요한 모듈이 파이썬에 없다면 대개 무료로 내려받을 수 있는 추가 모듈(add-on module)이 있습니다. 이 책에서도 이러한 모듈을 몇 개 다루고 있으며, 이 책의 홈페이지에 있는 설치 프로그램을 사용했다면 그러한 추가 모듈이 설치돼 있을 것입니다. 그렇지 않더라도 언제든지 별도로 설치할 수 있습니다.

그럼 지금부터 표준 모듈 몇 가지를 살펴보겠습니다.

시간

time 모듈을 이용하면 컴퓨터의 시계로부터 날짜와 시간과 같은 정보를 가져올 수 있습니다. 그뿐만 아니라 프로그램에 대기 시간을 줄 수도 있습니다(때로는 컴퓨터가 작업을 너무 빨리 처리해서 컴퓨터를 느리게 만들 필요가 있습니다).

time 모듈에 들어있는 sleep() 함수는 지연시간을 주는 데 사용됩니다. 즉, 프로그램을 기다리게 하고 잠시 아무런 일도 하지 않게 할 수 있습니다. 마치 프로그램을 재우는 것과 같은데, 이 함수의 이름이 sleep()인 이유는 바로 여기에 있습니다. sleep() 함수를 호출할 때는 프로그램을 몇 초 동안 재울지 알려주면 됩니다.

다음 예제에 있는 프로그램은 sleep() 함수가 어떻게 동작하는지 보여줍니다. 예제를 입력해서 저장한 다음 실행해 보고, 결과가 어떤지 확인해 봅시다.

예제 15.3 프로그램 재우기

```
import time
print "How",
time.sleep(2)
print "are",
time.sleep(2)
print "you",
time.sleep(2)
print "today?"
```

참고로 sleep() 함수를 호출할 때 sleep() 앞에 time.을 지정해야 했습니다. 그 까닭은 time을 가져왔더라도 그것을 주 프로그램의 이름공간의 일부로 만들지는 않았기 때문입니다. 따라서 sleep() 함수를 사용하고 싶을 때마다 time.sleep()을 호출해야 합니다.

만약 다음과 같이 코드를 작성하면

```
import time
sleep(5)
```

프로그램이 동작하지 않는데, sleep()이 이름공간에 들어있지 않기 때문입니다. 따라서 다음과 같은 오류 메시지가 나타납니다.

```
NameError: name 'sleep' is not defined
```

하지만 다음과 같이 하면

```
from time import sleep
```

파이썬에게 "time 모듈에서 sleep이라는 변수(또는 함수나 객체)를 찾아보고 그걸 내 이름공간에 포함시켜 줘"라고 말하는 것과 같습니다. 그리고 나면 이제 앞에 time.을 넣지 않고도 sleep() 함수를 사용할 수 있습니다.

```
from time import sleep
print 'Hello, talk to you again in 5 seconds...'
sleep(5)
print 'Hi again'
```

지역 이름공간으로 이름을 편리하게 가져오고 싶어도(매번 모듈명을 지정하지 않아도 되게끔) 모듈 내에서 어떤 이름이 필요한 것인지 모른다면 별표(*)를 이용해 모든 이름을 이름공간으로 가져올 수 있습니다.

```
from time import *
```

*은 '모두'를 의미하므로 이렇게 하면 모듈에서 이용 가능한 이름을 모두 가져옵니다. 하지만 이렇게 할 때는 조심해야 합니다. time 모듈에 들어있는 것과 같은 이름을 프로그램 내에서 만든다면 충돌이 발생할 것입니다. *를 이용해 가져오는 방법은 이름을 가져오는 최선의 방법은 아닙니다. 필요한 부분만 가져오는 편이 더 낫습니다.

8장에서 만든 카운트다운 프로그램(예제 8.6)을 기억하십니까? 이제 그 프로그램에서 time.sleep(1)이 무슨 역할을 하는지 이해될 것입니다.

난수

random 모듈은 난수(random number)를 만들어내는 데 사용됩니다. 이 모듈은 게임이나 시뮬레이션에서 아주 유용합니다.

인터랙티브 모드에서 random 모듈을 사용해봅시다.

```
>>> import random
>>> print random.randint(0, 100)
4
>>> print random.randint(0, 100)
72
```

random.randint()를 사용할 때마다 새로운 정수 난수가 만들어집니다. 인자로 0과 100을 전달했기 때문에 0에서 100 사이의 정수가 만들어질 것입니다. 1장의 숫자 알아맞히기 게임에서 비밀 숫자를 만들어내는 데 random.randint()를 사용했습니다.

실수 난수가 필요하다면 random.random()을 사용하면 됩니다. 즉, 괄호 사이에 아무것도 넣지 않아도 되는데, random.random()은 늘 0과 1 사이의 숫자를 반환하기 때문입니다.

```
>>> print random.random()
0.270985467261
>>> print random.random()
0.569236541309
```

0과 10 사이의 난수가 필요하다면 결과에 10을 곱하면 됩니다.

```
>>> print random.random() * 10
3.61204895736
>>> print random.random() * 10
8.10985427783
```

이번 장에서 배운 내용

이번 장에서는 다음과 같은 내용을 배웠습니다.

- 모듈이란?
- 모듈을 만드는 법
- 다른 프로그램에서 모듈을 사용하는 법
- 이름공간이란?
- 지역 이름공간과 전역 이름공간, 변수의 의미
- 다른 모듈의 이름을 이름공간으로 가져오는 법

그리고 몇 가지 파이썬 표준 모듈도 예제를 통해 확인했습니다.

학습 내용 점검

1. 모듈을 사용했을 때의 장점은 무엇입니까?
2. 모듈은 어떻게 만듭니까?
3. 모듈을 이용하고 싶을 때 사용하는 파이썬 키워드는 무엇입니까?
4. 모듈을 가져오는 것은 _____를 가져오는 것과 같습니다.
5. time 모듈을 가져올 때 해당 모듈 내의 모든 이름(즉, 모든 변수나 함수, 객체)에 접근할 수 있는 두 가지 방법은 무엇입니까?

도전 과제

1. 13장의 "도전 과제" 절에 있는 "이름을 대문자로 출력하는" 함수가 담긴 모듈을 작성하십시오. 그런 다음 이 모듈을 가져와 해당 함수를 호출하는 프로그램을 작성하십시오.

2. 예제 15.2에서 c_to_f( )를 주 프로그램의 이름공간으로 가져오도록 코드를 수정하십시오. 다음과 같은 코드 대신

   ```
   fahrenheit = my_module.c_to_f(celsius)
   ```

   다음과 같이 작성할 수 있게 변경하십시오.

   ```
   fahrenheit = c_to_f(celsius)
   ```

3. 1에서 20 사이의 정수 난수 5개로 구성된 리스트를 생성한 다음 그것을 출력하는 짧은 프로그램을 작성하십시오.

4. 30초 동안 3초 간격으로 실수 난수를 출력하는 짧은 프로그램을 작성하십시오.

16

그래픽

지금까지 입력, 출력, 변수, 의사결정, 반복문, 리스트, 함수, 객체, 모듈과 같은 컴퓨터 프로그래밍의 여러 기초적인 요소에 관해 배웠습니다. 그동안 이 같은 내용을 배우는 과정이 즐거웠길 바랍니다! 이제 프로그래밍과 파이썬을 이용해 좀 더 재미있는 것을 해볼 차례입니다.

16장291에서는 선이나 도형, 색상, 간단한 애니메이션과 같은 것을 화면에 그리는 법을 배울 것입니다. 이번 장에서 배우는 내용은 게임 및 이후 장에서 나올 프로그램을 만드는 데 도움될 것입니다.

도움 얻기 – 파이게임

컴퓨터에서 그래픽(그리고 사운드) 작업을 하는 것은 다소 복잡할 수 있습니다. 이 과정에서 운영체제, 그래픽 카드, 상당한 양의 저수준 코드

(지금 당장은 정말로 신경 쓰고 싶지 않은)를 다뤄야 합니다. 그래서 이를 좀 더 간단히 처리하는 데 도움되게끔 파이게임(Pygame)이라는 파이썬 모듈을 사용하겠습니다.

파이게임을 이용하면 그래픽을 비롯해 다양한 컴퓨터와 운영체제에서 게임을 동작시키는 데 필요한 다른 여러 가지 것들을, 각 시스템의 지저분한 세부사항에 대해 알 필요 없이도 만들어낼 수 있습니다. 파이게임은 무료이고, 이 책에도 포함돼 있습니다. 이 책의 홈페이지에서 제공하는 설치 프로그램으로 파이썬을 설치했다면 파이게임도 설치돼 있을 것입니다. 그렇지 않다면 파이게임을 별도로 설치해야 합니다. 파이게임 웹사이트인 www.pygame.org에서 파이게임을 내려받을 수 있습니다.

파이게임 창

맨 먼저 그래픽을 그릴 창을 만들어야 합니다. 다음은 파이게임 창을 만들어주는 아주 간단한 프로그램입니다.

예제 16.1 파이게임 창 만들기

```
import pygame
pygame.init()
screen = pygame.display.set_mode([640, 480])
```

이 프로그램을 실행해 봅시다. 뭐가 보입니까? 어떤 운영체제를 사용하느냐에 따라 화면에 창(검정색으로 채워진)이 하나 나타났다가 사라지는 것을 볼 수도 있습니다. 아니면 닫으려고 해도 닫히지 않는 창이 나타날 수도 있습니다. 무슨 일이 일어난 걸까요?

파이게임은 게임을 만들기 위한 것입니다. 게임은 그 자체로는 아무것도 하지 않습니다. 게임은 플레이어와 상호작용해야 합니다. 따라서 파이게임 프로그램에는 사용자가 키를 입력하거나 마우스를 움직이거나 창을 닫는 등 사용자가 무슨 일을 하는지 끊임없이 검사하는 이벤트 루프(event loop)라는 것이 있습니다. 파이게임 프로그램에서는 항상 이벤트 루프가 실행되고 있어야 합니다. 앞에서 만든 첫 번째 파이게임 프로그램에서는 이벤트 루프를 시작하지 않았기 때문에 프로그램이 적절히 동작하지 않았습니다.

파이게임 이벤트 루프가 계속 실행되게 하려면 while 반복문을 이용하면 됩니다. 사용자가 게임을 실행하고 있는 동안 반복문이 실행되게 하면 됩니다. 파이게임 프로그램에는 보통 메뉴가 없기 때문에 사용자는 창의 우측 상단 모서리에 있는 X나 좌측 상단 모서리에 있는 닫기 버튼(맥 OS X의 경우)을 이용해 프로그램을 닫을 것입니다. 리눅스 시스템의 경우 창 닫기 아이콘은 윈도우 매니저와 GUI 프레임워크에 따라 다양하지만 리눅스를 사용하고 있다면 창을 닫는 법쯤은 이미 알고 있으리라 가정하겠습니다!

다음 예제는 파이게임 창을 연 다음 사용자가 창을 닫을 때까지 유지합니다.

예제 16.2 파이게임 창을 적절히 동작하게 만들기

```
import pygame
pygame.init()
screen = pygame.display.set_mode([640, 480])
running = True
while running:
```

```
    for event in pygame.event.get():
        if event.type == pygame.QUIT:
            running = False
pygame.quit()
```

예제를 실행하면 다음과 같이 적절히 동작하고 닫 았을 때 창이 닫히는 파이게임 창을 볼 수 있을 것 입니다.

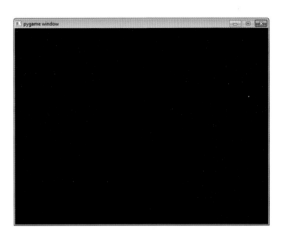

while 반복문 안에 들어 있는 코드는 정확히 어떻 게 작동하는 것일까요? 해당 코드에서는 파이게 임 이벤트 루프를 사용합니다. 하지만 이 주제는 파이게임의 이벤트에 관해 살펴보는 18장에서 알 아보겠습니다.

창 안에 그리기

이제 닫기 전까지 열린 상태를 유지하고 창을 닫았을 때 자연스럽게 닫히는 파이게임 창이 만들어졌습니다. 예제 16.2의 세 번째 줄에 있는 [640, 480]은 창의 크기로서 너비가 640픽셀이고, 높이가 480픽셀입니다. 이제 창 안에 그래픽을 그려봅시다. 프로그램을 다음과 같이 변경합니다.

예제 16.3 원 그리기

```
import pygame, sys
pygame.init()
screen = pygame.display.set_mode([640,480])
screen.fill([255,255,255])          ◄─────── 창을 흰색 배경으로 채움
pygame.draw.circle(screen, [255,0,0],[100,100], 30, 0)                            이 세 줄을 추가
pygame.display.flip()    ◄─────── 모니터를 뒤로 젖힘...          원을 그림
                                   농담입니다!
running = True
while running:
    for event in pygame.event.get():
        if event.type == pygame.QUIT:
            running = False
pygame.quit()
```

'플립'이란?

파이게임의 화면 표시 객체(여기서는 screen이며, 예제 16.3의 세 번째 줄에서 만들었습니다)에는 파이게임 창에 표시되는 것에 대한 두 개의 복사본이 있습니다. 그 이유는 애니메이션을 시작할 경우 애니메이션을 가능한 한 부드럽고 빠르게 진행시키고 싶기 때문입니다. 그래서 그래  픽에 약간의 변화를 줄 때마다 화면을 갱신하는 대신 여러 개의 변경사 항을 적용한 다음 새 버전의 그래픽으로 "전환"할 수 있습니다. 이렇게 하면 변경사항이 하나씩 나타나 는 것이 아니라 한 번에 모두 나타납니다. 이 같은 식으로 반쯤 그려진 원처럼 이상한 것이 나타나지 않게 됩니다.

두 개의 복사본을 현재 화면과 "다음" 화면이라고 생각해봅시다. 현재 화면은 지금 당장 여러분이 보고 있 는 것입니다. "다음" 화면은 전환했을 때 보게 될 화면입니다. "다음" 화면에 모든 변경사항을 적용한 후 다음 화면으로 전환하면 앞에서 적용한 변경사항들을 볼 수 있습니다.

원을 만드는 법

예제 16.3의 프로그램을 실행하면 다음과 같이 파이게임 창의 왼쪽 상단에 빨간색 원이 나타날 것입 니다.

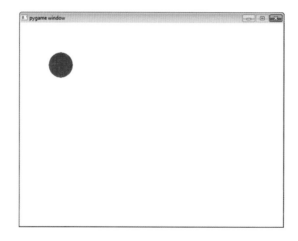

이것은 pygame.draw.circle() 함수가 원을 그린 결과입니다. 이 함수에는 다음과 같은 5가지를 알려줘야 합니다.

- 원을 그릴 곳(이 경우 세 번째 줄에서 정의한 screen에 그리며, screen은 화면에 해당합니다).

- 원의 색상(이 경우 빨간색이며, [255, 0, 0]으로 표현합니다).

- 원이 그려질 위치(이 경우 [100, 100] 지점에 그려지며, 좌측 상단 모서리를 기준으로 아래로 100픽셀, 오른쪽으로 100픽셀 떨어진 곳을 의미합니다).

- 원의 크기(이 경우 30으로 지정했으며, 픽셀 단위 반지름을 의미합니다. 원의 중심에서 둘레까지의 거리에 해당합니다).

- 선의 두께(width = 0이면 원은 예제처럼 색으로만 채워집니다).

이제 이러한 5가지 사항을 더 자세히 살펴봅시다.

용어 설명

픽셀(pixel)이라는 단어는 "picture element"를 줄인 말입니다. 픽셀은 화면이나 이미지상의 한 점을 의미합니다. 이미지 뷰어로 그림을 확대해서 보면(이미지를 엄청 크게 만들어 보면) 개별 픽셀을 볼 수 있습니다. 다음은 일반 사진과 확대한 사진이며, 확대한 사진에서는 픽셀을 볼 수 있습니다.

와, 시력이 좋군요! 가느다란 선은 실제로 픽셀로 구성된 줄입니다. 일반적인 컴퓨터 화면은 768개의 픽셀 행으로 이뤄져 있고, 각 행마다 1,024개의 픽셀이 들어 있습니다. 그래서 "1024 x 768 해상도"라는 식으로 화면을 표현합니다. 어떤 화면에는 픽셀이 더 많이 들어 있거나 더 적게 들어 있기도 합니다.

파이게임 표면

현실 세계에서 여러분에게 그림을 그려달라고 부탁하면 첫 번째 질문은 아마 "어디에 그려드릴까요?"일 것입니다. 파이게임에서는 **표면**(surface)이 그림을 그리는 곳입니다. **화면 표면**(display surface)은 화면을 통해 볼 수 있는 표면입니다. 예제 16.3에서 screen이라고 했던 것이기도 합니다. 하지만 파이게임 프로그램에서는 여러 개의 표면을 가질 수도 있고, 한 표면에 있는 이미지를 다른 표면으로 복사할 수도 있습니다. 게다가 표면을 회전시키거나 크기를 조절하는(더 크거나 작게 만드는) 등의 일도 할 수 있습니다.

앞에서 언급했듯이 화면 표면에 대한 두 개의 사본이 있습니다. 소프트웨어 용어로 화면 표면을 **이중 버퍼(double-buffered)**라고 합니다. 이중 버퍼 덕분에 반쯤 그려진 도형이나 이미지가 화면에 그려지는 일이 없습니다. 버퍼에 원이나 외계인 같은 것을 그린 다음, 화면 표면을 "전환"시켜 완전하게 그려진 이미지를 보여주는 것입니다.

파이게임에서 색상 다루기

파이게임에서 사용되는 색상 체계는 여러 컴퓨터 언어와 프로그램에서 사용되는 것과 같습니다. 이를 RGB라고 합니다. R, G, B는 각각 빨강(red), 녹색(green), 파랑(blue)을 나타냅니다.

과학 시간에 빛의 **삼원색**, 즉 빨강, 녹색, 파랑을 조합하거나 섞으면 어떤 색상도 만들어낼 수 있다고 배웠을 것입니다. 컴퓨터에서도 이 같은 방식으로 동작합니다. 각 색상(빨강, 녹색, 파랑)은 0에서 255까지의 숫자로 표현됩니다. 색상은 세 개의 정수 리스트로 표현되며, 각 숫자는 0에서 255까지의 범위에 이릅니다. 모든 숫자가 0이면 색상이 아무것도 없는 완전한 어둠에 해당하므로 검정색이 됩니다. 모든 값이 255이면 세 가지 색상이 모두 가장 밝은 색을 띠므로 흰색이 됩니다. 값이 [255, 0, 0]과 같다면 녹색이나 파란색이 없는 순수한 빨간색이 됩니다. 순수한 녹색은 [0, 255, 0]이고, 순수한 파란색은 [0, 0, 255]입니다. [150, 150, 150]처럼 세 가지 숫자가 모두 같으면 회색 계열의 색상이 됩니다. 이때 숫자가 낮을수록 더 어두워지고, 숫자가 높을수록 더 밝아집니다.

색상명

파이게임에는 [R, G, B] 표기법을 사용하고 싶지 않을 때 이용할 수 있는 색상명 리스트가 있습니다. 여기엔 600개가 넘는 이름이 정의돼 있으며, 모두 나열하지는 않겠지만 실제로 뭐가 있는지 확인하고 싶다면 하드디스크에서 *colordict.py*라는 파일을 찾아 텍스트 편집기에서 열어봅니다.

색상명을 사용하고 싶다면 다음 코드를 프로그램이 시작되는 부분에 추가합니다.

```
from pygame.color import THECOLORS
```

그런 다음 색상명을 사용하고 싶을 때 다음과 같이 하면 됩니다(원 그리기 예제의 경우).

```
pygame.draw.circle(screen, THECOLORS["red"],[100,100], 30, 0)
```

빨강, 녹색, 파랑을 조합해서 다양한 색상을 만들어보고 싶다면 이 책의 설치 프로그램을 실행했을 때 \examples 폴더에 설치되는 **colormixer.py** 프로그램을 살펴봅니다. 이 프로그램을 통해 빨강, 녹색, 파랑의 조합을 만들어보고 어떤 색상이 나오는지 확인할 수 있습니다.

컴퓨터 안에서는 무슨 일이 일어날까?

왜 255일까요? 0에서 255까지의 범위에서는 각 삼원색(빨강, 녹색, 파랑)에 대해 256개의 값을 지정할 수 있습니다. 그럼 이 숫자에는 어떤 특별한 점이 있는 것일까요? 200이나 300, 500으로는 할 수 없는 걸까요?

256은 8비트(8bit)로 만들어낼 수 있는 값의 개수입니다. 8비트는 8개의 1과 0으로 조합할 수 있는 숫자를 의미합니다. 8개의 비트를 1바이트라고 부르기도 하며, 1바이트는 주소를 가진 가장 작은 메모리의 단위입니다. 컴퓨터는 이 주소를 통해 특정 메모리 조각을 찾습니다.

이것은 주소 체계와 같습니다. 여러분이 살고 있는 집이나 아파트에는 주소가 있지만 방에는 주소가 따로 없습니다. 집이 가장 작은 "주소 단위"인 것입니다. 마찬가지로 바이트는 컴퓨터 메모리에서 가장 작은 "주소 단위"입니다.

각 색상을 표현하는 데 8비트 이상을 사용할 수도 있었지만 그다음으로 적당한 크기는 16비트(2바이트)가 됩니다. 그렇게 하지 않으면 바이트 단위로 사용하기가 불편하기 때문입니다. 그런데 인간의 시각 체계를 고려하면 8비트로도 현실적인 색상을 표현하기에 충분합니다.

세 개의 값(빨강, 녹색, 파랑)이 있고 각 값마다 8비트라고 하면 총 24비트가 되기 때문에 이 같은 방식으로 색상을 표현하는 것을 "24비트 색상"이라고도 합니다. 24비트 색상 체계에서는 각 픽셀마다 24비트를 사용하고, 각 원색마다 8비트를 사용합니다.

위치: 화면 좌표

화면에 뭔가를 그리거나 두고 싶다면 화면상의 어느 곳에 위치할지 지정해야 합니다. 이때 두 개의 숫자를 지정하는데, 하나는 x축(수평 방향)이고, 하나는 y축(수직 방향)입니다. 파이게임에서는 숫자가 파이게임 창의 좌측 상단 모서리의 [0, 0]부터 시작합니다.

[320, 240]과 같은 숫자 쌍이 보이면 첫 번째 숫자는 수평, 즉 왼쪽에서부터의 거리에 해당하고, 두 번째 숫자는 수직, 즉 위에서부터 아래로 향하는 거리를 나타냅니다. 수학과 프로그래밍에서 문자 x는 수평 거리를 나타내고 문자 y는 수직 거리를 나타낼 때가 많습니다.

예제에서는 창의 크기를 너비가 640픽셀이고 높이를 480픽셀로 지정했습니다. 창의 한가운데에 원을 그리고 싶다면 [320, 240] 지점에 그려야 할 것입니다. 이 지점은 왼쪽 끝에서 오른쪽으로 320픽셀만큼 떨어진 곳이고, 위쪽 끝에서 아래로 240픽셀만큼 떨어진 곳입니다.

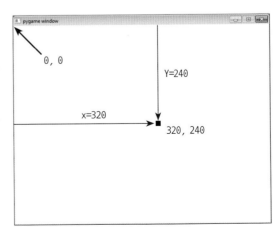

창의 한가운데에 원을 그려봅시다. 다음 프로그램을 보시죠.

예제 16.4 창의 한가운데에 원 그리기

```
import pygame, sys
pygame.init()
screen = pygame.display.set_mode([640,480])
screen.fill([255, 255, 255])
pygame.draw.circle(screen, [255,0,0],[320,240], 30, 0)
pygame.display.flip()
running = True
while running:
    for event in pygame.event.get():
        if event.type == pygame.QUIT:
            running = False
pygame.quit()
```

이 부분을 [100, 100]에서 [320, 240]으로 변경

[320, 240] 지점이 원의 중심으로 사용됩니다. 예제 16.3을 실행한 결과와 예제 16.4를 실행한 결과를 비교해 차이점을 확인해 보십시오.

도형의 크기

파이게임의 draw 함수를 이용해 도형을 그릴 경우 도형의 크기를 지정해야 합니다. 원의 경우에는 크기가 반지름 하나밖에 없습니다. 사각형인 경우에는 너비와 높이를 지정해야 합니다.

파이게임에는 사각형을 정의하는 데 사용하는 rect(**rectangle**의 줄임말)라는 특별한 객체가 있습니다. 사각형 좌측 상단의 좌표와 너비와 높이를 이용해 rect를 정의하면 됩니다.

```
Rect(left, top, width, height)
```

이렇게 하면 위치와 크기가 모두 정의됩니다. 다음 예제를 봅시다.

```
my_rect = Rect(250, 150, 300, 200)
```

이 예제는 좌측 상단 모서리가 파이게임 창의 왼쪽편에서 250픽셀 떨어져 있고 창의 위쪽에서 150픽셀 떨어져 있는 지점에 사각형을 만듭니다. 사각형의 너비는 300픽셀이고 높이는 200픽셀입니다. 예제를 실행해 확인해 봅시다.

예제 16.4의 5번째 줄을 다음 줄로 교체한 후 결과를 확인해 보십시오.

```
pygame.draw.rect(screen, [255,0,0], [250, 150, 300, 200], 0)
```

사각형 색상   사각형의 위치와 크기   선 두께(또는 채우기)

사각형의 위치와 크기는 단순한 숫자 리스트(또는 튜플)이거나 파이게임의 Rect 객체일 수 있습니다. 따라서 앞의 코드를 다음과 같은 코드로 교체할 수도 있습니다.

```
my_list = [250, 150, 300, 200]
pygame.draw.rect(screen, [255,0,0], my_list, 0)
```

또는

```
my_rect = pygame.Rect(250, 150, 300, 200)
pygame.draw.rect(screen, [255,0,0], my_rect, 0)
```

다음은 결과로 나타나는 사각형의 모습입니다. 참고로 각 숫자의 의미를 설명하는 치수를 추가했습니다.

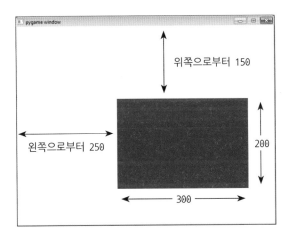

참고로 pygame.draw.rect에는 4개의 인자만 전달했습니다. 그 이유는 rect에는 위치와 크기를 모두 단 하나의 인자로 지정할 수 있기 때문입니다. pygame.draw.circle에서는 위치와 크기가 두 개의 인자로 구분돼 있어서 5개의 인자를 전달합니다.

(파이게임) 프로그래머처럼 **생각**하기

Rect(left, top, width, height)로 사각형을 만들고 나면 Rect를 옮기고 정렬할 수 있는 몇 가지 속성이 있습니다.

- 네 개의 가장자리: top, left, bottom, right
- 네 개의 모서리: topleft, bottomleft, topright, bottomright
- 각 가장자리의 중심: midtop, midleft, midbottom, midright
- 중심: center, centerx, centery
- 크기: size, width, height

이것들은 모두 편리하게 사용하려고 만들어둔 것들입니다. 따라서 사각형의 중심을 특정 지점으로 옮기고 싶다면 top과 left 좌표를 계산할 필요 없이 center 위치로 곧바로 접근하면 됩니다.

선 두께

모양을 그릴 때 마지막으로 지정해야 할 것은 선의 두께입니다. 지금까지 살펴본 예제에서는 두께로 0을 지정했는데, 이렇게 하면 전체 모양을 색으로 채우게 됩니다. 두께를 다르게 지정하면 모양의 외곽선이 그려질 것입니다.

다음과 같이 선 두께를 2로 변경해 봅시다.

```
pygame.draw.rect(screen, [255,0,0], [250, 150, 300, 200], 2)    ◀—— 이 부분을 2로 바꿈
```

예제를 실행해 결과를 확인해 봅시다. 선 두께를 다르게도 지정해 봅시다.

현대 미술?

컴퓨터가 만들어내는 현대 미술을 만들어보고 싶습니까? 재미 삼아 예제 16.5의 코드를 실행해 봅시다. 예제 16.4를 가져와서 수정하거나 새로 작성해도 됩니다.

예제 16.5 draw.rect를 이용한 미술

```python
import pygame, sys, random
pygame.init()
screen = pygame.display.set_mode([640,480])
screen.fill([255, 255, 255])
for i in range (100):
    width = random.randint(0, 250)
    height = random.randint(0, 100)
    top = random.randint(0, 400)
    left = random.randint(0, 500)
    pygame.draw.rect(screen, [0,0,0], [left, top, width, height], 1)
pygame.display.flip()
running = True
while running:
    for event in pygame.event.get():
        if event.type == pygame.QUIT:
            running = False
pygame.quit()
```

예제를 실행해 결과를 확인해 봅시다. 다음과 같은 결과가 나타날 것입니다.

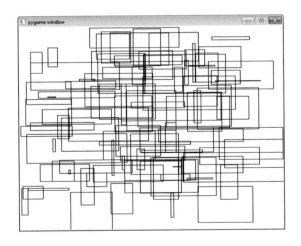

프로그램이 어떻게 동작하는지 이해할 수 있나요? 예제에서는 100개의 사각형을 임의의 크기와 위치로 그립니다. 결과를 훨씬 더 "예술적"으로 만들기 위해 다음 예제와 같이 색상과 선 두께도 무작위로 추가합니다.

예제 16.6 색상을 지정한 현대 미술

```python
import pygame, sys, random
from pygame.color import THECOLORS
pygame.init()
screen = pygame.display.set_mode([640,480])
screen.fill([255, 255, 255])
for i in range (100):
    width = random.randint(0, 250); height = random.randint(0, 100)
    top = random.randint(0, 400); left = random.randint(0, 500)
    color_name = random.choice(THECOLORS.keys())
    color = THECOLORS[color_name]
    line_width = random.randint(1, 3)
    pygame.draw.rect(screen, color, [left, top, width, height], line_width)
pygame.display.flip()
running = True
while running:
    for event in pygame.event.get():
        if event.type == pygame.QUIT:
            running = False
pygame.quit()
```

지금 당장은 이 부분이 어떻게 동작하는지
신경 쓰지 않아도 됩니다

예제를 실행하면 매번 다른 결과가 나타날 것입니다. 아주 멋진 결과물이 나오면 "기계의 목소리" 같은 멋진 제목을 붙여서 지역 미술관에 판매할 수 있는지 알아봅시다!

개별 픽셀

이따금 원이나 사각형보다는 점이나 픽셀을 그리고 싶을 때가 있습니다. 예를 들어, 수학 프로그램을 만들고 있다면 사인 곡선을 그리고 싶을 수도 있습니다.

이봐! 사인 곡선은 소리를 낼 때 쓰인다고, 음악에서 처럼 말이지,

나? 난 파도에 맞춰 음악을 연주하겠어,

걱정하지 말고, 듣기세요!

사인 곡선을 몰라도 걱정할 필요가 없습니다. 이번 장에서는 사인 곡선이 파도 모양이라고 생각하면 됩니다.

또한 다음에 나올 몇 개의 예제 프로그램에서 수학 공식이 나와도 걱정할 필요가 없습니다. 예제에 나오는 수학 공식은 그냥 따라서 입력하기만 합시다. 그것들은 파이게임 창에서 적당한 크기로 파도 모양을 그리는 역할만 할 뿐이니까요.

pygame.draw.sinewave()라는 메서드는 없기 때문에 개별 점을 가지고 직접 사인 곡선을 그려야 합니다. 이렇게 하는 방법 중 하나는 1~2픽셀 크기로 작은 원이나 사각형을 그리는 것입니다. 다음 예제에서는 사각형을 이용한 방법을 볼 수 있습니다.

예제 16.7 자그마한 사각형을 여러 개 이용해 곡선 그리기

```
import pygame, sys
import math          ←——————  sin()을 비롯한 수학 함수 가져오기
pygame.init()
screen = pygame.display.set_mode([640,480])
screen.fill([255, 255, 255])    ←—————  왼쪽에서 오른쪽으로(x = 0에서 639까지) 순회
for x in range(0, 640):
    y = int(math.sin(x/640.0 * 4 * math.pi) * 200 + 240)   ←———  각 점의 y 위치(수직)를 계산
    pygame.draw.rect(screen, [0,0,0],[x, y, 1, 1], 1)   ←———  작은 사각형을 이용해 점을 그림
pygame.display.flip()
running = True
while running:
    for event in pygame.event.get():
        if event.type == pygame.QUIT:
            running = False
pygame.quit()
```

그리고 예제를 실행하면 다음과 같은 결과가 나타납니다.

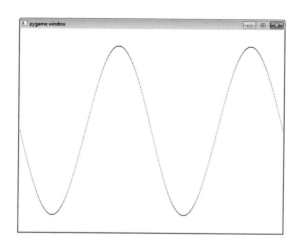

여기서는 각 점을 그리기 위해 너비와 높이가 모두 1인 사각형을 사용했습니다. 참고로 두께도 0이 아닌 1로 지정했습니다. 선의 두께를 0으로 지정했다면 화면에 아무것도 나타나지 않을 텐데, 선의 "가운데"를 채울 것이 아무것도 없기 때문입니다.

점 잇기

그래프를 자세히 들여다 보면 사인 곡선이 이어지지 않는다는 사실을 알 수 있습니다. 즉, 각 점 사이에 공간이 있습니다. 그 이유는 사인 곡선이 가파른 지점에서는 오른쪽으로 1픽셀 이동할 때 위(또는 아래)로는 3픽셀만큼 옮겨야 하기 때문입니다. 그리고 사인 곡선을 선이 아닌 점으로 표현하고 있어서 각 점 사이의 공간을 채울 것이 아무것도 없기 때문입니다.

이번에는 같은 그래프를 각 점이 연결되도록 짧은 선을 이용해 그려봅시다. 파이게임에는 선을 그리는 메서드도 있지만 각 점 사이에 선을 그리는(마치 "점을 잇는" 것처럼) 메서드도 있습니다. 그러한 역할을 하는 메서드는 `pygame.draw.lines()`이며, 다음과 같이 다섯 개의 매개변수를 전달해야 합니다.

- surface: 선을 그릴 표면
- color: 색상
- closed: 처음 점과 마지막 점을 연결하는 선을 그려서 모양이 닫히게 만들지 여부. 사인 곡선은 닫을 필요가 없으므로 여기서는 False로 지정합니다.
- list: 연결할 점
- width: 선의 굵기

그럼 사인 곡선 예제에서는 `pygame.draw.lines()` 메서드를 다음과 같이 호출합니다.

```
pygame.draw.lines(screen, [0,0,0],False, plotPoints, 1)
```

for 반복문에서는 각 점을 그리는 대신 draw.lines() 메서드가 연결할 점 목록을 만들면 됩니다. 그런 다음 for 반복문 밖에서 draw.lines()를 한 번 호출합니다. 전체 프로그램은 다음과 같습니다.

예제 16.8 연결된 사인 곡선

```
import pygame, sys
import math
pygame.init()
screen = pygame.display.set_mode([640,480])
screen.fill([255, 255, 255])
plotPoints = []
for x in range(0, 640):
    y = int(math.sin(x/640.0 * 4 * math.pi) * 200 + 240)   ←——— 각 점의 y 위치를 계산
    plotPoints.append([x, y])   ←——— 각 점을 리스트에 추가
pygame.draw.lines(screen, [0,0,0],False, plotPoints, 1)   ←——— draw.lines() 함수를
                                                                이용해 전체 곡선을 그림
pygame.display.flip()
running = True
while running:
    for event in pygame.event.get():
        if event.type == pygame.QUIT:
            running = False
pygame.quit()
```

이제 프로그램을 실행하면 다음과 같은 결과가 나타납니다.

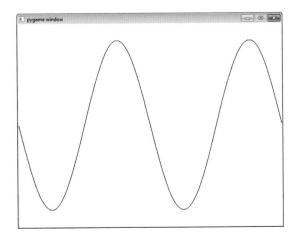

각 점 사이에 공백이 없어서 더 낫습니다. `width`를 2로 높이면 훨씬 더 보기 좋아집니다.

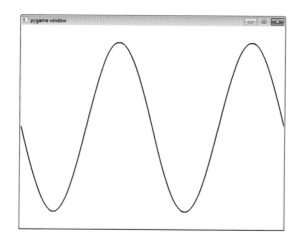

다시 한 번 점 잇기

어렸을 때 했던 점 잇기 퍼즐을 기억하십니까? 다음은 파이게임으로 만든 점 잇기 퍼즐입니다.

예제 16.9에서는 `draw.lines()` 함수와 점 목록을 이용해 모양을 그립니다. 숨겨진 그림을 보고 싶다면 예제 코드를 입력하십시오. 이번에는 속임수가 없습니다! 이 예제는 \examples 폴더에 없기 때문에 비밀 그림을 보고 싶다면 직접 입력해야 합니다. 하지만 예제에 있는 숫자를 모두 입력하기에는 조금 지루할 수도 있으므로 \examples 폴더나 홈페이지에 있는 텍스트 파일에서 dots 목록을 찾아서 사용해도 됩니다.

예제 16.9 점 잇기 게임의 숨겨진 그림

```
import pygame, sys
pygame.init()

dots = [[221, 432], [225, 331], [133, 342], [141, 310],
        [51, 230],  [74, 217],  [58, 153],  [114, 164],
        [123, 135], [176, 190], [159, 77],  [193, 93],
        [230, 28],  [267, 93],  [301, 77],  [284, 190],
        [327, 135], [336, 164], [402, 153], [386, 217],
        [409, 230], [319, 310], [327, 342], [233, 331],
        [237, 432]]
```

```
screen = pygame.display.set_mode([640,480])
screen.fill([255, 255, 255])
pygame.draw.lines(screen, [255,0,0],True, dots, 2)          ◄──── 이번에는 closed=True로 지정
pygame.display.flip()
running = True
while running:
    for event in pygame.event.get():
        if event.type == pygame.QUIT:
            running = False
pygame.quit()
```

점으로 그리기

잠시 점으로 그리는 방법으로 돌아가겠습니다. 한 픽셀의 색상만 바꾸고 싶은데 작은 원이나 사각형을 그리는 것은 어리석은 짓처럼 보입니다. draw 함수를 이용하는 대신 Surface.set_at() 메서드를 이용하면 표면상의 각 개별 픽셀에 접근할 수 있습니다. 이 함수를 이용해 설정하고 싶은 픽셀에 설정하고 싶은 색상을 지정하면 됩니다.

```
screen.set_at([x, y], [0, 0, 0])
```

사인 곡선 예제에서 이 코드를 사용하면(예제 16.7의 8번째 줄 대신) 1픽셀 너비의 사각형을 사용했을 때와 똑같은 결과가 나타납니다.

아울러 Surface.get_at() 메서드를 이용하면 픽셀에 이미 어떤 색이 설정돼 있는지도 확인할 수 있습니다. pixel_color = screen.get_at([320, 240])과 같이 확인하고 싶은 픽셀의 좌표를 전달하기만 하면 됩니다. 이 예제에서 screen은 표면의 이름이었습니다.

이미지

화면에 도형, 선, 개별 픽셀을 그려서 그래픽 작업을 할 수도 있습니다. 하지만 때로는 디지털 사진이나 웹에서 다운로드한 그림, 또는 이미지 편집 프로그램으로 만든 그림과 같이 다른 어딘가에서 구한 그림을 사용하고 싶을 때도 있습니다. 파이게임에서 이미지를 사용하는 가장 간단한 방법은 image 함수를 이용하는 것입니다.

예제를 하나 살펴봅시다. 이번에는 이 책의 설치 프로그램으로 파이썬을 설치했을 때 하드디스크로 복사되는 이미지를 표시하겠습니다. 설치 프로그램은 \examples 폴더 안에 **images**라는 하위 폴더를 만들었을 테고, 이 예제에서 사용할 파일은 **beach_ball.png**입니다. 그럼 윈도우에서는 이 파일이 **c:\ Program Files\helloworld\examples\images\beach_ball.png**에 들어있을 것입니다.

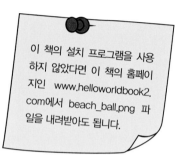

이러한 예제를 실습할 때 파이썬 프로그램이 저장되는 곳에 **beach_ball.png** 파일을 복사해 둡니다. 그렇게 하면 파이썬이 프로그램을 실행할 때 해당 파일을 쉽게 찾을 수 있습니다. **beach_ball.png** 파일을 올바른 위치에 옮긴 후 예제 16.10을 입력하고 실행해 봅시다.

이 책의 설치 프로그램을 사용하지 않았다면 이 책의 홈페이지인 www.helloworldbook2.com에서 beach_ball.png 파일을 내려받아도 됩니다.

예제 16.10 파이게임 창에 비치볼 이미지 표시하기

```python
import pygame, sys
pygame.init()
screen = pygame.display.set_mode([640,480])
screen.fill([255, 255, 255])
my_ball = pygame.image.load("beach_ball.png")
screen.blit(my_ball, [50, 50])
pygame.display.flip()
running = True
while running:
    for event in pygame.event.get():
        if event.type == pygame.QUIT:
            running = False
pygame.quit()
```

이 부분이 새로 추가됨

이 프로그램을 실행하면 다음과 같이 파이게임 창의 좌측 상단에 비치볼 이미지가 표시되는 것을 볼 수 있습니다.

예제 16.10에서는 5, 6번째 줄만 새로 추가됐습니다. 다른 코드는 모두 앞에서 예제 16.3에서 예제 16.9 까지 본 코드와 동일합니다. 이전 예제의 draw 코드만 디스크에서 이미지를 불러와 표시하는 코드로 바꿨습니다.

5번째 줄에서는 pygame.image.load() 함수가 디스크에서 이미지를 불러와 my_ball이라는 객체를 생성합니다. my_ball 객체는 표면입니다(표면에 관해서는 몇 페이지 앞에서 설명했습니다). 그런데 이 표면은 볼 수가 없습니다. 그것은 메모리 안에만 존재합니다. 우리가 볼 수 있는 표면은 screen이라고 하는 화면 표면밖에 없습니다(화면 표면은 3번째 줄에서 생성했습니다). 6번째 줄에서는 my_ball 표면을 screen 표면으로 복사합니다. 그런 다음 앞에서 했던 것과 같이 display.flip()으로 보여줍니다.

가만히 서 있기만 하는 공으로는 배구를 할 수 없어요!

　　　　　　　　　　　　　　　　　　　괜찮아, 카터. 조만간 공이 움직이게 만들 거니까요.

예제 16.10의 6번째 줄에는 이상하게 생긴 screen.blit()이라는 코드가 있었습니다. 여기서 blit은 무슨 뜻일까요? 하단의 "용어 설명"을 참고하세요.

> 용어 설명
>
> 그래픽 프로그래밍을 할 때 변수에서 화면으로 복사하거나 한 표면에서 다른 표면으로 복사하는 것 처럼 한곳에서 다른 곳으로 픽셀을 복사하는 작업을 상당히 자주 하게 됩니다. 프로그래밍에서는 픽셀을 복사하는 것을 특별한 이름으로 부르는데, 바로 **블리팅(blitting)**이라고 합니다. 이미지를(또는 이미지의 일부나 픽셀들 을) 한곳에서 다른 곳으로 블릿한다고 표현하며, 블릿은 "복사"를 좀 더 세련되게 표현하는 것에 불과하므로 "블 릿"이라는 표현을 보게 되면 그것이 다름 아닌 픽셀 복사와 관련돼 있다는 사실을 알 수 있습니다.

파이게임에서는 픽셀을 한 표면에서 다른 표면으로 복사하거나 블릿합니다. 예제에서는 픽셀을 my_ball 표면에서 screen 표면으로 복사했습니다.

예제 16.10의 6번째 줄에서는 비치볼 이미지를 50, 50 위치로 블릿했습니다. 여기서 50, 50은 창의 왼쪽편에서 50픽셀, 위쪽에서 50픽셀만큼 떨어진 곳을 의미합니다. surface나 rect를 사용할 때는 이미지의 좌측 상단 모서리의 위치를 의미합니다. 따라서 비치볼의 왼쪽편이 창의 왼쪽편에서 50픽셀만큼, 비치볼의 위쪽편이 창의 위쪽편에서 50픽셀만큼 떨어져 있는 것입니다.

공을 움직여 봅시다!

이제 파이게임 창에 그래픽을 표시할 수 있으니 이번에는 그래픽을 움직이게 만들어 봅시다. 그렇습니다. 바로 애니메이션을 만들어보겠습니다! 컴퓨터 애니메이션은 사실 이미지(픽셀의 모음)를 한곳에서 다른 곳으로 옮기는 것에 불과합니다. 여기서는 비치볼을 움직여 보겠습니다.

비치볼을 움직이려면 위치를 변경해야 합니다. 먼저 옆으로 움직여보겠습니다. 움직임을 볼 수 있게 오른쪽으로 100픽셀 옮겨봅시다. 왼쪽에서 오른쪽 방향(수평 방향)은 위치를 지정할 때 숫자 쌍의 첫 번째 숫자에 해당합니다. 그럼 뭔가를 100픽셀만큼 오른쪽으로 옮기려면 첫 번째 숫자를 100만큼 증가시켜야 합니다. 아울러 애니메이션이 일어나는 것을 볼 수 있게 지연시간(delay)도 지정하겠습니다.

예제 16.10의 프로그램을 예제 16.11과 같이 변경합니다(while 반복문 앞에 8, 9, 10번째 줄을 추가합니다).

예제 16.11 비치볼 움직이기

```python
import pygame, sys
pygame.init()
screen = pygame.display.set_mode([640,480])
screen.fill([255, 255, 255])
my_ball = pygame.image.load('beach_ball.png')
screen.blit(my_ball,[50, 50])
pygame.display.flip()
pygame.time.delay(2000)
screen.blit(my_ball,[150, 50])      │  새로 추가된 세 줄
pygame.display.flip()
running = True
while running:
    for event in pygame.event.get():
        if event.type == pygame.QUIT:
            running = False
pygame.quit()
```

프로그램을 실행해 결과를 확인해 보십시오. 공이 움직였습니까? 움직이긴 했지만 두 개의 공이 나타날 것입니다.

첫 번째 공은 원래의 위치에 나타났고, 두 번째 공은 몇 초 후에 오른쪽에 나타났습니다. 비치볼을 오른쪽으로 움직이긴 했지만 하나 잊어버린 것이 있습니다. 바로 첫 번째 공을 지워야 한다는 것입니다!

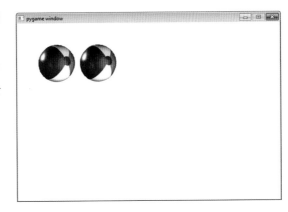

애니메이션

컴퓨터 그래픽을 이용해 애니메이션 작업을 할 경우 뭔가를 움직이는 두 가지 단계는 다음과 같습니다.

1. 새로운 위치에 대상을 그립니다.
2. 이전 위치에 있던 대상을 지웁니다.

첫 번째 부분은 이미 앞에서 확인했습니다. 새로운 위치에 공을 그렸습니다. 이제 이전 위치에 있는 공을 지워야 합니다. 그런데 여기서 "지운다"는 것은 실제로 무슨 뜻일까요?

이미지 지우기

종이나 칠판에 뭔가를 그릴 때는 그것을 지우기가 쉽습니다. 지우개를 사용하면 되니까요. 그런데 페인트로 칠한 것이라면 어떨까요? 페인트로 파란 하늘을 칠한 다음 새를 그렸다고 해봅시다. 새는 어떻게 "지울" 수 있을까요? 페인트를 지울 수는 없습니다. 이 경우 새가 있던 자리에 새로운 파란 하늘을 칠해야 할 것입니다.

컴퓨터 그래픽은 연필이나 분필이 아닌 페인트와 같습니다. 뭔가를 "지우기" 위해서는 실제로 페인트로 "덧칠"을 해야 합니다. 그런데 무엇으로 덧칠을 해야 할까요? 하늘을 그리는 경우에는 하늘이 파란색이므로 새를 파란색으로 덧칠하면 됩니다. 비치볼 예제에서는 배경이 흰색이므로 비치볼의 이전 이미지를 흰색으로 덧칠해야 할 것입니다.

방금 설명한 내용을 직접 해봅시다. 예제 16.11을 다음과 같이 수정합니다. 여기서는 딱 한 줄만 추가했습니다.

예제 16.12 다시 비치볼 옮겨보기

```python
import pygame, sys
pygame.init()
screen = pygame.display.set_mode([640,480])
screen.fill([255, 255, 255])
my_ball = pygame.image.load('beach_ball.png')
screen.blit(my_ball,[50, 50])
pygame.display.flip()
pygame.time.delay(2000)
screen.blit(my_ball, [150, 50])
pygame.draw.rect(screen, [255,255,255], [50, 50, 90, 90], 0)      ◀───── 첫 번째 공을 "지움"
pygame.display.flip()
running = True
while running:
    for event in pygame.event.get():
        if event.type == pygame.QUIT:
            running = False
pygame.quit()
```

10번째 줄을 추가해서 첫 번째 비치볼 위에 흰색 사각형을 그렸습니다. 비치볼 이미지의 크기는 너비와 높이가 모두 대략 90픽셀이므로 흰색 사각형도 그 정도 크기로 만들었습니다. 예제 16.12를 실행하면 비치볼이 원래 위치에서 새로운 위치로 이동하는 것처럼 보일 것입니다.

밑에는 뭐가 있을까?

흰색 배경(또는 페인트 예제에서는 파란색 하늘)으로 덧칠하는 것은 상당히 쉽습니다. 그런데 구름이 낀 하늘에 새를 그렸다면 어떻게 해야 할까요? 혹은 나무가 우거진 배경에 새가 그려져 있다면요? 그렇다면 구름이나 나무로 새를 덧칠해서 지워야 할 것입니다. 여기서 중요한 부분은 배경, 즉 이미지 "아래에" 무엇이 있는지 파악해야 한다는 것입니다. 왜냐하면 이미지를 옮길 경우 해당 이미지가 있던 곳의 배경을 다시 그려야 하기 때문입니다.

비치볼 예제의 경우에는 배경이 흰색이라서 이렇게 하기가 상당히 쉽습니다. 하지만 배경이 해안가 풍경이었다면 더 까다로웠을 것입니다. 그냥 흰색으로 칠하는 대신 배경 이미지에서 해당 부분만큼 다시 칠해야 할 것이기 때문입니다. 다른 방법으로는 전체 풍경을 다시 그린 다음 비치볼을 새 위치로 옮기는 것이 있습니다.

더 부드러운 애니메이션

지금까지는 공을 단번에 옮겼습니다! 그럼 이번에는 공을 더 현실감 있게 옮길 수 있는지 알아봅시다. 화면에서 뭔가에 애니메이션을 적용할 때는 대개 작은 단계로 옮기면 움직임이 부드러워집니다. 비치볼을 좀 더 작은 단계로 나눠서 옮겨봅시다.

여기서는 단순히 단계를 더 작게 만들지는 않을 것입니다. 대신 반복문을 추가해서 공을 옮길 것입니다 (왜냐하면 아주 많은 작은 단계를 만들고 싶기 때문입니다). 예제 16.12로 시작해서 코드를 다음과 같이 수정합니다.

예제 16.13 비치볼 이미지 부드럽게 옮기기

```
import pygame, sys
pygame.init()
screen = pygame.display.set_mode([640,480])
screen.fill([255, 255, 255])
my_ball = pygame.image.load('beach_ball.png')
x = 50                    이 줄을 추가
y = 50
screen.blit(my_ball,[x, y])
pygame.display.flip()
for looper in range (1, 100):        for 반복문을 시작
    pygame.time.delay(20)        time.delay 값을 2000에서 20으로 변경
    pygame.draw.rect(screen, [255,255,255], [x, y, 90, 90], 0)
    x = x + 5                              숫자 대신 x와 y를 사용
    screen.blit(my_ball, [x, y])
    pygame.display.flip()

running = True
while running:
    for event in pygame.event.get():
        if event.type == pygame.QUIT:
            running = False
pygame.quit()
```

이 프로그램을 실행하면 공이 원래 위치에서 창의 오른쪽으로 움직이는 것을 볼 수 있습니다.

공이 계속 움직이게 하기

앞에서 만든 프로그램에서는 공이 창의 오른쪽으로 움직인 다음 멈췄습니다. 이제 공이 계속 움직이도록 만들어 봅시다.

x의 값을 계속 증가시키면 어떻게 될까요? 공은 x의 값이 증가함에 따라 계속 오른쪽으로 움직일 것입니다. 하지만 창(화면 표면)은 x = 640에 멈춥니다. 그럼 공이 사라질 것입니다. 예제 16.13의 10번째 줄에 있는 for 반복문을 다음과 같이 바꿔봅시다.

```
for looper in range (1, 200):
```

이제 반복문이 두 배만큼 실행되어 공이 가장자리를 넘어 사라집니다! 공을 계속 보고 싶다면 다음과 같은 두 가지 방법이 있습니다.

- 공이 창의 끝에서 튕기게 만듭니다.
- 공이 창의 반대쪽에서 돌아서 나오게 만듭니다.

그럼 두 가지 방법을 모두 살펴봅시다.

공 튕기기

공이 창의 끝에서 튕기게 만들려면 공이 언제 창의 가장자리에 부딪히는지 알아야 하고, 반대 방향으로 움직이게 만들어야 합니다. 공이 좌우로 계속 움직이게 만들고 싶다면 창의 좌우 가장자리에 대해 모두 이렇게 해야 합니다.

왼쪽 가장자리의 경우에는 처리하기가 어렵지 않은데, 공의 위치가 0인지(또는 더 작은 숫자인지)만 검사하면 되기 때문입니다.

오른쪽 가장자리의 경우에는 공의 오른쪽이 창의 오른쪽 끝에 닿았는지 검사해야 합니다. 그런데 공의 위치는 오른쪽 편이 아닌 왼쪽 편(좌측 상단 모서리)을 기준으로 설정돼 있습니다. 따라서 공의 너비만큼 빼야 합니다.

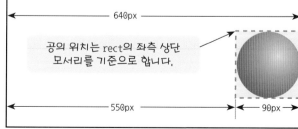

공이 창의 오른쪽 가장자리로 움직이는 경우에는 위치가 550일 때 공이 반대 방향으로 튕기게 만들어야 합니다.

작업을 수월하게 하기 위해 여기서는 코드를 다음과 같이 수정합니다.

- 공이 계속 튕기게 만듭니다(파이게임 창을 닫을 때까지). 이미 창이 열려 있는 동안 계속 실행되는 while 반복문이 있기 때문에 공을 표시하는 코드를 해당 반복문 안으로 옮깁니다(프로그램의 마지막 부분에 있는 while 반복문이 바로 그것입니다).
- 공의 위치에 항상 5를 더하는 대신 speed라는 새로운 변수를 만들어 각 반복마다 공이 얼마나 빠르게 움직이는지 지정합니다. 그리고 공의 속도를 좀 더 높이기 위해 이 값을 10으로 설정하겠습니다.

새로운 코드는 예제 16.14와 같습니다.

예제 16.14 비치볼 튕기기

```python
import pygame, sys
pygame.init()
screen = pygame.display.set_mode([640,480])
screen.fill([255, 255, 255])
my_ball = pygame.image.load('beach_ball.png')
x = 50
y = 50
x_speed = 10          ◀ 속도 변수

running = True
while running:
    for event in pygame.event.get():
        if event.type == pygame.QUIT:
            running = False

    pygame.time.delay(20)
    pygame.draw.rect(screen, [255,255,255], [x, y, 90, 90], 0)
    x = x + x_speed
    if x > screen.get_width() - 90 or x < 0:    ◀ 공이 창의 가장자리에 부딪힐 경우
        x_speed = - x_speed     ◀ 속도 변수의 부호를 바꿔서 방향을 반대로 바꿈
    screen.blit(my_ball, [x, y])
    pygame.display.flip()
pygame.quit()
```

공을 표시하는 코드를 이곳, while 반복문 안에 넣는다.

창의 끝에서 공을 튕기는 핵심 코드는 19번째 줄과 20번째 줄입니다. 19번째 줄(if x > screen.get_width() - 90 or x < 0:)에서는 공이 창의 가장자리에 부딪혔는지 검사해서 만약 가장자리에 부딪혔다면 20번째 줄에서 공의 방향을 반대 방향으로 바꿉니다(x_speed = - x_speed).

예제를 실행해 어떻게 동작하는지 확인해 봅시다.

2D로 튕기기

지금까지는 공을 좌우로만, 즉 일차원적으로만 움직였습니다. 이제 공이 동시에 위아래로도 움직이게끔 만들어 봅시다. 이렇게 하려면 다음과 같이 몇 가지만 변경하면 됩니다.

예제 16.15 비치볼을 2D로 튕기기

```python
import pygame, sys
pygame.init()
screen = pygame.display.set_mode([640,480])
screen.fill([255, 255, 255])
my_ball = pygame.image.load('beach_ball.png')
x = 50
y = 50
x_speed = 10
y_speed = 10          ◀──────── y 방향의 속도(수직 동작)를 나타내는 코드를 추가
running = True
while running:
    for event in pygame.event.get():
        if event.type == pygame.QUIT:
            running = False
    pygame.time.delay(20)
    pygame.draw.rect(screen, [255,255,255], [x, y, 90, 90], 0)
    x = x + x_speed
    y = y + y_speed    ◀────── y 방향의 속도(수직 동작)를 나타내는 코드를 추가
    if x > screen.get_width() - 90 or x < 0:
        x_speed = - x_speed
    if y > screen.get_height() - 90 or y < 0:     │ 창의 위쪽 끝이나 아래쪽 끝에서 공을 튕김
        y_speed = -y_speed
    screen.blit(my_ball, [x, y])
    pygame.display.flip()
pygame.quit()
```

이전 프로그램에 9번째 줄(y_speed = 10)과 18번째 줄(y = y + y_speed), 21번째 줄(if y > screen.get_height() - 90 or y < 0:), 22번째 줄(y_speed = -y_speed)을 추가했습니다. 예제를 실행해 어떻게 동작하는지 확인해 봅시다!

공의 움직임을 좀 더 늦추려면 다음과 같은 방법이 있습니다.

- 속도 변수(x_speed와 y_speed)의 값을 줄입니다. 이렇게 하면 각 애니메이션마다 공이 움직인 거리도 줄어들므로 공의 움직임도 부드러워집니다.
- 지연시간 설정을 늘릴 수도 있습니다. 예제 16.15에서는 20으로 설정돼 있습니다. 이 값은 1000분의 1초에 해당하는 밀리초 단위로 돼 있습니다. 따라서 반복문이 실행될 때마다 프로그램은 0.02초 동안 기다립니다. 이 숫자를 높이면 움직임이 느려지고 이 값을 줄이면 움직임이 빨라질 것입니다.

속도와 지연시간을 조절해 보면서 어떤 효과가 나타나는지 확인해 봅시다.

공이 돌아서 나오게 만들기

이제 공이 계속 움직이게 하는 두 번째 방법을 살펴봅시다. 공을 화면의 한쪽 끝에서 튕기는 대신 여기서는 공이 돌아서 나오게 만들겠습니다. 즉, 공이 화면의 오른쪽 끝에서 사라지면 왼쪽 끝에서 다시 나타난다는 뜻입니다.

작업을 수월하게 하기 위해 공이 수평으로만 움직이는 예제로 되돌아가겠습니다. 다음 예제를 봅시다.

예제 16.16 비치볼 이미지가 돌아서 나오게 만들기

```
import pygame, sys
pygame.init()
screen = pygame.display.set_mode([640,480])
screen.fill([255, 255, 255])
my_ball = pygame.image.load('beach_ball.png')
x = 50
y = 50
x_speed = 5
running = True
while running:
    for event in pygame.event.get():
        if event.type == pygame.QUIT:
            running = False
```

```
      pygame.time.delay(20)
      pygame.draw.rect(screen, [255,255,255], [x, y, 90, 90], 0)
      x = x + x_speed
      if x > screen.get_width():    ◀──── 공이 오른쪽 끝에 닿으면
          x = 0    ◀──── 왼쪽 끝에서 다시 시작
      screen.blit(my_ball, [x, y])
      pygame.display.flip()
  pygame.quit()
```

17번째 줄(if x > screen.get_width():)과 18번째 줄(x = 0)에서는 공이 창의 오른쪽 끝에 닿았는지 검사해서 왼쪽 끝에서 돌아서 나오게 했습니다.

그런데 공이 오른쪽 끝에서 사라지면 [0, 50] 지점에서 공이 "튀어나온다"는 사실을 알 수 있습니다. 공이 화면 안으로 "미끄러져 들어오면" 좀 더 자연스러울 것입니다. 18번째 줄(x = 0)을 x = -90으로 변경한 후 차이점을 확인해 봅시다.

이번 장에서 배운 내용

휴! 이번 장에서는 많은 내용을 배우느라 분주했습니다! 이번 장에서 배운 내용은 다음과 같습니다.

- 파이게임 사용법
- 그래픽 창을 만들고 그 안에 도형을 그리는 법
- 컴퓨터 그래픽에서 색상을 설정하는 법
- 그래픽 창에 이미지를 복사하는 법
- 이미지를 새 위치로 옮길 때 기존 이미지를 "삭제"하는 것을 비롯해 이미지에 애니메이션을 적용하는 법
- 비치볼이 창에서 "튕기게" 하는 법
- 비치볼이 창에서 "돌아 나오게" 하는 법

학습 내용 점검

1. RGB 값 [255, 255, 255]는 무슨 색입니까?
2. RGB 값 [0, 255, 0]은 무슨 색입니까?
3. 사각형을 그리는 데 사용할 수 있는 파이게임 메서드는 무엇입니까?
4. 여러 개의 점을 연결해서 선을 그리는 데 사용할 수 있는 파이게임 메서드는 무엇입니까?
5. 픽셀이란 용어의 의미는 무엇입니까?
6. 파이게임 창에서 [0, 0]의 위치는 어디입니까?
7. 파이게임 창이 너비가 600픽셀이고 높이가 400일 경우 아래 그림에서 [50, 200] 위치에 있는 글자는 무엇입니까?

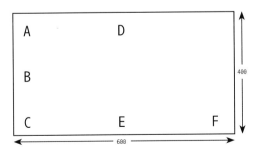

8. [300, 50] 위치에 있는 글자는 무엇입니까?
9. 표면(화면 표면 같은)에 이미지를 복사하는 데 사용되는 파이게임 메서드는 무엇입니까?
10. 이미지를 "움직이거나" 애니메이션 효과를 줄 때 거치는 두 가지 주요 단계는 무엇입니까?

Hello Python!

도전 과제

1. 앞에서 원과 사각형을 그리는 것에 관해 이야기했습니다. 파이게임에서는 선, 호, 타원, 다각형을 그리는 메서드도 제공합니다. 프로그램에서 이러한 메서드를 이용해 다른 도형을 그려보십시오.

   이러한 메서드에 관해서는 www.pygame.org/docs/ref/draw.html에 있는 파이게임 문서에서 더 자세한 내용을 확인할 수 있습니다. 인터넷에 접속할 수 없다면 하드디스크(파이게임과 함께 설치돼 있습니다)에서도 찾아볼 수 있지만 찾기가 쉽지 않을 수 있습니다. 하드디스크에서 pygame_draw.html이라는 파일을 찾아보십시오.

   아울러 파이썬의 도움말 시스템(6장 마지막 부분에서 이야기한 적이 있는)을 이용할 수도 있습니다. IDLE을 실행한 후 다음과 같은 코드를 입력합니다.

   ```
   >>> import pygame
   >>> help()
   help> pygame.draw
   ```

   그러고 나면 다양한 그리기 메서드의 목록과 각 메서드에 관한 설명을 볼 수 있습니다.

2. 비치볼 이미지를 사용하는 예제 프로그램 중 하나를 수정해 다른 이미지를 사용하게 합니다. \examples\images 폴더에서 몇 가지 견본 이미지를 찾아볼 수도 있고, 직접 내려받거나 그릴 수도 있으며, 디지털 사진을 이용할 수도 있습니다.

3. 예제 16.15나 예제 16.16의 x_speed와 y_speed를 변경해 공이 더 빠르거나 느리게, 다양한 방향으로 움직이게 만드십시오.

4. 예제 16.15를 변경해 공이 창의 가장자리에 없는, 보이지 않는 벽이나 바닥에서 "팅기도록" 만드십시오.

5. 예제 16.5에서 예제 16.9까지의 프로그램(현대 미술, 사인 곡선, 비밀 그림 프로그램)에서 pygame.display.flip 줄을 while 반복문 안으로 옮깁니다. 이렇게 하려면 해당 줄을 4칸만큼 들여쓰면 됩니다. while 반복문 안의 해당 줄 다음에는 아래와 같이 지연시간을 주는 코드를 추가한 다음 그 결과를 확인해 보십시오.

   ```
   pygame.time.delay(30)
   ```

스프라이트와 충돌 감지

17장에서는 계속해서 파이게임을 이용해 애니메이션을 만들어 보겠습니다. 여기서는 **스프라이트 (sprite)**라는 것을 살펴볼 텐데, 스프라이트는 화면상에서 움직이는 다수의 이미지를 관리하는 데 유용합니다. 그리고 공이 라켓에 부딪혔다거나 우주선이 소행성에 부딪혔을 때처럼 두 개의 이미지가 서로 겹치는 경우를 감지하는 방법도 살펴보겠습니다.

스프라이트

16장에서는 간단한 애니메이션이라도 결국엔 그리 간단하지 않다는 것을 확인했습니다. 여러 개의 이미지가 있고 그러한 이미지가 움직일 경우 각 이미지 "아래에" 무엇이 있는지 추적해서 이미지를 옮겼을 때 배경을 다시 그릴 수 있게 하려면 상당히 많은 일을 해야 합니다. 비치볼을 이용한 첫 번째 예제에서는 배경이 흰색이어서 그렇게 하기가 쉬웠습니다. 그러나 배경에 그래픽이 있다면 그렇게 하기가 더욱 복잡할 것입니다.

다행히도 파이게임의 도움을 받을 수 있습니다. 움직이는 개별 이미지나 이미지의 일부를 **스프라이트**라고 하며, 파이게임에서는 스프라이트를 처리하는 특별한 모듈을 제공합니다. 이 모듈을 이용하면 그래픽 객체를 좀 더 쉽게 다룰 수 있습니다.

16장에서는 화면상에서 튕기는 비치볼을 만들었습니다. 여러 개의 비치볼이 튕기면서 돌아다니게 만들고 싶다면 어떻게 해야 할까요? 공 각각을 개별적으로 관리하는 코드를 작성할 수도 있지만 그렇게 하기보다는 파이게임의 sprite 모듈을 이용해 작업을 좀 더 수월하게 할 수 있습니다.

용어 설명

스프라이트는 한 단위로 움직이고 표시되는 픽셀의 모음을 의미하며, 그래픽 객체의 일종입니다.

"스프라이트라는 용어는 옛날 컴퓨터와 게임기에서 유래된 용어이. 이 같은 옛날 기기에서는 일반 그래픽을 게임처럼 동작할 만큼 빠른 속도로 그리거나 삭제하지 못했다. 이러한 기기에는 애니메이션을 아주 빠르게 처리할 필요가 있는 게임 관련 객체를 처리하는 특별한 하드웨어가 탑재돼 있었다. 이러한 객체를 '스프라이트'라고 불렀고 특별한 제약이 있었지만 아주 빠르게 그려지고 갱신될 수 있었다... 오늘날 컴퓨터는 일반적으로 전용 하드웨어 없이도 스프라이트 형태의 객체를 처리할 만큼 빠르게 동작할 수 있게 됐다. '스프라이트'라는 용어는 애니메이션을 수행하는 2D 게임의 요소를 표현하는 데 여전히 사용되고 있다."

– 피트 쉬너스가 쓴 "파이게임 자습서 – 스프라이트 모듈 소개"(www.pygame.org/docs/tut/SpritelIntro.html)에서 발췌

스프라이트란?

스프라이트를 작은 그래픽 조각, 즉 화면에 돌아다니고 다른 그래픽 객체와 상호작용하는 그래픽 객체의 일종으로 생각하면 됩니다. 대부분의 스프라이트에는 몇 가지 기본적인 특성이 있습니다.

- **image**: 스프라이트에 표시되는 그래픽
- **rect**: 스프라이트를 담는 사각 영역

이미지는 파이게임의 그리기 함수(16장에서 본 것과 같은)를 이용해 그리는 것이나 이미지 파일에서 가져온 것일 수 있습니다.

스프라이트 클래스

파이게임의 sprite 모듈에서는 Sprite라는 기본 스프라이트 클래스를 제공합니다(앞에서 객체와 클래스에 관해 이야기했던 것을 기억하십니까?) 보통 기본 클래스를 직접 사용하지는 않으며, 그 대신 pygame.sprite.Sprite를 기반으로 하는 하위 클래스를 만듭니다. 예제에서 이렇게 해보고 그렇게 만든 하위 클래스를 MyBallClass라고 부르기로 합시다. 예제에서 생성할 코드는 다음과 같습니다.

```
class MyBallClass(pygame.sprite.Sprite):
    def __init__(self, image_file, location):
        pygame.sprite.Sprite.__init__(self)        ◀──── 스프라이트 초기화
        self.image = pygame.image.load(image_file)        ◀──── 이미지 파일을 불러옴
        self.rect = self.image.get_rect()        ◀──── 이미지의 경계를 정의하는 사각 영역을 가져옴
        self.rect.left, self.rect.top = location        ◀──── 공의 초기 위치를 설정
```

이 예제의 마지막 줄은 좀 더 자세히 살펴볼 필요가 있습니다. location은 [x, y] 위치로서 두 개의 항목으로 구성된 리스트입니다. = 기호의 한쪽에 (x와 y라는) 항목이 두 개 포함된 리스트가 있기에 다른 쪽에 두 개의 항목을 할당할 수 있습니다. 여기서는 스프라이트 사각형 영역의 left와 top 속성에 할당했습니다.

이제 MyBallClass를 정의했으므로 해당 클래스의 인스턴스를 몇 개 생성해야 합니다(참고로 클래스 정의는 설계도에 불과합니다. 이제 이 설계도를 토대로 집을 지어야 합니다). 16장에서 파이게임 창을 만들 때 사용했던 코드가 여전히 필요합니다. 아울러 화면 위에 좌우로 정렬된 공을 몇 개 만들 예정입니다. 이를 위해 중첩 반복문을 사용하겠습니다.

```
img_file = "beach_ball.png"
balls = []
for row in range (0, 3):
    for column in range (0, 3):
        location = [column * 180 + 10, row * 180 + 10]    ◀——— 반복문을 통해 매번 다른 위치를 만듦
        ball = MyBallClass(img_file, location)    ◀——— 해당 위치에 공을 생성
        balls.append(ball)    ◀——— 공을 리스트에 추가
```

아울러 공을 화면 표면에 블릿할 필요가 있습니다(블릿이라는 표현이 기억나십니까? 블릿에 대해서는 16장에서 이야기한 바 있습니다).

```
for ball in balls:
    screen.blit(ball.image, ball.rect)
pygame.display.flip()
```

예제 코드를 한데 모으면 다음과 같은 프로그램이 만들어집니다.

예제 17.1 스프라이트를 이용해 화면에 여러 개의 공 이미지 넣기

```
import sys, pygame

class MyBallClass(pygame.sprite.Sprite):
    def __init__(self, image_file, location):
        pygame.sprite.Sprite.__init__(self)             공 하위 클래스 정의
        self.image = pygame.image.load(image_file)
        self.rect = self.image.get_rect()
        self.rect.left, self.rect.top = location
```

```python
size = width, height = 640, 480
screen = pygame.display.set_mode(size)          창 크기 설정
screen.fill([255, 255, 255])
img_file = "beach_ball.png"
balls = []
for row in range (0, 3):
    for column in range (0, 3):
        location = [column * 180 + 10, row * 180 + 10]
        ball = MyBallClass(img_file, location)
        balls.append(ball)      ←————— 리스트에 공을 추가

for ball in balls:
    screen.blit(ball.image, ball.rect)
pygame.display.flip()


running = True
while running:
    for event in pygame.event.get():
        if event.type == pygame.QUIT:
            running = False
pygame.quit()
```

예제를 실행하면 다음과 같이 파이게임 창에
9개의 비치볼이 나타나는 것을 볼 수 있습니다.

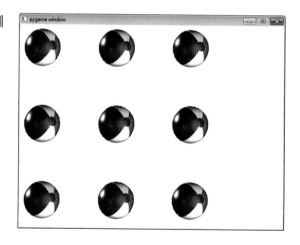

이제 9개의 공이 움직이도록 만들겠습니다.

예제 17.1에서 파이게임 창의 크기를 설정하는 10번째 줄과 11번째 줄이 조금 바뀐 것을 알고 있습니까?
예제에서는 다음과 같은 코드를

```
screen = pygame.display.set_mode([640,480])
```

다음 코드로 대체했습니다.

```
size = width, height = 640, 480
screen = pygame.display.set_mode(size)
```

이 코드는 창의 크기를 설정할 뿐만 아니라 width와 height라는 두 개의 변수도 정의합니다. 이 코드의 멋진 점은 항목이 두 개 포함된 size라는 리스트를 정의했을 뿐만 아니라 width와 height라는 두 개의 정수 변수도 단 한 줄로 정의했다는 것입니다. 아울러 리스트 주위로 대괄호를 사용하지 않았으며, 파이썬도 이 부분에 대해 아무런 오류를 일으키지 않습니다.

여기서는 파이썬에서 어떤 일을 다양한 방법으로 할 수 있다는 점을 보여주고 싶었습니다. 어떤 방법이 반드시 다른 방법보다 낫다고 할 수는 없습니다(두 방법 모두 작동한다면요). 파이썬 문법(언어 규칙)을 반드시 따라야 하더라도 여전히 표현의 자유는 누릴 수 있습니다. 10명의 프로그래머에게 같은 프로그램을 작성해 달라고 부탁하면 아마 같은 코드가 단 하나도 나오지 않을 것입니다.

move( ) 메서드

여기서는 공을 MyBallClass의 인스턴스로 만들고 있기 때문에 해당 클래스의 메서드를 이용해 공을 옮기는 것이 합당합니다. 그럼 move( )라는 새로운 클래스 메서드를 만들어 봅시다.

```
def move(self):
    self.rect = self.rect.move(self.speed)
    if self.rect.left < 0 or self.rect.right > width:    │ 창의 좌우측 끝에 닿았는지 검사해서 만약
        self.speed[0] = -self.speed[0]                   │ 닿았다면 x-speed의 부호를 반대로 바꿈

    if self.rect.top < 0 or self.rect.bottom > height:   │ 창의 위아래 끝에 닿았는지 검사해서 만약
        self.speed[1] = -self.speed[1]                   │ 닿았다면 y-speed의 부호를 반대로 바꿈
```

스프라이트에는 move( )라는 메서드가 내장돼 있습니다(실제로는 스프라이트 내의 rect에). 이 메서드에서는 객체의 속도를 나타내는 speed라는 매개변수를 필요로 합니다. 지금은 2D 그래픽을 다루고 있기 때문에 speed는 두 개의 숫자로 구성된 리스트이며, 하나는 x-speed를, 다른 하나는 y-speed를 나타냅니다. 아울러 공이 창의 가장자리에 닿았는지도 검사하므로 공이 화면에서 "튕기면서" 돌아다니게 만들 수 있습니다.

MyBallClass 정의를 변경해 speed 프로퍼티와 move() 메서드를 추가해 봅시다.

```
class MyBallClass(pygame.sprite.Sprite):
    def __init__(self, image_file, location, speed):    ◄── speed 인자를 추가
        pygame.sprite.Sprite.__init__(self)
        self.image = pygame.image.load(image_file)
        self.rect = self.image.get_rect()
        self.rect.left, self.rect.top = location
        self.speed = speed    ◄── 이 줄을 추가해 공에 speed
                                    속성을 생성

    def move(self):
        self.rect = self.rect.move(self.speed)
        if self.rect.left < 0 or self.rect.right > width:
            self.speed[0] = -self.speed[0]        공을 움직이는 메서드를 추가

        if self.rect.top < 0 or self.rect.bottom > height:
            self.speed[1] = -self.speed[1]
```

여기서는 2번째 줄(def __init__(self, image_file, location, speed):)을 변경하고 7번째 줄(self.speed = speed)과 함께 새로운 move() 메서드를 9~15번째 줄에 추가했습니다.

이제 공 인스턴스가 생성될 때마다 해당 공의 속도와 이미지 파일, 위치를 지정해야 합니다.

```
speed = [2, 2]
ball = MyBallClass(img_file, location, speed)
```

이 코드를 실행하면 속도(방향)가 모두 같은 공이 만들어지지만 공이 무작위로 돌아다닌다면 재미있을 것입니다. random.choice() 함수를 이용해 다음과 같이 속도를 설정해 봅시다.

```
from random import *
speed = [choice([-2, 2]), choice([-2, 2])]
```

이렇게 하면 x 축 속도와 y축 속도에 −2나 2가 지정될 것입니다.

다음은 전체 프로그램입니다.

예제 17.2 스프라이트를 이용해 움직이는 공을 만드는 프로그램

```python
import sys, pygame
from random import *

class MyBallClass(pygame.sprite.Sprite):
    def __init__(self, image_file, location, speed):
        pygame.sprite.Sprite.__init__(self)
        self.image = pygame.image.load(image_file)
        self.rect = self.image.get_rect()
        self.rect.left, self.rect.top = location
        self.speed = speed

    def move(self):
        self.rect = self.rect.move(self.speed)
        if self.rect.left < 0 or self.rect.right > width:
            self.speed[0] = -self.speed[0]
        if self.rect.top < 0 or self.rect.bottom > height:
            self.speed[1] = -self.speed[1]

size = width, height = 640, 480
screen = pygame.display.set_mode(size)
screen.fill([255, 255, 255])
img_file = "beach_ball.png"
balls = []

for row in range (0, 3):
    for column in range (0, 3):
        location = [column * 180 + 10, row * 180 + 10]
        speed = [choice([-2, 2]), choice([-2, 2])]
        ball = MyBallClass(img_file, location, speed)
        balls.append(ball)
running = True
while running:
    for event in pygame.event.get():
        if event.type == pygame.QUIT:
            running = False
    pygame.time.delay(20)
    screen.fill([255, 255, 255])
    for ball in balls:
        ball.move()
        screen.blit(ball.image, ball.rect)
    pygame.display.flip()
pygame.quit()
```

공 클래스 정의

balls = []　◄──────　추적할 공의 리스트를 생성

balls.append(ball)　◄──────　공이 생성될 때마다 공을 리스트에 추가

화면을 다시 그림

이 프로그램에서는 리스트를 이용해 모든 공을 관리합니다. 32번째 줄(balls.append(ball))에서는 각 공이 생성될 때 리스트에 추가됩니다.

마지막 5줄의 코드에서는 화면을 다시 그립니다. 여기서는 각 공을 개별적으로 "지우는"(다시 칠하는) 대신 창을 흰색으로 채운 다음 모든 공을 다시 그립니다.

공을 더 추가하거나(또는 줄이거나) 공의 속도를 변경하거나, 공이 움직이거나 "튕기는" 방식을 바꾸는 식으로 이 코드를 가지고 실험해볼 수 있습니다. 그러면 공이 돌아다니고 창 끝에서 튕기지만 아직까지는 공이 서로 튕기지는 않을 것입니다.

쿵! 충돌 감지

대부분의 컴퓨터 게임에서는 한 스프라이트가 다른 스프라이트와 부딪혔을 때를 알아야 합니다. 예를 들어, 볼링공이 핀에 부딪히거나 미사일이 우주선에 부딪혔을 때를 알아야 합니다.

모든 스프라이트의 위치와 크기를 알면 그것들을 다른 모든 스프라이트의 위치 및 크기와 검사해서 서로 겹치는 지점이 어디인지 확인할 수 있습니다. 하지만 파이게임을 작성한 사람들은 이미 그러한 역할을 하는 것을 만들어뒀습니다. 바로 **충돌 감지**(collision detection)라고 하는 것입니다.

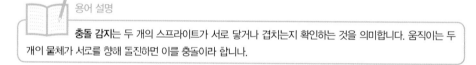

용어 설명

충돌 감지는 두 개의 스프라이트가 서로 닿거나 겹치는지 확인하는 것을 의미합니다. 움직이는 두 개이 물체가 서로를 향해 돌진하면 이를 **충돌**이라 합니다.

파이게임에는 여러 개의 스프라이트를 하나로 묶는 기능도 제공합니다. 예를 들어, 볼링 게임에서는 모든 핀을 하나로 묶고 공은 별도의 그룹으로 묶을 수 있습니다.

그룹과 충돌 감지는 밀접하게 연관돼 있습니다. 볼링 예제에서 공이 핀에 닿는 경우를 감지하고 싶을 것이므로 공 스프라이트와 핀 그룹의 스프라이트 간의 충돌을 살펴봐야 할 것입니다. 아울러 그룹 내에서 일어나는 충돌(핀이 서로 부딪히는 것과 같은)도 감지할 수 있습니다.

예제를 통해 살펴봅시다. 여기서는 튕기는 비치볼을 가지고 시작하겠지만 작업을 수월하게 하기 위해 공을 9개가 아닌 4개로만 시작하겠습니다. 그리고 지난 예제에서 했던 것과 같이 공의 리스트를 만드는 대신 파이게임의 group 클래스를 사용하겠습니다.

아울러 공에 애니메이션 효과를 주는 부분(예제 17.2의 마지막 몇 줄)을 animate()라는 함수로 집어넣어 코드를 조금 정리하겠습니다. animate() 함수에도 충돌 감지를 위한 코드는 들어갈 것입니다. 두 개의 공이 충돌하면 그것들이 반대 방향으로 움직이게 할 것입니다.

다음 예제를 봅시다.

예제 17.3 리스트 대신 스프라이트 그룹을 이용한 충돌 감지

```python
import sys, pygame
from random import *


class MyBallClass(pygame.sprite.Sprite):
    def __init__(self, image_file, location, speed):
        pygame.sprite.Sprite.__init__(self)
        self.image = pygame.image.load(image_file)
        self.rect = self.image.get_rect()
        self.rect.left, self.rect.top = location
        self.speed = speed

    def move(self):
        self.rect = self.rect.move(self.speed)
        if self.rect.left < 0 or self.rect.right > width:
            self.speed[0] = -self.speed[0]
        if self.rect.top < 0 or self.rect.bottom > height:
            self.speed[1] = -self.speed[1]


def animate(group):
    screen.fill([255,255,255])
    for ball in group:
        group.remove(ball)          # 그룹에서 스프라이트를 제거
        if pygame.sprite.spritecollide(ball, group, False):   # 스프라이트와 그룹 간의 충돌 검사
            ball.speed[0] = -ball.speed[0]
            ball.speed[1] = -ball.speed[1]

        group.add(ball)             # 공을 그룹에 추가
        ball.move()
        screen.blit(ball.image, ball.rect)
    pygame.display.flip()
    pygame.time.delay(20)
```

공 클래스 정의

새 animate() 함수

```
size = width, height = 640, 480        ←———— 주 프로그램이 시작하는 곳
screen = pygame.display.set_mode(size)
screen.fill([255, 255, 255])
img_file = "beach_ball.png"
group = pygame.sprite.Group()          ←———— 스프라이트 그룹 생성
for row in range (0, 2):
    for column in range (0, 2):        │ 이번에는 공을 4개만 생성
        location = [column * 180 + 10, row * 180 + 10]
        speed = [choice([-2, 2]), choice([-2, 2])]
        ball = MyBallClass(img_file, location, speed)
        group.add(ball)               ←———— 그룹에 각 공을 추가

running = True
while running:
    for event in pygame.event.get():
        if event.type == pygame.QUIT:
            running = False
    animate(group)                    ←———— animate() 함수를 호출하고 그룹을 인자로 전달
pygame.quit()
```

새로 추가된 부분 중 가장 흥미로운 부분은 충돌 감지가 동작하는 방식입니다. 파이게임의 sprite 모듈에는 spritecollide()라는 함수가 있는데, 이 함수는 하나의 스프라이트와 그룹 내의 스프라이트 간에 충돌이 있는지 확인합니다. 같은 그룹에 있는 스프라이트 간의 충돌을 검사하고 있다면 다음과 같은 세 단계를 밟아야 합니다.

1. 그룹에서 스프라이트를 제거합니다.
2. 해당 스프라이트와 그룹의 나머지 스프라이트 간의 충돌을 검사합니다.
3. 앞에서 제거한 스프라이트를 그룹에 다시 추가합니다.

21~29번째 줄에 있는 for 문에서 이 같은 과정을 볼 수 있습니다(animate() 함수의 중간 부분). 먼저 그룹에서 스프라이트를 제거하지 않는다면 spritecollide()가 스프라이트가 그룹 내에 있기 때문에 자기 자신과의 충돌을 감지할 것입니다. 처음에는 이 말이 조금 이상하게 들릴 수도 있지만 잠시 생각해 보면 이해될 것입니다.

프로그램을 실행한 다음 결과를 확인해 봅시다. 이상하게 동작하는 부분은 없습니까? 다음과 같은 두 가지 부분이 이상하게 느껴질 것입니다.

- 공이 충돌하면 공이 여러 번 충돌하면서 어색하게 움직입니다.
- 때때로 공이 창의 가장자리에 걸려서 이상하게 움직입니다.

왜 이런 현상이 일어날까요? 이는 animate() 함수를 작성하는 방법과 관련이 있습니다. animate() 함수에서는 하나의 공을 움직인 다음 충돌했는지 확인하고, 그 후 다른 공을 움직인 다음 충돌했는지 확인하는 식으로 동작합니다. 이 경우 먼저 모든 공을 움직인 후에 충돌 검사를 한꺼번에 해야 할 것입니다.

> 애니메이션 단계를 크게 하면 확인하기가 더 쉽습니다. 그러자면 속도를 2에서 5로 높이고 각 단계 간의 지연시간을 20에서 50으로 늘리면 됩니다.

따라서 다음과 같이 28번째 줄에 있는 ball.move()를 별도의 반복문에 넣습니다.

```
def animate(group):
    screen.fill([255,255,255])
    for ball in group:
        ball.move()          ←——— 먼저 모든 공을 움직인다.
    for ball in group:
        group.remove(ball)

        if pygame.sprite.spritecollide(ball, group, False):
            ball.speed[0] = -ball.speed[0]
            ball.speed[1] = -ball.speed[1]

        group.add(ball)

        screen.blit(ball.image, ball.rect)
    pygame.display.flip()
    pygame.time.delay(20)
```

그런 다음 충돌 감지를 하고 공을 튕긴다.

프로그램을 실행해 좀 더 자연스럽게 동작하는지 확인합니다.

속도(time.delay() 값)나 공의 개수, 공의 최초 위치, 무작위 정도 등을 바꿔보면서 코드를 실험해보고 공에 어떤 현상이 일어나는지 확인해 보십시오.

사각 영역 충돌 vs. 픽셀 단위 충돌

한 가지 알아야 할 점은 공이 언제나 "충돌"했을 때 완전하게 닿지는 않는다는 것입니다. 그 이유는 spritecollide() 함수에서는 충돌 감지를 할 때 공의 둥근 영역을 이용하지 않기 때문입니다. 이 함수에서는 공의 사각 영역인 rect를 이용해 충돌 감지를 합니다.

이를 확인하고 싶다면 공 이미지에 사각 영역을 그린 다음 기존의 비치볼 이미지 대신 새로운 이미지를 사용해보면 됩니다. 이러한 이미지를 대신 만들어뒀으니 다음과 같이 예제를 수정해 확인해볼 수 있습니다.

```
img_file = "b_ball_rect.png"
```

이제 프로그램을 실행하면 다음과 같은 결과가 나타날 것입니다.

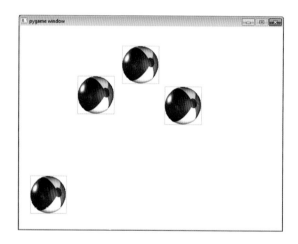

사각형 가장자리가 아니라 공의 둥근 부분이 실제로 닿았을 때 서로 튕기게 만들고 싶다면 **픽셀 단위 충돌 감지(pixel-perfect collision detection)**라는 것을 이용해야 합니다. spritecollide() 함수에서는 픽셀 단위 충돌 감지를 하지 않으며, 더 간단한 **사각 영역 충돌 감지(rect collision detection)**만 수행합니다.

사각 영역 충돌 감지와 픽셀 단위 충돌 감지의 차이점은 다음과 같습니다. 사각 영역 충돌 감지를 이용할 경우 두 공은 사각 영역의 일부가 서로 닿으면 충돌이 일어납니다. 픽셀 단위 충돌 감지의 경우 다음과 같이 두 공이 직접 맞닿은 경우에만 충돌이 일어납니다.

사각 영역 충돌   픽셀 단위 충돌

픽셀 단위 충돌 감지가 더 현실적입니다(실제 비치볼 주위의 보이지 않는 사각 영역을 느끼진 못할 테니까요). 하지만 프로그램에서는 픽셀 단위 충돌 감지를 적용하기가 더 복잡합니다.

파이게임에서 하는 대부분의 작업에는 사각 영역 충돌 감지로도 충분합니다. 픽셀 단위 충돌 감지는 작성해야 할 코드가 더 많고 게임이 더 느려지게 만들 것이므로 정말로 필요할 때만 사용해야 합니다. 몇 가지 이용 가능한 픽셀 단위 모듈이 있습니다(내가 마지막으로 파이게임 홈페이지를 확인했을 때는 적어도 두 가지가 있었습니다). 픽셀 단위 충돌 감지를 적용하고 싶다면 인터넷에서 검색해 보면 금방 찾을 수 있을 것입니다.

시간 재기

지금까지는 time.delay()를 이용해 애니메이션의 속도를 조절했습니다. 하지만 이렇게 하는 것이 가장 좋은 방법은 아닙니다. 그 이유는 time.delay()를 사용할 경우 각 반복문을 실행하는 데 실제로 얼마나 걸리는지 알 수 없기 때문입니다. 반복문 내의 코드는 실행하는 데 시간이 어느 정도 걸릴지 알 수 없지만 지연 시간에는 우리가 아는 만큼 시간이 걸립니다. 따라서 어떤 부분은 시간이 얼마나 걸릴지 알고, 어떤 부분은 알 수 없는 것입니다.

반복문이 얼마나 자주 실행되는지 알고 싶다면 각 반복문을 실행하는 데 걸린 전체 시간(코드가 실행되는 시간 + 지연 시간)을 알아야 합니다. 애니메이션에 걸리는 시간을 계산하려면 밀리초, 즉 1000분의 1초에 해당하는 시간을 사용하는 것이 편리합니다. 밀리초는 줄여서 ms라고 쓰며, 따라서 25밀리초는 25ms입니다.

예제에서는 코드를 실행하는 데 걸리는 시간이 15밀리초라고 해봅시다. 이는 `time.delay()`를 제외하고 `while` 반복문 안의 코드가 실행되는 데 15밀리초가 걸린다는 것을 의미합니다. 예제에서는 `time.delay(20)`으로 지연시간을 20밀리초로 설정했기 때문에 지연시간에 대해서는 알고 있는 상태입니다. 반복문을 실행하는 데 걸리는 총 시간은 20밀리초 + 15밀리초 = 35밀리초이며, 1초는 1,000밀리초입니다. 매번 반복문을 실행하는 데 35밀리초가 걸린다면 1,000밀리초 / 35밀리초 = 28.57이 나옵니다. 이는 1초당 29개의 반복문이 실행된다는 뜻입니다. 컴퓨터 그래픽에서 각 애니메이션 단계를 **프레임(frame)**이라고 하며, 게임 프로그래머들은 그래픽이 갱신되는 속도를 이야기할 때 **프레임률(frame rate)**이나 **초당 프레임률(frames per second)**이라는 표현을 사용합니다. 앞의 예제에서는 초당 29 프레임이므로 약 29fps가 됩니다.

문제는 앞의 공식에서 "코드 실행 시간" 부분은 조절할 수 없다는 점입니다. 코드를 추가하거나 삭제하면 코드 실행 시간이 바뀔 것입니다. 같은 코드를 실행하더라도 스프라이트의 수에 따라(예를 들어, 게임 객체가 나타나거나 사라질 때마다) 스프라이트를 모두 그리는 데 걸리는 시간이 바뀔 것입니다. 그뿐만 아니라 같은 코드라도 장비에 따라 더 빠르게 실행되거나 더 느리게 실행됩니다. 코드 실행 시간이 15밀리초 대신 10밀리초나 20밀리초가 될 수도 있습니다. 프레임률을 조절하는 좀 더 예측 가능한 방법이 있으면 좋을 것입니다. 다행히도 파이게임의 `time` 모듈에는 이를 위해 `Clock`이라는 클래스를 제공합니다.

pygame.time.Clock()을 이용한 프레임률 조절

각 반복문에 지연 시간을 추가하는 대신 `pygame.time.Clock()`을 이용하면 각 반복문이 실행되는 횟수를 조절할 수 있습니다. 이는 "지금 다음 반복을 시작해! 지금 다음 반복을 시작해! …"라고 계속해서 말하는 타이머와 같습니다.

파이게임 시계를 사용하기에 앞서 `Clock` 객체의 인스턴스를 만들어야 합니다. 이것은 다른 여느 클래스의 인스턴스를 만드는 것과 다르지 않습니다.

```
clock = pygame.time.Clock()
```

그런 다음 주 반복문의 본문에서 시계에게 반복문을 얼마나 자주 실행해야 할지 알려줍니다.

```
clock.tick(60)
```

clock.tick()에 전달한 숫자는 밀리초를 나타내는 숫자가 아니라 초당 반복문이 실행돼야 할 횟수를 의미합니다. 따라서 이 반복문은 초당 60번 실행될 것입니다. 여기서 "실행될 것이다"라고 말한 이유는 반복문이 컴퓨터가 할 수 있는 만큼만 빠르게 실행될 수 있기 때문입니다. 초당 60번 반복문(또는 프레임)이 실행된다고 하면 각 반복당 16.66밀리초(1,000/60 = 16.66밀리초, 약 17밀리초)가 걸립니다. 반복문 안의 코드가 실행되는 데 17밀리초보다 오래 걸린다면 clock이 다음 반복문을 시작하라고 말할 때까지 반복문이 완료되지 않을 것입니다.

기본적으로 이것은 그래픽이 실행할 수 있는 초당 프레임의 수가 제한돼 있음을 의미합니다. 그 제한은 그래픽의 복잡도, 창의 크기, 컴퓨터 프로그램이 실행되는 속도에 좌우됩니다. 어떤 프로그램의 경우 한 컴퓨터는 90fps로 실행될 수도 있는 반면, 낡고 느린 컴퓨터에서는 10fps 정도만 나올 수 있습니다.

적당히 복잡한 그래픽의 경우 요즘 출시되는 대부분의 컴퓨터는 파이게임 프로그램을 20fps에서 30fps로 실행하는 데 아무런 문제가 없을 것입니다. 따라서 여러분이 만든 게임이 대부분의 컴퓨터에서 같은 속도로 실행되게 만들고 싶다면 20fps에서 30fps나 더 적은 프레임률로 설정하면 됩니다. 이 정도만 해도 부드러운 움직임을 만들어내는 데 충분합니다. 이제부터 이 책의 예제에서는 clock.tick(30)을 사용하겠습니다.

프레임률 검사하기

프로그램이 얼마나 빠르게 실행될 수 있는지 알고 싶다면 clock.get_fps()라는 함수로 프레임률을 검사해 볼 수 있습니다. 물론 프레임률을 30으로 설정했다면 항상 30fps으로 나올 것입니다(컴퓨터가 그 정도로 빠르게 실행될 수 있다는 가정하에). 어떤 프로그램의 특정 장비에서의 최대 실행 속도를 확인하고 싶다면 clock.tick을 가장 빠르게(200fps 같은) 설정한 다음 프로그램을 실행해 clock.get_fps()로 실제 프레임률을 검사해보면 됩니다(예제는 조만간 살펴보겠습니다).

프레임률 조절하기

애니메이션이 정말로 모든 장비에서 동일한 속도로 실행되도록 보장하고 싶다면 clock.tick()과 clock.get_fps()를 사용할 수 있습니다. 원하는 실행 속도와 실제로 실행되는 속도를 알고 있기 때문에 장비의 속도에 따라 애니메이션 속도를 조절할 수 있습니다.

예를 들어, 프레임률을 clock.tick(30)으로, 즉 30fps로 실행되게 만들고 싶다고 해봅시다. clock.get_fps()를 호출했는데 20fps만 나온다면 화면상의 객체가 여러분이 원하는 것보다 느리게 움직이고 있다는 사실을 알 수 있습니다. 초당 프레임이 적기 때문에 화면상의 객체가 원하는 속도로 움직이는 것처럼 보이게 하려면 각 프레임에서 객체를 더 멀리 움직여야 합니다. 아마 각 프레임마다 객체가 얼마나 멀리 움직이는지 알려주는, 움직이는 객체에 대한 speed라는 변수나 속성이 있을 것입니다. 따라서 느린 장비에 대해서는 speed를 높이기만 하면 됩니다.

그럼 얼마나 높여야 할까요? (원하는 fps / 실제 fps)의 비율만큼 높이면 됩니다. 객체의 현재 속도가 10fps이고 원하는 속도가 30fps라면 프로그램은 실제로 20fps로 실행 중이므로 다음과 같이 계산할 수 있습니다.

```
object_speed = current_speed * (desired fps / actual fps)
object_speed = 10 * (30 / 20)
object_speed = 15
```

따라서 프레임당 10픽셀로 움직이게 하는 대신 느린 프레임률을 만회하려면 픽셀당 15픽셀로 객체를 움직이게 해야 할 것입니다.

다음은 마지막 두어 절에서 논의한 내용, 즉 Clock과 get_fps()를 이용하는 비치볼 프로그램입니다.

예제 17.4 비치볼 프로그램에서 Clock과 get_fps() 사용하기

```
import sys, pygame
from random import *
class MyBallClass(pygame.sprite.Sprite):
    def __init__(self, image_file, location, speed):
        pygame.sprite.Sprite.__init__(self)
        self.image = pygame.image.load(image_file)
        self.rect = self.image.get_rect()
        self.rect.left, self.rect.top = location
        self.speed = speed
    def move(self):
        self.rect = self.rect.move(self.speed)
        if self.rect.left < 0 or self.rect.right > width:
            self.speed[0] = -self.speed[0]
        if self.rect.top < 0 or self.rect.bottom > height:
            self.speed[1] = -self.speed[1]
```

공 클래스 정의

```
def animate(group):
    screen.fill([255,255,255])
    for ball in group:
        ball.move()
    for ball in group:
        group.remove(ball)
        if pygame.sprite.spritecollide(ball, group, False):
            ball.speed[0] = -ball.speed[0]
            ball.speed[1] = -ball.speed[1]
        group.add(ball)
        screen.blit(ball.image, ball.rect)
    pygame.display.flip()
```

◄────────────── time.delay()는 제거됨

animate 함수

```
size = width, height = 640, 480
screen = pygame.display.set_mode(size)
screen.fill([255, 255, 255])
img_file = "beach_ball.png"
clock = pygame.time.Clock()        ◄────── Clock 인스턴스를 생성
group = pygame.sprite.Group()
for row in range (0, 2):
    for column in range (0, 2):
        location = [column * 180 + 10, row * 180 + 10]
        speed = [choice([-4, 4]), choice([-4, 4])]
        ball = MyBallClass(img_file, location, speed)
        group.add(ball) #공을 그룹에 추가
```

모든 것을 초기화하고
비치볼을 그림

```
running = True
while running:        ◄────── 주 while 반복문이 시작되는 곳
    for event in pygame.event.get():
        if event.type == pygame.QUIT:
            running = False
            frame_rate = clock.get_fps()        ◄────── 프레임률을 검사
            print "frame rate = ", frame_rate
    animate(group)
    clock.tick(30)        ◄────── clock.tick이 이제 프레임률을 조절
pygame.quit()                                   (컴퓨터 속도의 제한을 받음)
```

이 프로그램에서는 파이게임과 스프라이트의 기초를 다룹니다. 다음 장에서는 파이게임을 이용해 실제 게임을 만들어보고 텍스트(게임 점수를 나타내는)나 마우스 및 키보드 입력을 추가하는 것과 같은 다른 주제를 살펴보겠습니다.

이번 장에서 배운 내용

이번 장에서는 다음과 같은 내용을 배웠습니다.

- 파이게임의 스프라이트 및 스프라이트를 이용해 여러 개의 움직이는 이미지를 다루는 법
- 스프라이트 그룹
- 충돌 감지
- pygame.clock과 프레임률

학습 내용 점검

1. 사각 영역 충돌 감지란 무엇입니까?
2. 픽셀 단위 충돌 감지란 무엇이고, 사각 영역 충돌 감지와의 차이점은 무엇입니까?
3. 여러 개의 스프라이트 객체를 관리하는 두 가지 방법은 무엇입니까?
4. 코드상에서 애니메이션의 속도를 조절하는 두 가지 방법은 무엇입니까?
5. pygame.clock을 이용하는 것이 pygame.time.delay()보다 정확한 이유는 무엇입니까?
6. 프로그램의 프레임률은 어떻게 확인할 수 있습니까?

도전 과제

이번 장의 모든 코드 예제를 작성해보는 것으로 충분합니다. 만약 모든 코드 예제를 작성해보지 않았다면 되돌아가서 직접 작성해 보십시오. 그 과정에서 분명 뭔가 배울 수 있을 것입니다!

새로운 종류의 입력: 이벤트

지금까지는 프로그램에 아주 간단한 종류의 입력만 사용했습니다. 사용자가 raw_input()을 이용해 문자열로 입력하거나 EasyGui(6장)로부터 숫자와 문자열을 받았습니다. 그리고 파이게임 창을 닫기 위해 마우스를 어떻게 사용할 수 있는지 보여줬지만 실제로 그것이 어떻게 동작하는 것인지는 설명하지 않았습니다.

18장에서는 **이벤트(event)**라고 하는 다른 종류의 입력에 관해 배웁니다. 그 과정에서 파이게임 창의 종료 코드가 정확히 어떤 일을 하고, 어떻게 작동하는가를 살펴보겠습니다. 아울러 사용자가 **엔터(Enter)**를 누르기를 기다릴 필요 없이 마우스로부터 입력을 받고 키가 눌렸을 때 프로그램에서 즉시 반응하게 만들어볼 것입니다.

이벤트

현실 세계에서 이벤트가 무엇인지 물어본다면 아마 "발생하는 어떤 일"이라고 답할 것입니다. 이것은 상당히 적절한 정의이며, 이는 프로그래밍에서도 마찬가지입니다. 많은 프로그램에서는 다음과 같이 "발생하는 어떤 일"에 반응할 필요가 있습니다.

- 마우스가 움직이거나 클릭됨

- 키가 눌림

- 일정 시간이 경과함

지금까지 작성한 대부분의 프로그램에서는 반복문이나 그 중간에 조건문이 있는 등 처음부터 끝까지 어느 정도 예측 가능한 경로를 밟았습니다. 하지만 **이벤트 기반**(event-driven) 프로그램이라는 완전히 다른 종류의 프로그램은 그와 다른 방식으로 동작합니다. 이벤트 기반 프로그램은 기본적으로 어떤 일, 즉 **이벤트**가 일어날 때까지 아무것도 하지 않으면서 기다립니다. 그러다 이벤트가 발생하면 해당 이벤트를 **처리**(handle)하는 데 필요한 행동을 취합니다.

이것의 좋은 예는 마이크로소프트 윈도우 운영체제(또는 다른 여느 GUI)입니다. 윈도우가 설치된 컴퓨터를 켜고 부팅이 완료되고 나면 가만히 대기합니다. 아무 프로그램도 시작되지 않고 마우스 커서가 화면에서 돌아다니지도 않습니다. 하지만 마우스를 움직이거나 클릭하면 어떤 일이 발생하기 시작합니다. 마우스 커서를 화면 위에서 움직이거나 시작 메뉴가 나타나거나 하는 등의 일이 일어나는 것입니다.

이벤트 루프

이벤트 기반 프로그램에서 이벤트가 일어나는지 확인하려면 이벤트를 계속 확인해야 합니다. 프로그램에서는 컴퓨터 메모리에서 이벤트가 발생했음을 알리는 데 사용되는 부분을 끊임없이 검사해야 합니다. 프로그램이 실행되고 있는 한 이 같은 일을 계속 반복합니다. 8장에서는 프로그램이 어떤 일을 계속 하게 만드는 법을 배웠습니다. 바로 **반복문**(loop)을 사용하는 것입니다. 이벤트를 계속해서 확인하는 특별한 반복문을 **이벤트 루프**(event loop)라고 합니다.

지난 2개의 장에서 만들어온 파이게임 프로그램에서는 끝에 항상 while 반복문이 있었습니다. 프로그램이 실행되는 동안 이 반복문이 계속 실행된다고 설명한 바 있습니다. 이 while 반복문이 바로 파이게임의 **이벤트 루프**입니다(바로 여기에 종료 코드가 어떻게 동작하는가에 관한 퍼즐의 첫 번째 조각이 들어있습니다).

이벤트 큐

이러한 모든 이벤트는 누군가가 마우스를 움직이거나 클릭했을 때, 또는 키를 눌렀을 때마다 발생합니다. 그럼 발생한 이벤트는 어디로 갈까요? 바로 앞절에서 이벤트 루프에서는 메모리의 특정 부분을 검사한다고 이야기했습니다. 이벤트가 저장되는 메모리의 특정 부분을 **이벤트 큐**(event queue)라고 합니다.

> **용어 설명**
>
> 일상생활에서 **큐(queue)**라는 단어는 대기줄을 의미합니다. 프로그래밍에서 큐는 대개 특정 순서로 들어오거나 혹은 앞으로 사용될 예정인 것들의 목록을 의미합니다.

이벤트 큐는 발생한 모든 이벤트가 발생한 순서대로 들어있는 목록입니다.

이벤트 처리자

GUI 프로그램이나 게임을 작성하고 있다면 프로그램에서는 사용자가 키를 누르거나 마우스를 움직일 때마다 알아야 합니다. 키 입력이나 클릭, 마우스 움직임은 모두 이벤트이며, 프로그램에서는 그러한 이벤트를 가지고 어떻게 해야 할지 알아야 합니다. 즉, 이벤트를 **처리(handle)**해야 합니다. 특정 종류의 이벤트를 처리하는 프로그램의 일부를 **이벤트 처리자(event handler)**라고 합니다.

모든 이벤트가 처리되는 것은 아닙니다. 책상 위에서 마우스를 움직이면 수백 개의 이벤트가 만들어지는데, 이벤트 루프가 굉장히 빠르게 실행되기 때문입니다. 아주 짧은 시간 동안에도 마우스가 아주 조금만 움직여도 새로운 이벤트가 만들어집니다. 하지만 프로그램에서는 마우스의 모든 세세한 움직임에 신경쓰지는 않아도 됩니다. 프로그램에서는 사용자가 어떤 대상을 클릭할 때만 신경 써도 됩니다. 따라서 프로그램에서는 mouseMove 이벤트는 무시하고 mouseClick 이벤트에만 주의를 기울일 수도 있습니다.

이벤트 기반 프로그램은 신경 써야 할 이벤트 종류에 대한 **이벤트 처리자**를 가지고 있습니다. 키보드의 화살표 키를 이용해 배의 움직임을 조종하는 게임이 있다면 keyDown 이벤트에 대한 처리자를 작성할 것입니다. 키보드 대신 마우스를 이용해 배를 조종한다면 mouseMove 이벤트에 대한 처리자를 작성할 것입니다.

여기서는 프로그램에서 이용할 수 있는 몇 가지 구체적인 이벤트를 살펴보겠습니다. 이번에도 파이게임을 사용할 것이므로 이번 장의 나머지 부분에서 이야기할 모든 이벤트는 파이게임의 이벤트 큐에서 올 것입니다. 다른 파이썬 모듈에도 이용 가능한 다른 이벤트가 있습니다. 예를 들어, 20장에서는 PyQt라는 모듈도 살펴볼 것입니다. PyQt에는 자체적인 이벤트가 있으며, 그중 일부는 파이게임의 이벤트와 다릅니다. 하지만 이벤트가 처리되는 방식은 대개 동일합니다(심지어 프로그래밍 언어끼리도 동일합니다). 각 이벤트 시스템이 정확히 동일한 것은 아니지만 차이점보다는 유사성이 더 많습니다.

키보드 이벤트

먼저 키보드 이벤트 예제로 시작하겠습니다. 키보드의 키를 누를 때마다 어떤 일이 일어나게 하고 싶다고 해봅시다. 파이게임에서는 이를 위한 이벤트가 KEYDOWN입니다. 이 이벤트가 어떻게 사용되는지 보여주기 위해 예제 16.15의 튕기는 공 예제, 즉 공이 창 끝에서 튕기면서 좌우로 움직이는 예제를 사용하겠습니다. 하지만 이벤트를 추가하기에 앞서 지금까지 배운 새로운 내용으로 프로그램을 수정해 봅시다.

- 스프라이트 사용
- `time.delay()` 대신 `clock.tick()` 사용

먼저 공을 나타내는 클래스가 필요합니다. 이 클래스에는 `_init_()` 메서드와 `move()` 메서드가 있어야 할 것입니다. 클래스의 인스턴스를 생성하고, 주 while 반복문에서는 `clock.tick(30)`을 사용하겠습니다. 다음 예제는 변경한 코드입니다.

예제 18.1 스프라이트와 Clock.tick()을 사용하는 공 튕기기 프로그램

```python
import pygame, sys
pygame.init()
screen = pygame.display.set_mode([640,480])
background = pygame.Surface(screen.get_size())
background.fill([255, 255, 255])
clock = pygame.time.Clock()

class Ball(pygame.sprite.Sprite):
    def __init__(self, image_file, speed, location):
        pygame.sprite.Sprite.__init__(self)
        self.image = pygame.image.load(image_file)
        self.rect = self.image.get_rect()
        self.rect.left, self.rect.top = location
        self.speed = speed

    def move(self):
        if self.rect.left <= screen.get_rect().left or \
                self.rect.right >= screen.get_rect().right:
            self.speed[0] = - self.speed[0]
        newpos = self.rect.move(self.speed)
        self.rect = newpos
```

move() 메서드가 포함된 Ball 클래스

```
my_ball = Ball('beach_ball.png', [10,0], [20, 20])  ← ─── 공의 인스턴스를 생성
running = True
                                    속도, 위치
while running:
    for event in pygame.event.get():
        if event.type == pygame.QUIT:
            running = False
    clock.tick(30)  ← ─── 시계
    screen.blit(background, (0, 0))
    my_ball.move()                              모든 것을 새로 그림
    screen.blit(my_ball.image, my_ball.rect)
    pygame.display.flip()
pygame.quit()
```

여기서 한 가지 눈여겨볼 것은 공을 움직였을 때 해당 공을 다른 방식으로 지웠다는 것입니다. 앞에서는 스프라이트를 새로운 위치에서 다시 칠하기 전에 지우는 두 가지 방법이 있었습니다. 하나는 각 스프라이트의 이전 위치에 배경색을 덧칠하는 것이고, 다른 하나는 각 프레임마다 전체 배경을 다시 칠하는 방법, 즉 기본적으로 매번 빈 화면으로 다시 시작하는 것입니다. 이 경우에는 두 번째 방법을 사용했습니다. 그러나 반복문에서 매번 screen.fill()을 사용하는 것이 아니라 background라는 표면을 만들고 그것을 흰색으로 채웠습니다. 그런 다음 반복할 때마다 해당 배경을 화면 표면, 즉 screen으로 블릿했습니다. 이렇게 해도 같은 결과를 달성할 수 있으며, 약간 다른 방식으로 한 것에 불과합니다.

키 이벤트

이제 위쪽 화살표 키가 눌렸을 때 공을 위로 움직이고 아래쪽 화살표 키가 눌렸을 때 공을 아래로 움직이는 이벤트 처리자를 추가해 봅시다. 파이게임은 수많은 모듈로 구성돼 있습니다. 이번 장에서는 pygame.event 모듈을 사용하겠습니다.

이미 실행 중인 파이게임의 이벤트 루프(while 반복문)가 있습니다. 이 반복문에서는 QUIT이라는 특별한 이벤트를 검사합니다.

```
while running:
    for event in pygame.event.get():
        if event.type == pygame.QUIT:
            running = False
```

pygame.event.get() 메서드는 이벤트 큐에서 모든 이벤트 리스트를 가져옵니다. for 반복문에서는 해당 리스트 내의 각 이벤트를 순회해 QUIT 이벤트가 보이면 while 반복문을 탈출하게 하는 running 변수를 False로 설정하고, 프로그램을 종료합니다. 그럼 "X를 클릭해 프로그램을 종료"하는 코드가 어떻게 동작하는지 이제 완전히 이해했을 것입니다.

그런데 이 예제에서는 다른 유형의 이벤트도 감지하고 싶습니다. 언제 키가 눌렸는지 알고 싶으므로 KEYDOWN 이벤트를 검사해야 합니다. 즉, 다음과 같은 코드가 필요합니다.

```
if event.type == pygame.KEYDOWN
```

이미 if 문이 있기 때문에 7장에서 배운 elif로 또 다른 조건을 추가하기만 하면 됩니다.

```
while running:

    for event in pygame.event.get():
        if event.type == pygame.QUIT:
            running = False

        elif event.type == pygame.KEYDOWN:      새로 추가한 이 부분에서
            # 작업을 수행                          키가 눌렸는지 검사
```

키가 눌렸을 때는 어떤 일을 해야 할까요? 앞에서 위쪽 화살표 키가 눌리면 공을 위로 올리고, 아래쪽 화살표 키가 눌리면 공을 아래로 움직일 것이라고 이야기했습니다. 그럼 다음과 같이 할 수도 있을 것입니다.

```
while True:
    for event in pygame.event.get():
        if event.type == pygame.QUIT:
            running = False
        elif event.type == pygame.KEYDOWN:
            if event.key == pygame.K_UP:
                my_ball.rect.top = my_ball.rect.top - 10      ◀──────  위로 10픽셀만큼 공을 이동시킴
            elif event.key == pygame.K_DOWN:
                my_ball.rect.top = my_ball.rect.top + 10      ◀──────  아래로 10픽셀만큼 공을 이동시킴
```

K_UP과 K_DOWN은 파이게임에서 위쪽 화살표 키와 아래쪽 화살표 키를 나타내는 이름입니다. 예제 18.1을 변경하면 프로그램이 다음과 같을 것입니다.

예제 18.2 위쪽 화살표 키와 아래쪽 화살표 키를 이용한 공 튕기기

```python
import pygame, sys
pygame.init()
screen = pygame.display.set_mode([640,480])
background = pygame.Surface(screen.get_size())
background.fill([255, 255, 255])
clock = pygame.time.Clock()
```
모든 것을 초기화

```python
class Ball(pygame.sprite.Sprite):
    def __init__(self, image_file, speed, location):
        pygame.sprite.Sprite.__init__(self)
        self.image = pygame.image.load(image_file)
        self.rect = self.image.get_rect()
        self.rect.left, self.rect.top = location
        self.speed = speed

    def move(self):
        if self.rect.left <= screen.get_rect().left or \
                self.rect.right >= screen.get_rect().right:
            self.speed[0] = - self.speed[0]
        newpos = self.rect.move(self.speed)
        self.rect = newpos
```
move() 메서드를 포함한 Ball 클래스 정의

```python
my_ball = Ball('beach_ball.png', [10,0], [20, 20])
```
◄———— 공 인스턴스를 생성

```python
running = True
while running:
    for event in pygame.event.get():
        if event.type == pygame.QUIT:
            running = False
        elif event.type == pygame.KEYDOWN:
            if event.key == pygame.K_UP:
                my_ball.rect.top = my_ball.rect.top - 10
            elif event.key == pygame.K_DOWN:
                my_ball.rect.top = my_ball.rect.top + 10
```
키가 눌렸는지 검사한 후 공을 위나 아래로 이동시킴

```python
    clock.tick(30)
    screen.blit(background, (0, 0))
    my_ball.move()
    screen.blit(my_ball.image, my_ball.rect)
    pygame.display.flip()
pygame.quit()
```
모든 것을 새로 그림

예제 18.2를 실행한 후 위쪽 화살표 키와 아래쪽 화살표 키를 눌러봅시다. 기대한 대로 동작합니까?

반복 키

그런데 위쪽 화살표 키나 아래쪽 화살표키를 누르고 있어도 공이 한 차례만 위나 아래로 움직일 것입니다. 그 이유는 프로그램에게 키가 눌렸을 때 어떻게 해야 할지를 알려주지 않았기 때문입니다. 사용자가 키를 누르면 KEYDOWN 이벤트가 하나만 생성되는데, 파이게임에는 키가 눌렸을 때 KEYDOWN 이벤트를 여러 개 만들어내는 설정이 있습니다. 이를 **키 반복(key repeat)**이라 합니다. 키 반복을 시작하기에 앞서 얼마나 기다리고, 또 얼마나 자주 반복할지 알려줄 수 있습니다. 값은 밀리초(천 분의 일 초) 단위로 지정합니다. 다음 코드를 봅시다.

```
delay = 100
interval = 50
pygame.key.set_repeat(delay, interval)
```

delay 값은 파이게임으로 하여금 반복을 시작하기 전에 얼마나 기다릴지 알려주고, interval 값은 파이게임의 반복 속도, 다시 말해 각 KEYDOWN 이벤트 간의 간격을 의미합니다.

예제 18.2에 위 코드를 추가하고(pygame.init과 while 반복문 사이 어딘가에) 프로그램의 동작 방식이 어떻게 바뀌는지 확인해 봅시다.

이벤트 이름과 키 이름

위쪽 화살표 키와 아래쪽 화살표 키가 눌렸는지 확인하고 있었을 때 KEYDOWN 이벤트 형식과 K_UP, K_DOWN이라는 키 이름을 확인했습니다. 다른 이벤트로는 어떤 것이 있을까요? 다른 키의 이름은 무엇일까요?

이벤트와 키가 상당히 많으므로 여기서 모두 나열하지는 않겠습니다. 해당 이벤트와 키 이름은 파이게임 웹 사이트에서 확인할 수 있습니다.

다음은 파이게임 문서의 이벤트 절에 있는 이벤트 목록입니다.

www.pygame.org/docs/ref/event.html

다음은 키 절에 있는 키 이름 목록입니다.

www.pygame.org/docs/ref/key.html

다음은 자주 사용하게 될 이벤트입니다.

- QUIT
- KEYDOWN
- KEYUP
- MOUSEMOTION
- MOUSEBUTTONUP
- MOUSEBUTTONDOWN

파이게임에는 누를 수 있는 각 키의 이름도 있습니다. 위쪽 화살표 키와 아래쪽 화살표 키가 각각 K_UP과 K_DOWN이라는 것을 확인했습니다. 마찬가지로 다른 키도 확인할 수 있는데, 다음과 같이 모두 K_로 시작해 그다음에 해당 키의 이름이 옵니다.

- K_a, K_b 등(각 글자에 해당하는)
- K_SPACE
- K_ESCAPE

마우스 이벤트

앞에서 키보드로부터 키 이벤트를 구해서 키 이벤트를 이용해 프로그램에서 뭔가를 제어하는 방법을 확인했습니다. 화살표 키를 이용해 비치볼을 위나 아래로 움직였습니다. 이제 마우스를 이용해 공을 제어해 봅시다. 여기서는 마우스 이벤트를 처리하는 방법과 마우스의 위치 정보를 이용하는 법을 보여주겠습니다.

자주 사용되는 마우스 이벤트의 유형은 다음의 세 가지입니다.

- MOUSEBUTTONUP
- MOUSEBUTTONDOWN
- MOUSEMOTION

가장 간단한 것은 파이게임 창 내에서 마우스를 움직일 때마다 비치볼이 마우스를 따라다니게 하는 것입니다. 비치볼을 움직이기 위해 공의 rect.center 속성을 이용하겠습니다. 그렇게 하면 공의 중심점이 마우스를 따라다닐 것입니다.

여기서는 while 반복문에서 키 이벤트를 감지하는 코드를 마우스 이벤트를 감지하는 코드로 대체합니다.

```
while running:
    for event in pygame.event.get():
        if event.type == pygame.QUIT:
            running = False
        elif event.type == pygame.MOUSEMOTION:
            my_ball.rect.center = event.pos
```

> 마우스 움직임을 감지해 공을 움직임

키보드 예제보다 훨씬 더 간단합니다. 이 부분을 예제 18.2에 반영한 다음 실행해 보십시오. event.pos 부분은 마우스의 위치(x축과 y축)입니다. 공의 중심점을 해당 위치로 옮깁니다. 공이 마우스가 움직일 때마다 따라간다는 것을 알아두십시오. 즉, MOUSEMOVE 이벤트가 일어날 경우에 따라다닙니다. 공의 rect.center가 바뀌면 x축 위치와 y축 위치도 움직입니다. 이제 공이 위아래로만 움직이는 것이 아니라 좌우로도 움직입니다. 더는 마우스 이벤트가 없으면(마우스가 움직이지 않거나 마우스 커서가 파이게임 창을 벗어나서) 공은 좌우로 튕기기를 계속 수행합니다.

이제 마우스 제어가 마우스 버튼이 눌린 상태일 때만 일어나도록 만들어 봅시다. 마우스 버튼이 눌린 상태에서만 마우스를 움직이는 것을 **드래그(dragging)**라 합니다. MOUSEDRAG 이벤트 형식은 없으므로 기존의 이벤트를 이용해 원하는 효과를 만들어내야 합니다.

마우스가 드래그되고 있는 중인지는 어떻게 알 수 있을까요? 드래그는 마우스 버튼이 눌린 상태에서 마우스가 움직이는 것을 의미합니다. 마우스 버튼이 눌렸는지는 MOUSEBUTTONDOWN 이벤트로 알 수 있으며, 마우스 버튼에서 손을 떼는 것은 MOUSEBUTTONUP 이벤트로 알 수 있습니다. 그럼 버튼의 상태를 추적해야 하며, 여기서는 held_down이라는 변수를 만들어 그렇게 할 수 있습니다. 다음 코드를 봅시다.

```
held_down = False
while running:
    for event in pygame.event.get():
        if event.type == pygame.QUIT:
            running = False
        elif event.type == pygame.MOUSEBUTTONDOWN:
            held_down = True
        elif event.type == pygame.MOUSEBUTTONUP:
            held_down = False
        elif event.type == pygame.MOUSEMOTION:
            if held_down:
                my_ball.rect.center = event.pos
```

> 마우스 버튼이 눌렸는지 여부를 확인

◀── 마우스가 드래그되면 실행

드래그 조건(버튼이 눌린 상태에서의 마우스 움직임)은 앞의 코드에서 마지막 elif 블록에서 감지됩니다. 이 코드를 앞에서 수정한 예제 18.2의 while 반복문에 반영합니다. 그런 다음 프로그램을 실행해 결과를 확인합니다.

이제 프로그래밍 하는 것 같군요!

이봐요. 프로그래밍은 1장부터 해왔거든요! 하지만 지금은 그래픽, 스프라이트, 마우스 같은 것들을 이용하고 있기 때문에 좀 더 재미있어지고 있습니다. 더 나아가기에 앞서 먼저 기초적인 내용을 배워둡시다.

타이머 이벤트

이번 장에서는 지금까지 키보드 이벤트와 마우스 이벤트를 살펴봤습니다. 또 다른 종류의 아주 유용한 이벤트, 특히 게임과 시뮬레이션에서 유용한 이벤트는 바로 **타이머(timer)** 이벤트입니다. 타이머는 알람시계처럼 일정한 간격으로 이벤트를 발생시킵니다. 알람을 설정하고 울리도록 두면 매일 같은 시간에 울릴 것입니다.

파이게임 타이머는 어떤 주기로도 설정할 수 있습니다. 타이머의 시간이 지나면 이벤트 루프에서 감지할 수 있는 이벤트가 만들어집니다. 그럼 어떤 이벤트가 생성될까요? 바로 **사용자 이벤트(user event)**라고 하는 이벤트가 만들어집니다.

파이게임에는 미리 정의된 다수의 이벤트 유형이 있습니다. 이러한 이벤트에는 0부터 시작하는 번호가 붙어 있으며, 쉽게 기억할 수 있게 이름이 부여돼 있습니다. 앞에서 이미 MOUSEBUTTONDOWN과 KEYDOWN 같은 것들을 살펴본 적이 있습니다. 파이게임에서는 **사용자 정의(user-defined)** 이벤트도 사용할 수 있습니다. 이는 파이게임이 어떤 특정한 목적으로 따로 확보해두지 않은 이벤트이며, 그것들을 원하는 용도로 사용할 수 있습니다. 사용자 정의 이벤트를 사용할 수 있는 것 중 하나가 바로 타이머입니다.

파이게임에서 타이머를 설정하려면 다음과 같이 set_timer() 함수를 사용하면 됩니다.

```
pygame.time.set_timer(EVENT_NUMBER, interval)
```

EVENT_NUMBER는 이벤트의 번호이며, interval은 타이머가 이벤트를 발생시킬 간격(밀리초 단위)을 의미합니다.

그런데 어떤 EVENT_NUMBER를 사용해야 할까요? 파이게임이 이미 다른 용도로 사용하고 있지 않은 번호를 사용해야 합니다. 어떤 번호가 이미 사용 중인지는 파이게임에 물어볼 수 있습니다. 인터랙티브 모드에서 다음 코드를 실행해 봅시다.

```
>>> import pygame
>>> pygame.USEREVENT
24
```

이는 파이게임이 0에서 23까지의 이벤트 번호를 사용 중이고 사용자 이벤트로 사용 가능한 첫 번째 번호가 24라는 것을 의미합니다. 따라서 24 이상의 번호를 선택해야 합니다. 그럼 가장 높은 번호는 무엇일까요? 다시 파이게임에게 물어봅시다.

```
>>> pygame.NUMEVENTS
32
```

NUMEVENTS는 파이게임에서 지정할 수 있는 이벤트 유형의 최대 개수가 32개(0에서 31까지)라는 것을 의미합니다. 따라서 24 이상, 32 미만 범위에서 숫자를 골라야 합니다. 타이머를 다음과 같은 식으로 설정할 수도 있습니다.

```
pygame.time.set_timer(24, 1000)
```

그런데 어떤 이유로 USEREVENT의 값이 바뀌면 코드가 동작하지 않을 수도 있습니다. 따라서 다음과 같이 하는 편이 더 나을 것입니다.

```
pygame.time.set_timer(pygame.USEREVENT, 1000)
```

또 다른 사용자 이벤트를 설정했다면 USEREVENT + 1 등과 같은 식으로 사용할 수도 있습니다. 이 예제에서 1000은 1,000밀리초, 즉 1초를 의미하므로 이 타이머는 1초마다 동작할 것입니다. 이 부분을 비치볼 프로그램에 반영해 봅시다.

이전과 같이 이벤트를 이용해 공을 위아래로 움직일 것입니다. 그런데 이번에는 공이 사용자에 의해 제어되지 않을 것이므로 좌우뿐만 아니라 위아래로도 튕기게끔 만들어야 합니다. 수정된 예제 18.2를 기반으로 한 전체 프로그램은 다음과 같습니다.

예제 18.3 타이머 이벤트를 이용해 공을 위아래로 움직이기

```
import pygame, sys
pygame.init()
screen = pygame.display.set_mode([640,480])        ◀── 모든 것을 초기화
background = pygame.Surface(screen.get_size())
background.fill([255, 255, 255])


clock = pygame.time.Clock()
class Ball(pygame.sprite.Sprite):
    def __init__(self, image_file, speed, location):
        pygame.sprite.Sprite.__init__(self)
        self.image = pygame.image.load(image_file)
        self.rect = self.image.get_rect()
        self.rect.left, self.rect.top = location       ◀── Ball 클래스 정의
        self.speed = speed
    def move(self):
        if self.rect.left <= screen.get_rect().left or \
                self.rect.right >= screen.get_rect().right:     ❶ 이 줄은 아래에 이어짐
            self.speed[0] = - self.speed[0]
        newpos = self.rect.move(self.speed)
        self.rect = newpos

my_ball = Ball('beach_ball.png', [10,0], [20, 20])    ◀── Ball 인스턴스를 생성
pygame.time.set_timer(pygame.USEREVENT, 1000)     ◀── 타이머 생성(1000밀리초 = 1초)
direction = 1
running = True
while running:

    for event in pygame.event.get():
        if event.type == pygame.QUIT:
            running = False
        elif event.type == pygame.USEREVENT:
            my_ball.rect.centery = my_ball.rect.centery + (30*direction)    ◀── 타이머에 대한 이벤트 처리자
            if my_ball.rect.top <= 0 or \
            my_ball.rect.bottom >= screen.get_rect().bottom:    ❶ 이 줄은 아래에 이어짐
                direction = -direction
```

```
        clock.tick(30)
        screen.blit(background, (0, 0))
        my_ball.move()                        모든 것을 새로 그림
        screen.blit(my_ball.image, my_ball.rect)
        pygame.display.flip()
    pygame.quit()
```

참고로 \은 줄 연속 문자입니다 ❶. 줄 연속 문자를 이용하면 보통 한 줄로 된 코드를 두 줄로 이어서 작성할 수 있습니다(\ 뒤에 공백이 없어야 합니다. 그렇지 않으면 줄 연속 문자가 동작하지 않습니다).

예제 18.3을 저장한 후 프로그램을 실행하면 공이 앞뒤로(좌우로) 움직이면서 위아래로 초당 30픽셀만큼 움직이는 것을 확인할 수 있습니다. 이처럼 위아래로 움직이는 것은 타이머 이벤트에서 발생한 것입니다.

다른 게임을 해볼 시간: 파이퐁(PyPong)

이번 절에서는 스프라이트, 충돌 감지, 이벤트를 비롯해 지금까지 배운 내용을 토대로 퐁(Pong)과 같은 간단한 패들과 공 게임을 만들어보겠습니다.

옛날 옛적에

퐁은 사람들이 집에서 했던 최초의 비디오 게임 중 하나였습니다. 최초의 퐁 게임에는 소프트웨어가 없었고 회로로만 구성돼 있었습니다! 이때는 가정용 컴퓨터가 나오기 전이었고, 게임을 TV에 연결해서 손잡이가 달린 "패들"로 조종했습니다. 다음은 TV 화면에 나온 퐁 게임의 모습입니다.

믿거나 말거나:
저희 할머니는 전문 퐁 플레이어였을 뿐만 아니라 탁구 세계 챔피언이기도 했습니다!

여기서는 간단한 일인용 버전으로 시작하겠습니다. 게임에서는 다음과 같은 것들이 필요합니다.

- 튕기면서 돌아다닐 공
- 공과 부딪힐 패들
- 패들을 조종하는 방법
- 점수를 기록하고 창에 해당 점수를 표시하는 방법
- "생명"(남은 기회에 해당하는)을 관리하는 방법

프로그램을 만들어나가면서 이러한 각 요구사항을 하나씩 다루겠습니다.

공

지금까지 사용해온 비치볼은 퐁 게임에 사용하기에는 다소 큽니다. 좀
더 작은 공이 필요합니다. 퐁 게임에서는 다음과 같은 익살스러운 테니
스 공을 게임에 사용하겠습니다.

패들에 부딪힐 거라고 생각하면 누구나 저런 표정일 겁니다!

이 게임에는 스프라이트를 사용할 예정이므로 공에 대한 스프라이트를 만들고 그것의 인스턴스를 생성할
필요가 있습니다. 여기서는 __init__()과 move()라는 메서드가 포함된 Ball 클래스를 사용하겠습니다.

```python
class MyBallClass(pygame.sprite.Sprite):
    def __init__(self, image_file, speed, location):
        pygame.sprite.Sprite.__init__(self)
        self.image = pygame.image.load(image_file)
        self.rect = self.image.get_rect()
        self.rect.left, self.rect.top = location
        self.speed = speed

    def move(self):
        self.rect = self.rect.move(self.speed)
        if self.rect.left < 0 or self.rect.right > width:      ◀——— 창의 좌우 끝에서 튕김
            self.speed[0] = -self.speed[0]

        if self.rect.top <= 0 :
            self.speed[1] = -self.speed[1]      ◀——— 창의 위쪽 끝에서 튕김
```

공 인스턴스를 생성할 경우 사용할 이미지, 공의 속도, 시작 지점을 알려줘야 합니다.

```python
myBall = MyBallClass('wackyball.bmp', ball_speed, [50, 50])
```

아울러 공을 그룹에 추가해야 공과 패들 간의 충돌 감지를 할 수 있습니다. 그룹을 만들고 동시에 그룹에
공을 추가할 수 있습니다.

```python
ballGroup = pygame.sprite.Group(myBall)
```

패들

패들의 경우 퐁의 전통에 따라 간단한 사각형을 사용하겠습니다. 여기서는 흰색 배경을 사용할 것이므로 패들은 검정색 사각형으로 만들겠습니다. 아울러 패들에 대한 스프라이트 클래스와 인스턴스도 만듭니다.

```python
class MyPaddleClass(pygame.sprite.Sprite):
    def __init__(self, location):
        pygame.sprite.Sprite.__init__(self)
        image_surface = pygame.surface.Surface([100, 20])      ←──── 패들에 대한 표면을 생성
        image_surface.fill([0,0,0])      ←──── 표면을 검정색으로 채움
        self.image = image_surface.convert()      ←──── 표면을 이미지로 변환
        self.rect = self.image.get_rect()
        self.rect.left, self.rect.top = location

paddle = MyPaddleClass([270, 400])
```

참고로 패들의 경우 이미지 파일로부터 이미지를 불러오지 않았습니다. 대신 사각형 표면을 검정색으로 채우는 식으로 패들을 만들었습니다. 하지만 모든 스프라이트는 image 속성을 필요로 하므로 Surface.convert() 메서드를 이용해 표면을 이미지로 변환했습니다.

패들은 위아래가 아닌 좌우로만 움직일 수 있습니다. 패들의 x 좌표(패들의 좌우측 위치)가 마우스를 따라가게 만들 것이므로 사용자는 마우스로 패들을 제어하게 될 것입니다. 바로 이벤트 루프에서 이렇게 할 것이므로 패들에 대해 move() 메서드가 따로 필요하지 않습니다.

패들 조종

마지막 절에서 언급했듯이 이 예제에서는 마우스로 패들을 조종할 것입니다. 이때 MOUSEMOTION 이벤트를 사용할 텐데, 이 이벤트는 파이게임 창 안에서 마우스가 움직일 때마다 패들이 움직이리라는 것을 의미합니다. 파이게임은 마우스가 파이게임 창 안에 있을 때만 마우스를 "볼" 수 있기 때문에 패들의 움직임은 자동으로 창 가장자리로 제한됩니다. 여기서는 패들의 중심이 마우스를 따라다니도록 만들겠습니다.

코드는 다음과 같습니다.

```python
elif event.type == pygame.MOUSEMOTION:
    paddle.rect.centerx = event.pos[0]
```

event.pos는 마우스 위치의 [x, y] 값이 담긴 리스트입니다. 따라서 event.pos[0]은 마우스가 움직일 때의 x 좌표를 의미합니다. 물론 마우스가 왼쪽 가장자리나 오른쪽 가장자리에 있으면 패들의 반이 창 밖으로 나가겠지만 그 정도는 허용하겠습니다.

마지막으로 필요한 것은 공과 패들 간의 충돌 감지입니다. 공과 패들이 충돌하면 패들로 공을 치는 셈입니다. 충돌이 있을 경우 여기서는 단순히 공의 y 좌표만 반대 방향으로 바꾸겠습니다(따라서 공이 아래로 내려와서 패들과 부딪히면 위로 튕길 것입니다). 코드는 다음과 같습니다.

```
if pygame.sprite.spritecollide(paddle, ballGroup, False):
    myBall.speed[1] = -myBall.speed[1]
```

게다가 반복문을 순회할 때마다 화면을 다시 그려야 합니다. 지금까지 설명한 내용을 종합하면 퐁과 비슷한 아주 간단한 프로그램이 만들어집니다. 다음은 지금까지의 전체 코드입니다.

예제 18.4 첫 번째 버전의 파이퐁

```
import pygame, sys
from pygame.locals import *


class MyBallClass(pygame.sprite.Sprite):
    def __init__(self, image_file, speed, location):
        pygame.sprite.Sprite.__init__(self)
        self.image = pygame.image.load(image_file)
        self.rect = self.image.get_rect()
        self.rect.left, self.rect.top = location
        self.speed = speed

    def move(self):
        self.rect = self.rect.move(self.speed)
        if self.rect.left < 0 or self.rect.right > screen.get_width():
            self.speed[0] = -self.speed[0]

        if self.rect.top <= 0 :
            self.speed[1] = -self.speed[1]

class MyPaddleClass(pygame.sprite.Sprite):
    def __init__(self, location = [0,0]):
        pygame.sprite.Sprite.__init__(self)
        image_surface = pygame.surface.Surface([100, 20])
```

공 클래스 정의

공을 움직임(위쪽 끝과 좌우측 끝에서 튕기게 함)

패들 클래스 정의

```
        image_surface.fill([0,0,0])
        self.image = image_surface.convert()
        self.rect = self.image.get_rect()
        self.rect.left, self.rect.top = location

pygame.init()
screen = pygame.display.set_mode([640,480])
clock = pygame.time.Clock()
ball_speed = [10, 5]
myBall = MyBallClass('wackyball.bmp', ball_speed, [50, 50])
ballGroup = pygame.sprite.Group(myBall)
paddle = MyPaddleClass([270, 400])


running = True
while running:
    clock.tick(30)
    screen.fill([255, 255, 255])
    for event in pygame.event.get():
        if event.type == QUIT:
            running = False
        elif event.type == pygame.MOUSEMOTION:
            paddle.rect.centerx = event.pos[0]


    if pygame.sprite.spritecollide(paddle, ballGroup, False):
        myBall.speed[1] = -myBall.speed[1]
    myBall.move()
    screen.blit(myBall.image, myBall.rect)
    screen.blit(paddle.image, paddle.rect)
    pygame.display.flip()
pygame.quit()
```

패들 클래스 정의

파이게임, 시계, 공,
패들을 초기화

주 while 반복문 시작

마우스가 움직이면
패들을 움직임

공이 패들과 부딪혔는지
검사

공을 움직임

화면을 새로 그림

다음은 프로그램을 실행한 모습입니다.

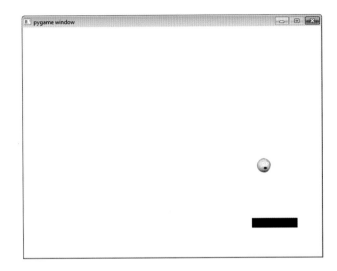

한번 해봤는데
조금 지루하네요.

좋습니다. 아직까진 흥미진진한 게임이 아니지만 이제 막 파이게임으로 게임을 만들기 시작했을 뿐입니다. 그럼 파이퐁 게임에 몇 가지를 더해봅시다.

점수 기록 및 pygame.font를 이용한 점수 표시

게임에서는 두 가지를 관리해야 합니다. 바로 생명의 개수와 점수입니다. 이를 간단히 처리하기 위해 여기서는 공이 창의 위쪽 끝에 닿을 때마다 1점씩 부여하겠습니다. 그리고 플레이어에게는 3개의 생명을 주겠습니다.

아울러 점수를 표시할 방법이 필요합니다. 파이게임에서는 font라는 모듈을 이용해 텍스트를 표시합니다. font 모듈은 다음과 같이 사용합니다.

- font 객체를 만들고 글꼴 스타일과 크기를 지정합니다.
- 글꼴 객체에 문자열을 전달해 텍스트를 렌더링합니다. 그러면 텍스트가 그려진 새로운 표면이 반환됩니다.
- 이 표면을 화면 표면으로 블릿합니다.

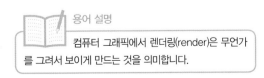

용어 설명

컴퓨터 그래픽에서 렌더링(render)은 무언가를 그려서 보이게 만드는 것을 의미합니다.

이 예제에서는 문자열이 플레이어의 점수가 됩니다(하지만 먼저 점수를 int에서 string으로 변환해야 합니다).

예제 18.4의 이벤트 루프 바로 앞에(paddle = MyPaddleClass([270, 400]) 줄 다음에) 다음과 같은 코드가 필요합니다.

```
score_font = pygame.font.Font(None, 50)        ←——— 글꼴 객체를 생성
score_surf = score_font.render(str(score), 1, (0, 0, 0))   ←——— score_surf 표면에 텍
score_pos = [10, 10]        ←——— 텍스트 위치를 설정          스트를 렌더링
```

첫 번째 줄의 None은 어떤 글꼴(글꼴 종류)을 사용할지를 파이게임에 알려줄 수 있는 곳입니다. 여기서는 None을 지정해 파이게임이 기본 글꼴을 사용하게 했습니다.

그러고 나서 이벤트 루프 안에서는 다음과 같은 코드가 필요합니다.

```
screen.blit(score_surf, score_pos)     ←——— 해당 위치에 점수 텍스트를 담고 있는 표면을 블릿
```

이렇게 하면 반복문이 실행될 때마다 점수 텍스트가 다시 그려집니다.

당연히 score 변수를 아직 만들지 않았기 때문입니다. 다음 줄을 font 객체를 생성하는 코드 앞에 추가합니다.

```
score = 0
```

이제 점수를 관리해 봅시다. 이미 공이 창의 위쪽 끝에 닿는 경우를 공의 move() 메서드 안에서(공을 튕기기 위해) 감지하고 있습니다. 거기에 다음과 같은 코드를 추가할 필요가 있습니다.

```
if self.rect.top <= 0 :
    self.speed[1] = -self.speed[1]
    score = score + 1
    score_surf = score_font.render(str(score), 1, (0, 0, 0))     새로 추가한 두 줄
```

여전히 공이 위쪽 끝에 닿을 때 오류가 나요!

```
Traceback (most recent call last):
    File "C:...", line 59, in <module>
myBall.move()
    File "C:\...", line 24, in move
score = score + 1
UnboundLocalError: local variable 'score'
referenced before assignment
```

이런, 이름공간을 생각지 못했습니다. 15장에서 길게 설명한 내용이 기억나십니까? 이제 이름공간의 실제 예제를 볼 수 있습니다. score라는 변수가 있음에도 Ball 클래스의 move() 메서드 안에서 해당 변수를 사용하려고 하고 있습니다. Ball 클래스에서는 score라는 지역 변수를 찾고 있지만 해당 변수는 존재하지 않습니다. 그 대신 이미 생성해둔 전역 변수를 사용하고 싶으므로 move() 메서드에게 다음과 같이 전역 score를 사용하라고 말해줄 필요가 있습니다.

```
def move(self):
    global score
```

아울러 score_font(점수에 대한 글꼴 객체)와 score_surf(렌더링된 텍스트가 담긴 표면) 또한 전역 변수로 만들어야 하는데, 두 변수 모두 move() 메서드 안에서 갱신되기 때문입니다. 그럼 코드는 실제로 다음과 같을 것입니다.

```
def move(self):
    global score, score_font, score_surf
```

이제 프로그램이 동작할 것입니다! 한번 실행해 봅시다. 그러면 창의 왼쪽 상단에 점수가 표시되고 공이 창의 위쪽 끝에 닿을 때마다 증가할 것입니다.

생명 관리하기

이제 생명을 관리해 봅시다. 현재는 공을 놓치면 공이 창의 바닥으로 떨어진 후 다시는 볼 수 없습니다. 플레이어에게 생명, 즉 기회를 3번 주고 싶으므로 lives라는 변수를 만들고 3으로 설정합니다.

```
lives = 3
```

플레이어가 놓쳐서 창의 바닥으로 공이 떨어지면 lives에서 1을 빼고 몇 초 기다린 후 새로운 공으로 다시 시작합니다.

```
if myBall.rect.top >= screen.get_rect().bottom:
    lives = lives - 1
    pygame.time.delay(2000)
    myBall.rect.topleft = [50, 50]
```

이 코드는 while 반복문 안에 들어갑니다. 그나저나 공에는 myBall.rect를, screen에는 get_rect()로 작성한 이유는 다음과 같습니다.

- myBall은 스프라이트이며, 스프라이트에는 rect가 포함돼 있습니다.
- screen은 표면이며, 표면에는 rect가 포함돼 있지 않습니다. get_rect() 함수를 이용하면 표면을 감싸고 있는 rect를 구할 수 있습니다.

위와 같이 변경하고 프로그램을 실행하면 이제 플레이어에게 3개의 생명이 부여되는 것을 확인할 수 있습니다.

생명 카운터 추가하기

플레이어에게 생명을 주는 대부분의 게임에는 생명이 얼마나 남았는지 보여줍니다. 파이퐁 게임에서도 이와 똑같이 할 수 있습니다.

한 가지 손쉬운 방법은 남은 생명의 수만큼 공의 개수를 보여주는 것입니다. 이를 우측 상단 모서리에 넣을 수 있습니다. 다음은 생명 카운터를 그리는 for 반복문입니다.

```
for i in range (lives):
    width = screen.get_rect().width
    screen.blit(myBall.image, [width - 40 * i, 20])
```

이 코드도 while 반복문 안의 이벤트 루프 바로 앞에(screen.blit(score_text, textpos) 줄 다음에) 들어갈 필요가 있습니다.

게임 종료

마지막으로 플레이어가 남은 생명을 모두 소진했을 때 보여줄 "게임 종료" 메시지를 추가해야 합니다. 여기서는 메시지와 플레이어의 최종 점수가 포함된 글꼴 객체를 몇 개 만들어 렌더링한 다음(텍스트가 포함된 표면을 생성) screen으로 표면을 블릿하겠습니다.

아울러 게임이 끝난 이후에는 공이 나타나지 않게 해야 합니다. 이를 위해 게임이 언제 끝났는지 알려주는 done 변수를 만들겠습니다. 다음 코드가 바로 그와 같은 일을 할 것이며, 이 코드는 주 while 반복문 안에 들어갑니다.

```
if myBall.rect.top >= screen.get_rect().bottom:      ← 공이 바닥에 닿으면 생명을 차감
    lives = lives - 1
    if lives == 0:
        final_text1 = "Game Over"
        final_text2 = "Your final score is: " + str(score)
        ft1_font = pygame.font.Font(None, 70)
        ft1_surf = ft1_font.render(final_text1, 1, (0, 0, 0))
        ft2_font = pygame.font.Font(None, 50)
        ft2_surf = ft2_font.render(final_text2, 1, (0, 0, 0))
        screen.blit(ft1_surf, [screen.get_width()/2 - \      ← 줄 연속 문자      창의 중간에
                    ft1_surf.get_width()/2, 100])                              텍스트를 배치
        screen.blit(ft2_surf, [screen.get_width()/2 - \      ←
                    ft2_surf.get_width()/2, 200])
        pygame.display.flip()
        done = True
    else: # 2초를 기다린 후 다음 공을 시작
        pygame.time.delay(2000)
        myBall.rect.topleft = [(screen.get_rect().width) - 40*lives, 20]
```

지금까지 추가한 내용을 모두 종합하면 최종 파이퐁 프로그램은 예제 18.5와 같을 것입니다.

예제 18.5 최종 파이퐁 코드

```python
import pygame, sys

class MyBallClass(pygame.sprite.Sprite):
    def __init__(self, image_file, speed, location):
        pygame.sprite.Sprite.__init__(self)
        self.image = pygame.image.load(image_file)
        self.rect = self.image.get_rect()
        self.rect.left, self.rect.top = location
        self.speed = speed

    def move(self):
        global score, score_surf, score_font
        self.rect = self.rect.move(self.speed)
        if self.rect.left < 0 or self.rect.right > screen.get_width():
            self.speed[0] = -self.speed[0]

        if self.rect.top <= 0 :
            self.speed[1] = -self.speed[1]
            score = score + 1
            score_surf = score_font.render(str(score), 1, (0, 0, 0))

class MyPaddleClass(pygame.sprite.Sprite):
    def __init__(self, location = [0,0]):
        pygame.sprite.Sprite.__init__(self)
        image_surface = pygame.surface.Surface([100, 20])
        image_surface.fill([0,0,0])
        self.image = image_surface.convert()
        self.rect = self.image.get_rect()
        self.rect.left, self.rect.top = location

pygame.init()
screen = pygame.display.set_mode([640,480])
clock = pygame.time.Clock()
myBall = MyBallClass('wackyball.bmp', [10,5], [50, 50])
ballGroup = pygame.sprite.Group(myBall)
paddle = MyPaddleClass([270, 400])
lives = 3
score = 0
```

공 클래스 정의

패들 클래스 정의

모든 것을 초기화

```
score_font = pygame.font.Font(None, 50)                          글꼴 객체 생성
score_surf = score_font.render(str(score), 1, (0, 0, 0))
score_pos = [10, 10]
done = False
running = True
while running:                    ◀────── 주 프로그램의 시작(while 반복문)
    clock.tick(30)
    screen.fill([255, 255, 255])
    for event in pygame.event.get():
        if event.type == pygame.QUIT:
            running = False
        elif event.type == pygame.MOUSEMOTION:                   패들을 움직이기 위한
            paddle.rect.centerx = event.pos[0]                   마우스 움직임 감지
    if pygame.sprite.spritecollide(paddle, ballGroup, False):    공과 패들 간의 충돌 감지
        myBall.speed[1] = -myBall.speed[1]
    myBall.move()          ◀────── 공을 움직임
    if not done:
        screen.blit(myBall.image, myBall.rect)
        screen.blit(paddle.image, paddle.rect)
        screen.blit(score_surf, score_pos)                       모든 것을 새로 그림
        for i in range(lives):
            width = screen.get_width()
            screen.blit(myBall.image, [width - 40 * i, 20])
        pygame.display.flip()
    if myBall.rect.top >= screen.get_rect().bottom:              공이 바닥에 닿으면 생명을 줄임
        lives = lives - 1
        if lives == 0:
            final_text1 = "Game Over"
            final_text2 = "Your final score is: " + str(score)
            ft1_font = pygame.font.Font(None, 70)
            ft1_surf = ft1_font.render(final_text1, 1, (0, 0, 0))
            ft2_font = pygame.font.Font(None, 50)                 최종 점수 텍스트를 생성하고 그림
            ft2_surf = ft2_font.render(final_text2, 1, (0, 0, 0))
            screen.blit(ft1_surf, [screen.get_width()/2 - \
                        ft1_surf.get_width()/2, 100])
            screen.blit(ft2_surf, [screen.get_width()/2 - \
                        ft2_surf.get_width()/2, 200])
            pygame.display.flip()
            done = True
        else:                                                    2초 후 새 생명으로 시작
            pygame.time.delay(2000)
            myBall.rect.topleft = [50, 50]
pygame.quit()
```

예제 18.5를 실행하면 다음과 같은 결과를 볼 수 있습니다.

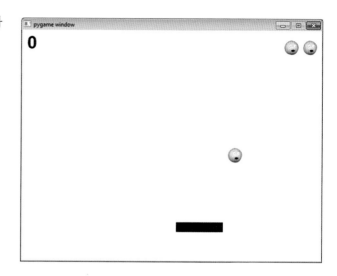

편집기를 유심히 보면 약 75줄짜리(빈 줄을 포함해서) 코드임을 볼 수 있습니다. 지금까지 만든 것 중에서 가장 큰 프로그램입니다. 실행해보면 아주 간단해 보이지만 내부적으로는 많은 것들이 포함돼 있습니다.

19장에서는 파이게임에서의 사운드에 관해 배워서 파이퐁 게임에 사운드를 더하겠습니다.

Hello Python!

이번 장에서 배운 내용

이번 장에서는 다음과 같은 내용을 배웠습니다.

- 이벤트
- 파이게임 이벤트 루프
- 이벤트 처리
- 키보드 이벤트
- 마우스 이벤트
- 타이머 이벤트 및 사용자 이벤트 형식
- 파이게임 프로그램에 텍스트를 추가하기 위한 pygame.font
- 모든 내용을 종합해 게임 만들기!

학습 내용 점검

1. 프로그램에서 응답할 수 있는 두 가지 종류의 이벤트는 무엇입니까?

2. 이벤트를 처리하는 코드를 무엇이라고 합니까?

3. 파이게임이 키가 눌리는 것을 감지하는 데 사용하는 이벤트 유형의 이름은 무엇입니까?

4. 창 내에서 마우스가 위치한 지점을 알려주는 MOUSEMOVE 이벤트의 속성은 무엇입니까?

5. 파이게임에서 다음으로 사용 가능한 이벤트 번호를 확인하는 방법은 무엇입니까(가령 사용자 이벤트를 추가하고 싶을 경우)?

6. 파이게임에서 타이머 이벤트를 생성하기 위해 타이머를 만드는 방법은 무엇입니까?

7. 파이게임 창에서 텍스트를 표시하는 데 사용되는 객체는 무엇입니까?

8. 파이게임 창에서 텍스트를 보여주기 위한 세 단계는 무엇입니까?

도전 과제

1. 공이 화면 위쪽 끝이 아니라 패들 옆에 부딪히면 이상한 현상이 발생합니다. 잠시 패들의 중간에서 튕기기를 반복합니다. 왜 그런지 그 원인을 파악하고 문제를 해결할 수 있습니까? 해답을 보기 전에 직접 수정해 보십시오.

2. 프로그램(예제 18.4나 18.5)을 재작성해서 공이 무작위로 튕기게 만드십시오. 공이 패들이나 벽에서 튕기는 방향을 바꿀 수도 있고, 공의 속도를 무작위로 만드는 등이 가능합니다(15장에서 random.randint()와 random.random()을 살펴봤으므로 정수 및 실수 난수를 생성하는 방법은 이미 알고 있을 것입니다).

19

사운드

18장에서는 그래픽, 스프라이트, 충돌, 애니메이션, 이벤트에 관해 배운 내용을 활용해 처음으로 그래픽 게임인 파이퐁을 만들었습니다. 이번 장에서는 게임이라는 퍼즐의 조각 중 하나인 사운드를 추가하겠습니다. 모든 비디오 게임 및 다른 여러 프로그램에서는 사운드를 이용해 프로그램을 좀 더 흥미롭고 즐길 수 있게 만듭니다.

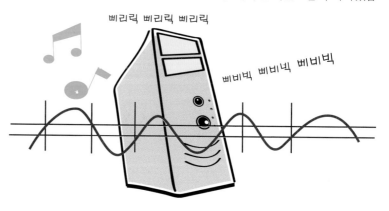

삐리릭 삐리릭 삐리릭

삐비빅 삐비빅 삐비빅

사운드는 입력도 될 수 있고 출력도 될 수 있습니다. 입력의 경우 마이크나 다른 음원을 컴퓨터에 연결하면 프로그램에서 사운드를 기록하거나 다른 뭔가를 할 것입니다(인터넷으로 전송할 수도 있습니다). 하지만 사운드는 출력으로서 훨씬 더 자주 사용되며, 이 책에서도 사운드를 출력으로 다룰 것입니다. 이 책에서는 음악이나 효과음처럼 사운드를 재생하고 파이퐁 같은 프로그램에 사운드를 추가하는 법을 배우겠습니다.

파이게임 활용하기: `mixer`

사운드는 그래픽처럼 복잡해질 수 있는 것 중 하나인데, 컴퓨터마다 사운드를 재생하는 하드웨어와 소프트웨어가 제각각이기 때문입니다. 이 책에서는 실습을 간단하게 하기 위해 파이게임을 다시 한 번 활용하겠습니다.

파이게임에는 `pygame.mixer`라는 사운드를 다루기 위한 모듈이 포함돼 있습니다. 프로그래밍의 세계가 아닌 현실에서는 다양한 사운드를 받아 그것들을 합치는 장치를 믹서(**mixer**)라고 하며, 같은 이유로 파이게임에서도 mixer라는 이름을 사용합니다.

사운드 만들기 vs. 사운드 재생하기

프로그램에서 사운드를 만들어내는 데는 두 가지 기본적인 방법이 있습니다. 프로그램에서는 사운드를 생성(generate)하거나 **합성(synthesize)**할 수 있습니다. 즉, 다양한 음의 높이와 음량을 나타내는 음파를 이용해 사운드를 만들어내거나 프로그램으로 녹음된 사운드를 재생할 수 있다는 뜻입니다. 후자의 경우 CD나 MP3 사운드 파일, 기타 다른 형식의 사운드 파일에 들어 있는 음악을 재생할 수 있습니다.

이 책에서는 음악을 재생하는 것에 대해서만 배울 것입니다. 직접 사운드를 만들어내는 것은 커다란 주제이고, 이 책의 지면상 한계가 있습니다. 컴퓨터가 만들어내는 사운드에 관심이 있다면 컴퓨터로 음악과 사운드를 만들기 위한 다양한 프로그램이 있으니 참고하십시오.

사운드 재생

사운드를 재생할 때는 하드디스크(또는 CD나 때로는 인터넷)에서 사운드 파일을 가져온 후 컴퓨터 스피커나 헤드폰으로 들을 수 있는 사운드로 바꾸게 됩니다. 컴퓨터에서 이용할 수 있는 사운드 파일의 형식은 다양합니다. 자주 사용되는 사운드 파일의 형식은 다음과 같습니다.

- 웨이브 파일: 파일명이 hello.wav처럼 .wav로 끝납니다.
- MP3 파일: 파일명이 mySong.mp3처럼 .mp3로 끝납니다.
- WMA(Windows Media Audio) 파일: 파일명이 someSong.wma처럼 .wma로 끝납니다.
- 오그 보비스(Ogg Vorbis) 파일: 파일명이 yourSong.ogg처럼 .ogg로 끝납니다.

예제에서는 **.wav**와 **.mp3** 파일을 사용하겠습니다. 예제에서 사용할 모든 사운드는 이 책의 예제가 설치된 곳의 \sounds 폴더에 들어 있습니다. 예를 들어, 윈도우 컴퓨터에서는 c:\Program Files\HelloWorld\examples\sounds에 들어 있을 것입니다.

프로그램에 사운드 파일을 포함시키는 데는 두 가지 방법이 있습니다. 사운드 파일을 프로그램이 저장된 폴더에 복사할 수 있습니다. 파이썬은 그곳에서 파일을 찾을 수 있으리라 예상하므로 프로그램에서는 다음과 같이 파일명만 사용해도 됩니다.

```
sound_file = "my_sound.wav"
```

프로그램이 있는 곳에 사운드 파일을 복사하지 않는다면 다음과 같이 파이썬에게 사운드 파일의 위치를 정확하게 알려줘야 합니다.

```
sound_file = "c:\Program Files\HelloWorld\sounds\my_sound.wav"
```

예제에서는 사운드 파일을 프로그램이 저장된 폴더로 복사했다고 가정합니다. 즉, 예제에서 사운드 파일이 사용되는 곳에서는 파일의 전체 경로가 아닌 파일명을 사용한다는 뜻입니다. 프로그램 폴더로 사운드 파일을 복사하지 않으면 파일명을 전체 파일 경로로 대체해야 합니다.

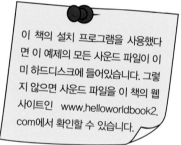

이 책의 설치 프로그램을 사용했다면 이 예제의 모든 사운드 파일이 이미 하드디스크에 들어있습니다. 그렇지 않으면 사운드 파일을 이 책의 웹 사이트인 www.helloworldbook2.com에서 확인할 수 있습니다.

pygame.mixer 시작하기

사운드를 재생하려면 pygame.mixer를 **초기화**해야 합니다. 초기화가 무슨 뜻인지 기억하십니까? 초기화란 뭔가를 시작할 수 있게 준비하는 것을 의미합니다.

pygame.mixer를 준비하는 것은 아주 쉽습니다. 파이게임을 초기화한 다음 아래와 같은 줄만 추가하면 됩니다.

```
pygame.mixer.init()
```

그러면 사운드를 재생하기 위해 파이게임을 사용하는 프로그램은 다음과 같이 시작할 것입니다.

```
import pygame
pygame.init()
pygame.mixer.init()
```

이제 사운드를 재생할 준비가 끝났습니다. 프로그램에서 사용할 사운드의 주요 형식은 두 가지가 있습니다. 첫 번째는 효과음, 즉 사운드 클립입니다. 이러한 사운드는 보통 짧고 주로 .wav 파일로 저장됩니다. 이러한 종류의 사운드를 재생하기 위해 pygame.mixer에서는 다음과 같이 Sound 객체를 사용합니다.

```
splat = pygame.mixer.Sound("splat.wav")
splat.play()
```

예제에서 사용할 다른 사운드의 종류는 음악입니다. 음악은 주로 .mp3나 .wma, .ogg 파일로 저장됩니다. 음악을 재생하기 위해 파이게임에서는 mixer 내에 있는 music이라는 모듈을 사용합니다. music 모듈은 다음과 같이 사용합니다.

```
pygame.mixer.music.load("bg_music.mp3")
pygame.mixer.music.play()
```

이렇게 하면 노래(혹은 음악 파일에 들어있는 것)가 한번 재생된 후 중지됩니다.

사운드를 재생해봅시다. 먼저 "철퍼덕"하고 뭔가에 부딪히는 사운드를 재생해 봅시다.

파이게임 프로그램이 계속 실행되게 하려면 여전히 while 반복문이 필요합니다. 아울러 지금 당장은 아무런 그래픽도 그리지 않을 테지만 파이게임 프로그램인데 창이 없으면 어색할 것입니다. 어떤 시스템에서는 mixer가 초기화되는 데 시간이 조금 걸리기도 합니다. 사운드를 너무 빨리 재생하면 사운드의 일부만 들리거나 전혀 들리지 않을 수도 있습니다. 따라서 mixer가 준비되기까지 조금 기다려야 합니다. 다음 코드를 봅시다.

예제 19.1 파이게임에서 사운드 재생하기

```
import pygame, sys
pygame.init()          | 파이게임과 믹서 초기화
pygame.mixer.init()

screen = pygame.display.set_mode([640,480])   ◀── 파이게임 창 생성
pygame.time.delay(1000)   ◀── 믹서가 초기화될 때까지 1초간 대기

splat = pygame.mixer.Sound("splat.wav")   ◀── 사운드 객체 생성
splat.play()   ◀── 사운드 재생
```

```
running = True
while running:
    for event in pygame.event.get():          일반적인 파이게임 이벤트 루프
        if event.type == pygame.QUIT:
            running = False
pygame.quit()
```

예제를 실행해 어떻게 동작하는지 확인해봅시다.

이제 mixer.music 모듈을 이용해 음악을 재생해 봅시다. 예제 19.1에서 몇 줄만 바꾸면 됩니다. 새로운 코드는 다음과 같습니다.

예제 19.2 음악 재생하기

```
import pygame, sys
pygame.init()
pygame.mixer.init()

screen = pygame.display.set_mode([640,480])
pygame.time.delay(1000)

pygame.mixer.music.load("bg_music.mp3")         변경된 두 줄
pygame.mixer.music.play()

running = True
while running:
    for event in pygame.event.get():
        if event.type == pygame.QUIT:
            running = False
pygame.quit()
```

예제를 실행해 보고 음악이 재생되는지 확인해 보십시오.

여러분에게는 어떨지 모르겠지만 저한테는 약간 크게 들립니다. 그래서 컴퓨터의 볼륨을 내려야만 했습니다. 그래서 이번에는 프로그램에서 사운드 볼륨을 조절하는 법을 살펴보겠습니다.

볼륨 조절

볼륨 조절을 이용하면 컴퓨터에서 사운드의 볼륨을 조절할 수 있습니다. 윈도우에서는 시스템 트레이에 있는 자그마한 스피커 아이콘으로 볼륨을 조절할 수 있습니다. 이 경우 컴퓨터에서 발생하는 모든 사운드의 볼륨이 조절됩니다. 아울러 스피커 자체에도 볼륨 조절 손잡이가 있을 것입니다.

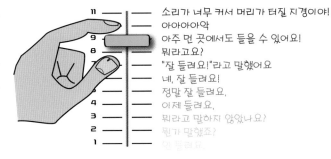

하지만 파이게임에서 컴퓨터의 사운드 카드에 보내는 볼륨을 조절할 수도 있습니다.

그리고 한 가지 좋은 점은 각 사운드의 볼륨을 개별적으로 조절할 수 있다는 것입니다. 즉, 음악은 볼륨을 줄이고, 효과음은 더 크게 만드는 것처럼 말이죠.

음악의 경우 pygame.mixer.music.set_volume()을 사용하면 됩니다. 사운드의 경우 각 사운드 객체마다 set_volume() 메서드가 있습니다. 첫 번째 예제에서 splat은 사운드 객체의 이름이었으므로 splat.set_volume()을 사용하면 됩니다. 볼륨은 0에서 1 사이의 실수로 나타냅니다. 예를 들어, 0.5는 음량의 50% 또는 반을 나타냅니다.

이제 한 프로그램에서 음악과 사운드를 모두 재생해 봅시다. 노래를 재생한 다음 끝에서 "철퍼덕" 하는 사운드를 재생하면 어떨까요? 아울러 사운드의 볼륨을 조금 줄이겠습니다. 음악은 30%로 설정하고 "철퍼덕" 하는 사운드는 50%로 설정하겠습니다. 다음 코드를 봅시다.

예제 19.3 볼륨을 조절한 음악과 사운드

```
import pygame, sys
pygame.init()
pygame.mixer.init()
screen = pygame.display.set_mode([640,480])
pygame.time.delay(1000)
pygame.mixer.music.load("bg_music.mp3")
```

```
pygame.mixer.music.set_volume(0.30)        ◀─── 음악 불륨을 조절
pygame.mixer.music.play()
splat = pygame.mixer.Sound("splat.wav")
splat.set_volume(0.50)        ◀─── 요과음의 불륨을 조절
splat.play()
running = True
while running:
    for event in pygame.event.get():
        if event.type == pygame.QUIT:
            running = False
pygame.quit()
```

예제를 실행해 어떻게 동작하는지 확인해 봅시다.

프로그램은 음악을 재생하기 시작하자마자 다음 작업을 수행하기 시작하며, 다음 작업으로 바로 "철퍼덕" 하는 사운드를 재생하게 됩니다. 이렇게 되는 이유는 음악은 배경음악으로 상당히 자주 사용되며, 프로그램이 멈춰 서서 노래가 전부 끝날 때까지 기다린 후에 다른 뭔가를 하고 싶지는 않을 것이기 때문입니다. 다음 절에서는 우리가 원하는 방식으로 동작하게끔 만들겠습니다.

배경음악 재생하기

배경음악은 게임이 실행되고 있는 도중에 배경으로 재생되는 음악을 말합니다. 그래서 배경음악을 시작하고 나면 파이게임은 스프라이트가 돌아다니게 하거나 마우스와 키보드 입력을 검사하는 등의 다른 일을 할 준비를 해야 합니다. 파이게임은 노래가 끝나기까지 기다리지 않습니다.

그런데 노래가 언제 끝나는지 알고 싶다면 어떻게 해야 할까요? 다른 노래나 사운드를 재생하고 싶을 수도 있습니다. 그럼 노래가 끝나는지는 어떻게 알 수 있을까요? 파이게임에서 제공하는 mixer.music 모듈을 이용해 노래가 재생 중인지 확인할 수 있습니다. 만약 아직 재생 중이라면 노래가 아직 끝나지 않은 것입니다. 재생 중이지 않다면 노래가 끝난 것입니다. 한번 실습해 봅시다.

music 모듈이 여전히 노래를 재생 중인지 확인하려면 mixer.music 모듈의 get_busy() 함수를 이용하면 됩니다. 이 함수는 노래가 재생 중일 경우 True 값을 반환하고, 그렇지 않을 경우 False를 반환합니다. 이번에는 프로그램에서 노래를 재생하게 한 다음 효과음을 재생하고, 그런 후에 프로그램이 자동으로 종료하게끔 만들겠습니다. 다음 예제를 봅시다.

예제 19.4 노래가 끝날 때까지 기다리기

```python
import pygame, sys
pygame.init()
pygame.mixer.init()

screen = pygame.display.set_mode([640,480])
pygame.time.delay(1000)

pygame.mixer.music.load("bg_music.mp3")
pygame.mixer.music.set_volume(0.3)
pygame.mixer.music.play()
splat = pygame.mixer.Sound("splat.wav")
splat.set_volume(0.5)
running = True
while running:
    for event in pygame.event.get():
        if event.type == pygame.QUIT:
            running = False

    if not pygame.mixer.music.get_busy():    ◀──── 노래 재생이 끝났는지 확인
        splat.play()
        pygame.time.delay(1000)    ◀──── 효과음이 끝나도록 1초 동안 대기
        running = False
pygame.quit()
```

이 코드를 실행하면 노래를 한 번 재생하고 효과음을 재생한 후 프로그램이 종료될 것입니다.

음악 반복하기

노래를 게임의 배경음으로 사용할 예정이라면 아마도 프로그램이 실행되는 동안 음악이 계속 재생되게 만들고 싶을 것입니다. music 모듈을 이용하면 이렇게 할 수 있습니다. 다음과 같이 음악을 특정 횟수만큼 반복할 수 있습니다.

```
pygame.mixer.music.play(3)
```

이렇게 하면 노래를 세 번 재생할 것입니다.

아울러 다음과 같이 특별한 값인 −1을 전달해 노래가 계속 반복
되게 할 수도 있습니다.

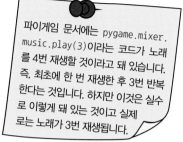

파이게임 문서에는 `pygame.mixer.music.play(3)`이라는 코드가 노래를 4번 재생할 것이라고 돼 있습니다. 즉, 최초에 한 번 재생한 후 3번 반복한다는 것입니다. 하지만 이것은 실수로 이렇게 돼 있는 것이고 실제로는 노래가 3번 재생됩니다.

```
pygame.mixer.music.play(-1)
```

이렇게 하면 노래를 계속 또는 파이게임 프로그램이 실행되는 동안 계속해서 반복할 것입니다(꼭 −1이어야 할 필요는 없습니다. 음수이기만 하면 됩니다).

파이퐁에 사운드 추가하기

이제 사운드 재생의 기초를 배웠으니 파이퐁 게임에 사운드를 추가해 봅시다.

먼저 패들에 공이 부딪힐 때마다 재생될 사운드를 추가하겠습니다. 언제 그렇게 되는지 이미 알고 있을 것입니다. 왜냐하면 충돌 감지를 이용해 공이 패들에 부딪혔을 때 공의 방향을 반대 방향으로 바꾸고 있기 때문입니다. 예제 18.5의 코드를 기억하십니까?

```
if pygame.sprite.spritecollide(paddle, ballGroup, False):
    myBall.speed[1] = -myBall.speed[1]
```

이제 사운드를 재생하는 코드를 추가해야 합니다. 프로그램이 시작되는 부분 근처에 `pygame.mixer.init()`이라는 코드를 추가하고, 사운드 객체도 생성해야 합니다.

```
hit = pygame.mixer.Sound("hit_paddle.wav")
```

아울러 소리가 너무 크지 않게 볼륨도 설정합니다.

```
hit.set_volume(0.4)
```

그런 다음 공이 패들에 부딪히면 사운드를 재생합니다.

```
if pygame.sprite.spritecollide(paddle, ballGroup, False):
    myBall.speed[1] = -myBall.speed[1]
    hit.play()    ◄──────── 사운드 재생
```

코드를 예제 18.5의 파이퐁 프로그램에 추가합니다. **hit_paddle.wav** 파일을 프로그램이 있는 곳에 복사합니다. 프로그램을 실행하면 공이 패들에 부딪힐 때마다 사운드가 재생될 것입니다.

더 익살스러운 사운드

이제 공이 패들에 부딪힐 때 hit 사운드가 재생되므로 이번에는 다른 사운드를 추가해 봅시다. 다음과 같은 사운드를 추가하겠습니다.

- 공이 벽에 부딪혔을 때
- 공이 위쪽 벽에 부딪히고 플레이어가 점수를 획득했을 때
- 플레이어가 공을 놓쳐서 공이 바닥에 부딪혔을 때
- 새 생명이 시작됐을 때
- 게임이 끝났을 때

먼저 위 사운드에 대한 사운드 객체를 만들어야 합니다. pygame.mixer.init()과 while 반복문 사이에 다음과 같은 코드를 넣습니다.

```
hit_wall = pygame.mixer.Sound("hit_wall.wav")
hit_wall.set_volume(0.4)
get_point = pygame.mixer.Sound("get_point.wav")
get_point.set_volume(0.2)
splat = pygame.mixer.Sound("splat.wav")
splat.set_volume(0.6)
new_life = pygame.mixer.Sound("new_life.wav")
new_life.set_volume(0.5)
bye = pygame.mixer.Sound("game_over.wav")
bye.set_volume(0.6)
```

볼륨을 이렇게 지정한 이유는 사운드가 올바르게 나오는지 확인하기 위해서입니다. 여러분이 원하는 대로 설정해도 됩니다. 그리고 모든 사운드 파일을 프로그램이 있는 곳에 복사해야 한다는 점도 잊지 말아야 합니다. 이러한 사운드는 모두 **\examples\sounds** 폴더나 웹사이트에서 확인할 수 있습니다.

이제 이벤트가 일어나는 곳에 play() 메서드를 추가해야 합니다. hit_wall 사운드는 공이 창의 좌우측 끝에 부딪혔을 때 발생해야 합니다. 이를 공의 move() 메서드에서 감지하며, 공의 x축을 반대로 설정합니다 (공이 양쪽 끝에서 "튕겨" 나오도록). 이 부분은 예제 18.5의 14번째 줄에 해당합니다.

```
if self.rect.left < 0 or self.rect.right > screen.get_width():
```

따라서 반대 방향으로 바꿀 때 사운드를 재생하면 됩니다. 코드를 다음과 같이 변경합니다.

```
if self.rect.left < 0 or self.rect.right > screen.get_width():
    self.speed[0] = -self.speed[0]
    hit_wall.play()          ←———————  공이 양쪽 벽에 부딪혔을 때
                                        사운드를 재생
```

같은 작업을 get_point 사운드에 대해서도 할 수 있습니다. 공의 move() 메서드에서는 공이 창의 위쪽 끝에 부딪히는 것을 감지합니다. 바로 이곳에서 공을 튕기고 플레이어의 점수에 1점을 더합니다. 이제 이 부분에서 사운드도 재생하겠습니다. 새로 변경한 코드는 다음과 같습니다.

```
if self.rect.top <= 0 :
    self.speed[1] = -self.speed[1]
    points = points + 1
    score text = font.render(str(points), 1, (0, 0, 0))
    get_point.play()   ←———————  점수를 획득할 때 사운드를 재생
```

위와 같은 코드를 추가하고 프로그램이 어떻게 동작하는지 확인합니다.

다음으로 플레이어가 공을 놓치고 생명을 잃었을 때 재생하는 코드를 추가합니다. 이를 주 while 반복문에서 감지하며, 이에 해당하는 부분은 예제 18.5의 63번째 줄입니다(if myBall.rect.top >= screen.get_rect().bottom:). 이곳에 다음과 같은 코드를 추가해야 합니다.

```
if myBall.rect.top >= screen.get_rect().bottom:
    splat.play()    ←———————  공을 놓치고 생명을 잃어버렸을 때 사운드를 재생
    # 공이 바닥에 닿으면 생명을 하나 잃음
    lives = lives - 1
```

새 생명이 시작될 때도 사운드를 추가할 수 있습니다. 이는 예제 18.5의 마지막 세 줄인 else 블록에서 일어납니다. 이번에는 새로운 생명이 시작되기 전까지 효과음을 약간 길게 재생합니다.

```
else:
    pygame.time.delay(1000)
    new_life.play()
    myBall.rect.topleft = [50, 50]
    screen.blit(myBall.image, myBall.rect)
    pygame.display.flip()
    pygame.time.delay(1000)
```

2초를 기다리는 대신(원본 프로그램에서 했던 것과 같이) 1초(1,000밀리초)를 기다린 후 사운드를 재생하고 새로운 생명이 시작되기 전에 또 한 번 1초를 기다립니다. 프로그램을 실행해 사운드가 어떻게 재생되는지 확인해 봅시다.

추가해야 할 사운드가 하나 더 있습니다. 바로 게임이 끝날 때 재생되는 사운드입니다. 이 부분은 예제 18.5의 65번째 줄에 해당합니다(if lives == 0:). 아래와 같은 코드를 추가해 "bye" 사운드를 재생합니다.

```
if lives == 0:
    bye.play()
```

프로그램을 실행해 어떻게 동작하는지 확인해 봅시다.

게임이 끝날 때 bye 사운드와 splat 사운드가 계속 재생돼요!

이런! 하나 빼먹은 게 있습니다. "bye" 사운드와 "splat" 사운드를 재생하는 코드가 주 while 반복문 안에 들어있는데, 이 부분은 파이게임 창이 닫히기 전까지는 중지되지 않아서 while 반복문이 실행되는 동안 계속 사운드가 재생되는 것입니다! 딱 한 번만 재생되도록 뭔가 조치를 취해야겠습니다.

한 가지 방법은 게임이 끝났는지 알려줄 done이라는 변수를 이용하는 것입니다. 코드를 다음과 같이 바꿀 수 있습니다.

```
if myBall.rect.top >= screen.get_rect().bottom:
    if not done:
        splat.play()
    lives = lives - 1                    사운드를 딱 한 번만 재생
    if lives == 0:
        if not done:
            bye.play()
```

프로그램을 실행해 어떻게 동작하는지 확인합니다.

또 다른 문제가 있어요.

게임이 끝났는데도 공이 벽에서 튕기는 소리가 나요.

음… 이 부분에 대해서는 좀 더 생각해봐야겠습니다. 예제에서는 done 변수를 이용해 언제 게임이 끝났는지 확인하고, 언제 "bye" 사운드를 재생하고 점수와 함께 게임 종료 메시지를 보여줘야 할지 판단합니다. 그런데 공은 어떻게 될까요?

공은 바닥에 닿더라도 계속 움직이고 있습니다! 공이 아래로 가는 것을 막는 것은 아무것도 없으므로 y축 값이 계속 커집니다. 공이 화면의 바닥 "아래"에 있어서 볼 수는 없지만 소리는 여전히 들을 수 있습니다. 공은 계속 움직이고 있으므로 x축 값이 충분히 커지거나 작아질 때마다 양쪽 끝에서 튕기는 것입니다. 이 같은 일은 move() 메서드 안에서 일어나고 있으며, 해당 메서드는 while 반복문이 실행되는 동안 계속 실행됩니다.

그럼 어떻게 고쳐야 할까요? 다음과 같은 방법이 몇 가지 있습니다.

- 게임이 끝났을 때 공의 속도를 [0, 0]으로 설정해 공의 움직임을 멈춥니다.
- 공이 창의 바닥 아래에 있는지 검사해 hit_wall 사운드가 재생되지 않게 합니다.
- done 변수를 검사해 게임이 끝났을 때 hit_wall 사운드가 재생되지 않게 합니다.

여기서는 두 번째 방법을 택했지만 어떤 방법이든 효과가 있을 것입니다. 어느 방법을 선택해서 코드를 수정하고 문제를 해결할지는 여러분의 몫으로 남깁니다.

파이퐁에 음악 추가하기

해야 할 일이 하나 남았습니다. 바로 음악을 추가하는 것입니다. 음악 파일을 불러와 볼륨을 설정하고 재생을 시작해야 합니다. 게임이 실행 중인 동안에는 계속 음악이 반복되게 하고 싶으므로 다음과 같이 특별한 값인 −1을 사용하겠습니다.

```
pygame.mixer.music.load("bg_music.mp3")
pygame.mixer.music.set_volume(0.3)
pygame.mixer.music.play(-1)
```

이 코드는 주 while 반복문 앞 어디에든 둬도 됩니다. 이렇게 하면 음악이 재생될 것입니다. 이제 끝에서 음악을 멈춰야 하며, 이렇게 하는 좋은 방법이 하나 있습니다. pygame.mixer.music에는 fadeout()이라는 메서드가 하나 있는데, 이 메서드는 음악을 갑자기 멈추는 대신 서서히 사라지게 만듭니다. 즉, 다음과 같이 얼마나 길게 사라지게 할지 지정할 수 있습니다.

```
pygame.mixer.music.fadeout(2000)
```

이렇게 하면 2,000밀리초(2초)에 걸쳐 음악이 사라집니다. 이 코드는 done = True를 설정한 곳에 두면 됩니다(앞에 두든 뒤에 두든 상관없습니다).

이제 효과음과 음악으로 프로그램이 완성됐습니다. 프로그램을 실행해 어떻게 사운드가 재생되는지 확인해 봅시다! 전체 프로그램이 어떻게 되는지 확인하고 싶은 경우에 대비해 최종 버전을 예제 19.5에서 확인할 수 있습니다. **wackyball.bmp** 파일과 모든 사운드 파일이 프로그램과 같은 폴더에 들어있어야 합니다.

예제 19.5 사운드와 음악이 가미된 파이퐁

```
import pygame, sys

class MyBallClass(pygame.sprite.Sprite):
    def __init__(self, image_file, speed, location = [0,0]):
        pygame.sprite.Sprite.__init__(self)
```

```python
        self.image = pygame.image.load(image_file)
        self.rect = self.image.get_rect()
        self.rect.left, self.rect.top = location
        self.speed = speed

    def move(self):
        global points, score_text
        self.rect = self.rect.move(self.speed)
        if self.rect.left < 0 or self.rect.right > screen.get_width():
            self.speed[0] = -self.speed[0]
            if self.rect.top < screen.get_height():
                hit_wall.play()          ◀──────── 공이 양쪽 벽에 닿았을 때 사운드를 재생

        if self.rect.top <= 0 :
            self.speed[1] = -self.speed[1]
            points = points + 1
            score_text = font.render(str(points), 1, (0, 0, 0))
            get_point.play()          ◀──────── 공이 위쪽 끝에 닿았을 때 사운드를 재생
                                                 (플레이어가 점수를 획득)

class MyPaddleClass(pygame.sprite.Sprite):
    def __init__(self, location = [0,0]):
        pygame.sprite.Sprite.__init__(self)
        image_surface = pygame.surface.Surface([100, 20])
        image_surface.fill([0,0,0])
        self.image = image_surface.convert()
        self.rect = self.image.get_rect()
        self.rect.left, self.rect.top = location
pygame.init()          ◀──────── 파이게임의 sound 모듈을 초기화
pygame.mixer.init()


pygame.mixer.music.load("bg_music.mp3")          ◀──────── 음악 파일을 불러옴
pygame.mixer.music.set_volume(0.3)          ◀──────── 음악 볼륨을 설정
pygame.mixer.music.play(-1)          ◀──────── 음악 재생을 시작, 계속 반복
hit = pygame.mixer.Sound("hit_paddle.wav")
hit.set_volume(0.4)
new_life = pygame.mixer.Sound("new_life.wav")
new_life.set_volume(0.5)
splat = pygame.mixer.Sound("splat.wav")          사운드 객체를 생성하고 사운드를 불러온 후
splat.set_volume(0.6)                            각 사운드의 볼륨을 설정
hit_wall = pygame.mixer.Sound("hit_wall.wav")
hit_wall.set_volume(0.4)
```

```
get_point = pygame.mixer.Sound("get_point.wav")
get_point.set_volume(0.2)
bye = pygame.mixer.Sound("game_over.wav")
bye.set_volume(0.6)
screen = pygame.display.set_mode([640,480])
clock = pygame.time.Clock()
myBall = MyBallClass('wackyball.bmp', [12,6], [50, 50])
ballGroup = pygame.sprite.Group(myBall)
paddle = MyPaddleClass([270, 400])
lives = 3
points = 0

font = pygame.font.Font(None, 50)
score_text = font.render(str(points), 1, (0, 0, 0))
textpos = [10, 10]
done = False


running = True
while running:
    clock.tick(30)
    screen.fill([255, 255, 255])
    for event in pygame.event.get():
        if event.type == pygame.QUIT:
            running = False
        elif event.type == pygame.MOUSEMOTION:
            paddle.rect.centerx = event.pos[0]

    if pygame.sprite.spritecollide(paddle, ballGroup, False):
        hit.play()
        myBall.speed[1] = -myBall.speed[1]

    myBall.move()

    if not done:
        screen.blit(myBall.image, myBall.rect)
        screen.blit(paddle.image, paddle.rect)
        screen.blit(score_text, textpos)
        for i in range (lives):
            width = screen.get_width()
            screen.blit(myBall.image, [width - 40 * i, 20])
        pygame.display.flip()
```

사운드 객체를 생성하고 사운드를 불러온 후
각 사운드의 볼륨을 설정

◀——————— 공이 패들에 부딪혔을 때 사운드를 재생

```
        if myBall.rect.top >= screen.get_rect().bottom:
            if not done:
                splat.play()          ←———————— 플레이어가 생명을 잃었을 때 사운드를 재생
            lives = lives - 1
            if lives <= 0:
                if not done:
                    pygame.time.delay(1000)    ┃ 1초를 기다린 후 종료 사운드를 재생
                    bye.play()                 ┃
                final_text1 = "Game Over"
                final_text2 = "Your final score is: " + str(points)
                ft1_font = pygame.font.Font(None, 70)
                ft1_surf = font.render(final_text1, 1, (0, 0, 0))
                ft2_font = pygame.font.Font(None, 50)

                ft2_surf = font.render(final_text2, 1, (0, 0, 0))
                screen.blit(ft1_surf, [screen.get_width()/2 - \
                            ft1_surf.get_width()/2, 100])
                screen.blit(ft2_surf, [screen.get_width()/2 - \
                            ft2_surf.get_width()/2, 200])

                pygame.display.flip()
                done = True
                pygame.mixer.music.fadeout(2000)   ←——————— 음악을 서서히 사라지게 함
            else:
                pygame.time.delay(1000)        ┃ 새로운 생명이 시작될 때 사운드를 재생
                new_life.play()                ┃
                myBall.rect.topleft = [50, 50]
                screen.blit(myBall.image, myBall.rect)
                pygame.display.flip()
                pygame.time.delay(1000)
pygame.quit()
```

코드가 굉장히 깁니다!(빈 줄을 포함해서 100줄 정도 됩니다). 예제를 좀 더 짧게 만들 수도 있겠지만 그렇게 하면 코드를 읽거나 이해하기가 더 어려울 수도 있습니다. 이 프로그램은 세 개의 장에 걸쳐 조금씩 만들어왔기 때문에 한 번에 모두 입력할 필요가 없었습니다.

이 책을 계속 읽어왔다면 프로그램의 각 부분이 어떤 역할을 하고 각 부분이 어떻게 합쳐지는지 이해할 것입니다. 그리고 필요한 경우 전체 프로그램을 \examples 폴더(설치 프로그램을 이용해 설치한 경우)와 웹사이트에서 확인할 수 있습니다.

다음 장에서는 버튼, 메뉴 등이 포함된 다른 종류의 그래픽 프로그램, 즉 GUI를 만들어보겠습니다.

이번 장에서 배운 내용

이번 장에서는 다음과 같은 내용을 배웠습니다.

- 이프로그램에 사운드를 추가하는 법
- 사운드 클립을 재생하는 법(일반적으로 .wav 파일)
- 음악 파일을 재생하는 법(일반적으로 .mp3 파일)
- 사운드가 재생이 끝났는지 확인하는 법
- 효과음과 음악의 볼륨을 조절하는 법
- 음악이 계속해서 재생되게 만드는 법
- 음악을 서서히 사라지게 만드는 법

학습 내용 점검

1. 사운드를 저장하는 데 사용되는 세 가지 파일 유형은 무엇입니까?
2. 음악을 재생하는 데 사용되는 파이게임 모듈은 무엇입니까?
3. 파이게임 사운드 객체의 볼륨을 설정하는 방법은 무엇입니까?
4. 배경음악의 볼륨을 설정하는 방법은 무엇입니까?
5. 음악이 서서히 사라지게 하는 방법은 무엇입니까?

도전 과제

1. 1장의 숫자 알아맞히기 게임에 사운드를 추가하십시오. 게임이 텍스트 모드이므로 이번 장에서 한 것처럼 파이게임 창을 추가해야 할 것입니다. 다음은 \examples\sounds 폴더(및 웹사이트)에 있는 사운드 파일입니다.

   - Ahoy.wav
   - TooLow.wav
   - TooHigh.wav
   - WhatsYerGuess.wav
   - AvastGotIt.wav
   - NoMore.wav

   또는 여러분이 직접 사운드를 녹음하는 것도 재미있을 것입니다. 윈도우의 녹음기나 audacity.sourceforge.net/ 에서 무료로 내려받을 수 있는 Audacity(여러 운영체제에서 이용 가능한) 같은 프로그램을 이용할 수 있습니다.

20

GUI 더 알아보기

6장에서 EasyGui를 이용해 대화상자를 만들 때 간단한 GUI를 만들었습니다. 하지만 GUI에는 대화상자 말고도 많은 것이 필요합니다. 오늘날 만들어지는 대부분의 프로그램에서는 전체 프로그램이 GUI로 실행됩니다. 이번 장에서는 PyQt를 이용해 GUI를 만들겠습니다. PyQt를 이용하면 GUI의 외형을 더 유연하고 섬세하게 조절할 수 있습니다.

PyQt 활용하기

PyQt를 사용하기에 앞서 먼저 컴퓨터에 PyQt가 설치돼 있어야 합니다. 이 책의 설치 프로그램을 이용해 파이썬을 설치했다면 PyQt가 이미 설치돼 있습니다. 그렇지 않다면 PyQt를 내려받아 별도로 설치해야 합니다. PyQt는 **www.riverbankcomputing.com/software/pyqt/download**에서 내려받을 수 있습니다. 현재 사용 중인 운영체제와 파이썬 버전(설치 프로그램을 이용했다면 2.7.3 버전입니다)에 맞는 버전을 내려받습니다. 이 책에서는 PyQt 4.1을 사용합니다.

PyQt 5 버전도 있지만 이 버전은 4 버전과 상당히 다릅니다. 이 책의 설치 프로그램을 사용하지 않았다면 반드시 PyQt 4를 설치하세요.

기본적으로 GUI 프로그램을 작성할 때는 두 부분으로 나뉩니다. 사용자 인터페이스 자체("UI")를 만들어야 하고, 해당 UI가 원하는 대로 동작하게 만들 코드를 작성해야 합니다. UI를 제작할 때는 버튼, 텍스트 상자, 선택 상자 등을 창에 배치합니다. 그런 다음 버튼을 클릭하거나 텍스트 상자에 입력하거나 선택 상자에서 뭔가를 선택했을 때 어떤 일이 일어나게 하는 코드를 작성합니다.

Qt를 사용할 경우 Qt 디자이너(Qt Designer)라는 것을 이용해 UI를 만들면 됩니다. Qt 디자이너가 어떤 것인지 살펴봅시다.

Qt 디자이너

PyQt를 설치하면 Qt 디자이너라는 프로그램도 설치됩니다. Qt 디자이너 아이콘을 찾아(예를 들면, 윈도우에서는 시작 메뉴에서) 실행합니다. 그리고 나면 Qt 창이 열리고, 가운데에 **새 폼(New Form)** 대화상자가 나타납니다.

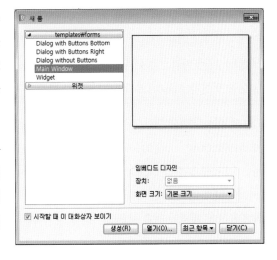

폼(Form)은 GUI 창을 가리키는 프로그래밍 용어입니다. 여기서는 새로운 GUI 창을 만들 예정이므로 **Main Window** 옵션을 선택한 다음 **생성(Create)** 버튼을 클릭합니다. 이제 Qt 창의 나머지 부분을 살펴봅시다.

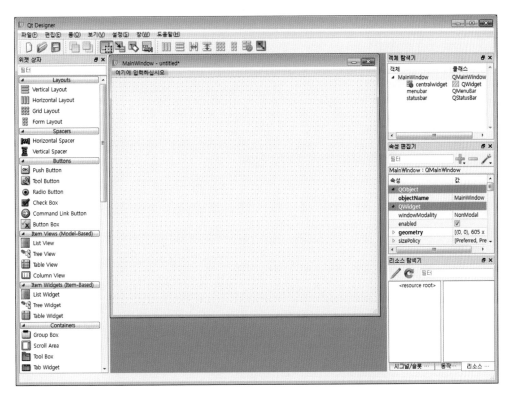

왼쪽에 있는 것은 위젯 상자(Widget Box)이 며, 이곳에는 GUI에 사용할 수 있는 다양한 그 래픽 요소가 모두 나열돼 있습니다. 그래픽 요 소는 몇 개의 카테고리로 묶여 있습니다.

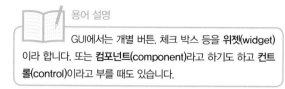

용어 설명

GUI에서는 개별 버튼, 체크 박스 등을 **위젯**(widget) 이라 합니다. 또는 **컴포넌트**(component)라고 하기도 하고 **컨트롤**(control)이라고 부를 때도 있습니다.

오른쪽에는 **객체 탐색기**(Object Inspector)와 **속성 편집기**(Property Editor)가 있습니다. 객체 탐색 기와 속성 편집기는 위젯의 속성을 확인하거나 변경할 때 사용합니다. 세 번째 상자는 하단의 어떤 탭을 선택하느냐에 따라 기능이 달라집니다. 그러한 기능으로 **시그널/슬롯 편집기**(Signal/Slot Inspector) 나 **동작 편집기**(Action Editor), **리소스 탐색기**(Resource Browser) 중 하나가 될 수 있습니다.

가운데에는 앞에서 만든 새로운 빈 폼이 위치합니다. 아직 이름을 부여하지 않았기 때문에 상단에는 **MainWindow - untitled**라고 표시됩니다. 이처럼 빈 공간에 UI를 구성하는 위젯을 배치합니다(맥에 서는 이 뷰를 보려면 **Qt Designer > Preferences**로 가서 사용자 인터페이스 모드를 '여러 최상위 창 (Multiple Top-Level Windows)'에서 '도킹된 창(Docked Window)'으로 변경해야 합니다. 그렇지 않으면 모든 패널이 개별 창으로 나타날 것입니다).

버튼 추가하기

GUI에 버튼을 추가해 봅시다. Qt 디자이너 창의 왼쪽 편에서 **Buttons** 영역 을 찾은 다음 **Push Button** 위젯이 있는지 살펴봅니다.

Push Button 위젯을 빈 폼으로 끌어와 어딘가에 떨어뜨립니다. 이제 폼에 버튼이 추가됐고 **PushButton**이라는 라벨이 지정돼 있습니다.

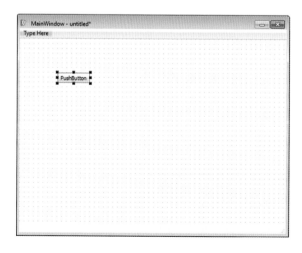

이제 오른쪽 편에서 속성 편집기를 찾습니다. 버튼이 선택돼 있는 상태라면(자그마한 파란 색 사각형이 버튼 주위에 붙어 있다면) 속성 편집기에 버튼의 속성이 나타날 것입니다. 이 곳에서 버튼의 이름이 **PushButton**이라는 것 도 볼 수 있습니다. 속성 목록을 스크롤해서 다른 속성을 살펴보면 버튼의 너비와 높이, x 및 y 좌표 등을 볼 수 있습니다.

버튼 변경하기

버튼의 크기나 창에서의 위치를 바꾸는 데는 두 가지 방법이 있습니다. 즉, 마우스로 버튼을 드래그하거나 크기나 위치 속성을 바꾸면 됩니다. 두 가지 방법을 통해 버튼의 크기와 위치를 바꿔보면서 어떻게 동작하는지 확인해 봅니다. 마우스로 버튼을 옮기려면 버튼을 클릭한 다음 새로운 위치로 끌어다 놓습니다. 마우스로 버튼의 크기를 바꾸려면 버튼 가장자리의 파란색 사각형(이것들을 **핸들**(handle)이라고 합니다) 중 하나를 클릭한 후 버튼의 가장자리나 모서리를 드래

그해서 더 크거나 작게 만듭니다. 속성을 이용해 버튼의 크기를 바꾸려면 geometry 속성 옆에 있는 자그마한 삼각형을 클릭합니다. 그러고 나면 속성이 펼쳐지면서 X, Y, 너비(Width)와 높이(Height) 속성이 나타납니다. 이곳에 숫자를 입력해 버튼의 크기와 위치를 바꾸면 됩니다.

아울러 버튼에 표시되는 텍스트도 바꿀 수 있습니다. 지금은 텍스트가 버튼의 이름과 같지만 굳이 그럴 필요는 없습니다. 버튼 텍스트를 I'm a Button!으로 바꿔봅시다. 속성 창에서 스크롤해서 내리면 **text**라는 속성을 찾을 수 있습니다. 해당 텍스트를 I'm a Button!으로 바꿉니다. 아울러 버튼을 더블클릭한 후 곧바로 버튼상의 텍스트를 편집하는 식으로도 버튼 텍스트를 바꿀 수 있습니다.

폼에 있는 버튼을 보면 이제 I'm a Button!으로 바뀌었을 것입니다. 하지만 위젯(objectName 속성)의 이름은 여전히 **PushButton**입니다. 버튼으로 뭔가를 하고 싶을 때는 코드에서 바로 이 이름으로 참조하면 됩니다.

GUI 저장하기

지금까지 작업한 내용을 저장해 봅시다. PyQt에서는 GUI를 기술한 내용이 .ui 파일에 저장됩니다. 이 파일에는 창, 메뉴, 위젯에 관한 모든 정보가 들어 있습니다. Qt 디자이너의 속성 창에 표시됐던 정보와 같은 정보이며, 이제 이러한 정보를 PyQt 프로그램이 실행될 때 사용할 수 있게 파일에 저장해야 합니다.

UI를 저장하려면 **파일(File)** 메뉴로 가서 **다른 이름으로 저장(Save As)**을 선택한 다음 파일명을 지정하면 됩니다. GUI의 이름을 **MyFirstGui**로 지정해 봅시다. 파일 확장자는 자동으로 .ui로 설정됩니다. 그럼 UI는 **MyFirstGui.ui**로 저장됩니다. 이 파일을 여러분이 원하는 폴더에 저장해 둡니다. 기본적으로

Qt 디자이너는 Qt 디자이너 자체가 있는 폴더에 저장할 텐데, 그곳에 GUI 파일을 저장하고 싶지는 않을 것입니다. **저장(Save)** 버튼을 클릭하기에 앞서 파이썬 프로그램을 저장하는 폴더로 이동합니다.

이 파일은 IDLE 편집기 같은 텍스트 편집기로 볼 수 있습니다. 이 파일을 열면 다음과 같은 내용을 볼 수 있습니다.

```xml
<?xml version="1.0" encoding="UTF-8"?>
<ui version="4.0">
 <class>MainWindow</class>
 <widget class="QMainWindow" name="MainWindow">
  <property name="geometry">
   <rect>
    <x>0</x>
    <y>0</y>
    <width>576</width>
    <height>425</height>
   </rect>
  </property>
  <property name="windowTitle">
   <string>MainWindow</string>
  </property>
  <widget class="QWidget" name="centralwidget">
   <widget class="QPushButton" name="pushButton">
    <property name="geometry">
     <rect>
      <x>60</x>
      <y>70</y>
      <width>121</width>
      <height>41</height>
     </rect>
    </property>
    <property name="toolTip">
     <string/>
    </property>
    <property name="text">
     <string>I'm a Button!</string>
    </property>
   </widget>
  </widget>
  <widget class="QMenuBar" name="menubar">
```

창(배경)을 정의

버튼을 정의

```
        <property name="geometry">
         <rect>
          <x>0</x>
          <y>0</y>
          <width>576</width>
          <height>21</height>
         </rect>
        </property>
       </widget>
       <widget class="QStatusBar" name="statusbar"/>
      </widget>
      <resources/>
      <connections/>
     </ui>
```

조금 혼란스러워 보여도 좀 더 자세히 살펴보면 창을 기술하는 부분과 버튼을 기술하는 부분, 그리고 메뉴나 상태표시줄과 같이 아직 이야기하지 않은 부분들을 확인할 수 있습니다.

GUI 작동시키기

이제 창에 버튼이 하나 포함된 아주 기본적인 GUI가 만들어졌습니다. 하지만 아직까진 아무것도 하지 않습니다. 버튼을 클릭했을 때 프로그램에서 무슨 일을 해야 할지 알려주는 코드를 작성하지 않았기 때문입니다. 이것은 마치 자동차에 4개의 바퀴와 차체는 있지만 엔진이 없는 것과 같습니다. 겉보기엔 좋아 보이지만 그 차로는 아무 곳도 갈 수 없습니다.

이 차 정말 멋지지 않아?
시속 0에서 0까지 1초밖에 안 걸려.

프로그램이 실행되게 만들려면 약간의 코드가 필요합니다. PyQt 프로그램의 경우 최소한으로 필요한 코드는 다음과 같습니다.

예제 20.1 최소한으로 필요한 PyQt 코드

```python
import sys
from PyQt4 import QtCore, QtGui, uic          ← 가져오기가 필요한 PyQt 라이브러리

form_class = uic.loadUiType("MyFirstGui.ui")[0]  ←
                                                    ❶ 디자이너에서 만든 UI를 불러옴

class MyWindowClass(QtGui.QMainWindow, form_class):
    def __init__(self, parent=None):            ┤ 메인 창에 대한 클래스를 정의
        QtGui.QMainWindow.__init__(self, parent)
        self.setupUi(self)

app = QtGui.QApplication(sys.argv)     ← 이벤트 루프를 실행하는 PyQt 객체
myWindow = MyWindowClass()             ← 창 클래스의 인스턴스를 생성
myWindow.show()                        ┤ 프로그램을 시작한 후 GUI 창을 표시
app.exec_()
```

❶번 줄의 끝에 있는 [0]이 무슨 의미인지 궁금하다면 우측의 참고란을 읽어봅시다.

파이썬과 마찬가지로 PyQt의 모든 것은 객체입니다. 각 창은 class 키워드로 정의된 객체입니다. 이 프로그램을 비롯해 앞으로 만들 모든 PyQt 프로그램에는 PyQt 클래스인 QMainWindow를 상속하는 클래스가 들어 있을 것입니다. 예제 20.1에서는 해당 클래스의 이름이 MyWindowClass(6번째 줄)이지만 다른 이름을 사용해도 무

UI를 불러오는 줄 끝에 [0]이라고 작성한 까닭은 uic.loadUiType() 메서드가 요소가 두 개인 리스트(form_class와 base_class라는 것이 포함된)를 반환하기 때문입니다. 이 예제에서는 첫 번째 항목인 form_class, 즉 리스트에서 item[0]에 해당하는 것만 필요합니다.

방합니다. 한 가지 기억할 점은 클래스 정의는 청사진에 불과하다는 것입니다. 청사진만으로는 집을 지을 수 없습니다. 즉, 클래스의 인스턴스를 만들어야 하며, 이를 코드 하단의 myWindow = MyWindowClass() 줄에서 수행합니다. myWindow는 MyWindowClass의 인스턴스입니다.

예제 코드를 IDLE이나 SPE 편집창에 입력한 다음 **MyFirstGui.py**라는 이름으로 저장합니다.

- 주 코드: MyFirstGui.py
- UI 파일: MyFirstGui.ui

이 두 파일을 같은 위치에 저장해야 주 프로그램에서 UI 파일을 찾아 프로그램이 시작할 때 불러올 수 있습니다.

이제 IDLE에서 프로그램을 실행할 수 있습니다. 창이 열리는 것을 확인한 후 버튼을 클릭해 봅시다. 하지만 아직까진 아무 일도 일어나지 않습니다. 프로그램을 실행했지만 버튼에 대해서는 아직까지 아무 코드도 작성하지 않았습니다. 제목 표시줄의 X를 클릭해 프로그램을 닫습니다.

간단한 작업을 해봅시다. 버튼을 클릭했을 때 버튼이 창에서 새로운 위치로 이동하게끔 만들어 봅시다. 예제 20.2의 10~17번째 줄에 있는 코드를 예제 20.1에서 입력한 코드에 추가합니다.

예제 20.2 예제 20.1의 버튼에 이벤트 처리자를 추가

```python
import sys
from PyQt4 import QtCore, QtGui, uic

form_class = uic.loadUiType("MyFirstGui.ui")[0]

class MyWindowClass(QtGui.QMainWindow, form_class):
    def __init__(self, parent=None):
        QtGui.QMainWindow.__init__(self, parent)
        self.setupUi(self)
        self.pushButton.clicked.connect(self.button_clicked)

    def button_clicked(self):
        x = self.pushButton.x()
        y = self.pushButton.y()
        x += 50
        y += 50
        self.pushButton.move(x, y)

app = QtGui.QApplication(sys.argv)
myWindow = MyWindowClass()
myWindow.show()
app.exec_()
```

이벤트에 이벤트 처리자를 연결

이벤트 처리자

이 줄을 추가해 마우스를 클릭할 때마다 버튼이 움직이게 함

버튼을 클릭했을 때 버튼을 옮김

예제에 나온 것처럼 class 문에서 전체 def 블록을 4칸 들여쓰기해야 합니다. 그렇게 해야 하는 이유는 모든 구성요소가 창의 일부분이기 때문입니다. 따라서 버튼의 이벤트 처리자에 대한 코드도 해당 클래스 정의 안에 들어가야 합니다.

프로그램을 실행해 어떻게 동작하는지 살펴봅시다. 다음 절에서 이 코드를 좀 더 자세히 살펴보겠습니다.

이벤트 처리자의 귀환

지난 몇 개의 장에서 만든 파이게임 프로그램에서는 **이벤트 처리자**를 비롯해 이벤트 처리자를 이용해 키보드와 마우스 움직임, 즉 이벤트를 찾는 법을 배웠습니다. 같은 원리가 PyQt에도 적용됩니다.

MyWindowClass에서는 창에 대한 이벤트 처리자를 정의했습니다. 버튼은 메인 창에 들어있으므로 버튼에 대한 이벤트 처리자도 그곳에 들어갑니다.

먼저 메인 창에 특정 위젯에 대한 이벤트 처리자를 만들고 있다고 알려줘야 합니다. 예제 20.2에서는 10번째 줄에서 이렇게 하고 있습니다.

```
self.pushButton.clicked.connect(self.button_clicked)
```

여기서는 이벤트(self.pushButton.clicked)를 이벤트 처리자(self.button_clicked)에 **연결(connect)**, 즉 **연동(bind)**했습니다. button_clicked 이벤트 처리자의 정의는 12번째 줄부터 시작합니다. clicked는 버튼에서 받을 수 있는 이벤트 중 하나입니다. 다른 이벤트로는 pressed와 released가 있습니다.

(파이썬) 프로그래머처럼 생각하기

버튼의 이벤트를 이벤트 처리자에 연결하는 것을 가리켜 '이벤트 처리자를 연동한다'라고 합니다. 이것은 뭔가를 서로 연결하는 프로그래머식 표현입니다. PyQt 및 다른 여러 이벤트 기반 프로그래밍 시스템에서는 뭔가를 연동한다는 이야기를 듣게 될 것입니다. 보통 이벤트나 시그널(signal)을 해당 이벤트나 시그널을 처리하는 코드에 연동하게 됩니다. 시그널은 코드의 한 부분에서 다른 부분으로 정보를 전달하는 방법을 가리키는 프로그래밍 용어입니다.

self란?

button_clicked( ) 이벤트 처리자에는 self라는 매개변수를 하나 받습니다. 14장에서 객체에 관해 배울 때와 마찬가지로 self는 메서드를 호출하는 인스턴스를 가리킵니다. 이 경우 모든 이벤트는 백그라운드나 메인 창에서 오기 때문에 이벤트 처리자를 호출하는 것은 바로 창 객체입니다. 여기서 self는 메인 창을 가리킵니다. self를 클릭된 구성요소를 가리킨다고 생각할 수도 있지만 그렇지는 않고 **해당 구성요소를 포함하고 있는 창**을 가리킵니다.

버튼 움직이기

버튼에 대해 뭔가를 하고 싶을 때는 버튼을 어떻게 참조해야 할까요? PyQt는 창 안의 모든 위젯을 관리합니다. self가 창을 가리키고 pushButton이 위젯의 이름이라는 사실을 알고 있으므로 self.pushButton을 이용해 해당 위젯에 접근할 수 있습니다.

예제 20.2에서는 버튼을 클릭할 때마다 버튼이 움직이도록 만들었습니다. 창 안에서의 버튼의 위치는 버튼의 geometry 속성(x, y, width, height 속성이 포함돼 있는)에 따라 결정됩니다. 이러한 속성을 변경하는 데는 두 가지 방법이 있습니다.

한 가지 방법은 setGeometry()라는 메서드를 이용해 **geometry** 속성을 변경하는 것입니다. 다른 방법(예제 20.2에서 사용한)은 **geometry** 속성의 x, y 속성만 변경하고 width와 height는 그대로 두는 move() 메서드를 이용하는 것입니다. x 위치는 창의 왼쪽 끝에서부터 떨어진 거리고, y 위치는 창의 위쪽 끝에서부터 떨어진 거리입니다. 창의 좌측 상단 모서리는 [0, 0]입니다(파이게임과 마찬가지).

이 프로그램을 실행해 버튼을 몇 번 클릭하면 버튼이 창의 우측 하단 구석으로 사라져버리는 것을 볼 수 있습니다. 원한다면 창의 크기를 조절해(가장자리나 모서리를 드래그해서) 창의 크기를 키운 후 버튼을 다시 보이게 할 수 있습니다. 프로그램 실행을 마치면 제목 표시줄에 있는 X를 클릭해 창을 닫습니다(또는 운영체제에서 창을 닫는 데 사용하는 어떤 방법을 이용해서든).

참고로 파이게임과는 달리 원래 위치에 있던 버튼을 "지우고" 다시 새로운 위치에서 버튼을 다시 그려야 할 필요는 없습니다. 바로 버튼을 움직이면 됩니다. PyQt가 모든 지우기와 다시 그리기를 대신 처리해줍니다.

더 유용한 GUI

처음으로 만든 PyQt GUI로도 PyQt로 GUI를 만드는 방법의 기초를 확인하는 데 충분하지만 그렇게 만든 GUI가 그리 유용하지 않고 재미있지도 않습니다. 그래서 이번 장의 나머지 부분과 22장에서는 규모가 작은 프로젝트와 큰 프로젝트를 몇 가지 진행해 보면서 PyQt를 이용하는 것에 관해 좀 더 배워보겠습니다.

첫 번째 프로젝트는 PyQt 버전의 온도 변환 프로그램입니다. 22장에서는 PyQt를 이용해 GUI 버전의 행맨(Hangman) 게임을 만들어보겠습니다. 이 책의 후반부에서는 다시 한번 PyQt를 이용해 가상 애완동물 프로그램을 만들겠습니다.

TempGUI

3장의 "도전 과제"에서는 첫 번째 온도 변환 프로그램을 만들었습니다. 5장에서는 여기에 사용자 입력을 추가해 변환할 온도를 프로그램에 직접 기재할 필요가 없었습니다. 6장에서는 EasyGui를 이용해 사용자 입력을 받고 출력 결과를 표시했습니다. 이제 PyQt를 이용해 그래픽 버전의 온도 변환 프로그램을 만들어보겠습니다.

TempGUI 컴포넌트

이번에 만들 온도 변환 GUI는 상당히 간단합니다. 다음과 같은 요소만 있으면 됩니다.

- 온도를 입력할 곳(섭씨나 화씨)
- 온도 변환이 일어나게 만들 버튼
- 사용자에게 각 요소의 역할을 보여줄 라벨

재미 삼아 섭씨와 화씨에 대한 두 가지 종류의 입력 위젯을 사용해 보겠습니다. 실제 프로그램에서는 이렇게 하지 않겠지만(사람들만 혼란하게 만들 것입니다) 지금은 배우기 위해 이렇게 하겠습니다.

GUI 레이아웃을 완성하고 나면 다음과 같은 모습일 것입니다.

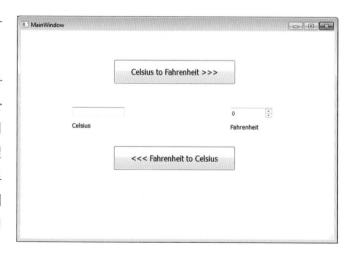

Qt 디자이너가 상당히 사용자 친화적이라서 GUI 레이아웃을 직접 만들 수 있을 것입니다. 그렇지만 도움이 필요한 경우에 대비해 각 단계를 설명하겠습니다. 이렇게 하면 각 컴포넌트의 이름도 동일할 테고, 나중에 코드를 이해하기도 훨씬 수월할 것입니다.

컴포넌트를 정확히 일렬로 맞추려고 하거나 여기서 설명하는 것과 완전히 똑같이 만들려고 하지 않아도 됩니다. 대충 비슷하기만 하면 됩니다.

새 GUI 만들기

첫 번째 단계는 새 PyQt 프로젝트를 만드는 것입니다. 앞에서 열었던 UI(MyFirstGui)를 닫을 때 디자이너는 **새 폼(New Form)** 창을 다시 열 것이며, **Main Window**를 폼 형식으로 선택한 다음 **생성(Create)**을 클릭합니다.

이제 위젯을 추가해야 합니다. Celsius(섭씨) 입력란은 **Line Edit** 위젯이고, Fahrenheit(화씨) 입력란은 **Spin Box**이며, 각 온도 입력란 하단의 라벨은 **Label** 위젯이고, 두 개의 **Push Button** 컴포넌트가 있습니다. 왼쪽 편에 있는 위젯 상자에서 스크롤해서 이러한 위젯을 찾을 수 있습니다. 다음은 GUI를 만드는 각 단계를 나열한 것입니다.

1. 위젯 상자에서 Push Button 위젯을 찾습니다. Push Button 위젯을 폼으로 끌어오면 폼에 새 버튼이 만들어집니다. 그러고 나서 다음과 같은 작업을 수행합니다.

   - 버튼의 핸들을 드래그하거나 geometry 속성에 숫자를 새로 입력해(MyFirstGui에서 본 것처럼) 버튼의 크기를 조절합니다.
   - 버튼의 objectName 속성을 btn_FtoC로 변경합니다.
   - 버튼의 text 속성을 《《《 Fahrenheit to Celsius로 변경합니다.
   - 버튼의 font size(포인트 크기)를 12로 변경합니다. 속성 편집기에서 font 속성을 찾아서 ⚙와 같이 세 개의 점이 들어 있는 자그마한 버튼을 클릭합니다. 그러면 워드 프로세서에서 봤을 법한 글꼴 대화상자가 나타날 것입니다.

2. Push Button을 하나 더 폼으로 드래그해서 첫 번째 버튼 위에 배치한 다음, 크기를 조절하고 다음과 같이 설정을 변경합니다.

   - 버튼의 objectName 속성을 btn_CtoF로 변경합니다.
   - 버튼의 text 속성을 Celsius to Fahrenheit 》》》로 변경합니다.
   - 버튼의 font size(포인트 크기)를 12로 변경합니다.

3. Line Editor 위젯을 폼으로 드래그해서 두 버튼 왼쪽에 배치합니다.

   - Line Editor 위젯의 objectName 속성을 editCel로 변경합니다.

4. Spin Box 위젯을 폼으로 드래그해서 두 버튼 오른쪽에 배치합니다.

   - Spin Box 위젯의 objectName 속성을 spinFahr로 변경합니다.

5. Label 위젯을 폼으로 드래그해서 Line Editor 위젯 아래에 배치합니다.

   - 라벨의 text 속성을 Celsius로 변경합니다.
   - 라벨의 font size 속성을 10으로 변경합니다.

6. Label 위젯을 폼으로 드래그해서 Spin Box 위젯 아래에 배치합니다.

- 라벨의 text 속성을 Fahrenheit로 변경합니다.
- 라벨의 font size 속성을 10으로 변경합니다.

이제 GUI 요소(위젯 또는 컴포넌트, 컨트롤)를 배치했으므로 이름과 라벨을 부여할 차례입니다. Qt 디자이너에서 **파일 〉 다른 이름으로 저장**을 선택해 UI 파일을 **tempconv.ui**라는 이름으로 저장합니다. 한 가지 기억할 점은 파일이 저장되는 위치를 일반적으로 파이썬 프로그램을 저장하는 위치로 변경해야 한다는 것입니다.

다음으로 IDLE에서 파일을 새로 만든 다음 기본 PyQt 코드를 입력합니다(또는 첫 번째 프로그램에서 복사합니다).

```python
import sys
from PyQt4 import QtCore, QtGui, uic

form_class = uic.loadUiType("tempconv.ui")[0]

class MyWindowClass(QtGui.QMainWindow, form_class):
    def __init__(self, parent=None):
        QtGui.QMainWindow.__init__(self, parent)
        self.setupUi(self)

app = QtGui.QApplication(sys.argv)
myWindow = MyWindowClass()
myWindow.show()
app.exec_()
```

섭씨를 화씨로 변환하기

먼저 섭씨를 화씨로 변환하는 기능을 동작하게 만듭시다. 섭씨를 화씨로 변환하는 공식은 다음과 같습니다.

```python
fahr = cel * 9.0 / 5 + 32
```

editCel Line Editor 위젯에서 섭씨 온도를 구해 온도 변환 계산을 한 다음 결과를 spinFahr 화씨 Spin Box 위젯에 집어넣습니다. 사용자가 **Celsius to Fahrenheit** 버튼을 클릭했을 때 이 모든 일들이 일어나야 하므로 이를 수행하는 코드가 버튼의 이벤트 처리자에 들어가야 합니다.

먼저 버튼의 `clicked` 이벤트를 이벤트 처리자에 연결해야 합니다.

```
self.btn_CtoF.clicked.connect(self.btn_CtoF_clicked)
```

첫 번째 프로그램에서 했던 것과 마찬가지로 이 코드는 `MyWindow` 클래스의 `__init__()` 메서드에 들어갑니다.

다음으로 이벤트 처리자를 정의해야 합니다. **Celsius** 상자(`editCel`이라는 이름의 Line Edit 위젯)에서 값을 가져오려면 `self.editCel.text()`를 사용하면 됩니다. 이 값은 문자열이므로 이를 실수로 변환해야 합니다.

```
cel = float(self.editCel.text())
```

그런 다음 온도 변환을 수행합니다.

```
fahr = cel * 9.0 / 5 + 32
```

다음으로 이 값을 **Fahrenheit** 상자, 즉 `spinFahr`라는 이름의 Spin Box 위젯에 집어넣어야 합니다. 여기서 한 가지 조심해야 할 것이 있습니다. Spin Box에는 정수형 값만 넣을 수 있고 실수는 넣을 수 없다는 점입니다. 따라서 Spin Box에 넣기 전에 값을 `int`로 변환해야 합니다. Spin Box에 들어있는 숫자는 `value` 속성에 해당하므로 코드는 다음과 같습니다.

```
self.spinFahr.setValue(int(fahr))
```

그리고 `int()`를 이용해 실수를 정수로 변환할 때 다음으로 낮은 정수로 버림하는 대신 가장 가까운 정수로 반올림되도록 결과에 0.5를 더합니다. 이를 모두 종합하면 다음과 같습니다.

```
def btn_CtoF_clicked(self):
    cel = float(self.editCel.text())        ◄──── 섭씨 값을 구함
    fahr = cel * 9.0 / 5 + 32        ◄──── 화씨로 변환
    self.spinFahr.setValue(int(fahr + 0.5))
app = QtGui.QApplication(sys.argv)        ↖
myWindow = MyWindowClass()        값을 반올림한 후 Fahrenheit Spin Box
myWindow.show()        에 집어넣음
app.exec_()
```

화씨를 섭씨로 변환하기

화씨를 섭씨로 변환하는 코드도 매우 비슷합니다. 온도 변환 공식은 다음과 같습니다.

```
cel = (fahr - 32) * 5.0 / 9
```

이 코드는 **Fahrenheit to Celsius** 버튼에 대한 이벤트 처리자에 들어갑니다. 다음과 같이 이벤트 처리자를 버튼에 연결합니다(창의 _init_ 메서드 안에서).

```
self.btn_FtoC.clicked.connect(self.btn_FtoC_clicked)
```

그런 다음 이벤트 처리자에서는 화씨 온도를 Spin Box에서 구해야 합니다.

```
fahr = self.spinFahr.value()
```

이 값은 이미 정수이므로 자료형을 변환하지 않아도 됩니다. 그다음으로 공식을 적용합니다.

```
cel = (fahr - 32) * 5.0 / 9
```

마지막으로 결과를 문자열로 변환한 후 **Celsius** 상자에 집어넣습니다.

```
self.editCel.setText(str(cel))
```

전체 코드는 다음 예제와 같습니다.

예제 20.3 온도 변환 프로그램

```
import sys
from PyQt4 import QtCore, QtGui, uic

form_class = uic.loadUiType("tempconv.ui")[0]          ◀─────── UI 정의를 불러옴
class MyWindowClass(QtGui.QMainWindow, form_class):
    def __init__(self, parent=None):
        QtGui.QMainWindow.__init__(self, parent)
        self.setupUi(self)
        self.btn_CtoF.clicked.connect(self.btn_CtoF_clicked)    │ 버튼의 이벤트 처리자를 연동
        self.btn_FtoC.clicked.connect(self.btn_FtoC_clicked)    │

    def btn_CtoF_clicked(self):
        cel = float(self.editCel.text())            │ CtoF 버튼에 대한 이벤트 처리자
        fahr = cel * 9 / 5.0 + 32                    │
        self.spinFahr.setValue(int(fahr + 0.5))      │
```

```
    def btn_FtoC_clicked(self):
        fahr = self.spinFahr.value()
        cel = (fahr - 32) * 5 / 9.0
        self.editCel.setText(str(cel))
```

FtoC 버튼에 대한 이벤트 처리자

```
app = QtGui.QApplication(sys.argv)
myWindow = MyWindowClass(None)
myWindow.show()
app.exec_()
```

이 프로그램을 TempGui.py로 저장한 후 프로그램을 실행해 GUI를 시험해 보십시오.

작은 개선

이 프로그램을 실행했을 때 한 가지 눈에 띄는 부분은 화씨 온도를 섭씨 온도로 변환했을 때 결과에 소수 자리가 굉장히 길어서 텍스트 상자 바깥으로 넘치기도 한다는 점입니다. 이를 고치는 방법이 하나 있으며, 이를 **출력 서식 지정(print formatting)**이라 합니다. 아직까지 서식 지정에 대해 다루지는 않았지만 21장으로 미리 건너뛰어서 서식 지정의 작동 방식을 읽어보거나 여기서 작성할 코드를 그냥 따라서 입력 해볼 수 있습니다. btn_FtoC_clicked 이벤트 처리자의 마지막 줄을 다음의 두 줄로 교체합니다.

```
cel_text = '%.2f' % cel
self.editCel.setText(cel_text)
```

그리고 나면 숫자의 소수부가 2자리로 표시될 것입니다.

음... 디버깅을 해볼 차례입니다. 사용자가 남극이나 명왕성에서 온도를 변환하고 싶다면 어떻게 될까요?

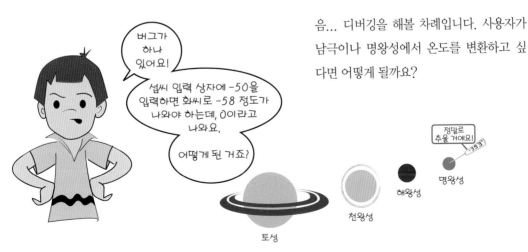

버그가 하나 있어요!

섭씨 입력 상자에 -50을 입력하면 화씨로 -58 정도가 나와야 하는데, 0이라고 나와요.

어떻게 된 거죠?

정말로 추울 거에요!

토성   천왕성   해왕성   명왕성

버그 때려잡기

앞에서 프로그램이 어떻게 동작하는지 살펴보는 좋은 방법 중 하나는 프로그램이 실행 중일 때 변수의 값을 출력해 보는 것이라고 이야기한 적이 있습니다. 그럼 그렇게 해봅시다.

섭씨 값을 화씨 값으로 변환할 때 화씨 값에 문제가 있는 것으로 보이기 때문에 거기서부터 시작하겠습니다. 다음과 같은 줄을 예제 20.3의 btn_CtoF_clicked 이벤트 처리자의 마지막 줄 다음에 추가합니다.

```
print 'cel = ', cel, ' fahr = ', fahr
```

이제 **Celsius to Fahrenheit** 버튼을 클릭할 때마다 cel과 fahr 변수의 값이 IDLE 셸 창에 출력되는 것을 볼 수 있습니다. cel 변수의 값을 다르게 지정해 보고 결과가 어떤지 살펴봅니다. 제가 시험해본 결과는 다음과 같습니다.

```
>>> ================ RESTART ================
>>>
cel = 50.0 fahr = 122.0
cel = 0.0 fahr = 32.0
cel = -10.0 fahr = 14.0
cel = -50.0 fahr = -58.0
```

fahr 값이 올바르게 계산되는 것처럼 보입니다. 그럼 왜 **Fahrenheit** 상자에서는 0 이하의 숫자(또는 99보다 큰 숫자)는 표시되지 않는 것일까요?

Qt 디자이너로 되놀아가서 화씨 온도를 표시하고 입력하는 데 사용했던 spinFahr Spin Box 위젯을 클릭합니다. 이제 속성 편집기로 가서 다양한 속성들을 스크롤해서 살펴봅니다. **minimum**과 **maximum**이라고 적힌 두 개의 속성(Spin Box의 속성 목록에서 하단부에 있는)이 보이십니까? 각 속성의 값이 무엇입니까? 이제 문제가 무엇인지 짐작할 수 있겠습니까?

메뉴에 뭐가 있죠?

온도 변환 GUI에는 변환이 일어나게 하는 버튼이 있습니다. 많은 프로그램에도 특정 기능을 수행하기 위한 메뉴가 있습니다. 간혹 이러한 메뉴는 버튼을 클릭해서도 할 수 있는 일인데, 왜 똑같은 일을 하는 두 가지 방법이 필요한 것일까요?

어떤 사용자는 버튼을 클릭하는 것보다 메뉴를 사용하는 방법을 더 선호합니다. 복잡한 프로그램에는 버튼이 많이 필요할 법한 기능이 많아서 메뉴를 사용하지 않는다면 GUI가 매우 지저분해질 것입니다. 그뿐만 아니라 메뉴는 키보드로 동작시킬 수 있어서 키보드에서 손을 떼고 마우스를 사용하는 방식보다 메뉴를 이용하는 편이 더 빠를 때도 있습니다.

사용자가 다른 식으로 온도 변환을 할 수 있게 메뉴 항목을 추가해 봅시다. 대부분의 프로그램에 포함돼 있는 File > Exit 메뉴 옵션도 추가할 수 있습니다.

PyQt에서는 메뉴를 만들고 편집하는 방법을 제공합니다. 디자이너에서 좌측 상단을 살펴보면 **여기에 입력하십시오(Type Here)**라고 적힌 것이 보일 것입니다. 이곳에서 메뉴 생성을 시작할 수 있습니다. 많은 프로그램에서는 첫 번째 메뉴가 File 메뉴이므로 File 메뉴로 시작해 봅시다. **여기에 입력하십시오**라고 적힌 부분을 클릭한 후 File을 입력하고 엔터 키를 누릅니다. 그러면 File 메뉴가 나타나는 것을 볼 수 있으며, 다음과 같이 해당 메뉴 옆과 아래에 메뉴 항목을 더 입력할 수 있는 공간도 볼 수 있습니다.

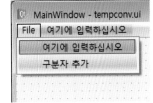

메뉴 항목 추가하기

File 메뉴 아래에는 Exit라는 메뉴 항목을 추가하겠습니다. File 메뉴 아래의 **여기에 입력하십시오(Type Here)**라고 적힌 곳에서 Exit를 입력한 다음 엔터 키를 누릅니다.

이제 온도 변환을 위한 메뉴 항목을 추가해 봅시다(사용자가 버튼을 사용하고 싶지 않다면). **File** 메뉴 오른쪽에 **여기에 입력하십시오**라고 적힌 곳에서 **Convert**를 입력합니다. 그런 다음 그 아래에서 **C to F**와 **F to C**에 대한 메뉴 항목 두 개를 새로 추가합니다. 메뉴 추가를 마치면 다음과 같은 모습일 것입니다.

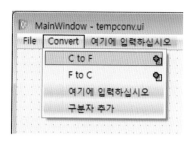

Qt 디자이너 우측 상단 구석에 있는 객체 탐색기를 보면 다음과 같은 모습일 것입니다.

File과 **Convert** 메뉴, **Exit**, **C to F**, **F to C** 메뉴 항목을 볼 수 있습니다. PyQt 용어로 메뉴 항목은 QAction 클래스의 인스턴스입니다. 그 이유는 메뉴 항목을 선택했을 때 어떤 **행동(action)**이 일어나기 때문입니다.

수정된 디자이너 파일을 **tempconv_menu.ui**라는 이름으로 저장합니다.

이제 메뉴 항목(또는 행동)이 만들어졌으므로 메뉴 항목의 이벤트를 이벤트 처리자에 연동(또는 연결)해야 합니다. **C to F**와 **F to C** 메뉴 항목의 경우 이미 이벤트 처리자(버튼에 대해 만들었던)가 있습니다. 버튼을 클릭했을 때와 똑같은 일이 메뉴에서도 일어나게 하고 싶으므로 메뉴 항목을 같은 이벤트 처리자에 연결하기만 하면 됩니다.

메뉴 항목(또는 **행동**)의 경우 처리해야 할 이벤트는 clicked가 아니라 triggered 이벤트입니다. 예제에서 이벤트 처리자에 연결하는 것의 이름은 actionC_to_F입니다. 그리고 예제에서 연결한 이벤트 처리자는 버튼의 이벤트 처리자인 btn_CtoF_clicked입니다. 메뉴에 대해 이벤트 처리자를 연결하는 코드는 다음과 같습니다.

> 맥에서는 menubar 객체에 대한 native-MenuBar 속성을 선택 해제해야 합니다 (nativeMenuBar 속성은 속성 편집기의 마지막 항목일 것입니다). 그렇게 하지 않으면 메뉴가 데스크톱상의 주 파이썬 메뉴와 충돌해서 PyQt 앱에서 File 메뉴가 사라질 것입니다.

```
self.actionC_to_F.triggered.connect(self.btn_CtoF_clicked)
```

그리고 다른 하나는 **FtoC** 메뉴 항목에 대한 것입니다.

Exit 메뉴 항목의 경우 새로운 이벤트 처리자를 만들고 그것을 이벤트에 연동해야 합니다. 해당 이벤트 처리자를 menuExit_selected라 하고 이벤트 처리자에 연결하는 코드는 다음과 같습니다.

```
self.actionExit.triggered.connect(self.menuExit_selected)
```

Exit 메뉴에 대한 실제 이벤트 처리자는 창을 닫는 단 한 줄의 코드로만 구성돼 있습니다.

```
def menuExit_selected(self):
    self.close()
```

마지막으로 세 번째 줄에서 불러오는 UI 파일을 앞에서 저장한 메뉴가 포함된 UI 파일(tempconv_menu.ui)로 변경합니다.

이 모든 변경사항을 적용하고 나면 코드가 예제 20.4와 같을 것입니다.

예제 20.4 메뉴까지 포함된 완성된 온도 변환 프로그램

```
import sys
from PyQt4 import QtCore, QtGui, uic

form_class = uic.loadUiType("tempconv_menu.ui")[0]    ◀──────── 메뉴가 포함된 UI 파일을 불러옴

class MyWindowClass(QtGui.QMainWindow, form_class):
    def __init__(self, parent=None):
        QtGui.QMainWindow.__init__(self, parent)

        self.setupUi(self)
        self.btn_CtoF.clicked.connect(self.btn_CtoF_clicked)
        self.btn_FtoC.clicked.connect(self.btn_FtoC_clicked)
        self.actionC_to_F.triggered.connect(self.btn_CtoF_clicked)    Convert 메뉴 항목을
        self.actionF_to_C.triggered.connect(self.btn_FtoC_clicked)    이벤트 처리자에 연결
        self.actionExit.triggered.connect(self.menuExit_selected)    ◀──────── Exit 메뉴 항목을 이벤트
                                                                              처리자에 연결

    def btn_CtoF_clicked(self):
        cel = float(self.editCel.text())
        fahr = cel * 9 / 5.0 + 32
        self.spinFahr.setValue(int(fahr + 0.5))

    def btn_FtoC_clicked(self):
        fahr = self.spinFahr.value()
        cel = (fahr - 32) * 5 / 9.0
        self.editCel.setText(str(cel))
```

```
def menuExit_selected(self):
    self.close()
```

새로운 Exit 메뉴 항목
이벤트 처리자

```
app = QtGui.QApplication(sys.argv)
myWindow = MyWindowClass(None)
myWindow.show()
app.exec_()
```

단축키

앞에서 사람들이 버튼보다 메뉴를 선호하는 한 가지 이유로 마우스를 쓸 필요 없이 키보드로 메뉴를 사용할 수 있다고 이야기했습니다. 지금 당장은 메뉴가 마우스로 동작하며, 아직까지 키보드로 동작하게끔 만들지 않았습니다. 키보드로도 동작하게 하려면 단축키를 추가하면 됩니다.

단축키(hotkey)를 이용하면 키보드만으로 메뉴 항목을 선택할 수 있습니다. 윈도우와 리눅스에서는 **Alt** 키로 메뉴 시스템을 활성화합니다(맥 OS에 대해서는 잠시 후에 이야기하겠습니다). **Alt** 키를 누르면 각

메뉴 항목의 특정 글자가 강조(보통 밑줄로)되는 것을 볼 수 있습니다. 밑줄이 쳐진 글자는 해당 메뉴를 활성화하는 데 사용하는 글자입니다. 따라서 가령 **File** 메뉴로 가려면 **Alt + F**를 누르면 됩니다. 즉, **Alt** 키를 누른 상태에서 **F** 키를 누릅니다. 그러고 나면 **File** 메뉴의 항목을 볼 수 있으며, 각 메뉴 항목의 단축키를 확인할 수 있습니다. 이를 IDLE 셸 창에서 실습해 보십시오.

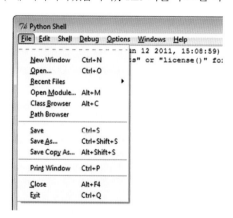

새 창을 열려면 **Alt + F + N**을 누르면 됩니다(**Alt** 키를 누른 상태에서 **F, N**을 차례로 누릅니다).

이제 온도 변환 GUI의 메뉴에 단축키를 정의해 봅시다. 단축키를 정의하려면 & 글자를 단축키로 만들고 싶은 글자 앞에 넣기만 하면 됩니다. 이를 메뉴(**File** 같은)의 Title 속성이나 메뉴 항목(**Exit** 같은)의 Text 속성에서 할 수 있습니다. **File** 메뉴의 경우 보통 F를 단축키로 지정하고, **Exit** 메뉴 항목의 경우 X를 단축키로 지정합니다. 따라서 File은 &File이 되고, Exit는 E&xit가 됩니다.

menuFile : QMenu	
속성	값
▷ title	&File
▷ icon	

actionExit : QAction	
속성	값
▷ text	E&xit
▷ iconText	Exit

이제 Convert 메뉴 항목에 어떤 단축키를 사용할지 결정해야 합니다. Convert에 대해서는 C, 섭씨에서 화씨로는 C, 화씨에서 섭씨로는 F를 사용하겠습니다. 그럼 각각 &Convert, &C to F, &F to C가 됩니다. 따라서 단축키 조합은 Alt + C + C(섭씨에서 화씨로 변환하는 경우)와 Alt + C + F(화씨에서 섭씨로 변환하는 경우)가 됩니다.

Qt 디자이너에서 단축키를 정의하고 나면 코드를 새로 작성하는 것과 같은 일을 별도로 하지 않아도 됩니다. PyQt와 운영체제가 단축키에 밑줄을 긋고 키보드 입력을 처리해 줍니다. 그냥 UI 파일을 저장하기만 하면 됩니다. UI 파일을 tempconv_menu_hotkeys.ui와 같은 다른 이름으로 저장할 수도 있습니다. 만약 그렇게 한다면 예제 20.4의 세 번째 줄을 해당 UI 파일을 불러오도록 변경해야 합니다.

```
form_class = uic.loadUiType("tempconv_menu_hotkeys.ui")[0]
```

간단히 말해서 맥 OS X에는 메뉴 단축키가 "없습니다". 그 이유는 모든 맥에는 맥이 만들어진 이래로 마우스(또는 터치패드)가 장착돼 있기 때문에 사용자가 마우스를 이용해 메뉴를 조작할 것이라고 가정합니다. 맥 OS의 메뉴 항목에 대해서는 키보드 단축키나 단축키 시스템이 없습니다. 많은 기능에 대해서는 키보드 단축키가 있고, 그것들 중 일부는 메뉴 항목과 대응됩니다. 하지만 윈도우와는 달리 단축키로 메뉴 시스템을 직접적으로 조작하지는 못합니다.

이렇게 해서 온도 변환 GUI를 완성했습니다. 22장에서는 PyQt를 이용해 행맨 게임을 만들겠습니다.

이번 장에서 배운 내용

이번 장에서는 다음과 같은 내용을 배웠습니다.

- PyQt
- Qt 디자이너
- 버튼, 텍스트 등 GUI를 구성하는 위젯
- 컴포넌트가 어떤 일을 하게 만드는 이벤트 처리자
- 메뉴 항목과 단축키

학습 내용 점검

1. 버튼, 텍스트 필드 등과 같이 GUI를 구성하는 것들을 가리키는 세 가지 이름은 무엇입니까?

2. 메뉴로 가기 위해 ALT 키와 함께 누르는 글자를 가리키는 용어는 무엇입니까?

3. Qt 디자이너 파일의 파일명 끝에는 반드시 무엇을 붙여야 합니까?

4. PyQt를 이용해 GUI에 포함시킬 수 있는 5가지 위젯의 종류는 무엇입니까?

5. 위젯(버튼 같은)이 어떤 일을 하게 만들려면 _____ _____가 있어야 합니다.

6. 단축키를 정의하기 위해 메뉴에 사용하는 특별한 글자는 무엇입니까?

7. PyQt의 Spin Box의 내용은 항상 _____여야 합니다.

도전 과제

1. 1장에서는 텍스트 기반 숫자 알아맞히기 프로그램을 만들었고 6장에서는 같은 게임을 간단한 GUI 버전으로 만들었습니다. PyQt를 이용해 숫자 알아맞히기 게임을 GUI 버전으로 만드십시오.

2. Spin Box에서 0 이하의 값이 표시되지 않을 때 무엇이 문제였는지 발견했습니까? (카터가 이 버그를 예제 20.2에서 발견했습니다). Spin Box의 속성을 고쳐서 이 문제를 해결하십시오. 스피너에서 아주 높은 온도와 아주 낮은 온도까지 모두 표시할 수 있게 최댓값과 최솟값을 수정하십시오(어쩌면 사용자가 명왕성은 물론 수성과 금성의 온도까지도 변환하려고 할지도 모릅니다!)

출력 서식 지정과 문자열

1장에서는 print 문을 배웠습니다. print 문은 파이썬에서 맨 처음으로 사용한 명령어였습니다. 아울러 5장에서는 print 문 끝에 콤마를 넣어 파이썬이 다음에 출력할 내용을 같은 줄에 출력할 수 있다는 것도 배웠습니다(적어도 파이썬 2에서는 그렇습니다. 파이썬 3에서는 그렇지 않지만요). 이를 이용해 raw_input() 함수에 곧바로 프롬프트를 넣는 간소화된 방법이 있다는 사실을 배우기 전까지 raw_input()의 프롬프트를 만들었습니다.

이번 장에서는 **출력 서식 지정(print formatting)**을 살펴보겠습니다. 출력 서식 지정은 프로그램의 출력 결과를 원하는 대로 만드는 방법을 의미합니다. 여기서는 다음과 내용을 배웁니다.

- 새로운 줄 시작하기(그리고 언제 그렇게 해야 하는지)
- 수평으로 간격 띄우기(그리고 수직으로 줄 맞추기)
- 문자열 중간에 변수 출력하기
- 숫자를 정수, 실수, E-표기법으로 출력하기 및 소수점 자릿수 지정하기

아울러 문자열을 다룰 때 사용하는 파이썬의 내장 메서드에 관해서도 배우겠습니다. 이러한 메서드로는 다음과 같은 작업을 할 수 있습니다.

- 문자열을 더 작은 부분으로 나누기
- 문자열 합치기
- 문자열 검색하기

- 문자열 내에서 검색하기
- 문자열의 일부를 삭제하기
- 대소문자 변경

이 메서드는 모두 텍스트 모드(GUI가 아닌) 프로그램에 유용할 것이며, GUI는 물론 게임에도 대부분 필요할 것입니다. 파이썬에서는 출력 서식을 이용할 수 있는 일이 상당히 많지만 이 정도만 해도 99퍼센트의 프로그램에는 충분할 것입니다.

새로운 줄

이미 print 문을 여러 차례에 걸쳐 봐왔을 것입니다. 그런데 print 문을 2번 이상 사용하면 어떻게 될까요? 다음과 같은 프로그램을 실행해 봅시다.

```
print "Hi"
print "There"
```

이 프로그램을 실행하면 다음과 같이 출력됩니다.

```
>>>
Hi
There
```

왜 두 내용이 서로 다른 줄에 출력됐을까요? 왜 다음과 같이 출력되지 않았을까요?

```
HiThere
```

특별히 지정하지 않으면 파이썬은 각 print를 새로운 줄에서 시작합니다. Hi를 출력하고 나서 파이썬은 한 줄 내려가 첫 번째 열로 가서 There를 출력합니다. 파이썬은 **줄바꿈(newline)** 문자를 두 단어 사이에 넣습니다. 줄바꿈은 텍스트 편집기에서 **엔터** 키를 친 것과 같습니다.

프로그래머처럼 생각하기

5장에서 텍스트의 끝을 표시하기 위한 CR과 LF(캐리지 리턴과 라인 피드)에 관해 배운 것을 기억하십니까? 그리고 시스템에 따라 둘 중 하나만이, 또는 둘 모두 사용된다고 이야기했던 것을 기억하십니까? 줄바꿈은 시스템과 상관없이 줄끝 표시를 나타내는 일반적인 이름입니다. 윈도우에서는 줄바꿈이 CR + LF를 의미합니다. 리눅스에서는 줄바꿈이 LF를, 맥 OS X에서는 줄바꿈이 CR을 의미합니다. 이를 통해 어느 시스템을 사용 중인지 신경 쓰지 않아도 됩니다. 그냥 새로운 줄을 시작하고 싶을 때 줄바꿈을 넣기만 하면 됩니다.

print와 콤마

특별히 지정하지 않는 이상 print 문은 자동으로 출력하는 내용 끝에 줄바꿈을 넣습니다. 그럼 줄바꿈을 넣지 않게 하려면 어떻게 해야 할까요? 다음과 같이 콤마를 추가하면 됩니다(5장에서 본 것과 같이).

```
print 'Hi',
print 'There'
```

```
>>> ================= RESTART =================
>>>
Hi There
```

(다시 한 번 이야기하지만 파이썬 3에서는 이렇게 할 수 없습니다). 참고로 Hi와 There 사이에는 공백이 한 칸 있습니다. 파이썬이 줄바꿈을 출력하지 않도록 콤마를 사용하면 줄바꿈 대신 공백을 출력합니다.

공백 없이 두 내용을 붙여서 출력하고 싶다면 이전에 살펴본 적이 있는 **문자열 연결(concatenation)**을 사용하면 됩니다.

```
print 'Hi' + 'There'
```

```
>>> ================= RESTART =================
>>>
HiThere
```

참고로 문자열 연결은 두 문자열을 더하는 것처럼 보여도 "더하기"는 숫자에만 해당하기 때문에 '문자열 연결'이라는 특별한 이름을 씁니다.

줄바꿈 추가하기

직접 줄바꿈을 추가하고 싶다면 어떻게 해야 할까요? 예를 들어, Hi와 There 사이에 빈 줄을 하나 더 두고 싶다면? 가장 쉬운 방법은 print 문을 하나 더 추가하는 것입니다.

```
print "Hi"
print
print "There"
```

이 프로그램을 실행하면 다음과 같이 출력됩니다.

```
>>> ============== RESTART ==============
>>>
Hi

There
```

특별한 출력 코드

줄바꿈을 추가하는 또 한 가지 방법이 있습니다. 파이썬에는 문자열을 다르게 출력하기 위해 문자열에 추가할 수 있는 특별한 코드가 있습니다. 이러한 특별한 출력 코드는 모두 백슬래시(\)로 시작합니다.

줄바꿈에 대한 코드는 \n입니다. 인터랙티브 모드에서 다음 코드를 실행해 봅시다.

```
>>> print "Hello World"
Hello World
>>> print "Hello \nWorld"
Hello
World
```

\n 때문에 Hello와 World라는 단어 사이에 줄바꿈이 추가되어 서로 다른 줄에 출력됐습니다.

수평 간격: 탭

앞에서 수직 간격을 제어하는 법(줄바꿈을 추가하거나 콤마를 이용해 줄바꿈을 하지 않는)을 살펴봤습니다. 이제 **탭(tab)**을 이용해 화면에서 수평으로 출력 내용의 간격을 제어하는 법을 살펴보겠습니다.

탭은 뭔가를 수평으로 줄을 맞출 때 유용합니다. 탭의 동작 방식을 이해하기 위해 화면상의 각 줄이 여러 개의 블록으로 나눠져 있고, 각 블록의 크기는 같다고 생각해 봅시다. 각 블록의 너비는 8자라고 해봅시다. 이 상태에서 탭을 삽입하면 다음 블록이 시작되는 지점으로 이동합니다.

백문이 불여일견입니다. 탭에 해당하는 특별한 코드는 \t이므로 인터랙티브 모드에서 다음과 같은 코드를 실행해 봅시다.

```
>>> print 'ABC\tXYZ'
ABC     XYZ
```

보다시피 XYZ가 ABC에서 몇 글자 떨어져 있습니다. 사실 XYZ는 해당 줄이 시작하는 지점에서 정확히 8자만큼 떨어져 있습니다. 그 이유는 블록의 크기가 8자이기 때문입니다. 이를 가리켜 8자 간격으로 **탭 멈춤(tab stop)**이 있다고 표현하기도 합니다.

```
>>> print 'ABC\tXYZ'
ABC     XYZ
>>> print 'ABCDE\tXYZ'
ABCDE   XYZ
>>> print 'ABCDEF\tXYZ'
ABCDEF  XYZ
>>> print 'ABCDEFG\tXYZ'
ABCDEFG XYZ
>>> print 'ABCDEFGHI\tXYZ'
ABCDEFGHI       XYZ
```

다음은 몇 가지 print 문 예제를 나타낸 것이며, 탭 멈춤에 해당하는 지점을 보여주기 위해 음영을 추가했습니다.

화면(또는 각 줄)이 8자 간격의 블록으로 배치된다고 생각할 수 있습니다. 참고로 ABC 부분이 길어져도 XYZ는 위치가 바뀌지 않습니다. \t를 지정하면 파이썬이 XYZ를 다음 탭 멈춤이나 그다음으로 사용 가능한 블록에서 시작합니다. 하지만 ABC 문자열이 첫 번째 블록을 다 채울 정도로 길면 파이썬이 XYZ를 다음 탭 멈춤 너머로 옮깁니다.

탭은 뭔가를 수평으로 줄을 맞춰서 정리하는 데 유용합니다. 탭과 반복문을 이용해 제곱과 세제곱 표를 출력해 봅시다. IDLE에서 새 창을 열고 예제 21.1의 프로그램을 입력합니다. 프로그램을 저장한 후 실행해 봅시다(참고로 저는 "제곱(square)과 세제곱(cube)"을 줄인 **squbes.py**로 저장했습니다).

예제 21.1 제곱과 세제곱을 출력하는 프로그램

```
print "Number \tSquare \tCube"
for i in range (1, 11):
    print i, '\t', i**2, '\t', i**3
```

이 프로그램을 실행하면 다음과 같이 출력 결과가 깔끔하게 줄을 맞춰서 출력됩니다.

```
>>> ══════════════ RESTART ════════════════
>>>
Number    Square    Cube
1         1         1
2         4         8
3         9         27
4         16        64
5         25        125
6         36        216
7         49        343
8         64        512
9         81        729
10        100       1000
```

백슬래시를 출력하는 법

백슬래시 문자(\)는 특별한 출력 코드에 사용되기 때문에 파이썬이 백슬래시를 코드의 일부로 사용하는 대신 실제로 \ 문자를 출력하게 하려면 어떻게 해야 할까요? 이때는 다음과 같이 백슬래시를 두 개 넣으면 됩니다.

```
>>> print 'hi\\there'
hi\there
```

첫 번째 \는 파이썬에게 특별한 것이 나올 거라고 알려주고 두 번째 \는 특별한 것이 바로 \ 문자라는 것을 알려줍니다.

용어 설명

백슬래시 문자를 출력하기 위해 백슬래시를 두 개 사용할 경우 첫 번째 백슬래시를 **이스케이프 문자(es-cape character)**라고 합니다. 이때 첫 번째 백슬래시가 두 번째 문자를 탈출시킨다고 표현하며, 두 번째 백슬래시는 특수 문자가 아니라 일반 문자로 취급됩니다.

문자열에 변수 넣기

지금까지는 문자열 중간에 변수를 넣고 싶을 때 다음과 같이 했습니다.

```
name = 'Warren Sande'
print 'My name is', name, 'and I wrote this book.'
```

이 코드를 실행하면 다음과 같이 출력됩니다.

```
My name is Warren Sande and I wrote this book.
```

그런데 문자열에 변수를 삽입해 문자열의 모양, 특히 숫자를 좀 더 쉽게 다루는 방법이 있습니다. 바로 퍼센트 기호(%)를 사용하는 **서식 문자열(format string)**을 이용하면 됩니다. 앞에서 했던 것과 같이 print 문 중간에 문자열 변수를 삽입하고 싶다고 해봅시다. 서식 문자열로 하는 방법은 다음과 같습니다.

```
name = 'Warren Sande'
print 'My name is %s and I wrote this book' % name
```

% 기호가 두 군데에서 사용됩니다. 문자열 중간에 사용된 것은 변수가 들어갈 곳을 의미합니다. 그런 다음 문자열 뒤에 사용되어 파이썬으로 하여금 문자열에 삽입하고 싶은 변수가 다음에 나온다고 알려줍니다.

%s는 삽입하고 싶은 것이 문자열 변수라는 뜻입니다. 정수의 경우에는 %i를 사용하면 되고, 실수인 경우에는 %f를 사용하면 됩니다.

다음 예제를 봅시다.

```
age = 13
print 'I am %i years old.' % age
```

이 예제를 실행하면 다음과 같이 출력됩니다.

```
I am 13 years old.
```

이번에는 다른 예제를 봅시다.

```
average = 75.6
print 'The average on our math test was %f percent.' % average
```

이 예제를 실행하면 다음과 같이 출력됩니다.

```
The average on our math test was 75.600000 percent.
```

%s, %f, %i를 서식 문자열이라 하며, 변수의 출력 형태를 지정하기 위한 코드의 일종입니다.

숫자를 정확히 원하는 대로 출력하기 위해 서식 문자열에 추가할 수 있는 다른 것들도 있습니다. E-표기법과 같이 다소 다른 서식 문자열도 있습니다(3장의 내용을 기억하십니까?). 다음 몇 개의 절에서는 이러한 것들에 대해 살펴보겠습니다.

숫자 서식 지정

숫자를 출력할 경우 다음과 같이 숫자의 출력 형태를 조절할 수 있습니다.

- 소수점이 표시되는 위치
- 일반 표기법으로 나타낼지 E-표기법으로 나타낼지 여부
- 0을 숫자 앞에 추가할지 뒤에 추가할지 여부
- 숫자 앞에 +나 - 기호를 표시할지 여부

서식 문자열을 이용하면 이러한 사항을 유연하게 제어할 수 있습니다.

예를 들어, 일기예보 프로그램을 사용할 경우 아래의 두 형태 중 어느 쪽을 더 선호하십니까?

```
Today's High: 72.45672132, Low 45.4985756
```

또는

```
Today's High: 72, Low: 45
```

숫자를 정확하게 표시하는 것은 많은 프로그램에서 중요합니다.

예를 하나 들어보겠습니다. 정확히 소수점 두 번째 자리까지만 표시하는 실수를 출력하고 싶다고 해봅시다. 인터랙티브 모드에서 다음과 같은 코드를 작성합니다.

```
>>> dec_number = 12.3456
>>> print 'It is %.2f degrees today.' % dec_number
It is 12.35 degrees today
```

print 문 중간에 서식 문자열을 볼 수 있습니다. 하지만 %f 대신 이번에는 %.2f를 사용했습니다. 이렇게 하면 파이썬이 소수점이 나타나는 지점 이후로 소수 형태로 두 자리만 보여줍니다(참고로 파이썬은 아주 똑똑해서 소수점 두 번째 자리 이후로 버림하지 않고 정확하게 반올림해줍니다).

문자열 다음에 나오는 두 번째 % 기호는 파이썬에게 출력할 숫자가 다음에 온다고 알려줍니다. 이 숫자는 서식 문자열에 기술한 형태로 출력됩니다. 좀 더 확실하게 이해하기 위해 예제를 더 살펴봅시다.

기억력이 좋군요! 3장에서 배운 것처럼 % 기호는 나머지 연산(정수 나눗셈의 나머지)을 할 때 사용되지만 서식 문자열을 가리킬 때도 사용됩니다. 파이썬은 여러분이 나머지 연산에 사용하는 것인지 서식 문자열에 사용하는 것인지 판단할 수 있습니다.

정수: %d나 %i

뭔가를 정수로 출력하려면 %d나 %i 서식 문자열을 사용하면 됩니다(왜 두 개가 있는지는 모르겠지만 둘 중 하나를 사용하면 됩니다).

```
>>> number = 12.67
>>> print '%i' % number
12
```

참고로 이번에는 숫자가 반올림되지 않고 소수점 이하가 잘려나갔습니다. 반올림을 했다면 12 대신 13으로 나왔을 것입니다. 정수 서식 지정을 사용할 때는 소수점 이하를 버리고 실수 서식 지정을 사용할 때는 숫자가 반올림됩니다.

다음과 같은 세 가지 사항을 염두에 둡니다.

- 문자열에 다른 텍스트를 넣지 않습니다. 서식 문자열만 넣을 수 있습니다.
- 숫자가 실수였더라도 정수로 출력됐습니다. 서식 문자열로 이렇게 할 수 있습니다.
- 파이썬은 값을 다음으로 가장 낮은 정수로 버림을 합니다. 그런데 이것은 4장에서 살펴본 int() 함수와 다르게 동작하는데, 그 이유는 서식 문자열은 int() 함수와 달리 새로운 값을 만들어내지 않고 단순히 값이 표시되는 방식만 바꾸기 때문입니다.

바로 앞에서는 12.67을 정수 형태로 출력했고, 파이썬은 12를 출력했습니다. 하지만 number 변수의 값은 바뀌지 않았습니다. 직접 확인해 봅시다.

```
>>> print number
12.67
```

number 변수의 값은 바뀌지 않았습니다. 서식 문자열을 이용해 다르게 출력했을 뿐입니다.

실수: %f나 %F

실수의 경우 대문자 F나 소문자 f를 서식 문자열에 사용할 수 있습니다(%f나 %F).

```
>>> number = 12.3456
>>> print '%f' % number
12.345600
```

%f만 사용하면 숫자가 소수점 6번째 자리까지만 표시됩니다. f 앞에 임의의 정수를 의미하는 .n를 추가하면 그 숫자에 해당하는 소수 자리까지만 반올림되어 표시됩니다.

```
>>> print '%.2F' % number
12.35
```

숫자 12.3456이 12.35로 소수 둘째 자리까지만 반올림되는 것을 볼 수 있습니다.

실제 숫자보다 더 큰 소수 자리를 지정하면 파이썬이 0으로 자리를 채웁니다.

```
>>> print '%.8f' % number
12.34560000
```

보다시피 숫자가 소수점 다음으로 4자리까지만 있는데, 8자리로 표시하라고 했으므로 나머지 4자리는 0으로 채워졌습니다.

숫자가 음수이면 %f가 음수 부호(-)를 표시합니다. 양수인 경우에도 양수 부호를 표시하고 싶다면 % 다음에 + 기호를 사용하면 됩니다(이렇게 하면 음수와 양수를 줄맞춤해서 표시할 때 좋습니다).

```
>>> print '%+f' % number
+12.345600
```

음수와 양수 목록을 줄맞춤하고 싶지만 양수에는 + 부호를 표시하고 싶지 않다면 % 바로 다음에 + 대신 공백을 주면 됩니다.

```
>>> number2 = -98.76
>>> print '% .2f' % number2
-98.76
>>> print '% .2f' % number
 12.35
```

보다시피 출력 결과에서 12 앞에 공백이 있어서 12에는 부호가 없고 98에는 부호가 있음에도 열이 맞춰졌습니다.

E-표기법: %e와 %E

3장에서 E-표기법에 관해 이야기했을 때 E-표기법을 이용해 숫자를 출력하는 방법을 보여주겠다고 약속했습니다. 자, 바로 다음 예제와 같습니다.

```
>>> number = 12.3456
>>> print '%e' % number
1.234560e+01
```

%e 서식 문자열은 E-표기법을 출력하는 데 사용됩니다. 이 경우 별도로 지정하지 않는 이상 항상 소수점 6번째 자리까지 출력됩니다.

실수에서 했던 것과 같이 % 다음에 .n을 이용해 소수부를 더 적거나 더 많이 출력할 수도 있습니다.

```
>>> number = 12.3456
>>> print '%.3e' % number
1.235e+01
>>> print '%.8e' % number
1.23456000e+01
```

%.3e는 반올림해서 소수점 세 번째 자리까지 출력하고, %.8e는 나머지 자릿수를 0으로 채워서 보여줍니다.

대문자 E나 소문자 e를 사용할 수 있고, 출력 결과는 서식 문자열에서 사용한 것과 같이 사용할 수 있습니다.

```
>>> print '%E' % number
1.234560E+01
```

실수 표기법이나 E-표기법 자동으로 선택하기: %g와 %G

파이썬이 자동으로 실수 표기법이나 E-표기법을 선택하게 하려면 %g 서식 문자열을 사용하면 됩니다. 다시 한번 이야기하지만 대문자를 사용하면 출력 결과에서 대문자 E가 표시됩니다.

```
>>> number1 = 12.3
>>> number2 = 456712345.6
>>> print '%g' % number1
12.3
>>> print '%g' % number2
4.56712e+08
```

보다시피 파이썬이 큰 숫자에 대해 자동으로 E-표기법을 선택하고 작은 숫자에 대해서는 일반 실수 표기법을 선택합니다.

퍼센트 기호 출력하기

퍼센트 기호(%)는 서식 문자열을 위한 특수 문자라서 % 기호를 어떻게 출력할지 궁금할지도 모릅니다.

때때로 파이썬은 % 기호를 서식 문자열을 시작하는 데 사용하는 것인지 그냥 %를 출력하고 싶은지 파악할 수 있을 정도로 똑똑합니다. 다음 예제를 봅시다.

```
>>> print 'I got 90% on my math test!'
I got 90% on my math test!
```

이 경우 문자열 밖에 두 번째 %가 없고 서식을 지정해야 할 변수도 없으므로 파이썬은 %가 단순히 문자열에 포함된 문자의 일부라고 가정했습니다.

하지만 서식 문자열을 출력하는 상태에서 퍼센트 기호를 출력하고 싶다면 백슬래시를 출력하기 위해 백슬래시를 두 개 썼던 것과 마찬가지로 퍼센트 기호를 두 개 사용하면 됩니다. 첫 번째 퍼센트 기호는 이번 장 앞의 용어 설명에서 설명한 것처럼 두 번째 퍼센트 기호를 **탈출**시키는 역할을 합니다.

```
>>> math = 75.4
>>> print 'I got %.1f%% on my math test' % math
I got 75.4% on my math test
```

첫 번째 %는 서식 문자열을 시작합니다. 두 개의 %%는 여러분이 % 문자를 출력하고 싶다고 파이썬에게 알려줍니다. 그리고 나서 문자열 바깥의 %는 파이썬에게 출력하고 싶은 변수가 다음에 온다는 것을 알려줍니다.

여러 개의 서식 문자열

한 print 문에서 서식 문자열을 두 개 이상 넣고 싶다면 어떻게 해야 할까요? 바로 다음과 같이 하면 됩니다.

```
>>> math = 75.4
>>> science = 82.1
>>> print 'I got %.1f in math and %.1f in science' % (math, science)
```

print 문에 출력하고 싶은 만큼 서식 문자열을 넣은 다음 출력하고자 하는 변수의 튜플을 지정하면 됩니다. 참고로 튜플은 각진 괄호 대신 둥근 괄호를 사용하고 변경할 수 없다는 점만 빼면 리스트와 비슷합니다. 파이썬의 조금 까다로운 부분 중 하나가 바로 이것입니다. 즉, 리스트는 사용할 수 없고 튜플을 사용해야 한다는 것입니다. 한 가지 유일한 예외는 서식을 지정할 변수가 딱 한 개만 있는 경우입니다. 그러한 경우에는 튜플에 넣지 않아도 됩니다(대부분의 예제에서 이렇게 했습니다). 서식 문자열(따옴표 안에 있는)의 개수와 변수(따옴표 밖에 있는)의 개수가 일치해야 하며, 그렇지 않으면 오류 메시지가 나타납니다.

서식 지정된 숫자 저장하기

간혹 서식이 지정된 숫자를 곧바로 출력하지 않고 나중에 사용할 수 있게 문자열에 저장해 두고 싶을 때가 있습니다. 그렇게 하기는 쉽습니다. 출력하는 대신 다음과 같이 변수에 할당하면 됩니다.

```
>>> my_string = '%.2f' % 12.3456
>>> print my_string
12.35
>>> print 'The answer is', my_string
The answer is 12.35
```

서식 지정된 숫자를 곧바로 출력하는 대신 my_string 변수에 할당했습니다. 그런 다음 my_string을 다른 텍스트와 합쳐서 문장으로 만들어 출력했습니다.

서식 지정된 숫자를 문자열로 저장하는 것은 GUI 및 게임과 같은 다른 그래픽 프로그램에 아주 유용합니다. 서식 지정된 문자열에 대한 변수명만 알고 있으면 텍스트 상자나 버튼, 대화상자, 게임 화면 등 원하는 곳에 언제든지 표시할 수 있습니다.

새로운 방식의 서식 지정

앞에서 배운 문자열의 서식 지정 문법은 모든 버전의 파이썬에서 동작합니다. 하지만 같은 작업을 파이썬 2.6 이상 버전에서 다른 방식으로 하는 방법이 있습니다. 이 책에서는 파이썬 2.7을 사용하고 있으므로 새로운 방법도 살펴보는 것이 좋겠습니다. 파이썬 코드에서 이 방식을 볼 수도 있을 테니 여기서 살펴보면 적어도 어떤 의미인지는 알게 될 것입니다. 그러고 나면 문자열 서식 지정에 옛날 방식과 새로운 방식 중 어느 문법을 사용할지 결정할 수 있습니다.

format() 메서드

파이썬 문자열(2.6 버전 이상)에는 format()이라는 메서드가 있습니다. 이 메서드는 앞에서 본 % 서식 문자열과 아주 비슷하게 동작합니다. 사실, f, g, e 등과 같은 서식 지정자(format specifier)도 같습니다. 서식 지정자를 조금 다르게 사용할 뿐입니다. 백문이 불여일견이니 예제를 통해 살펴봅시다.

다음은 옛날 방식입니다.

```
print 'I got %.1f in math, %.1f in science' % (math, science)
```

그리고 새로운 방식은 다음과 같습니다.

```
print 'I got {0:.1f} in math, {1:.1f} in science'.format(math, science)
```

새로운 방식에서는 %로 서식 지정자를 시작하는 대신 그것을 중괄호에 넣었습니다. 0이나 1은 파이썬에게 변수 튜플로부터 어느 변수에 서식을 지정할 것인지 알려줍니다.

참고로 파이썬은 숫자를 0부터 시작하므로 튜플의 첫 번째 항목(math 변수)은 인덱스가 0이고, 두 번째 항목(science 변수)은 인덱스가 1입니다. 그런 다음 옛날 방식과 같이 .1f를 사용합니다.

이게 끝입니다. 기존의 %를 이용해 서식을 지정했을 때와 같이 서식 지정된 문자열을 변수에 저장할 수 있습니다.

```
distance = 149597870700
myString = 'The sun is {0:.4e} meters from the earth'.format(distance)
```

그리고 더는 서식 문자열을 가리키는 데 % 기호를 사용하지 않으므로 % 기호를 출력하고 싶을 경우 특별히 해야 하는 일도 없습니다.

```
>>> print 'I got {0:.1f}% in math'.format(math)
I got 87% in math
```

파이썬 프로그래머들은 format() 문법을 사용하는 편을 선호하는데, 특히 파이썬 3에서는 더욱 그렇습니다. 하지만 어느 문법을 사용해도 됩니다. 이 책의 예제에서는 모두 % 문법을 사용합니다.

문자열 조작

2장에서 문자열에 관해 처음 배웠을 때 다음과 같이 + 기호를 이용해 두 개의 문자열을 결합할 수 있었습니다.

```
>>> print 'cat' + 'dog'
catdog
```

이제 문자열을 가지고 할 수 있는 것들을 좀 더 살펴보겠습니다.

파이썬 문자열은 실제로 객체(모든 것은 객체입니다...)이며, 검색, 분리, 결합과 같은 작업을 수행하는 메서드를 자체적으로 가지고 있습니다. 이러한 메서드를 **문자열 메서드(string method)**라고 합니다. 바로 앞에서 본 format() 메서드가 문자열 메서드 중 하나입니다.

문자열 분리하기

간혹 기다란 문자열을 여러 개의 짧은 문자열로 분리해야 할 때가 있습니다. 대개 문자열의 특정 지점, 이를테면 특정 문자가 나타날 때마다 이렇게 하고 싶을 때가 많습니다. 예를 들어, 텍스트 파일에 데이터를 저장하는 일반적인 방법 중 하나는 각 데이터 항목을 콤마(,)로 분리하는 것입니다. 따라서 다음과 같은 이름 목록이 있을 수도 있습니다.

```
>>> name_string = 'Sam,Brad,Alex,Cameron,Toby,Gwen,Jenn,Connor'
```

이러한 이름을 각기 분리해서 리스트에 넣고 싶다고 해봅시다. 이 경우 이 문자열을 콤마가 나올 때마다 분리해야 합니다. 이럴 때 사용할 수 있는 파이썬 메서드를 split()이라고 하며, 다음과 같이 동작합니다.

```
>>> names = name_string.split(',')
```

구분자로 사용할 문자를 지정하면 원본 문자열이 여러 부분으로 나뉜 리스트가 반환됩니다. 이 예제의 결과를 출력해보면 이름으로 구성된 하나의 기다란 문자열이 리스트의 각 개별 항목으로 분리된 것을 볼 수 있습니다.

```
>>> print names
['Sam','Brad','Alex','Cameron','Toby','Gwen','Jenn','Connor']

>>> for name in names:
        print name

Sam
Brad
Alex
Cameron
Toby
Gwen
Jenn
Connor
```

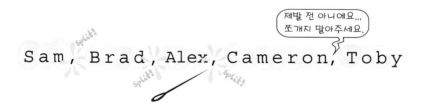

여러 글자로 된 구분자를 지정할 수도 있습니다. 예를 들어, 'Toby,'를 구분자로 사용하면 다음과 같은 리스트가 반환됩니다.

```
>>> parts = name_string.split('Toby,')
>>> print parts
['Sam,Brad,Alex,Cameron,', 'Gwen,Jenn,Connor']

>>> for part in parts:
        print part

Sam,Brad,Alex,Cameron,
Gwen,Jenn,Connor
```

이번에는 문자열이 두 부분으로 나뉘었는데, 'Toby,'를 기준으로 앞쪽에 있는 것과 뒤쪽에 있는 것으로 나뉘었습니다. 참고로 'Toby,'는 리스트에 나타나지 않는데, 구분자는 버려지기 때문입니다.

한 가지 알아야 할 것이 더 있습니다. 구분자를 지정하지 않으면 공백을 기준으로 문자열을 나눈다는 것입니다.

```
>>> names = name_string.split()
```

여기서 공백은 띄어쓰기, 탭 문자, 줄바꿈을 의미합니다.

문자열 합치기

앞에서 문자열을 더 작은 부분으로 나누는 방법을 살펴봤습니다. 두 개 이상의 문자열을 하나로 합치려면 어떻게 해야 할까요? 이미 2장에서 + 연산자를 이용해 문자열을 합칠 수 있다는 것을 확인했습니다. 이를 **문자열 연결**이라고 부른다는 점만 제외하면 두 문자열을 더하는 것과 비슷합니다.

문자열을 합치는 또 다른 방법이 있습니다. join() 함수를 사용하면 됩니다. 이 함수에 하나로 합칠 문자열을 지정하고, 필요할 경우 합쳐지는 각 부분 사이에 어떤 문자를 넣을지도 지정할 수 있습니다. 이 함수는 기본적으로 split()과 반대되는 역할을 합니다. 인터랙티브 모드에서 다음 예제를 실행해 봅시다.

```
>>> word_list = ['My', 'name', 'is', 'Warren']
>>> long_string = ' '.join(word_list)
>>> long_string
'My name is Warren'
```

이 예제가 조금 이상해 보인다는 것을 인정합니다. 합쳐진 문자열의 각 부분 사이에 들어갈 문자가 join() 함수 앞에 있습니다. 대부분의 사람들이 기대한 바와 다르긴 하지만 파이썬의 join() 메서드는 이와 같은 식으로 동작합니다.

다음 예제는 제가 개처럼 짖는 소리를 만들어냅니다.

```
>>> long_string = ' WOOF WOOF '.join(word_list)
>>> long_string
'My WOOF WOOF name WOOF WOOF is WOOF WOOF Warren'
```

달리 표현하면 join() 메서드 앞의 문자는 다른 문자열을 한데 붙여주는 접착제로 사용됩니다.

문자열 검색

엄마를 위해 조리법을 받아 GUI에 보여주는 프로그램을 만든다고 해봅시다. 재료를 한곳에 모아두고 조리법을 다른 곳에 두고 싶습니다. 조리법이 다음과 같다고 가정해 봅시다.

```
Chocolate Cake
Ingredients:
2 eggs
1/2 cup flour
1 tsp baking soda
1 lb chocolate

Instructions:
Preheat oven to 350F
Mix all ingredients together
Bake for 30 minutes
```

조리법의 각 줄이 리스트에 들어있고, 각 줄이 리스트의 각 항목을 구성한다고 해봅시다. 그럼 "Instructions"를 어떻게 찾을 수 있을까요? 파이썬에는 이럴 때 도움되는 메서드를 몇 가지 제공합니다.

startswith() 메서드는 문자열이 특정 문자(들)로 시작하는지 알려줍니다. 백문이 불여일견이니 예제를 통해 살펴봅시다. 인터랙티브 모드에서 다음 예제를 실행합니다.

```
>>> name = "Frankenstein"
>>> name.startswith('F')
True
>>> name.startswith("Frank")
True
>>> name.startswith("Flop")
False
```

Frankenstein은 F로 시작하므로 첫 번째 줄은 True입니다. Frankenstein은 Frank라는 글자로 시작하므로 두 번째 줄도 True입니다. 하지만 Frankenstein은 Flop으로 시작하지 않으므로 세 번째 줄은 False입니다.

startswith() 메서드는 True나 False 값을 반환하므로 다음과 같이 비교나 if 문에서 사용할 수 있습니다.

```
>>> if name.startswith("Frank"):
        print "Can I call you Frank?"
```

비슷한 메서드로 endswith() 메서드가 있으며, 여러분이 예상한 대로 동작합니다.

```
>>> name = "Frankenstein"
>>> name.endswith('n')
True
>>> name.endswith('stein')
True
>>> name.endswith('stone')
False
```

이제 조리법 문제로 되돌아갑시다... 조리법의 "Instructions" 부분이 시작하는 곳을 찾고 싶다면 다음과 같이 할 수 있습니다.

```
i = 0
while not lines[i].startswith("Instructions"):
    i = i + 1
```

이 코드는 "Instructions"로 시작하는 줄을 찾을 때까지 반복문을 수행합니다. 참고로 lines[i]에서 i는 lines의 인덱스를 의미합니다. 따라서 lines[0](첫 번째 줄)으로 시작해 lines[1](두 번째 줄) 등으로 진행해야 합니다. while 문이 끝나면 i가 우리가 찾고 있는 "Instructions"로 시작하는 줄의 인덱스와 같아질 것입니다.

문자열 내 아무 곳에서나 찾기: in과 index()

startswith()과 endswith() 메서드는 문자열의 처음과 끝에 있는 것들은 아주 잘 찾습니다. 그런데 문자열 중간에 있는 것을 찾고 싶다면 어떻게 해야 할까요?

다음과 같이 주소가 담긴 문자열이 여러 개 있다고 해봅시다.

```
657 Maple Lane
47 Birch Street
95 Maple Drive
```

"Maple"이 포함된 주소를 모두 찾고 싶을 수 있습니다. "Maple"로 시작하거나 끝나는 주소가 아무것도 없지만 두 개의 주소에는 Maple이라는 단어가 포함돼 있습니다. 이런 주소는 어떻게 찾아야 할까요?

사실 이를 어떻게 해야 하는지 이미 앞에서 본 적이 있습니다. 12장에서 리스트에 관해 이야기할 때 다음과 같이 리스트에 어떤 항목이 있는지 검사할 수 있었습니다.

```
if someItem in my_list:
    print "Found it!"
```

in이라는 키워드를 사용해 리스트에 특정 항목이 있는지 검사했습니다. in 키워드는 문자열에 대해서도 동작합니다. 기본적으로 문자열도 문자로 구성된 리스트이기 때문에 다음과 같이 할 수 있습니다.

```
>>> addr1 = '657 Maple Lane'
>>> if 'Maple' in addr1:
        print "That address has 'Maple' in it."
```

in 키워드는 부문자열이 문자열의 **어딘가**에 있는지 없는지만 알려줍니다. 실제로 어디에 있는지는 알려주지 않습니다. 부문자열이 어디에 있는지 알아내려면 index() 메서드가 필요합니다. 리스트와 마찬가지로 index()는 긴 문자열에서 짧은 문자열이 어디에서 시작하는지 알려줍니다. 다음 예제를 봅시다.

 용어 설명

"657 Maple Lane"과 같은 긴 문자열에서 "Maple"과 같은 더 짧은 문자열을 찾을 경우 더 짧은 문자열을 **부문자열(substring)**이라고 합니다.

```
>>> addr1 = '657 Maple Lane'
>>> if 'Maple' in addr1:
        position = addr1.index('Maple')
        print "found 'Maple' at index", position
```

이 코드를 실행하면 다음과 같은 출력 결과를 볼 수 있습니다.

```
found 'Maple' at index 4
```

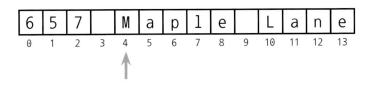

"Maple"이라는 단어는 "657 Maple Lane"이라는 문자열의 4번째 지점에서 시작합니다. 리스트와 마찬가지로 문자열 내 글자의 인덱스(또는 위치)는 0부터 시작하므로 M은 4번째 인덱스에 해당합니다.

참고로 예제에서는 index()를 사용하기 전에 먼저 "Maple" 부문자열이 긴 문자열 안에 있는지 검사했습니다. 그 까닭은 index()를 사용했을 때 찾고자 하는 것이 문자열 안에 없으면 오류가 발생하기 때문입니다. 먼저 in으로 검사하면 오류가 발생하지 않습니다. 이는 12장에서 리스트를 가지고 실습했을 때와 동일합니다.

문자열에서 일부분 삭제하기

문자열에서 일부분을 삭제하고 싶을 때가 상당히 많습니다. 보통 줄바꿈 문자나 불필요한 공백과 같이 끝부분을 떼어내고 싶은 경우가 여기에 해당합니다. 파이썬에서는 정확히 이러한 역할을 하는 strip()이라는 메서드를 제공합니다. 다음과 같이 삭제하고 싶은 부분을 지정하기만 하면 됩니다.

```
>>> name = 'Warren Sande'
>>> short_name = name.strip('de')
>>> short_name
'Warren San'
```

이 경우 제 이름 끝에 있는 "de"를 삭제했습니다. 이름 끝에 "de"가 없었다면 아무것도 삭제되지 않습니다.

```
>>> name = 'Bart Simpson'
>>> short_name = name.strip('de')
>>> short_name
'Bart Simpson'
```

strip()에 무엇을 삭제할지 지정하지 않으면 공백을 삭제합니다. 앞에서 이야기한 것과 같이 공백에는 띄어쓰기, 탭, 줄바꿈이 포함됩니다. 따라서 제거해야 할 불필요한 공백이 있으면 다음과 같이 할 수 있습니다.

```
>>> name = "Warren Sande      "    ◄────    제 이름 끝에 있는 불필요한
>>>> short_name = name.strip()              공백이 보이나요?
>>> short_name
'Warren Sande'
```

제 이름 뒤에 있는 불필요한 공백이 제거된 것을 눈여겨보십시오. 한 가지 좋은 점은 strip()에 공백을 몇 개나 제거해야 할지 알려주지 않아도 된다는 것입니다. strip() 메서드는 문자열 끝에 있는 모든 공백을 제거합니다.

대소문자 바꾸기

문자열 메서드 중에서 두 개를 더 보여주겠습니다. 문자열을 대문자에서 소문자로, 또는 그 반대로 대소문자를 바꾸는 메서드가 있습니다. 이따금 "Hello"와 "hello" 같은 두 개의 문자열을 비교해 대소문자는 달라도 같은 문자로 구성돼 있는지 확인하고 싶을 때가 있습니다. 이렇게 하는 한 가지 방법은 두 문자열의 모든 글자를 소문자로 만든 다음 비교하는 것입니다.

파이썬에는 이러한 역할을 하는 문자열 메서드가 있습니다. 이를 lower()라고 합니다. 인터랙티브 모드에서 다음 예제를 실행해 봅시다.

```
>>> string1 = "Hello"
>>> string2 = string1.lower()
>>> print string2
hello
```

이와 비슷한 메서드로 upper()가 있습니다.

```
>>> string3 = string1.upper()
>>> print string3
HELLO
```

원본 문자열을 모두 소문자로(또는 모두 대문자로) 바꾼 복사본을 만들어 대소문자와 상관없이 비교하는
식으로 두 문자열이 같은지 검사할 수 있습니다.

Hello Python!

이번 장에서 배운 내용

이번 장에서는 다음과 같은 내용을 배웠습니다.

- 수직 간격 조정하기(줄바꿈을 추가하거나 삭제하기)
- 탭을 이용해 수평 간격 설정하기
- 서식 문자열을 이용해 다양한 숫자 형식 표시하기
- 서식 문자열을 이용하는 두 가지 방법: % 기호와 format() 메서드
- split()으로 문자열을 분리하고 join()으로 문자열 합치기
- startswith(), endswith(), in, index()를 이용해 문자열 검색하기
- strip()을 이용해 문자열 끝에 있는 것 제거하기
- upper()와 lower()를 이용해 문자열을 모두 대문자나 소문자로 만들기

Hello Python!

학습 내용 점검

1. 다음과 같이 두 개의 print 문이 있을 경우

   ```
   print "What is"
   print "your name?"
   ```

   모든 것을 한 줄에 출력하는 방법은 무엇입니까?

2. 뭔가를 출력할 때 빈 줄을 추가하는 방법은 무엇입니까?

3. 열에 따라 줄을 맞추는 데 사용하는 특별한 출력 코드는 무엇입니까?

4. 숫자를 E-표기법으로 출력하는 데 사용하는 서식 문자열은 무엇입니까?

도전 과제

1. 사람의 이름, 나이, 좋아하는 색깔을 묻고 그것들을 한 문장으로 출력하는 프로그램을 작성하십시오. 프로그램을 실행한 결과는 다음과 같을 것입니다.

   ```
   >>> ================= RESTART =================
   >>>
   What is your name? Sam
   How old are you? 12
   What is your favorite color? green
   Your name is Sam you are 12 years old and you like green
   ```

2. 8장의 구구단 프로그램을 기억하십니까(예제 8.5)? 이 프로그램을 개선해서 탭으로 모든 것이 깔끔하게 열에 따라 줄을 맞춰 출력하게 하십시오.

3. 분모가 8인 분수(예: 1/8, 2/8, 3/8, ... 8/8)를 모두 계산하고 정확히 소수점 3자리까지만 표시하는 프로그램을 작성하십시오.

22

파일 입출력

즐겨 하는 컴퓨터 게임이 컴퓨터를 껐을 때도 점수를 어떻게 기억하는지 궁금했던 적이 있습니까? 브라우저가 즐겨 찾는 웹 사이트를 어떻게 기억하는지 궁금하십니까? 이번 장에서 어떻게 그렇게 할 수 있는지 배웁니다.

프로그램이 어떻게 입력, 처리, 출력이라는 세 가지 주요 측면으로 구성돼 있는지에 관해서는 여러 번에 걸쳐 이야기했습니다. 지금까지는 입력을 주로 사용자나 키보드, 마우스로부터 직접 받았습니다. 출력은 화면(혹은 사운드의 경우 스피커)으로 곧바로 보내졌습니다. 하지만 때로는 다른 출처에서 온 입력을 사용해야 할 때가 있습니다. 프로그램은 프로그램이 실행 중일 때 입력된 것이 아닌 어딘가에 저장된 입력을 사용해야 할 때가 상당히 많습니다. 어떤 프로그램은 컴퓨터의 하드디스크에 있는 파일로부터 입력을 받아야 합니다.

예를 들어, 행맨 게임을 만들었다면 프로그램에서는 비밀 단어를 고를 때 단어 목록이 필요할 것입니다. 이 단어 목록은 어딘가에 저장돼 있어야 할 것이며, 아마 프로그램과 함께 배포되는 "단어 목록" 파일에 들어있을 것입니다. 그리고 나면 프로그램에서는 이 파일을 열어 단어 목록을 읽어 들이고 사용할 단어를 고릅니다.

출력의 경우도 마찬가지입니다. 때때로 프로그램의 출력을 저장해야 할 때가 있습니다. 프로그램에서 사용하는 모든 변수는 일시적입니다. 즉, 프로그램이 실행을 중단하면 모두 사라집니다. 나중에 사용할 수 있게 정보를 저장하고 싶다면 그것을 하드디스크 같이 좀 더 영구적인 어딘가에 저장해야 합니다. 예를 들어, 게임의 점수 목록을 보관하고 싶다면 그것들을 파일에 저장해 두면 다음번에 프로그램이 실행될 때 파일을 읽어 점수를 보여줄 수 있습니다.

이번 장에서는 파일을 여는 법과 파일을 읽고 쓰는(파일에서 정보를 가져오고 파일에 정보를 저장하는) 법을 살펴보겠습니다.

파일이란?

파일을 열고 읽고 쓰는 것에 관해 이야기하기에 앞서 파일이란 무엇인가에 관해 이야기해 봅시다.

컴퓨터는 정보를 **이진**(binary) 형태, 즉 1과 0만을 사용하는 방식으로 저장한다고 이야기했습니다. 각 1과 0을 **비트(bit)**라 하고, 8개의 비트로 구성된 것을 **바이트(byte)**라고 합니다. 파일은 이름이 있고 하드디스크, CD, DVD, USB 또는 다른 종류의 저장 장치에 저장되는 바이트의 모음입니다.

파일은 다양한 종류의 정보를 저장할 수 있습니다. 파일은 텍스트, 사진, 음악, 컴퓨터 프로그램, 전화번호 목록 등을 담을 수 있습니다. 컴퓨터 하드디스크에 저장된 모든 것들은 파일로 저장됩니다. 프로그램은 여러 개의 파일로 구성됩니다. 컴퓨터의 운영체제(예: 윈도우, 맥 OS X, 리눅스)는 운영체제가 실행되는 데 필요한 수많은 파일로 구성돼 있습니다.

파일은 다음과 같은 특성이 있습니다.

- 이름
- 파일에 들어 있는 데이터의 종류를 가리키는 유형: 사진, 음악, 텍스트
- 위치: 파일이 저장돼 있는 곳
- 크기: 파일에 늘어 있는 바이트의 수

파일명

윈도우를 비롯한 대부분의 운영체제에서는 파일명의 일부가 해당 파일에 어떤 유형의 데이터가 들어있는지를 나타내는 데 사용됩니다. 보통 파일명에는 최소한 하나의 "점"(마침표)이 포함돼 있습니다. 점 다음에 오는 부분이 파일의 종류를 알려줍니다. 이 부분을 **확장자(extension)**라고 합니다.

다음은 몇 가지 예입니다.

- my_letter.txt에서 확장자는 "텍스트"를 나타내는 .txt이므로 이 파일에는 아마 텍스트가 들어있을 것입니다.
- my_song.mp3에서 확장자는 .mp3이며, 이는 사운드 파일의 일종입니다.

- my_program.exe에서 확장자는 실행파일(executable)을 나타내는 .exe입니다. 따라서 .exe 파일은 보통 실행 가능한 프로그램에 해당합니다.
- my_cool_game.py에서 확장자는 .py이며, 이것은 보통 파이썬 프로그램을 의미합니다.

 맥 OS X에서 프로그램 파일(실행 가능한 프로그램이 담긴 파일)의 확장자는 .app이며, 이는 응용 프로그램(application), 다른 말로 프로그램(program)을 나타냅니다.

한 가지 알아야 할 중요한 점은 파일명을 여러분이 원하는 대로 지정할 수 있고 어떤 확장자도 사용할 수 있다는 것입니다. 텍스트 파일을 만들고(가령 메모장에서) 파일의 이름을 **my_notes.mp3**라고 지정할 수 있습니다. 하지만 이렇게 해도 사운드 파일이 만들어지지는 않습니다. 여전히 이 파일에는 텍스트가 들어있으므로 실제로는 텍스트 파일입니다. 이 파일이 마치 사운드 파일처럼 보이게끔 확장자를 지정했으므로 아마 사람들과 컴퓨터가 혼동될 것입니다. 파일의 이름을 지을 때는 해당 파일의 종류와 부합하는 파일 확장자를 사용하는 것이 바람직합니다.

파일의 위치

지금까지는 프로그램과 같은 곳에 저장된 파일만 다뤘습니다. 파일을 찾는 방법에 대해서는 고민하지 않았는데 파일이 프로그램과 같은 곳에 있기 때문입니다.

이것은 마치 여러분이 방에 있을 때 벽장이 바로 방 안에 있어서 벽장을 어떻게 찾아야 할지 고민할 필요가 없는 것과 같습니다. 하지만 다른 방이나 다른 집, 또는 다른 동네에 있다면 벽장을 찾기가 더 복잡해집니다!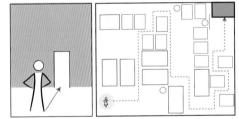

모든 파일은 어딘가에 저장돼야 하므로 이름과 더불어 모든 파일에는 위치가 있습니다. 하드디스크 및 기타 저장 매체는 **폴더** 또는 **디렉터리**로 구성돼 있습니다. **폴더**와 **디렉터리**는 이름만 다르고 같은 것을 가리킵니다. 폴더와 디렉터리는 파일을 그룹화하는 수단의 하나입니다. 폴더나 디렉터리가 배열되고 연결되는 방식을 **폴더 구조** 또는 **디렉터리 구조**라 합니다.

윈도우에서는 하드디스크에는 C, USB 드라이브에는 E처럼 각 저장 매체에 문자가 할당돼 있습니다. 맥 OS X과 리눅스에는 각 저장 매체에 이름(예: hda나 **FLASH DRIVE**)이 있습니다. 각 저장 단위는 **사진, 음악, 프로그램**처럼 여러 개의 폴더로 나뉠 수 있습니다.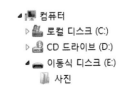

폴더는 다른 폴더를 포함할 수 있고, 포함된 폴더 역시 다른 폴더를 포함할 수 있습니다. 다음은 세 번 중첩된 폴더의 예입니다.

첫 번째 단계는 **음악**입니다. 다음 단계는 **새로운 노래**와 **옛날 노래**이며, 그 다음 단계는 **조금 옛날 노래**와 **진짜 옛날 노래**입니다.

```
▲ 🖴 이동식 디스크 (E:)
    📁 사진
  ▲ 📁 음악
      📁 새로운 노래
    ▲ 📁 옛날 노래
        📁 조금 옛날 노래
        📁 진짜 옛날 노래
    📁 프로그램
```

 용어 설명

다른 폴더 안에 들어 있는 폴더를 **하위 폴더**(subfolder)라고 합니다. 디렉터리라는 용어를 사용하는 경우에는 **하위 디렉터리**(subdirectory)라고 합니다.

윈도우 탐색기(또는 다른 파일 탐색기)에서 파일이나 폴더를 찾아보면 폴더가 나무의 가지와도 같습니다. 뿌리는 C:나 E: 같은 드라이브 자체입니다. 각 주 폴더는 나무의 큰 가지와 같습니다. 각 주 폴더 안의 폴더는 더 작은 가지에 해당합니다.

그런데 프로그램에서 파일에 접근해야 할 경우 나무에 비유하는 방법은 크게 효과가 없습니다. 프로그램에서는 폴더를 클릭하거나 나무 가지를 타고 내려가 개별 파일을 찾을 수 없습니다. 프로그램에서는 파일을 찾는 더 직접적인 방법이 필요합니다. 다행히도 나무 구조를 표현하는 또 다른 방법이 있습니다. 윈도우 탐색기에서 폴더나 하위 폴더를 클릭했을 때 주소 표시줄을 보면 다음과 같은 내용을 볼 수 있을 것입니다.

```
E:\음악\옛날 노래\진짜 옛날 노래\my_song.mp3
```

이를 **경로**(path)라고 합니다. 경로는 파일이 어느 폴더 구조에 있는지 설명한 것입니다. 이 경로의 경우 다음과 같이 읽습니다.

1. E: 드라이브에서 시작합니다.
2. **음악**이라는 폴더로 이동합니다.
3. **음악** 폴더에서 **옛날 노래**라는 하위 폴더로 이동합니다.
4. **옛날 노래**의 하위 폴더에서 **진짜 옛날 노래**라는 하위 폴더로 이동합니다.
5. **진짜 옛날 노래** 하위 폴더에는 my_song.mp3이라는 파일이 있습니다.

이 같은 경로를 이용하면 컴퓨터상의 어떤 파일도 가져올 수 있습니다. 프로그램에서는 이런 식으로 파일을 찾아서 엽니다. 다음 예제를 봅시다.

```
image_file = "c:/program files/HelloWorld/examples/beachball.png"
```

파일의 전체 경로명을 이용해 파일을 언제든지 가져올 수 있습니다. 경로명은 나무 뿌리(C:와 같은 드라이브)까지 모두 포함한 이름입니다. 이 예제에 나온 이름은 전체 경로명입니다.

슬래시 혹은 역슬래시?

슬래시(\와 /)를 올바르게 쓰는 것이 중요합니다. 윈도우는 경로명에 있는 정방향 슬래시(/)나 역슬래시(\)를 모두 받아들이지만 파이썬 프로그램에서 c:\test_results.txt와 같은 것을 사용하면 \t 부분이 문제를 일으킬 것입니다. 21장에서 탭에 대해 \t와 같은 특별한 서식 지정 문자에 관해 이야기했던 것을 기억하십니까? 이러한 이유로 파일 경로에서는 \ 문자를 사용해서는 안 됩니다. 파이썬(그리고 윈도우)은 \t를 애초에 의도한 것과 같이 파일명의 일부가 아닌 탭 문자로 취급할 것입니다. 따라서 /를 대신 사용합니다.

다른 방법으로는 다음과 같이 역슬래시를 두 개씩 쓰는 것이 있습니다.

```
image_file = "c:\\program files\\HelloWorld\\images\\beachball.png"
```

\ 문자를 출력하고 싶다면 \를 하나 더 앞에 둔다는 사실을 기억하십시오. 파일명에서도 마찬가지입니다. 하지만 권장하는 방법은 /를 사용하는 것입니다.

때로는 전체 파일 경로가 필요하지 않을 때도 있습니다. 다음 절에서는 경로를 이미 어느 정도 따라 내려간 상태에서 파일을 찾는 것에 관해 이야기하겠습니다.

현재 위치 찾기

대부분의 운영체제(윈도우를 비롯한)에는 **작업 디렉터리**(working directory), 이따금 **현재 작업 디렉터리**(current working directory), 줄여서 cwd라고 하는 개념이 있습니다. 작업 디렉터리는 폴더 트리 상에서 현재 작업을 수행 중인 디렉터리를 가리킵니다.

루트(C:)에서 시작해 **Program Files** 가지로 내려가 **Hello World**라는 가지로 이동했다고 해봅시다. 현재 위치 또는 현재 디렉터리는 C:/Program Files/Hello World일 것입니다.

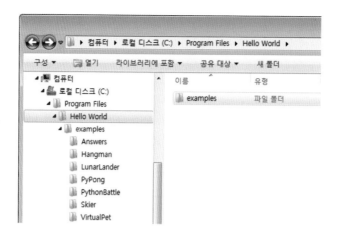

이제 beachball.png라는 파일을 가져오려면 Examples 가지로 내려가야 합니다. 그럼 경로가 /Examples/beachball.png가 됩니다. 이미 경로를 어느 정도 따라 내려갔기 때문에 원하는 곳으로 가려면 경로의 나머지 부분만 있으면 됩니다.

사운드를 다룬 19장에서 splat.wav 등의 파일을 열었던 것을 기억하십니까? 그때는 경로를 사용하지 않았습니다. 그 이유는 사운드 파일을 프로그램이 저장된 곳과 같은 곳에 복사했기 때문입니다. 윈도우 탐색기에서 보면 다음과 같은 모습일 것입니다.

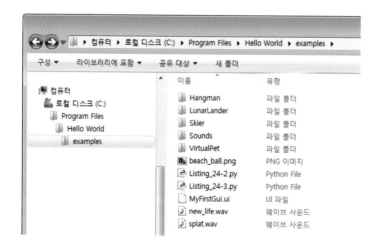

참고로 파이썬 파일(확장자가 .py인)을 사운드 파일(확장자가 .wav인)과 같은 폴더에 뒀습니다. 파이썬 프로그램이 실행될 때 작업 디렉터리는 .py 파일이 저장된 폴더입니다.

프로그램을 e:/programs에 저장한 다음 실행했다면 해당 프로그램은 e:/programs를 **작업 디렉터리**로 해서 실행될 것입니다. 사운드 파일을 같은 폴더에 넣어둔다면 프로그램에서는 해당 파일을 사용하기 위해 파일명만 있으면 됩니다. 이미 해당 파일이 그곳에 있기 때문에 따로 파일을 가져오기 위한 경로가 필요하지 않습니다. 따라서 다음과 같이 하기만 하면 됩니다.

```
my_sound = pygame.mixer.Sound("splat.wav")
```

보다시피 사운드 파일의 전체 경로(**e:/programs/splat.wav**)를 사용하지 않아도 됩니다. 경로 없이 파일명만 사용하면 되는데, 사운드 파일이 이미 해당 사운드 파일을 사용 중인 프로그램과 같은 폴더에 들어 있기 때문입니다.

경로 이야기는 이제 그만!

경로와 파일 위치에 관해서는 이것으로 마무리하겠습니다. 폴더와 디렉터리, 경로, 현재 디렉터리 등에 관한 주제는 사람들이 자주 혼동하는 주제이고, 전부 설명하려면 상당한 분량이 필요할 것입니다. 하지만 이 책은 프로그래밍에 관한 책이지 운영체제나 파일 위치, 경로에 관한 책이 아니기 때문에 이와 관련된 문제를 겪는다면 부모님이나 선생님, 또는 컴퓨터에 관해 잘 아는 다른 누군가에게 도와달라고 부탁해볼 수 있습니다.

파일을 사용하는 이 책의 다른 모든 예제에서는 프로그램과 같은 폴더에 파일을 둘 것이므로 파일의 경로나 전체 경로명을 사용하는 것에 관해 걱정하지 않아도 됩니다.

파일 열기

파일을 열기 전에 파일을 이용해 무슨 일을 할지 알아야 합니다.

- 파일을 **입력**으로 사용할 것이라면(파일을 변경하지 않고 파일 안에 뭐가 있는지 살펴볼 것이라면) 파일을 **읽기** 용도로 엽니다.
- 새로운 파일을 **생성**하거나 기존 파일을 새로운 파일로 **대체**하려면 파일을 **쓰기** 용도로 엽니다.
- 기존 파일에 **추가**하려면 파일을 **추가** 용도로 엽니다(12장에서는 **덧붙이기**가 뭔가를 추가하는 것을 의미했습니다).

파일을 열면 파이썬에 **파일 객체**가 만들어집니다(파이썬과 객체에 대해서 앞에서 설명했습니다). 파일 객체는 다음과 같이 파일명과 함께 open() 함수를 이용해 만들어집니다.

```
my_file = open('my_filename.txt','r')
```

파일명은 **문자열**이므로 따옴표로 감싸야 합니다. `'r'` 부분은 파일을 읽기 용도로 연다는 것을 의미합니다. 이 부분에 관해서는 다음 절에서 좀 더 자세히 살펴보겠습니다.

파일 객체와 **파일명** 간의 차이점을 이해하는 것이 중요합니다. **파일 객체**는 프로그램 내에서 파일에 접근하는 데 사용하는 것입니다. **파일명**은 윈도우(또는 리눅스나 맥 OS X)에서 디스크 상의 파일을 가리키는 이름입니다.

이를 사람들에게도 똑같이 적용할 수 있습니다. 장소에 따라 사람들을 다른 이름으로 부릅니다. 선생님의 이름이 홍길동이라면 아마 여러분은 홍길동 선생님이라고 부를 것입니다. 홍길동 선생님의 친구들은 길동이라고 부를 테고, 홍길동 선생님의 컴퓨터 사용자명은 gildong일 수도 있습니다. 파일의 경우 운영체제가 해당 파일을 디스크 상에 저장하는 데 사용하는 이름(파일명)이 있고 프로그램에서 파일을 처리할 때 사용하는 이름(파일 객체)이 있습니다.

두 이름(객체의 이름과 파일의 이름)이 같지 않아도 됩니다. 객체의 이름은 원하는 대로 지어도 됩니다. 예를 들어, 노트가 담긴 **notes.txt**라는 이름의 텍스트 파일이 있다면 이를 다음과 같이 할 수도 있습니다.

```
notes = open('notes.txt', 'r')
        ← 파일 객체     ← 파일명
```

또는 다음과 같이 할 수도 있습니다.

```
some_crazy_stuff = open("notes.txt', 'r')
               ← 파일 객체      ← 파일명
```

파일을 열고 파일 객체를 생성하고 나면 파일명을 더는 사용할 필요가 없습니다. 프로그램 내에서는 모두 파일 객체를 이용해 처리합니다.

파일 읽기

앞에서 언급한 바와 같이 open() 함수를 이용해 파일을 열고 파일 객체를 생성합니다. open()은 파이썬의 내장 함수 중 하나입니다. 파일을 읽기 용도로 열려면 다음과 같이 'r'을 두 번째 인자로 사용하면 됩니다.

```
my_file = open('notes.txt', 'r')
```

존재하지 않는 파일을 읽기 용도로 열려고 하면 오류가 발생합니다(존재하지 않는 것을 읽을 수는 없겠죠?)

파이썬에는 파일이 열린 후 파일로부터 프로그램으로 정보를 가져오는 내장 함수가 몇 가지 있습니다. 파일로부터 텍스트로 구성된 줄을 읽기 위해서는 다음과 같이 readlines() 메서드를 사용할 수 있습니다.

```
lines = my_file.readlines()
```

이렇게 하면 전체 파일을 읽어 그것을 리스트로 만들 것입니다. 이때 리스트의 각 항목에는 텍스트 한 줄이 담깁니다. notes.txt 파일에 오늘 해야 할 일의 목록이 담겨 있다고 해봅시다.

```
Wash the car
Make my bed
Collect allowance
```

메모장 같은 프로그램을 이용해 이 파일을 생성할 수도 있습니다. 실제로 지금 당장 메모장(또는 즐겨 쓰는 텍스트 편집기)을 이용해 이 같은 파일을 만들어 봅시다. 이 파일의 이름을 notes.txt로 지정하고 파이썬 프로그램이 있는 곳에 저장합니다. 그런 다음 메모장을 닫습니다.

이 파일을 짧은 파이썬 프로그램을 이용해 열고 읽는다면 아마 다음과 같은 코드가 만들어질 것입니다.

예제 22.1 파일을 열어서 읽기

```
my_file = open('notes.txt', 'r')
lines = my_file.readlines()
print lines
```

출력 결과는 다음과 같을 것입니다(파일에 어떤 내용을 넣느냐에 따라 달라집니다).

```
>>>================ RESTART ================
>>>
['Wash the car\n', 'Make my bed\n', 'Collect allowance']
```

텍스트 줄이 파일로부터 읽혀서 lines라고 하는 리스트로 들어갔습니다. 리스트의 각 항목은 파일 내용이 한 줄씩 담긴 문자열입니다. 처음 두 줄의 끝에 있는 \n 부분을 눈여겨봅시다. 이것들은 파일의 각 줄을 나누는 줄바꿈 문자입니다. 파일을 만들 때 엔터를 누른 부분이 바로 이곳입니다. 마지막 줄을 입력하고 나서 엔터를 눌렀다면 세 번째 항목 끝에도 \n이 있을 것입니다.

예제 22.1에 하나 더 추가할 게 있습니다. 파일을 모두 처리하고 나면 파일을 닫아야 합니다.

```
my_file.close()
```

또 다른 프로그램에서 해당 파일을 사용해야 하는데 프로그램에서 파일을 닫지 않았다면 다른 프로그램에서는 그 파일에 접근할 수 없을지도 모릅니다. 일반적으로 파일을 다 사용했으면 닫는 것이 좋습니다.

프로그램 내에서 파일이 문자열 리스트로 사용되고 있다면 원하는 대로 해당 파일을 처리할 수 있습니다. 마치 다른 파이썬 리스트와 마찬가지로 리스트를 순회하거나 정렬하거나 항목을 추가하거나 항목을 삭제하는 등의 작업이 가능합니다. 문자열은 다른 여느 문자열과 마찬가지로 출력하거나 int나 float로 변환하거나(숫자가 담겨 있을 경우) GUI에서 라벨로 사용하는 등 문자열을 이용해 할 수 있는 다른 어떤 것이든 할 수 있습니다.

한 번에 한 줄씩 읽기

readlines() 메서드는 파일의 끝 바로 전까지 파일의 모든 줄을 읽습니다. 파일을 한 번에 한 줄씩 읽고 싶다면 다음과 같이 readline() 메서드를 사용하면 됩니다.

```
first_line = my_file.readline()
```

이렇게 하면 파일의 첫 줄만 읽을 것입니다. 같은 프로그램에서 readline()을 다시 한 번 사용하면 파이썬이 어느 줄을 읽었는지 기억하고 있어서 파일의 두 번째 줄을 읽을 것입니다. 다음 예제는 이러한 예제를 보여줍니다.

예제 22.2 readline()을 여러 번 사용하기

```
my_file = open('notes.txt', 'r')
first_line = my_file.readline()
second_line = my_file.readline()
print "first line = ", first_line
print "second line = ", second_line
my_file.close()
```

이 프로그램의 출력 결과는 다음과 같을 것입니다.

```
>>>================= RESTART =================
>>>
first line = Wash the car
second line = Make my bed
```

readline() 메서드는 한 번에 한 줄만 읽기 때문에 결과를 리스트에 넣지 않습니다. readline()을 사용할 때마다 문자열 하나가 반환됩니다.

처음으로 되돌아가기

readline()을 몇 번 사용한 후 파일이 시작하는 부분으로 되돌아가고 싶다면 다음과 같이 seek() 메서드를 사용하면 됩니다.

```
first_line = my_file.readline()
second_line = my_file.readline()
my_file.seek(0)
first_line_again = my_file.readline()
```

seek() 메서드는 파이썬으로 하여금 파일 내에서 여러분이 지정한 곳으로 가게 만듭니다. 괄호 안에 지정한 숫자는 파일이 시작하는 지점을 기준으로 한 바이트 수입니다. 따라서 0으로 설정하면 파일이 시작하는 지점으로 되돌아갑니다.

텍스트 파일과 바이너리 파일

파일을 열고 텍스트로 된 줄을 읽는 예제는 지금까지 한 가지를 가정하고 있습니다. 즉, 파일에는 실질적으로 텍스트가 담겨 있다는 것입니다. 텍스트는 파일에 저장할 수 있는 것 중 하나에 불과하다는 점을 기억하십시오. 프로그래머들은 모든 종류의 파일을 하나로 합치기도 하며, 이를 **바이너리 파일(binary file)**이라고 합니다.

열 수 있는 파일의 종류는 크게 두 가지입니다.

- 텍스트 파일: 글자, 숫자, 기호, 줄바꿈과 같은 특수 문자 같은 텍스트를 담고 있습니다.
- 바이너리 파일: 텍스트가 담겨 있지 않습니다. 음악, 사진 또는 다른 종류의 데이터가 담겨 있으며, 텍스트가 없고 줄바꿈이 없어서 줄이라는 것이 없습니다.

이는 바이너리 파일에 대해서는 readline()이나 readlines()를 사용할 수 없음을 의미합니다. 가령 .wav 파일로부터 "줄"을 읽으려고 하면 알 수 없는 것을 얻게 됩니다. 대부분 다음과 같이 읽을 수 없는 것이 나옵니다.

```
>>> f = open('splat.wav', 'r')
>>> print f.readline()
RIFFö▲ WAVEfmt ▶ ☺ ☺ "V "V datap▲
ÇÇÇÇÇÇÇÇüÇÇÇÇÇÇÇÇÇÇÇÇÇÇÇ◊ÇÇ◊◊◊◊◊Ç◊◊◊◊Ç
ÇÇÇ◊◊ÇÇÇÇÇÇÇÇÇÇÇÇÇ◊Ç◊ÇÇÇüÇÇÇÇÇÇÇÇÇÇÇÇÇÇ◊ÇÇÇÇüÇÇ◊ÇÇ◊ÇÇÇÇ◊◊ÇÇüééçÇzvvy{|Çâ
    çïê}trv|äëïîèà~ut|◊yrqrtxÇÎÖ℞æäàütvçÆÄ|mlfWR]jnmpxüêÅ °fâràó«¼Ö}`ORj◊{hZZgwàëy{
    äæá-¿ÿézåÿèmWLISjÇàzrvÇüytv~üÇ}yrifjt}äêèêëÄöÉémSCFZlrtyéïö¥ñ¬½-ñ¢ÆÄìÅôôÆ
    ÄÅæ|åÜ¬ÿüpd\UME@;99:>EJMW]YTZfuçòf─▓├─├─┘├─┘┐-¢ôë~{|{yxzzuiZNGHLSbs◊~
    wrnf\TPQU]`jv æ os  æ }   ┼
```

.wav 파일이 시작하는 부분에도 텍스트처럼 보이는 것이 있지만 그 이후로는 도저히 읽을 수 없는 내용이 나옵니다. 그 이유는 .wav 파일에는 텍스트가 없고 사운드가 담겨 있기 때문입니다. readline()과 readlines() 메서드는 텍스트 파일만을 읽는 용도로 사용됩니다.

대부분의 경우 바이너리 파일을 사용하려면 19장에서 했던 것과 같이 파이게임 또는 파일을 불러오는 다른 모듈을 사용할 것입니다.

```
pygame.mixer.music.load('bg_music.mp3')
```

이 경우 파이게임이 바이너리 파일(이 예제의 경우 음악)을 열고 읽는 것을 처리합니다.

이 책에서는 바이너리 파일을 처리하는 법을 다루지 않습니다. 하지만 다음과 같이 파일 모드에 b를 추가해서 바이너리 파일을 열 수 있다는 것만 알아두면 됩니다.

```
my_music_file = open('bg_music.mp3', 'rb')
```

'rb' 부분은 바이너리 모드로 파일을 열고 읽겠다는 것을 의미합니다.

지난 몇 개의 절에서는 파일에서 정보를 구해 프로그램으로 가져오는 법을 배웠고, 이를 파일 **읽기**라고 합니다. 이어서 프로그램에서 파일로 정보를 가져오는 법을 배우겠습니다. 이를 파일에 **쓰기**라고 합니다.

파일에 쓰기

프로그램에서 처리한 정보를 좀 더 영구적으로 저장하고 싶다면 화면에 있는 정보를 종이에 받아적을 수도 있습니다. 하지만 그렇게 한다면 컴퓨터를 사용할 이유가 없을 것입니다.

더 나은 방법은 정보를 하드디스크에 저장해서 프로그램이 실행 중이지 않은 상태에서도(사실, 컴퓨터를 끈 상태에서도) 데이터가 여전히 하드디스크에 보관되어 나중에 가져올 수 있게 하는 것입니다. 이미 이러한 일을 아주 아주 많이 해왔습니다. 학교에 제출할 보고서나 사진, 노래, 파이썬 프로그램을 저장할 때마다 그것들을 하드디스크에 저장하는 셈입니다.

옛날 옛적에

옛날에는 종이밖에 없던 시절이 있었습니다! 모니터나 프린터, 심지어 키보드도 없었죠. 그 당시에는 카드에 구멍을 뚫어 코드를 썼습니다. 그러고 나서 이러한 카드 뭉치를 커다란 기계에 집어넣으면 종이에 뚫린 구멍이 컴퓨터가 이해할 수 있는 전기 신호로 변환됐습니다. 이따금 답을 구하는 데 며칠씩 걸리는 경우도 있었습니다. 정말 고생스러운 일이 아닐 수 없었죠!

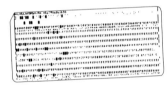

과거의 컴퓨터 천공 카드

앞에서도 언급했듯이 파일에 뭔가를 집어넣는 데는 두 가지 방법이 있습니다.

- **쓰기:** 새 파일을 만들거나 기존 파일을 덮어쓰는 것을 의미합니다.
- **추가:** 기존 파일에 추가하는 식으로 기존 파일을 유지하는 것을 의미합니다.

파일에 쓰거나 추가하려면 먼저 파일을 열어야 합니다. 두 번째 매개변수만 달라진다는 점만 빼면 앞에서 했던 것과 같이 open() 함수를 사용하면 됩니다.

- 읽기 용도로는 'r'을 파일 모드로 사용합니다.

    ```
    my_file = open('new_notes.txt', 'r')
    ```

- 쓰기 용도로는 'w'를 파일 모드로 사용합니다.

    ```
    my_file = open('new_notes.txt', 'w')
    ```

- 추가 용도로는 'a'를 파일 모드로 사용합니다.

    ```
    my_file = open('notes.txt', 'a')
    ```

추가(append) 모드로 'a'를 사용할 경우 파일명은 이미 하드디스크에 존재하는 파일의 이름이어야 하고, 그렇지 않으면 오류가 발생합니다. 그 이유는 추가가 기존 파일에 뭔가를 더하는 것이기 때문입니다.

그렇습니다.

쓰기 모드로 'w'를 사용할 경우 두 가지 경우가 발생할 수 있습니다.

- 파일이 이미 존재하면 기존 파일의 내용은 사라지고 거기에 쓴 내용으로 대체됩니다.
- 파일이 존재하지 않으면 지정한 이름의 파일이 새로 만들어지고 거기에 쓴 내용이 새 파일에 들어갑니다.

몇 가지 예제를 살펴봅시다.

파일에 추가하기

먼저 앞에서 만들었던 **notes.txt** 파일에 뭔가를 추가해보겠습니다. 여기서는 "Spend allowance"라는 줄을 하나 더 추가하겠습니다. 앞에서 작성했던 readlines() 예제를 유심히 살펴봤다면 마지막 줄 끝에 \n, 즉 줄바꿈이 없다는 사실을 알 수 있습니다. 따라서 먼저 줄바꿈을 하나 추가한 후 새 문자열을 추가해야 합니다. 파일에 문자열을 쓰려면 다음과 같이 write() 메서드를 사용하면 됩니다.

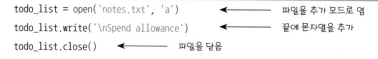

예제 22.3 추가 모드 사용하기

```
todo_list = open('notes.txt', 'a')          ◄———— 파일을 추가 모드로 엶
todo_list.write('\nSpend allowance')        ◄———— 끝에 문자열을 추가
todo_list.close()      ◄———— 파일을 닫음
```

파일을 읽을 때 작업을 마치면 파일을 닫아야 한다고 이야기했습니다. 하지만 쓰기를 마쳤을 때 close()를 사용하는 것이 훨씬 더 중요합니다. 그 이유는 close()로 파일을 닫지 않을 경우 변경사항이 실제로 파일에 저장되지 않기 때문입니다.

예제 22.3을 실행하고 나서 메모장(또는 다른 텍스트 편집기)으로 **notes.txt**를 열어 내용을 확인해 봅시다. 확인을 마친 후 메모장을 닫는 것을 잊지 마십시오.

파일에 쓰기

이제 쓰기 모드를 이용해 파일에 쓰는 예제를 실습해 봅시다. 여기서는 하드디스크에 없는 파일을 열겠습니다. 다음 예제를 입력한 후 실행합니다.

예제 22.4 새 파일에 대해 쓰기 모드 사용하기

```python
new_file = open("my_new_notes.txt", 'w')
new_file.write("Eat supper\n")
new_file.write("Play soccer\n")
new_file.write("Go to bed")
new_file.close()
```

이 예제가 작동했는지 어떻게 알 수 있을까요? 예제 22.4의 프로그램이 저장된 폴더를 확인해 봅시다. **my_new_notes.txt**라는 파일이 보일 것입니다. 이 파일을 메모장으로 열어 내용을 확인합니다. 그럼 다음과 같은 내용이 보일 것입니다.

```
Eat supper
Play soccer
Go to bed
```

이 프로그램으로 텍스트 파일을 하나 만들어 거기에 텍스트를 저장했습니다. 이 텍스트는 하드디스크에 있어서 하드디스크가 계속 작동하거나 파일을 지우지 않는 이상 영원히 보관될 것입니다. 따라서 프로그램에서 만들어진 데이터를 영구적으로 저장할 수 있는 방법이 하나 마련된 셈입니다. 이제 프로그램이 세상(적어도 여러분의 하드디스크)에 영원한 흔적을 남길 수 있습니다. 프로그램이 중단되고 컴퓨터의 전원이 꺼진 이후에도 보관해야 할 것이 있다면 그것을 파일에 넣으면 됩니다.

이미 하드디스크에 존재하는 파일에 대해 쓰기 모드를 사용하면 어떻게 되는지 살펴봅시다. **notes.txt**라는 파일을 기억하십니까? 예제 22.3을 실행하면 다음과 같은 결과가 나타날 것입니다.

```
Wash the car
Make my bed
Collect allowance
Spend allowance
```

이 파일을 쓰기 모드로 열고 파일에 뭔가를 기록한 후 어떤 일이 일어나는지 살펴봅시다. 다음 코드를 봅시다.

예제 22.5 기존 파일에 쓰기 모드 사용하기

```
the_file = open('notes.txt', 'w')
the_file.write("Wake up\n")
the_file.write("Watch cartoons")
the_file.close()
```

이 코드를 실행한 다음 메모장에서 **notes.txt**를 열어 내용을 확인합니다. 다음과 같은 내용이 보일 것입니다.

```
Wake up
Watch cartoons
```

notes.txt에 있었던 내용은 사라지고, 예제 22.5에서 새로 쓴 내용으로 대체됐습니다.

print를 이용해 파일에 쓰기

바로 앞 절에서는 write()를 이용해 파일에 기록했습니다. print를 이용해 파일에 쓰는 것도 가능합니다. 그럼에도 여전히 파일을 쓰기 모드나 추가 모드로 열어야 하지만 일단 파일을 열고 나면 다음과 같이 print를 이용해 파일에 쓸 수 있습니다.

```
my_file = open("new_file.txt", 'w')
print >> my_file, "Hello there, neighbor!"
my_file.close()
```

두 개의 > 기호는 print가 출력 결과를 화면이 아닌 파일로 보내라는 것을 의미합니다. 이를 출력 **재지정 (redirect)**이라 합니다.

이따금 write()보다 print를 사용하는 것이 더 편리할 때가 있는데, print가 자동으로 숫자를 문자열로 변환하는 등의 작업을 대신해 주기 때문입니다. 파일에 텍스트를 쓸 때 print를 쓸지 write()를 쓸지 선택하는 것은 여러분의 몫입니다.

파일에 저장하기: pickle

이번 장의 앞 부분에서는 파일을 읽고 쓰는 것에 관해 이야기했습니다. 텍스트 파일은 하드디스크에 뭔가를 저장할 수 있는 방법 중 하나입니다. 하지만 리스트나 객체 같은 것을 저장하고 싶다면 어떻게 해야 할까요? 이따금 리스트 안의 항목들이 문자열이 아닐 때도 있습니다. 그리고 객체와 같은 것을 저장하는 경우는 어떨까요? 객체의 모든 속성을 문자열로 변환한 다음 텍스트 파일에 쓸 수도 있지만 그 이후에 파일에서 객체로, 이와 반대되는 작업을 해야 할 것입니다. 이 경우 문제가 복잡해질 수 있습니다.

다행히도 파이썬에는 리스트나 객체 같은 것들을 더 쉽게 저장하는 방법이 있습니다. 바로 pickle이라는

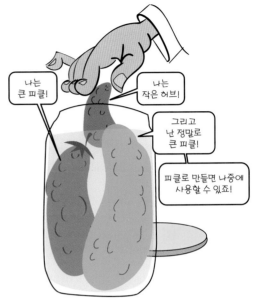

모듈입니다. 이름이 조금 재밌는데 한번 생각해 봅시다. 피클로 만드는 것은 음식을 나중에 이용할 수 있게 보관하는 방법 중 하나입니다. 파이썬에서는 데이터를 "피클"로 만들면 그것을 디스크에 저장해뒀다가 나중에 사용할 수 있습니다. 한결 더 이해하기 쉽습니다!

피클링

다음과 같이 다양한 데이터로 구성된 리스트가 있다고 해봅시다.

```
my_list = ['Fred', 73, 'Hello there', 81.9876e-13]
```

pickle을 사용하려면 먼저 pickle 모듈을 가져와야 합니다.

```
import pickle
```

그런 다음 리스트 같은 것을 "피클"로 만들려면 dump() 함수를 사용합니다(피클을 병에 붓는다고 생각하면 이해하기 쉽습니다). dump() 함수는 파일 객체를 필요로 하며, 파일 객체를 만드는 법은 이미 알고 있을 것입니다.

```
pickle_file = open('my_pickled_list.pkl', 'w')
```

'w'로 파일을 쓰기 모드로 열었는데, 그 이유는 이 파일에 뭔가를 저장할 것이기 때문입니다. 이름과 확장자는 마음대로 지정해도 됩니다. 여기서는 "pickle"을 줄인 **.pkl**을 확장자로 지정했습니다.

그런 다음 dump()를 이용해 리스트를 피클 파일로 만듭니다.

```
pickle.dump(my_list, pickle_file)
```

전체 과정은 다음과 같습니다.

예제 22.6 pickle을 이용해 리스트를 파일로 저장하기

```
import pickle
my_list = ['Fred', 73, 'Hello there', 81.9876e-13]
pickle_file = open('my_pickled_list.pkl', 'w')
pickle.dump(my_list, pickle_file)
pickle_file.close()
```

이 같은 방법으로 어떤 종류의 자료구조도 파일로 저장할 수 있습니다. 그런데 반대로 되돌리려면 어떻게 해야 할까요? 다음 절에서 이를 살펴보겠습니다.

언피클링

현실 세계에서는 뭔가를 피클로 담으면 그것은 피클인 채로 남아 원래대로 되돌릴 수 없습니다. 하지만 파이썬에서는 데이터를 피클링해서 보관해 두면 언제든지 정반대의 과정을 거쳐 데이디를 원래 상태로 되돌릴 수 있습니다.

뭔가를 "언피클링(unpickle)"하는 함수는 load()입니다. load() 함수에 피클로 된 데이터가 담긴 파일 객체를 지정하면 원래 형태로 된 데이터가 반환됩니다. 한번 실습해 봅시다. 예제 22.6을 실행하면 프로그램을 저장한 폴더에 **my_pickled_list.pkl**이라는 파일이 만들어질 것입니다. 이제 다음 예제를 실행해 동일한 리스트가 만들어지는지 확인해 봅시다.

예제 22.7 load()를 이용한 언피클링

```
import pickle
pickle_file = open('my_pickled_list.pkl', 'r')
recovered_list = pickle.load(pickle_file)
pickle_file.close()

print recovered_list
```

출력 결과는 다음과 같을 것입니다.

```
['Fred', 73, 'Hello there', 8.1987599999999997e-012]
```

언피클링이 동작하는 듯합니다! 피클링했던 것과 동일한 항목이 출력됐습니다. E-표기법은 조금 달라 보이긴 하지만 적어도 소수점 16자리까지는 동일한 숫자로 볼 수 있습니다. 이 같은 차이는 4장에서 이야기한 반올림 오차(roundoff error)에서 비롯됩니다.

다음 절에서는 파일 입출력에 관해 배운 내용을 이용해 새로운 게임을 만들어보겠습니다.

다시 게임할 시간: 행맨

파일에 관한 이번 장에서 왜 게임을 하는 것일까요? 행맨 게임을 흥미롭게 만드는 것 중 하나는 퍼즐에 사용할 커다란 단어 목록을 사용한다는 것입니다. 이렇게 하는 가장 쉬운 방법은 파일로부터 단어 목록을 읽는 것입니다. 아울러 파이게임뿐 아니라 PyQt로도 그래픽 게임을 만들 수 있다는 점을 보여주겠습니다.

여기서는 다른 프로그램만큼 이 프로그램을 자세히 설명하지는 않을 예정입니다. 지금부터는 코드를 직접 살펴보고 프로그램이 전반적으로 어떻게 동작하는지 감을 잡을 수 있을 것입니다. 다만 약간씩 도움은 주겠습니다.

행맨 GUI

행맨 프로그램의 주 GUI는 다음과 같습니다.

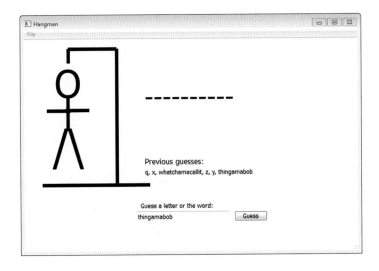

이 프로그램에서는 목이 매달린 사람의 전체 부위를 볼 수 있지만 프로그램이 실행되면 모든 부위가 감춰진 상태로 시작합니다. 플레이어가 글자를 잘못 추측하면 목이 매달린 사람의 한 부위가 보입니다. 전체 모습이 그려지면 게임이 끝납니다.

플레이어가 글자를 추측하면 프로그램에서는 해당 글자가 비밀 단어에 포함돼 있는지 확인합니다. 비밀 단어에 포함돼 있으면 글자가 나타납니다. 창의 가운데에는 플레이어가 지금까지 추측한 글자를 볼 수 있습니다. 플레이어는 언제든지 단어를 추측할 수 있습니다.

다음은 프로그램의 동작 방식을 요약한 내용입니다.

프로그램이 처음 시작되면 다음과 같은 작업을 수행합니다.

- 파일에서 단어 목록을 불러옴
- 각 줄에서 줄바꿈 문자를 제거
- 사람의 모든 부위를 보이지 않게 함
- 단어 목록에서 단어 하나를 무작위로 고름
- 비밀 단어의 글자 수만큼 밑줄을 보여줌

플레이어가 **Guess!** 버튼을 클릭하면 프로그램에서는 다음과 같은 작업을 수행합니다.

- 추측한 내용이 한 글자인지 단어인지 검사
- 글자일 경우
  - 비밀 단어에 해당 글자가 포함돼 있는지 검사
  - 플레이어가 추측한 글자가 맞다면 밑줄을 글자로 바꿔서 글자가 나타나는 부분을 보여줌
  - 플레이어가 추측한 글자가 틀리면 사람의 부위 하나를 보여줌
  - 추측한 글자를 Previous guesses에 추가해서 표시
  - 플레이어가 단어를 완성했는지 확인(모든 글자를 추측했는지)
- 단어일 경우
  - 플레이어가 추측한 내용이 맞는지 확인
  - 추측한 내용이 맞다면 You Won!이라고 표시하고 새로운 게임을 시작
- 플레이어가 추측할 수 있는 기회를 모두 써버렸는지 확인: 만약 그럴 경우 You Lost라고 표시하고 비밀 단어를 보여줌

단어 목록에서 단어 가져오기

이번 장의 주제는 파일에 관한 것이므로 프로그램에서 단어 목록을 가져오는 부분을 살펴봅시다. 코드는
다음과 같습니다.

```python
f = open("words.txt", 'r')
self.lines = f.readlines()
for line in self.lines:
    line.strip()          ←———— 각 줄에서 줄바꿈 문자를 제거
f.close()
```

words.txt 파일은 텍스트 파일이므로 readlines()를 이용해 읽을 수 있습니다. 그리고 나서 리스트로부
터 단어를 선택하기 위해 다음과 같이 random.choice() 함수를 사용합니다.

```python
self.currentword = random.choice(self.lines)
```

사람 보여주기

사람의 어느 부위가 이미 보여졌고, 다음으로 어떤 부위가 보여질지 확인하는 데는 몇 가지 방법이 있습
니다. 여기서는 반복문을 사용하겠습니다. 다음 코드를 봅시다.

```python
def wrong(self):
    self.pieces_shown += 1
    for i in range(self.pieces_shown):
        self.pieces[i].setHidden(False)
    if self.pieces_shown == len(self.pieces):
        message = "You lose. The word was " + self.currentword
        QtGui.QMessageBox.warning(self,"Hangman",message)
        self.new_game()
```

여기서는 self.pieces_shown을 이용해 현재 보여주고 있는 행맨의 부위를 확인합니다. 모든 부위가 보여지
고 있으면 플레이어가 게임에서 졌다는 대화상자를 보여줍니다.

글자 추측 검사하기

이 프로그램에서 까다로운 부분 중 하나는 플레이어가 추측한 글자가 비밀 단어에 나타나는지 검사하는
부분입니다. 까다로운 부분은 한 단어에서 추측한 글자가 여러 번 나올 수도 있다는 점입니다. 예를 들어,

비밀 단어가 **lever**이고, 플레이어가 e를 추측했다면 두 번째 글자와 네 번째 글자가 모두 e이기 때문에 두 글자를 모두 보여줘야 합니다.

이를 처리하는 데 도움되는 함수가 몇 가지 있습니다. find_letters() 함수는 단어에서 특정 글자가 나타나는 모든 위치를 찾아 해당 위치로 구성된 리스트를 반환합니다. 예를 들어, 글자 e와 **lever**의 경우 e가 문자열에서 인덱스 1과 3에서 나타나기 때문에 [1, 3]을 반환할 것입니다(인덱스가 0부터 시작한다는 점을 떠올려봅시다). 다음 코드를 봅시다.

```python
def find_letters(letter, a_string):
    locations = []
    start = 0
    while a_string.find(letter, start, len(a_string)) != -1:    ← 글자가 어디에 나타나는지 확인
        location = a_string.find(letter, start, len(a_string))
        locations.append(location)
        start = location + 1                    밑줄을 글자로 대체
    return locations
```

replace_letters() 함수는 find_letters()로부터 리스트를 받아 해당 위치에 있는 밑줄을 글자로 대체합니다. 예제("lever"의 e)에서는 -----를 - e-e-로 바꿀 것입니다. 이런 식으로 플레이어에게 올바르게 추측한 글자가 단어에서 어느 위치에 나타나는지 보여주고 나머지 부분을 밑줄로 남겨둡니다. 다음 코드를 봅시다.

```python
def replace_letters(string, locations, letter):
    new_string = ''
    for i in range (0, len(string)):
        if i in locations:
            new_string = new_string + letter
        else:
            new_string = new_string + string[i]
    return new_string
```

그리고 나서 플레이어가 글자를 추측하면 앞에서 정의한 두 함수인 find_letters()와 replace_letters()를 사용합니다.

```
if len(guess) == 1:        ← 한 글자를 추측하는 것인가?
    if guess in self.currentword:        ← 글자가 어디에 나타나는지 확인
        locations = find_letters(guess, self.currentword)        ← 글자가 단어에 있는지 검사
        self.word.setText(replace_letters(str(self.word.text()), locations,guess))        ← 밑줄을 글자로 대체
        if str(self.word.text()) == self.currentword:        밑줄이 아무것도 남아있지 않는지
            self.win()                                        검사(플레이어가 이겼음을 의미)
    else:
        self.wrong()
```

전체 프로그램은 약 95줄의 코드로 구성돼 있고, 몇 가지 빈 줄을 통해 보기 좋게 만들어져 있습니다. 예제 22.8은 전체 프로그램으로서 각 부분을 설명하는 내용이 포함돼 있습니다. 설치 프로그램을 이용해 설치했을 경우 이 코드는 컴퓨터의 **\Examples\Hangman** 폴더에 들어있으며, 웹 사이트에도 있습니다. 이 폴더에는 hangman.py, hangman.ui, words.txt가 포함돼 있습니다. 참고로 20장에서 언급한 바와 같이 맥을 사용 중이라면 Qt 디자이너에서 hangman.ui를 열어 menubar 객체의 nativeMenuBar 속성을 선택 해제해야 합니다.

예제 22.8 전체 hangman.py 프로그램

```
import sys
from PyQt4 import QtCore, QtGui, uic
import random


form_class = uic.loadUiType("hangman.ui")[0]


def find_letters(letter, a_string):
    locations = []
    start = 0
    while a_string.find(letter, start, len(a_string)) != -1:        글자를 찾음
        location = a_string.find(letter, start, len(a_string))
        locations.append(location)
        start = location + 1
    return locations


def replace_letters(string, locations, letter):
    new_string = ''
    for i in range (0, len(string)):
        if i in locations:
            new_string = new_string + letter        플레이어가 글자를 올바르게 추측할
        else:                                         경우 대시를 글자로 바꿈
            new_string = new_string + string[i]
    return new_string
```

```python
def dashes(word):
    letters = "abcdefghijklmnopqrstuvwxyz"
    new_string = ''
    for i in word:
        if i in letters:
            new_string += "-"
        else:
            new_string += i
    return new_string
```

프로그램을 시작할 때 글자를
대시로 바꿈 ❶

```python
class MyWidget(QtGui.QMainWindow, form_class):
    def __init__(self, parent=None):
        QtGui.QMainWindow.__init__(self, parent)
        self.setupUi(self)
        self.btn_guess.clicked.connect(self.btn_guess_clicked)
        self.actionExit.triggered.connect(self.menuExit_selected)
        self.pieces = [self.head, self.body, self.leftarm, self.leftleg,
                       self.rightarm, self.rightleg]
        self.gallows = [self.line1, self.line2, self.line3, self.line4]
        self.pieces_shown = 0
        self.currentword = ""
        f=open("words.txt", 'r')
        self.lines = f.readlines()
        f.close()
        self.new_game()
```

이벤트 처리자를 연결

행맨의 신체 부위

교수대를 구성하는 각 부분

단어 목록을 가져옴

```python
    def new_game(self):
        self.guesses.setText("")
        self.currentword = random.choice(self.lines)
        self.currentword = self.currentword.strip()
        for i in self.pieces:
            i.setFrameShadow(QtGui.QFrame.Plain)
            i.setHidden(True)
        for i in self.gallows:
            i.setFrameShadow(QtGui.QFrame.Plain)
        self.word.setText(dashes(self.currentword))
        self.pieces_shown = 0
```

단어 목록에서 한 단어를 임의로 선정

행맨을 감춤

글자를 대시로 바꾸는 함수를 호출

```python
    def btn_guess_clicked(self):
```

```
        guess = str(self.guessBox.text())
        if str(self.guesses.text()) != "":
            self.guesses.setText(str(self.guesses.text())+", "+guess)
        else:
            self.guesses.setText(guess)
        if len(guess) == 1:
            if guess in self.currentword:
                locations = find_letters(guess, self.currentword)
                self.word.setText(replace_letters(str(self.word.text()),
                                        locations,guess))
                if str(self.word.text()) == self.currentword:
                    self.win()
            else:
                self.wrong()
        else:
            if guess == self.currentword:
                self.win()
            else:
                self.wrong()
        self.guessBox.setText("")

    def win(self):
        QtGui.QMessageBox.information(self,"Hangman","You win!")
        self.new_game()

    def wrong(self):
        self.pieces_shown += 1
        for i in range(self.pieces_shown):
            self.pieces[i].setHidden(False)
        if self.pieces_shown == len(self.pieces):
            message = "You lose. The word was " + self.currentword
            QtGui.QMessageBox.warning(self,"Hangman", message)
            self.new_game()

    def menuExit_selected(self):
        self.close()

app = QtGui.QApplication(sys.argv)
myapp = MyWidget(None)
myapp.show()
app.exec_()
```

글자를 추측

플레이어가 글자나 단어를 추측하게 함

단어를 추측

플레이어가 이길 경우 대화상자를 표시

행맨의 다른 부위를 보여줌

잘못된 추측

플레이어가 게임에서 패배

예제를 간단하게 만들기 위해 여기서 만든 행맨 프로그램에서는 소문자만 사용합니다. 여기서 제공하는 단어 목록은 소문자로만 구성돼 있으며, 사용자는 반드시 소문자로 추측해야 합니다.

dashes() 함수(❶)는 새 게임이 시작할 때 단어를 밑줄로 바꿉니다. 하지만 생략 부호(apostrophe) 같은 문장 부호는 바꾸지 않습니다. 그래서 단어가 doesn't이었다면 플레이어는 ─────'─를 보게 됩니다.

이 프로그램을 여러분이 직접 만들어 보기 바랍니다. Qt 디자이너로 GUI를 만들 수 있습니다. 이 책에서 보여준 것과 똑같이 만드는 것은 중요하지 않습니다. 각 구성요소에 어떤 이름을 쓰는지만 참고하기 위해 코드를 살펴보십시오. 코드에서 사용하는 이름들은 .ui 파일에서 쓰는 이름과 일치해야 합니다.

가능한 한 코드를 직접 입력해 보십시오. 프로그램을 실행해서 어떻게 동작하는지 확인해 보십시오. 그리고 뭔가 다르게 해볼 만한 부분이 있으면 주저하지 말고 그렇게 하십시오! 게임을 만드는 과정을 즐기고 실험을 해보십시오. 그것이 바로 프로그래밍할 때 가장 재미있고 보람 찬 부분이며, 그 과정에서 가장 많이 배울 수 있습니다.

Hello Python!

이번 장에서 배운 내용

이번 장에서는 다음과 같은 내용을 배웠습니다.

- 파일이란?
- 파일을 열고 닫는 법
- 파일을 여는 다양한 방법: 읽기, 쓰기, 추가하기
- 파일에 쓰는 다양한 방법: write()나 print >>
- pickle을 이용해 리스트나 객체(및 기타 파이썬 자료 구조)를 파일로 저장하는 법
- 폴더(디렉터리), 파일 위치, 경로에 관한 내용

게다가 이번 장에서는 단어 목록을 가져오기 위해 파일에 담긴 데이터를 사용하는 행맨 게임도 만들었습니다.

학습 내용 점검

1. 파이썬에서 파일을 다루는 데 사용되는 객체를 _____라고 합니다.
2. 파일 객체는 어떻게 만듭니까?
3. 파일 객체와 파일명 간의 차이점은 무엇입니까?
4. 파일 읽기나 쓰기를 마치면 무엇을 해야 합니까?
5. 파일을 추가 모드로 연 다음 해당 파일에 뭔가를 쓰면 어떤 일이 일어납니까?
6. 파일을 쓰기 모드로 연 다음 해당 파일에 뭔가를 쓰면 어떤 일이 일어납니까?
7. 파일의 일부를 이미 읽은 후에 파일이 시작하는 부분을 읽으려면 어떻게 해야 합니까?
8. 파이썬 객체를 파일로 저장하는 데 사용하는 pickle 함수는 무엇입니까?
9. 객체를 "언피클링"(피클 파일을 파이썬 변수로 되돌리는)하는 데 사용하는 pickle 메서드는 무엇입니까?

도전 과제

1. 괴상한 문장을 만들어내는 프로그램을 만드십시오. 각 문장은 다음과 같이 적어도 4가지 부분을 포함해야 합니다.

```
The _____  _____  _____  _____
     (형용사)      (명사)        (동사구)          (부사구)

예: "The   crazed   monkey   played a ukulele   on the table."
              형용사      명사         동사구            부사구
```

이 프로그램에서는 형용사, 명사, 동사구, 부사구를 임의로 선택해 문장을 만듭니다. 단어는 파일에 저장될 것이며, 메모장을 이용해 파일을 만들 수 있습니다. 이 프로그램이 동작하게 만드는 가장 간단한 방법은 각 단어 그룹에 대한 파일을 하나씩 만드는 것이지만 여러분이 원하는 대로 만들어도 됩니다. 다음은 프로그램 작성을 시작하기 위한 아이디어지만 직접 생각해 낼 수 있으리라 믿습니다.

- 형용사: crazed, silly, shy, goofy, angry, lazy, obstinate, purple
- 명사: monkey, elephant, cyclist, teacher, author, hockey player
- 동사구: played a ukulele, danced a jig, combed his hair, flapped her ears
- 부사구: on the table, at the grocery store, in the shower, after breakfast, with a broom

다음은 출력 결과의 예입니다: "The lazy author combed his hair with a broom."

2. 사용자에게 이름, 나이, 좋아하는 색깔, 좋아하는 음식을 묻는 프로그램을 작성하십시오. 이때 4가지 항목을 모두 텍스트 파일에 저장하되 각 항목을 각기 다른 줄에 저장합니다.

3. 2번 문항에서 제시한 프로그램을 만들되 이번에는 pickle을 이용해 데이터를 파일에 저장하십시오(힌트: 데이터를 리스트에 넣을 경우 이렇게 하기가 쉬울 것입니다).

기회를 잡아라: 무작위성

게임의 가장 재미있는 부분 중 하나는 바로 어떤 일이 일어날지 절대로 알 수 없다는 점입니다. 게임은 예측 불가능합니다. 게임은 무작위(random)로 동작합니다. 게임을 흥미롭게 만드는 것은 바로 이러한 무작위성입니다.

지금까지 봐온 것처럼 컴퓨터는 무작위적인 행동을 흉내 낼 수 있습니다. 1장의 숫자 알아맞히기 프로그램에서는 random 모듈을 이용해 사용자가 알아맞혀야 할 무작위 정수를 만들어냈습니다. 22장의 "도전 과제"에서도 괴상한 문장 프로그램에 쓸 단어를 고르는 데 random을 사용했습니다.

컴퓨터는 주사위를 굴리거나 카드를 섞는 것과 같은 무작위 행동을 흉내 낼 수도 있습니다. 이를 통해 카드나 주사위(또는 다른 무작위적으로 행동하는 객체)를 사용하는 컴퓨터 게임을 만들어낼 수 있습니다.

예를 들어, 윈도우의 카드 게임(Solitaire)을 해보지 않은 사람은 별로 없을 텐데, 이 게임에서는 각 게임에 앞서 카드를 무작위로 섞습니다. 두 개의 주사위를 사용하는 컴퓨터 맥개먼(Backgammon) 게임도 아주 유명한 게임입니다.

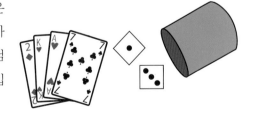

이번 장에서는 random 모듈을 이용해 컴퓨터가 게임을 플레이하는 데 쓸 수 있는 주사위와 카드를 만드는 법을 배웁니다. 아울러 컴퓨터가 만들어내는 무작위 이벤트를 이용해 어떤 사건이 일어날 가능성을 의미하는 **확률(probability)**의 개념도 살펴봅니다.

무작위성이란?

무작위적인 행동을 하는 프로그램을 만드는 법을 살펴보기에 앞서 "무작위"가 실제로 어떤 의미인지 이해해야 합니다.

동전 뒤집기를 예로 들어봅시다. 동전을 공중에 던져서 땅에 떨어지게 하면 동전의 앞면이나 뒷면이 나옵니다. 일반적인 동전의 경우 앞면이 나올 가능성은 뒷면이 나올 가능성과 비슷해서 때로는 앞면이 나오고 때로는 뒷면이 나올 것입니다. 동전을 언제 던지더라도 어느 면이 나올지는 알 수 없습니다. 던지기의 결과는 예측할 수 없고, 이를 **무작위적(random)**이라고 이야기합니다. 동전 던지기는 무작위 이벤트(random event)의 한 예입니다.

동전을 여러 번 던진다면 아마 앞면과 뒷면이 나오는 수가 거의 비슷할 것입니다. 하지만 이를 확신할 수는 없습니다. 동전을 4번 던질 경우 앞면이 2번, 뒷면이 2번 나올 수도 있습니다. 하지만 앞면이 3번, 뒷면이 1번, 또는 앞면이 1번, 뒷면이 3번, 심지어 앞면(혹은 뒷면)이 4번 나올 수도 있습니다. 동전을 100번 던질 경우 앞면이 50번 나올 수도 있습니다. 하지만 20번, 44번, 67번, 심지어 100번 모두 앞면만 나올 수도 있습니다. 100번 모두 앞면만 나오는 경우는 아주 가능성이 낮지만 불가능한 것도 아닙니다.

요점은 각 이벤트는 무작위적이라는 것입니다. 동전 던지기를 아주 많이 할 경우 어떤 일정한 패턴이 있을 수도 있겠지만 각 개별 던지기는 앞면이나 뒷면이 나올 가능성이 같습니다. 이를 달리 표현하자면 동전은 기억하지 않는다는 것입니다. 따라서 99번 연이어 앞면이 나왔고 100번째에도 앞면이 나올 가능성은 거의 불가능할 것이라고 생각하더라도 여전히 앞면이 나올 가능성은 50퍼센트입니다. 이것이 바로 무작위가 의미하는 바입니다.

무작위 이벤트는 어떤 결과가 발생할지 예측할 수 없는, 2가지 이상의 결과가 나올 수 있는 이벤트입니다. 그 결과는 카드가 섞인 순서나 주사위를 굴린 후 나온 숫자, 동전의 앞뒷면이 될 수 있습니다.

주사위 굴리기

주사위를 사용하는 게임을 해보지 않은 사람은 거의 없을 것입니다. 모노폴리(Monopoly), 얏지(Yahtzee), 트러블(Trouble), 백개먼(Backgammon) 등의 게임에서 주사위를 굴리는 것은 무작위 이벤트를 만들어내는 가장 보편적인 방법 중 하나입니다.

주사위는 프로그램으로 흉내 내기가 아주 쉽고, 파이썬의 random 모듈을 이용해 이렇게 하는 몇 가지 방법이 있습니다. 그중 하나가 바로 임의의 정수를 하나 고르는 randint() 함수입니다. 주사위의 각 면에 표시된 점의 개수는 정수로 (1, 2, 3, 4, 5, 6)이며, 하나의 주사위를 굴리는 것은 다음과 같이 흉내 낼 수 있습니다.

```
import random
die_1 = random.randint(1, 6)
```

이렇게 하면 1~6 범위의 숫자가 하나 나오며, 각 숫자가 나올 확률은 모두 동일합니다. 이것은 실제 주사위도 마찬가지입니다.

이와 똑같이 하는 다른 방법은 발생 가능한 결과 리스트를 만들어둔 다음 choice() 함수를 이용해 그중 하나를 고르는 방법입니다. 다음 코드를 봅시다.

```
import random
sides = [1, 2, 3, 4, 5, 6]
die_1 = random.choice(sides)
```

이렇게 하면 앞의 예제와 동일하게 동작합니다. choice() 함수는 리스트의 항목 중 하나를 무작위로 선택합니다. 이 경우 리스트의 숫자는 1에서 6까지입니다.

여러 개의 주사위

두 개의 주사위를 굴리고 싶다면 어떻게 해야 할까요? 두 개의 주사위를 굴려서 합산하고 싶다면 다음과 같은 방법을 생각할지도 모릅니다.

```
two_dice = random.randint(2, 12)
```

어쨌거나 두 주사위의 합계는 2~12니까요. 그렇지 않나요? 음, 그럴 수도 있고 아닐 수도 있습니다. 2~12 범위의 무작위 숫자를 얻게 되겠지만 1~6 범위의 무작위 숫자 2개를 합산하는 방식은 아닙니다. 위의 코드는 6개의 면으로 구성된 주사위를 굴리는 게 아니라 11개의 면으로 구성된 주사위를 굴리는 것과 같습니다. 그럼 두 방식의 차이점은 무엇일까요? 이는 확률이라는 주제와 관련이 있습니다. 차이점을 확인하는 가장 쉬운 방법은 직접 해보고 눈으로 확인하는 것입니다.

주사위를 여러 번 굴린 다음 숫자의 합이 각각 얼마나 나오는지 확인해 봅시다. 여기서는 반복문과 리스트를 이용하겠습니다. 반복문에서 주사위를 굴리고, 리스트에 숫자의 각 합계가 몇 번 나오는지 보관하겠습니다. 먼저 다음 예제와 같이 11개의 면으로 구성된 주사위로 시작하겠습니다.

예제 23.1 11면 주사위 1,000번 굴리기

```
import random

totals = [0, 0, 0, 0, 0, 0, 0, 0, 0, 0, 0, 0, 0]    ◀——— ❶ 인덱스가 0에서 12로 구성된 13개의
for i in range(1000):                                       항목이 담긴 리스트
    dice_total = random.randint(2, 12)
    totals[dice_total] += 1    ◀——— ❷ 숫자의 합이 나온 횟수에 1을 더함


for i in range (2, 13):
    print "total", i, "came up", totals[i], "times"
```

❶ 리스트의 인덱스는 0에서 12로 구성돼 있는데, 숫자의 합이 0이나 1인 경우는 발생하지 않으므로 처음 두 개는 사용하지 않을 것입니다. ❷ 결과가 나왔을 때 해당 리스트 항목에 1을 더합니다. 합계가 7인 경우 totals[7]에 1을 더합니다. 그럼 totals[2]는 2가 나온 횟수이고 totals[3]은 3이 나온 횟수이며, 이런 식으로 숫자의 합이 나온 횟수를 확인할 수 있습니다.

이 코드를 실행하면 결과가 아래와 비슷할 것입니다.

```
total 2 came up 95 times
total 3 came up 81 times
total 4 came up 85 times
total 5 came up 86 times
total 6 came up 100 times
total 7 came up 85 times
total 8 came up 94 times
total 9 came up 98 times
total 10 came up 93 times
total 11 came up 84 times
total 12 came up 99 times
```

합계를 살펴보면 모든 숫자가 대략 80에서 100 사이로 비슷하다는 것을 알 수 있습니다. 숫자는 무작위로 나왔기 때문에 정확히 같은 숫자는 아니지만 거의 비슷하며, 특정 숫자가 다른 숫자에 비해 월등하게

많이 나온 분명한 패턴도 없습니다. 결과가 확실한지 프로그램을 몇 번 더 실행해보십시오. 아니면 반복문이 실행되는 횟수를 10,000번이나 100,000번으로 올려보십시오.

이제 6면 주사위로 같은 작업을 수행해 봅시다. 코드는 다음과 같습니다.

예제 23.2 6면 주사위 1,000번 굴리기

```
import random

totals = [0, 0, 0, 0, 0, 0, 0, 0, 0, 0, 0, 0, 0]
for i in range(1000):
    die_1 = random.randint(1, 6)
    die_2 = random.randint(1, 6)
    dice_total = die_1 + die_2
    totals[dice_total] += 1

for i in range (2, 13):
    print "total", i, "came up", totals[i], "times"
```

예제 23.2를 실행하면 다음과 비슷한 결과가 나올 것입니다.

```
total 2 came up 22 times
total 3 came up 61 times
total 4 came up 93 times
total 5 came up 111 times
total 6 came up 141 times
total 7 came up 163 times
total 8 came up 134 times
total 9 came up 117 times
total 10 came up 74 times
total 11 came up 62 times
total 12 came up 22 times
```

가장 큰 숫자와 가장 작은 숫자가 가장 적게 나왔고 6이나 7과 같은 중간 숫자가 가장 자주 나왔다는 점을 눈여겨봅시다. 11면 주사위 한 개를 굴렸을 때와의 차이점을 확인할 수 있습니다. 이 과정을 아주 많이 되풀이한 다음 특정 합계가 발생하는 각 횟수를 백분율로 계산하면 다음과 같습니다.

결과	11면 주사위 한 개	6면 주사위 두 개
2	9.1%	2.8%
3	9.1%	−5.6%
4	9.1%	8.3%
5	9.1%	11.1%
6	9.1%	13.9%
7	9.1%	16.7%
8	9.1%	13.9%
9	9.1%	11.1%
10	9.1%	8.3%
11	9.1%	5.6%
12	9.1%	2.8%

이러한 수치를 그래프로 나타내면 다음과 같습니다.

왜 이 같은 차이점이 발생할까요? 그 이유는 확률이라는 주제와 관련이 있습니다. 기본적으로 중간 범위의 합계가 두 개의 주사위에서 더 많이 나올 확률이 높은데, 두 개의 주사위를 굴렸을 때 중간 범위의 합계가 나오는 경우의 수가 더 많기 때문입니다.

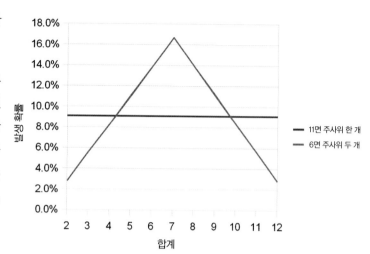

두 개의 주사위를 굴릴 경우 여러 가지 조합이 발생할 수 있습니다. 두 숫자의 합계가 포함된 다음 목록을 봅시다.

1+1 = 2	1+2 = 3	1+3 = 4	1+4 = 5	1+5 = 6	1+6 = 7
2+1 = 3	2+2 = 4	2+3 = 5	2+4 = 6	2+5 = 7	2+6 = 8
3+1 = 4	3+2 = 5	3+3 = 6	3+4 = 7	3+5 = 8	3+6 = 9
4+1 = 5	4+2 = 6	4+3 = 7	4+4 = 8	4+5 = 9	4+6 = 10
5+1 = 6	5+2 = 7	5+3 = 8	5+4 = 9	5+5 = 10	5+6 = 11
6+1 = 7	6+2 = 8	6+3 = 9	6+4 = 10	6+5 = 11	6+6 = 12

보다시피 36가지의 조합이 발생할 수 있습니다. 이제 각 숫자 합계가 나타나는 횟수를 살펴봅시다.

- 두 숫자의 합계가 2인 경우는 1번 나타난다.
- 두 숫자의 합계가 3인 경우는 2번 나타난다.
- 두 숫자의 합계가 4인 경우는 3번 나타난다.
- 두 숫자의 합계가 5인 경우는 4번 나타난다.
- 두 숫자의 합계가 6인 경우는 5번 나타난다.
- 두 숫자의 합계가 7인 경우는 6번 나타난다.
- 두 숫자의 합계가 8인 경우는 5번 나타난다.
- 두 숫자의 합계가 9인 경우는 4번 나타난다.
- 두 숫자의 합계가 10인 경우는 3번 나타난다.
- 두 숫자의 합계가 11인 경우는 2번 나타난다.
- 두 숫자의 합계가 12인 경우는 1번 나타난다.

이것은 두 숫자의 합계가 2인 경우에 비해 합계가 7인 경우가 더 많다는 것을 의미합니다. 7의 경우 1+6, 2+5, 3+4, 4+3, 5+2, 6+1로 합계가 만들어질 수 있습니다. 반면 2의 경우에는 1+1밖에 없습니다. 따라서 주사위를 아주 많이 굴리면 합계가 2인 경우보다 7인 경우가 더 많으리라 예상할 수 있습니다. 그리고 이것이 바로 주사위를 두 개 굴리는 프로그램에서 얻은 결과입니다.

컴퓨터 프로그램을 이용해 무작위 이벤트를 만들어내는 것은 확률 실험을 통해 굉장히 여러 번에 걸쳐 어떤 이벤트를 시도했을 때 어떤 결과가 나타나는지 확인하는 아주 좋은 방법입니다. 실제로 1,000번에 걸쳐 주사위를 두 개 굴려서 결과를 기록하자면 오랜 시간이 걸릴 것입니다. 하지만 컴퓨터 프로그램은 순식간에 같은 작업을 수행할 수 있습니다.

10번 연속된 사건

더 진행하기에 앞서 확률 실험을 하나 더 해봅시다. 몇 페이지 전에 동전 던지기에 관해 이야기할 때 여러 번 연속으로 앞면이 나올 수도 있다고 이야기했습니다. 실험을 통해 10번 연속으로 앞면이 나오는 경우를 확인해 보면 어떨까요? 그러한 경우는 별로 나타나지 않을 것이므로 동전 던지기를 아주 많이 할 예정입니다. 여기서는 1,000,000번 해보겠습니다! 실제 동전으로 이렇게 하려면... 아주 오랜 시간이 걸릴 것입니다.

5초마다 한 번씩 동전을 던질 수 있다면 1분에 12번 던질 수 있고, 1시간에는 720번 던질 수 있을 것입니다. 하루에 12시간 동안 동전 던지기를 할 수 있다면(어쨌거나 밥은 먹고 잠은 자야 할 테니까요) 하루에 8,640번 동전을 던질 수 있습니다. 그럼 동전 던지기를 백만 번 하는 데는 115일이 걸립니다(약 4개월). 하지만 컴퓨터를 이용하면 이를 몇 초만에 할 수 있습니다(물론 먼저 프로그램을 작성해야 하니 몇 분 걸릴 수도 있습니다).

> 휴...
> 동전을 얼마나 더
> 던져야 하나요?

이 프로그램의 경우 동전도 던져야 하지만 10번 연속으로 앞면이 나오는 경우도 기록해야 합니다. 이렇게 하는 방법 중 하나는 **카운터(counter)**를 사용하는 것입니다. 카운터는 어떤 횟수를 세는 데 사용되는 변수입니다.

여기서는 두 개의 카운터가 필요합니다. 하나는 연속으로 앞면이 나온 횟수를 보관하는 변수입니다. 이 변수의 이름을 heads_in_row라고 합시다. 다른 변수는 10번 연속으로 앞면이 나온 횟수를 보관하는 변수입니다. 이 변수의 이름을 ten_heads_in_row라고 합시다. 이 프로그램은 다음과 같이 동작합니다.

- 앞면이 나올 때마다 heads_in_row 카운터를 1만큼 증가시킵니다.

- 뒷면이 나올 때마다 heads_in_row 카운터를 0으로 되돌립니다.

- heads_in_row 카운터가 10에 달하면 ten_heads_in_row 카운터를 1만큼 증가시키고 heads_in_row 카운터를 0으로 되돌린 후 다시 시작합니다.

- 프로그램 끝에서는 10번 연속으로 앞면이 나온 횟수를 알려주는 메시지를 출력합니다.

다음은 이렇게 하는 코드입니다.

예제 23.3 10번 연속으로 앞면이 나오는 경우 찾기

```
from random import *
coin = ["Heads", "Tails"]
heads_in_row = 0
ten_heads_in_row = 0
for i in range (1000000):
    if choice(coin) == "Heads":          ◀──── 동전을 던짐
        heads_in_row += 1
    else:
        heads_in_row = 0
    if heads_in_row == 10:
        ten_heads_in_row += 1     ◀──── 10번 연속으로 앞면이 나왔으니
        heads_in_row = 0                 카운터를 증가시킴

print "We got 10 heads in a row", ten_heads_in_row, "times."
```

이 프로그램을 실행하면 다음과 비슷하게 출력될 것입니다.

```
We got 10 heads in a row 510 times.
```

프로그램을 몇 번 실행했고 항상 500 정도의 횟수가 나왔습니다. 이는 동전을 100만 번 던지면 10번 연속으로 앞면이 나오는 횟수가 약 500번 정도, 즉 약 2,000번 던질 때마다 한 번 정도 10번 연속으로 앞면이 나온다는 뜻입니다(1,000,000 / 500 = 2,000).

카드 패 만들기

게임에서 상당히 자주 사용되는 또 다른 종류의 무작위 이벤트는 카드를 뽑는 것입니다. 카드 패는 섞이기 때문에 이는 무작위적이며, 따라서 다음에 어떤 카드가 나올지 알 수 없습니다. 그리고 카드 패가 섞일 때마다 순서도 달라집니다.

주사위와 동전 던지기에서는 던질 때마다 확률이 같다고 이야기했는데, 동전(또는 주사위)은 기억을 할 수 없기 때문입니다. 하지만 카드는 그렇지 않습니다. 카드 패에서 카드를 뽑을 경우 더 적은 카드가 남습니다(대부분의 게임에서는 그렇습니다). 이로써 남은 각 카드가 뽑힐 확률이 바뀝니다.

예를 들어, 완전한 카드 패로 시작할 경우 하트 4가 뽑힐 확률은 1/52, 즉 약 2%입니다. 그 이유는 52장의 카드가 카드 패에 있고, 하트 4는 딱 한 장만 있기 때문입니다. 카드 뽑기를 계속해서(그리고 아직까지 하트 4가 뽑히지 않았을 경우) 카드 패가 반만 남았을 때 하트 4가 뽑힐 확률은 1/26, 즉 약 4%가 됩니다. 마지막 카드에 도달했을 때 아직까지도 하트 4를 뽑지 못했다면 하트 4를 뽑을 확률은 1/1, 즉 100퍼센트입니다. 다음에 뽑힐 카드가 하트 4임을 확신할 수 있는데, 그것이 유일하게 남은 카드이기 때문입니다.

여기서 이를 설명하는 이유는 카드 패를 사용하는 컴퓨터 게임을 만들 예정이라면 게임을 진행할 때 카드 패에서 어떤 카드가 제거됐는지 관리해야 한다는 것을 보여주기 위해서입니다. 이렇게 하는 한 가지 좋은 방법은 리스트를 이용하는 방법입니다. 52개의 카드 패가 들어 있는 리스트로 시작해서 random.choice() 함수를 이용해 해당 리스트에서 카드를 무작위로 뽑을 수 있습니다. 각 카드를 뽑을 때마다 remove() 함수를 이용해 리스트(카드 패)에서 카드를 제거할 수 있습니다.

카드 패 섞기

실제 카드 게임에서는 카드 패를 섞는데, 카드를 무작위 순서로 만듭니다. 그렇게 해서 맨 위에 있는 카드를 뽑으면 무작위로 카드를 뽑은 셈이 됩니다. 하지만 random.choice() 함수의 경우 리스트에서 카드를 무작위로 뽑게 됩니다. 따라서 "맨 위"의 카드를 뽑을 필요가 없으므로 카드 패를 섞을 이유도 없습니다. 즉, 카드 패에서 아무 곳에서나 카드를 무작위로 뽑을 것입니다. 이것은 마치 카드를 펼쳐놓고 "아무 카드나 뽑으세요!"라고 말하는 것과 같습니다. 카드 게임에서 각 참여자에게 이렇게 하려면 시간이 다소 걸릴 테지만 컴퓨터 게임에서는 손쉽게 할 수 있습니다.

카드 객체

여기서는 카드 "패"를 리스트로 만들겠습니다. 그런데 카드 자체는 어떻게 해야 할까요? 각 카드를 어떻게 저장해야 할까요? 문자열? 정수? 각 카드에 관해 우리가 알아야 할 것은 무엇일까요?

카드 게임의 경우 카드에 관해 알아야 할 것은 보통 다음과 같은 세 가지입니다.

- 무늬: 다이아몬드, 하트, 스페이드, 클럽

- 계급: 에이스, 2, 3, ..., 10, 잭, 퀸, 킹

- 값: 숫자가 매겨진 카드(2~10)의 경우 보통 숫자와 계급이 같습니다. 잭, 퀸, 킹의
  경우에는 계급이 100이고, 에이스는 1이거나 11, 또는 게임에 따라 다른 값일 수 있
  습니다.

계급	값
Ace	1 또는 11
2	2
3	3
4	4
5	5
6	6
7	7
8	8
9	9
10	10
잭	10
퀸	10
킹	10

따라서 이러한 세 가지 정보를 관리해야 할 필요가 있으며, 그것들을 어떤 컨테이너에 보관해둘 필요가
있습니다. 리스트도 좋겠지만 각 항목이 어느 것인지 기억해야 합니다. 한 가지 방법은 다음과 같은 속성
을 지닌 "카드" 객체를 만드는 것입니다.

```
card.suit
card.rank
card.value
```

여기서는 객체를 사용하겠습니다. 아울러 suit_id와 rank_id라는 속성 두 가지를 추가하겠습니다.

- suit_id는 1~4 범위의 숫자이며, 1 = 다이아몬드, 2 = 하트, 3 = 스페이드, 4 = 클럽을 의미합니다.

- rank_id는 1~13 범위의 숫자이며, 다음과 같이 각 계급을 의미합니다.

  1 = 에이스

  2 = 2

  3 = 3

  ...

  10 = 10

11 = 잭

12 = 퀸

13 = 킹

이러한 두 개의 속성을 추가하는 이유는 중첩 for 반복문을 이용해 52개의 카드로 구성된 카드 패를 손쉽게 만들기 위해서입니다. 이때 안쪽 반복문에서는 계급(1~13)을 순회하고, 바깥쪽 반복문에서는 무늬 (1~4)를 순회합니다. 카드 객체에 대한 __init__() 메서드에서는 suit_id와 rank_id를 받아 무늬, 계급, 값으로 구성된 또 다른 속성을 만들어냅니다. 이렇게 하면 두 카드의 계급을 비교해 어느 쪽이 더 높은 계급인지 확인하기가 수월해집니다.

프로그램에서 카드 객체를 사용하기 쉽게 만들어주는 두 개의 속성을 추가해야 합니다. 프로그램에서 카드를 출력할 경우 "4H" 또는 "하트 4(4 of Heart)"와 같이 출력하고 싶습니다. 숫자가 적힌 카드가 아닌 경우에는 "JD" 또는 "다이아몬드 잭(Jack of Diamon)" 같이 출력하면 됩니다. 여기서는 short_name과 long_name이라는 속성을 추가해 프로그램에서 손쉽게 카드에 대한 짧은 설명이나 긴 설명을 출력하게 만들겠습니다.

카드 게임을 하기 위한 클래스를 만들어 보겠습니다. 다음 코드를 봅시다.

예제 23.4 Card 클래스

```python
class Card:
    def __init__(self, suit_id, rank_id):
        self.rank_id = rank_id
        self.suit_id = suit_id

        if self.rank_id == 1:
            self.rank = "Ace"
            self.value = 1
        elif self.rank_id == 11:
            self.rank = "Jack"
            self.value = 10
        elif self.rank_id == 12:
            self.rank = "Queen"             # 계급과 값 속성을 생성
            self.value = 10
        elif self.rank_id == 13:
            self.rank = "King"
            self.value = 10
        elif 2 <= self.rank_id <= 10:
            self.rank = str(self.rank_id)
            self.value = self.rank_id
```

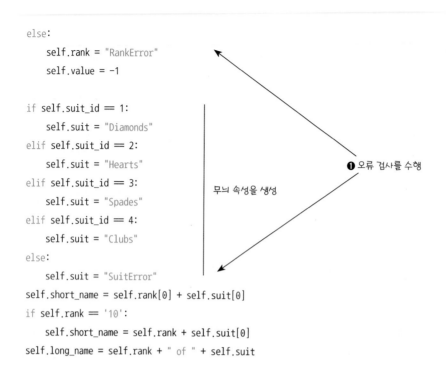

```
    else:
        self.rank = "RankError"
        self.value = -1

    if self.suit_id == 1:
        self.suit = "Diamonds"
    elif self.suit_id == 2:
        self.suit = "Hearts"
    elif self.suit_id == 3:
        self.suit = "Spades"
    elif self.suit_id == 4:
        self.suit = "Clubs"
    else:
        self.suit = "SuitError"
    self.short_name = self.rank[0] + self.suit[0]
    if self.rank == '10':
        self.short_name = self.rank + self.suit[0]
    self.long_name = self.rank + " of " + self.suit
```

❶ 오류 검사를 수행

무늬 속성을 생성

코드에 있는 오류 검사(❶)는 rank_id와 suit_id가 지정된 범위에 있고 정수인지 확인합니다. 그렇지 않을 경우 프로그램에서 카드가 출력될 때 "7 of SuitError"나 "RankError of Clubs" 같은 메시지가 나타날 것입니다.

short_name을 설정하는 줄에서는 숫자나 계급의 첫 글자(6 또는 Jack)와 무늬를 나타내는 첫 글자 (Diamond)를 받아 그것들을 함께 놓습니다. 하트 킹의 경우 short_name은 KH가 됩니다. 스페이드 6의 경우에는 6S가 됩니다.

예제 23.4는 완전한 프로그램이 아닙니다. Card 클래스의 클래스 정의만 포함돼 있습니다. 이 클래스는 다른 프로그램에서도 계속해서 사용할 수 있으므로 이를 모듈로 만들어 둡시다. 예제 23.4를 **cards.py** 라는 이름으로 저장합니다.

이제 카드 인스턴스를 만들어야 합니다(사실 전체 카드 패를 만들면 좋을 것입니다!). Card 클래스를 검사 하기 위해 52개의 카드로 구성된 카드 패를 만든 다음 5장의 카드를 무작위로 뽑아 그것의 속성을 표시하 는 프로그램을 만들겠습니다. 다음 코드를 봅시다.

예제 23.5 카드 패 만들기

```
import random
from cards import Card        ◀────── 카드 모듈을 가져옴


deck = []
for suit_id in range(1, 5):
    for rank_id in range(1, 14):                      ❶ 카드 패를 만들기 위해 중첩 for
        deck.append(Card(suit_id, rank_id))              반복문을 사용


hand = []
for cards in range(0, 5):
    a = random.choice(deck)                           ❷ 카드 패에서 5장의 카드를 뽑아
    hand.append(a)                                       손에 넣음
    deck.remove(a)


print
for card in hand:
    print card.short_name, '=' ,card.long_name, " Value:", card.value
```

❶ 안쪽 반복문에서는 무늬 안의 각 카드를 순회하고, 바깥쪽 반복문에서는 각 무늬를 순회합니다(13장의 카드 * 4개의 무늬 = 52장의 카드). ❷ 그런 다음 코드에서는 카드 패에서 5장을 뽑아 그것을 손에 넣습니다. 아울러 카드 패에서 뽑은 카드를 제거합니다.

예제 23.5를 실행하면 아래와 비슷한 결과가 나타날 것입니다.

```
7D = 7 of Diamonds  Value: 7
9H = 9 of Hearts   Value: 9
KH = King of Hearts  Value: 10
6S = 6 of Spades  Value: 6
KC = King of Clubs  Value: 10
```

예제를 다시 실행하면 또 다른 5장의 카드가 나올 것입니다. 그리고 실행 횟수와 상관없이 같은 카드가 한 손에 쥐어지는 일은 절대로 없을 것입니다.

그럼 지금부터 카드 패를 만들고 무작위로 카드 패에서 카드를 뽑아 손에 쥘 수 있습니다. 마치 카드 게임을 만드는 데 필요한 기초적인 작업을 모두 한 것처럼 보입니다. 다음 절에서는 컴퓨터를 상대로 할 수 있는 카드 게임을 만들어보겠습니다.

크레이지 8

크레이지 8(Crazy Eights)이라는 카드 게임을 들어보거나 해본 적이 있을지도 모르겠습니다.

컴퓨터로 하는 카드 게임은 여러 명이 플레이
하기가 어렵다는 점이 있습니다. 그 이유는 대
부분의 카드 게임을 할 때는 다른 사람의 카드
를 볼 수 없게 돼 있기 때문입니다. 모든 이들
이 한 컴퓨터를 쳐다보고 있다면 누구나 다른
사람의 카드를 볼 수 있습니다. 따라서 컴퓨터
로 하는 가장 좋은 카드 게임은 단 두 명만 할 수 있는, 즉 컴퓨터와 여러분만 하는 카드 게임입니다. 크레
이지 8은 두 명의 플레이어가 하기 좋게 돼 있는 게임이므로 여기서는 사용자가 컴퓨터를 상대로 하는 크
레이지 8 게임을 만들어보겠습니다.

이 프로그램의 규칙은 다음과 같습니다. 이 게임은 두 명의 플레이어를 대상으로 하는 게임입니다. 각 플
레이어는 5장의 카드를 받습니다. 나머지 카드는 엎어놓고 한 장의 카드만 펼쳐놓습니다. 게임의 목표는
카드 패가 바닥나기 전에 상대방보다 먼저 손에 쥔 카드를 모두 없애는 것입니다.

1. 각 차례에서 플레이어는 다음 중 한 가지를 할 수 있습니다.
   - 뒤집힌 카드와 무늬가 같은 카드를 낼 수 있습니다.
   - 뒤집힌 카드와 계급이 같은 카드를 낼 수 있습니다.
   - 8을 낼 수 있습니다.

2. 플레이어가 8을 낼 경우 무늬를 지정할 수 있습니다. 즉, 다음 플레이어가 내야 할 카드의 무늬를 선택할 수 있습니다.

3. 플레이어가 낼 수 있는 카드가 없다면 카드 패에 있는 카드를 하나 뽑아 손에 들어야 합니다.

4. 플레이어가 손에서 카드를 모두 없애면 게임에서 이기고 상대방의 손에 남아 있는 카드에 따라 점수를 획득합니다.
   - 8은 50점
   - 인물 카드는 10점
   - 나머지 카드는 숫자만큼 점수를 획득
   - 에이스는 1점

5. 카드 패가 바닥나고 더는 게임을 진행할 수 없으면 게임이 끝납니다. 이 경우 두 플레이어는 상대방에게 남은 카드에
   따라 점수를 획득합니다.

6. 점수가 특정 점수가 될 때까지 플레이하거나 서로 지칠 때까지 게임을 할 수 있으며, 점수가 많은 쪽이 이깁니다.

맨 먼저 해야 할 일은 카드 객체를 조금 수정하는 것입니다. 크레이지 8에서의 점수 값은 50점이나 되는 8만 제외하면 기존과 대부분 동일합니다. Card 클래스의 _init_ 메서드를 변경해 8이 50점이 되게 할 수도 있지만 그렇게 하면 cards 모듈을 사용하는 다른 모든 게임에도 영향을 줄 것입니다. 따라서 주 프로그램을 변경하고 클래스 정의는 그대로 두는 편이 낫습니다. 다음 코드를 봅시다.

```
deck = []
for suit in range(1, 5):
    for rank in range(1, 14):
        new_card = Card(suit, rank)
        if new_card.rank == 8:
            new_card.value = 50
        deck.append(new_card)
```

여기서는 카드 패에 새 카드를 추가하기 전에 8인지 확인합니다. 만약 8이면 값을 50으로 설정합니다.

이제 게임 자체를 만들 준비가 끝났습니다. 다음은 프로그램에서 해야 할 일을 정리한 내용입니다.

- 뒤집은 카드를 관리합니다.
- 플레이어가 카드를 낼지, 혹은 새로 뽑을지 선택합니다.
- 플레이어가 카드를 내면 유효한 카드인지 확인합니다.
  - 카드는 유효한 카드여야 합니다.
  - 카드는 플레이어의 손에 있어야 합니다.
  - 카드는 뒤집힌 카드와 계급이나 무늬가 같거나 8이어야 합니다.
- 플레이어가 8을 내면 새 무늬를 묻습니다(그리고 선택한 무늬가 유효한 무늬인지 확인합니다).
- 컴퓨터의 차례가 진행됩니다.
- 게임이 끝났는지 판단합니다.
- 점수를 계산합니다.

이번 장의 나머지 부분에서는 이러한 요구사항을 하나씩 구현하겠습니다. 그중 일부는 한두 줄의 코드로 끝날 수도 있고, 어떤 요구사항은 제법 긴 코드를 작성해야 할 수도 있습니다. 코드가 긴 경우에는 주 반복문에서 호출할 수 있는 함수를 만들겠습니다.

주 반복문

세부사항으로 들어가기에 앞서 프로그램의 주 반복문은 어떤 모습일지 살펴봅시다. 기본적으로 플레이어와 컴퓨터 중 하나가 이기거나 진행이 막히기 전까지는 플레이어와 컴퓨터가 번갈아 가면서 게임을 진행해야 합니다. 코드는 다음과 같습니다.

예제 23.6 크레이지 8의 주 반복문

```
init_cards()
while not game_done:
    blocked = 0
    player_turn()          ◄─────── 플레이어 차례
    if len(p_hand) == 0:   ◄─────── 플레이어의 손(p_hand)에 카드가
        game_done = True            아무것도 없으므로 플레이어가 이김
        print
        print "You won!"
    if not game_done:
        computer_turn()    ◄─────── 컴퓨터 차례
    if len(c_hand) == 0:   ◄─────── 컴퓨터의 손(c_hand)에 카드가
        game_done = True            아무것도 없으므로 컴퓨터가 이김
        print
        print "Computer won!"
    if blocked >= 2:       ◄─────── ❶ 두 플레이어 모두 진행이 막혔으므로 게임이 끝남
        game_done = True
        print "Both players blocked. GAME OVER."
```

주 반복문에서는 게임이 언제 끝났는지 확인하는 역할도 합니다. 게임은 플레이어나 컴퓨터 중 하나가 손에 쥔 카드를 모두 없앴을 때 끝날 수 있습니다. 아울러 플레이어와 컴퓨터가 모두 손에 카드가 남아있지만 게임 진행이 막혔을 때 끝날 수 있습니다. blocked 변수는 플레이어 차례(플레이어가 진행이 막힐 경우)와 컴퓨터 차례(컴퓨터가 진행이 막힐 경우)를 처리하는 코드에 설정됩니다. ❶ 여기서는 플레이어와 컴퓨터가 모두 진행이 막혀서 blocked = 2가 될 때까지 기다립니다.

참고로 예제 23.6은 완성된 프로그램이 아니므로 코드를 입력해서 실행해 보면 오류가 발생합니다. 아직 주 반복문밖에 없습니다. 프로그램을 완성하려면 다른 부분들이 모두 필요합니다.

이 코드는 게임을 한 번 실행하는 데 필요한 코드입니다. 게임을 계속해서 하고 싶다면 전체 코드를 또 다른 외부 while 반복문으로 감싸면 됩니다.

```
done = False
p_total = c_total = 0
while not done:
    [게임 진행... 예제 23.6 참고]
    play_again = raw_input("Play again (Y/N)? ")
    if play_again.lower().startswith('y'):
        done = False
    else:
        done = True
```

이렇게 해서 프로그램의 주요 구조가 만들어졌습니다. 이제 나머지 부분을 추가해야 합니다.

프로그래머처럼 생각하기

앞에서 설명한 접근법을 **하향식(top-down)** 프로그래밍이라 합니다.

하향식 프로그래밍에서는 필요한 것이 무엇인지 윤곽을 잡는 것으로 시작한 후 세부사항을 채워나 갑니다.

또 다른 접근법으로 **상향식(bottom-up)**이 있습니다. 상향식 접근법은 먼저 플레이어 차례, 컴퓨터 차례 등과 같이 개별 부분들을 만든 다음 그것들을 벽돌을 쌓아가듯 합치는 방법입니다.

두 접근법 모두 각기 장단점이 있습니다. 둘 중 어느 접근법을 선택할지 판단하는 것은 이 책의 주제를 벗어납니다. 하지만 프로그램을 제작하는 데 이 같은 두 가지 방법이 있다는 사실을 알아두면 좋습니다.

뒤집힌 카드

플레이어와 컴퓨터에게 카드를 나눠준 후 카드 패에서 카드를 한 장 뒤집어 카드 버리기를 시작합니다. 플레이어가 카드를 내면 해당 카드는 뒤집어진 채로 버려진 카드 뭉치로 갑니다. 버려진 카드 뭉치에 보이는 카드를 **윗장카드(up card)**라고 합니다. 예제 23.5의 테스트 코드에 있는 "손"에 대한 리스트를 만든 것과 마찬가지로 버려진 카드 뭉치에 대한 리스트를 만드는 식으로 이를 관리합니다. 프로그램에서는 버려진 카드 뭉치에 있는 모든 카드에 대해 신경 쓰지 않아도 됩니다. 버려진 카드 뭉치에 마지막으로 추가된 카드만 신경 쓰면 됩니다. 따라서 Card 객체의 인스턴스 하나를 이용해 이를 관리할 수 있습니다.

플레이어나 컴퓨터가 카드를 내면 다음과 같은 작업을 수행합니다.

```
hand.remove(chosen_card)
up_card = chosen_card
```

유효한 무늬

보통 현재 무늬(플레이어나 컴퓨터가 현재 맞춰서 내야 하는 무늬)는 윗장카드의 무늬와 같습니다. 하지만 한 가지 예외가 있습니다. 8을 내면 플레이어는 어떤 무늬를 낼지 지정할 수 있습니다. 따라서 플레이어가 다이아몬드 8을 내면 클럽을 유효한 무늬로 바꿀 수도 있습니다. 이 경우 다음 차례에는 다이아몬드가 보여지고 있는 경우(다이아몬드 8)에도 무늬가 클럽인 카드를 내야 합니다.

이것은 유효한 무늬를 관리해야 한다는 것을 의미하는데, 현재 보여지고 있는 무늬와 다를 수도 있기 때문입니다. 이렇게 하기 위해 active_suit이라는 변수를 이용할 수 있습니다.

```
active_suit = card.suit
```

카드를 낼 때마다 유효한 무늬를 갱신하고 플레이어가 8을 낼 경우 플레이어는 다음 유효 무늬를 정해야 합니다.

플레이어 차례

플레이어 차례가 되면 맨 먼저 플레이어가 무엇을 할지 확인해야 합니다. 플레이어는 손에 쥔 카드를 내거나(만약 가능할 경우) 카드 패에서 한 장을 가져올 수 있습니다. 이 프로그램을 GUI 버전으로 만들고 있었다면 플레이어는 내고 싶은 카드를 클릭하거나 카드 패에서 가져올 카드를 클릭하게 만들었을 것입니다. 하지만 지금은 프로그램을 텍스트 기반으로 만들고 있으므로 어떻게 할지 직접 입력한 다음 플레이어가 무슨 내용을 입력하고 원하는 바가 무엇이며, 입력한 내용이 유효한지 파악해야 합니다.

플레이어가 제공해야 할 입력의 종류가 무엇인지 이해할 수 있게 예제 게임을 살펴보겠습니다. 플레이어가 입력한 내용은 **굵게** 표시했습니다.

```
Crazy Eights

Your hand: 4S, 7D, KC, 10D, QS   Up Card: 6C
What would you like to do? Type a card name or "Draw" to take a card: KC
You played the KC (King of Clubs)
Computer plays 8S (8 of spades) and changes suit to Diamonds
```

```
Your hand: 4S, 7D, 10D, QS    Up Card: 8S    Suit: Diamonds
What would you like to do? Type a card name or "Draw" to take a card: 10D
You played 10D (10 of Diamonds)
Computer plays QD (Queen of Diamonds)


Your hand: 4S, 7D QS    Up card: QD
What would you like to do? Type a card name or "Draw" to take a card: 7D
You played 7D (7 of Diamonds)
Computer plays 9D (9 of Diamonds)


Your hand: 4S, QS    Up card: 9D
What would you like to do? Type a card name or "Draw" to take a card: QM
That is not a valid card. Try again: QD
You do not have that card in your hand. Try again: QS
That is not a legal play. You must match suit, match rank, play an 8, or draw a card
Try again: Draw
You drew 3C
Computer draws a card


Your hand: 4S, QS, 3C    Up card: 9D
What would you like to do? Type a card name or "Draw" to take a card: Draw
You drew 8C
Computer plays 2D
Your hand: 4S, QS, 3C, 8C    Up card: 2D
What would you like to do? Type a card name or "Draw" to take a card: 8C
You played 8C (8 of Clubs)
Your hand: 4S, QS, 3C    Pick a suit: S
You picked spades
Computer draws a card


Your hand: 4S, QS, 3C    Up card: 8C    Suit: Spades
What would you like to do? Type a card name or "Draw" to take a card: QS
You played QS (Queen of Spades)
  .
  .
  .
```

완성된 게임은 아니지만 어느 정도 감은 잡을 수 있습니다. 플레이어는 QS나 Draw 같은 내용을 입력해 프로그램에게 자신이 선택한 내용을 알려야 합니다. 프로그램에서는 플레이어가 입력한 내용이 유효한지 검사해야 합니다. 이를 위해 여기서는 21장에서 배운 문자열 메서드를 활용하겠습니다.

손에 든 카드 보여주기

플레이어에게 어떤 일을 하고 싶은지 물어보기에 앞서 플레이어의 손에 있는 카드와 윗장카드가 무엇인지 보여줘야 합니다. 다음 코드를 봅시다.

```
print "\nYour hand: ",
for card in p_hand:
    print card.short_name,
print "    Up card: ", up_card.short_name
```

최근에 플레이어가 8을 냈다면 유효한 무늬가 무엇인지도 플레이어에게 알려줘야 합니다. 따라서 다음과 같이 코드를 몇 줄 더 추가합니다.

예제 23.7 플레이어의 손에 있는 카드 보여주기

```
print "\nYour hand: ",
for card in p_hand:
    print card.short_name,
print "    Up card: ", up_card.short_name
if up_card.rank == '8':
    print"    Suit is", active_suit
```

예제 23.6과 마찬가지로 예제 23.7도 완성된 프로그램은 아닙니다. 여전히 전체 프로그램을 만드는 데 필요한 부분들을 만드는 중입니다. 하지만 예제 23.7의 코드가 전체 프로그램의 일부로서 실행되면 다음과 같은 출력 결과가 나올 것입니다.

```
Your hand: 4S, QS, 3C    Up card: 8C    Suit: Spades
```

카드를 짧은 이름 대신 긴 이름으로 사용하고 싶다면 출력 결과가 다음과 같을 것입니다.

```
Your hand: 4 of Spades, Queen of Spades, 3 of Clubs
Up Card: 8 of Clubs    Suit: Spades
```

하지만 이번 예제에서는 짧은 이름을 사용하겠습니다.

플레이어의 선택 확인하기

이제 플레이어에게 어떤 일을 하고 싶은지 물어보고 응답을 처리해야 합니다. 플레이어는 두 가지 선택권이 있습니다.

- 카드를 냅니다.
- 카드를 뽑습니다.

카드를 내기로 했다면 낸 카드가 유효한지 확인해야 합니다. 앞에서 다음의 세 가지 사항을 점검해야 한다고 이야기했습니다.

- 선택한 카드가 올바른 카드인가? (마시멜로 4 같은 카드를 내려고 하지는 않았는가?)
- 손에 든 카드인가?
- 선택한 카드가 게임 규칙에 부합하는가? (윗장카드와 계급이나 무늬가 일치하거나 8인가?)

하지만 이것에 관해 생각해 보면 손에는 올바른 카드만 들 수 있습니다. 따라서 카드가 손에 들어있는지만 검사하면 올바른 카드인지 검사하는 것에 관해 신경 쓰지 않아도 됩니다. 손에 마시멜로 4 같은 카드를 쥘 수는 없는데, 그러한 카드는 카드 패에 존재할 수가 없기 때문입니다.

그럼 플레이어가 선택한 사항을 받아서 그것의 유효성을 검증하는 코드를 살펴봅시다. 예제 23.8을 봅시다.

> **용어 설명**
>
> **유효성 검증(validate)**은 뭔가가 올바른지, 즉 받아들일 수 있거나 타당한지 확인하는 것을 의미합니다.

예제 23.8 플레이어가 선택한 내용 확인하기

```
print "What would you like to do? ",
response = raw_input ("Type a card to play or 'Draw' to take a card: " )
valid_play = False
while not valid_play:          ◄──── 플레이어가 유효한 내용을 입력할 때까지
                                      계속 시도
    selected_card = None
    while selected_card == None:        │ 플레이어가 손에 들고 있거나 뽑아온
        if response.lower() == 'draw':  │ 카드를 가져옴
            valid_play = True
            if len(deck) > 0:
                card = random.choice(deck)
                p_hand.append(card)                    ❶ 카드 패에서 뽑아온 경우 카드 패에서
                deck.remove(card)                        카드를 가져와 플레이어의 손에 추가
                print "You drew", card.short_name
```

```
        else:
            print "There are no cards left in the deck"          ❶ 카드 패에서 뽑아온 경우 카드 패에서
            blocked += 1                                             카드를 가져와 플레이어의 손에 추가
        return          ◀─── 카드를 한 장 뽑았으므로 주 반복문으로 돌아감
    else:
        for card in p_hand:
            if response.upper() == card.short_name:          ◀─── 선택한 카드가 플레이어의 손에 있는지 확인
                selected_card = card                               (손에 들고 있거나 뽑을 때까지 계속 시도)
        if selected_card == None:
            response = raw_input("You don't have that card. Try again:")

if selected_card.rank == '8':          ◀─── 8을 내는 것은 항상 유효함
    valid_play = True
    is_eight = True
elif selected_card.suit == active_suit:          ◀─── 선택한 카드가 윗장카드의 무늬와 일치하는지 확인
    valid_play = True
elif selected_card.rank == up_card.rank:          ◀─── 선택한 카드가 윗장카드의 계급과 일치하는지 확인
    valid_play = True

if not valid_play:
    response = raw_input("That's not a legal play. Try again: ")
```

(다시 한 번 이야기하지만 이것은 완성되지 않은, 실행 불가능한 프로그램입니다).

❶ 이 시점에서 유효한 선택은 다음과 같습니다. 즉, 유효한 카드를 뽑거나 내는 것입니다. 플레이어가 카드를 뽑으면 카드 패에 카드가 있는 경우 카드를 손에 추가합니다.

플레이어가 카드를 낼 경우 손에서 카드를 제거하고 해당 카드를 윗장카드로 만들어야 합니다.

```
p_hand.remove(selected_card)
up_card = selected_card
active_suit = up_card.suit
print "You played", selected_card.short_name
```

플레이어가 낸 카드가 8이었다면 플레이어는 다음으로 어떤 무늬를 선택할지 알려줘야 합니다. player_turn() 함수가 조금 길어지고 있으므로 새로운 무늬를 받는 부분을 get_new_suit()이라는 별도의 함수로 만들겠습니다. 다음 예제는 이 함수에 대한 코드입니다.

예제 23.9 플레이어가 8을 낸 경우 새로운 무늬 받기

```
def get_new_suit():
    global active_suit
    got_suit = False
    while not got_suit:
        suit = raw_input("Pick a suit: ")
        if suit.lower() == 'd':
            active_suit = "Diamonds"
            got_suit = True
        elif suit.lower() == 's':
            active_suit = "Spades"
            got_suit = True
        elif suit.lower() == 'h':
            active_suit = "Hearts"
            got_suit = True
        elif suit.lower() == 'c':
            active_suit = "Clubs"
            got_suit = True
        else:
            print"Not a valid suit. Try again. ",
    print "You picked", active_suit
```

플레이어가 유효한 무늬를
입력할 때까지 계속 시도

플레이어 차례를 처리하는 데 필요한 것은 이게 전부입니다. 다음 절에서는 크레이지 8을 플레이하는 데 충분할 정도로 컴퓨터를 똑똑하게 만들겠습니다.

컴퓨터 차례

플레이어 차례 다음에는 컴퓨터가 플레이할 차례이므로 크레이지 8을 어떻게 하는지 프로그램으로 작성해야 합니다. 이 경우 플레이어와 같은 규칙을 따라야 하지만 프로그램에서는 어떤 카드를 낼지 결정해야 합니다. 구체적으로 모든 가능한 상황을 어떻게 처리할지 알려줘야 합니다.

- 8 내기(그리고 새로운 무늬를 선택하기)
- 다른 카드 내기
- 카드 뽑기

프로그램을 간단하게 만들기 위해 여기서는 컴퓨터가 8을 가지고 있을 경우 늘 8을 내도록 만들 것입니다. 이것은 최고의 전략은 아닐 수도 있지만 간단한 전략에 해당합니다.

컴퓨터가 8을 내면 새로운 무늬를 선택해야 합니다. 가장 쉬운 방법은 컴퓨터의 손에 있는 각 무늬의 카드 개수를 센 다음 가장 카드가 많은 무늬를 선택하는 것입니다. 다시 한 번 이야기하지만 이것이 완벽한 전략은 아닐 수도 있지만 코드로 작성하기에는 가장 간단한 전략 중 하나입니다.

컴퓨터의 손에 8이 없으면 프로그램에서는 모든 카드를 확인해 낼 수 있는 카드를 찾습니다. 낼 수 있는 카드 중에서 값이 가장 큰 카드를 골라서 해당 카드를 냅니다.

낼 카드가 없으면 카드 패에서 뽑아야 합니다. 컴퓨터가 카드를 뽑으려 하지만 카드 패에 카드가 아무것도 없으면 인간 플레이어와 마찬가지로 컴퓨터의 진행이 막힙니다.

다음은 몇 가지 설명을 덧붙인 컴퓨터 차례를 처리하는 코드입니다.

예제 23.10 컴퓨터 차례

```
def computer_turn():
    global c_hand, deck, up_card, active_suit, blocked
    options = []
    for card in c_hand:
        if card.rank == '8':          ◄──────  8을 냄
            c_hand.remove(card)
            up_card = card
            print " Computer played ", card.short_name
            #suit totals: [diamonds, hearts, spades, clubs]
            suit_totals = [0, 0, 0, 0]   ◄──  각 무늬에 해당하는 카드의 개수를 셈, 카드 개수가 가장 많은
                                              무늬가 "long suit"임
            for suit in range(1, 5):

                for card in c_hand:
                    if card.suit_id == suit:
                        suit_totals[suit-1] += 1
            long_suit = 0
            for i in range (4):
                if suit_totals[i] > long_suit:
                    long_suit = i
            if long_suit == 0: active_suit = "Diamonds"
            if long_suit == 1: active_suit = "Hearts"           "long suit"를 유효한 무늬로 설정
            if long_suit == 2: active_suit = "Spades"
            if long_suit == 3: active_suit = "Clubs"
```

```
            print " Computer changed suit to ", active_suit
            return
        else:
            if card.suit == active_suit:
                options.append(card)
            elif card.rank == up_card.rank:
                options.append(card)

if len(options) > 0:
    best_play = options[0]
    for card in options:
        if card.value > best_play.value:
            best_play = card

    c_hand.remove(best_play)
    up_card = best_play
    active_suit = up_card.suit
    print " Computer played ", best_play.short_name

else:
    if len(deck) >0:
        next_card = random.choice(deck)
        c_hand.append(next_card)
        deck.remove(next_card)
        print " Computer drew a card"
    else:
        print" Computer is blocked"
        blocked += 1
print "Computer has %i cards left" % (len(c_hand))
```

← 컴퓨터 차례를 끝내고 주 반복문으로 되돌아감

낼 수 있는 카드를 확인

어떤 카드를 내는 게 좋을지 확인
(가장 높은 값의 카드를 냄)

카드를 냄

낼 수 있는 카드가 없으므로
카드를 뽑음

카드 패에 카드가 없음: 컴퓨터
진행이 막힘

거의 다 완성됐습니다. 이제 몇 가지만 추가하면 됩니다. 컴퓨터 차례가 함수로 정의돼 있고 함수에서 일부 전역 변수를 사용했다는 점을 눈여겨봅시다. 함수에 변수를 전달하게 할 수도 있었지만 전역 변수를 사용하는 것이 현실 세계에 더 가깝습니다. 그 이유는 카드 패는 "전역"으로서 누구나 손을 뻗어 그곳에서 카드를 가져올 수 있기 때문입니다.

플레이어 차례도 함수로 처리하지만 함수 정의의 첫 부분은 보여주지 않았습니다. 다음 코드를 봅시다.

```
def player_turn():
    global deck, p_hand, blocked, up_card, active_suit
    valid_play = False
    is_eight = False
    print "\nYour hand: ",
    for card in p_hand:
        print card.short_name,
    print " Up card: ", up_card.short_name
    if up_card.rank == '8':
        print" Suit is", active_suit
    print "What would you like to do? ",
    response = raw_input("Type a card to play or 'Draw' to take a card: ")
```

필요한 것이 딱 하나 더 있습니다. 바로 누가 게임에서 이겼는지 확인해야 한다는 것입니다!

점수 관리하기

게임을 완성하기 위해 마지막으로 해야 할 일은 바로 점수 관리하기입니다. 게임이 끝나면 패자의 손에 남아있는 카드를 토대로 승자의 점수를 계산해야 합니다. 그런 다음 전체 게임의 총점을 비롯해 특정 게임의 점수를 표시해야 합니다. 점수를 계산하는 부분을 추가하고 나면 주 반복문은 다음과 같이 바뀝니다.

예제 23.11 점수 관리 부분이 추가된 주 반복문

```
done = False
p_total = c_total = 0
while not done:
    game_done = False

    blocked = 0
    init_cards()        ←———— ❶ 카드 패와 플레이어 및 컴퓨터의 손을 설정

    while not game_done:
        player_turn()
        if len(p_hand) == 0:    ←———— 플레이어가 이김
            game_done = True
            print
            print "You won!"
            # 이곳에서 게임 점수를 표시
            p_points = 0
```

```
        for card in c_hand:
            p_points += card.value
        p_total += p_points
        print "You got %i points for computer's hand" % p_points

    if not game_done:
        computer_turn()
    if len(c_hand) == 0:
        game_done = True
        print
        print "Computer won!"
        # 이곳에서 게임 점수를 표시
        c_points = 0
        for card in p_hand:
            c_points += card.value
        c_total += c_points
        print "Computer got %i points for your hand" % c_points

    if blocked >= 2:
        game_done = True
        print "Both players blocked. GAME OVER."
        player_points = 0
        for card in c_hand:
            p_points += card.value
        p_total += p_points
        c_points = 0
        for card in p_hand:
            c_points += card.value
        c_total += c_points
        print "You got %i points for computer's hand" % p_points
        print "Computer got %i points for your hand" % c_points

play_again = raw_input("Play again (Y/N)? ")
if play_again.lower().startswith('y'):
    done = False
    print "\nSo far, you have %i points" % p_total
    print "and the computer has %i points.\n" % c_total
else:
    done = True

print "\n Final Score:"
print "You: %i Computer: %i" % (p_total, c_total)
```

컴퓨터에게 남은 카드에 따라 점수를 합산

이 게임의 점수를 총점에 합산

컴퓨터가 이김

플레이어에게 남은 카드에 따라 점수를 합산

이 게임의 점수를 총점에 합산

플레이어와 컴퓨터의 진행이 모두 막혔으므로 둘 모두 점수를 획득

게임 점수를 출력

지금까지의 총점을 출력

최종 점수를 출력

❶ init_cards() 함수(여기서는 보이지 않음)에서는 카드 패를 설정하고 플레이어의 손(5장의 카드)과 컴퓨터의 손(5장의 카드), 첫 번째 윗장카드를 생성합니다.

예제 23.11은 여전히 완성된 프로그램이 아니므로 프로그램을 실행하면 오류가 발생합니다. 하지만 지금까지 잘 따라왔다면 지금쯤 거의 전체 프로그램이 만들어져 있을 것입니다. 크레이지 8의 전체 코드는 이 책에 싣기에 지면상 너무 길지만(빈 줄과 주석을 포함해서 약 200줄에 달합니다) 이 책의 설치 프로그램을 사용했다면 **\Examples** 폴더에서 찾아볼 수 있습니다. 아울러 이 책의 웹사이트(**www.helloworldbook2.com**)에서도 확인할 수 있으니 IDLE을 이용해 이 프로그램을 편집하고 실행할 수 있습니다.

Hello Python!

이번 장에서 배운 내용

이번 장에서는 다음과 같은 내용을 배웠습니다.

- 무작위와 무작위 이벤트
- 확률
- random 모듈을 이용해 프로그램에서 무작위 이벤트를 만드는 법
- 동전 던지기나 주사위 굴리기를 흉내 내는 법
- 섞인 카드 패에서 카드를 뽑는 것을 흉내 내는 법
- 크레이지 8 게임 방법

학습 내용 점검

1. "무작위 이벤트"란 무엇인지 설명합니다. 두 가지 예를 드십시오.
2. 2~12 범위에 해당하는 숫자가 적힌 한 개의 11면 주사위를 굴리는 것과 6면 주사위를 두 개 굴리는 것(숫자의 합이 2에서 12에 해당하는)은 어떤 차이점이 있습니까?
3. 파이썬에서 주사위를 굴리는 것을 흉내 내는 두 가지 방법은 무엇입니까?
4. 카드 한 장을 나타내는 데 사용한 파이썬 변수의 종류는 무엇입니까?
5. 카드 패를 나타내는 데 사용한 파이썬 변수의 종류는 무엇입니까?
6. 카드를 뽑았을 때 카드 패에서 카드를 제거하거나, 카드를 냈을 때 손에서 카드를 제거하는 데 사용한 메서드는 무엇입니까?

도전 과제

1. 예제 23.3의 프로그램을 이용해 "10번 연속" 실험을 수행하되 이번에는 연속으로 일어나는 횟수를 다르게 해봅니다. 5번 연속은 얼마나 자주 일어납니까? 6번 연속, 7번 연속, 8번 연속 등은 어떻습니까? 어떤 일정한 패턴이 보입니까?

컴퓨터 시뮬레이션

"가상 애완동물"을 본 적이 있습니까? 자그마한 화면과 애완동물이 배고플 때 먹이를 주고, 피곤할 때 잠을 자게 하고, 심심할 때 놀아주는 등의 버튼이 달린 자그마한 장난감 말입니다. 가상 애완동물은 실제로 살아있는 애완동물과 같은 특징을 가지고 있습니다. 이것은 컴퓨터 시뮬레이션의 한 예입니다. 즉, 가상 애완동물 기기는 자그마한 컴퓨터입니다.

23장에서는 무작위 이벤트와 프로그램에서 그러한 무작위 이벤트를 만들어내는 방법을 배웠습니다. 어떤 면에서 그것은 일종의 시뮬레이션이었습니다. **시뮬레이션(simulation)**은 현실 세계의 대상에 대해 컴퓨터 모델을 만들어내는 것입니다. 이 책에서는 동전, 주사위, 카드 패에 대한 컴퓨터 모델을 만들었습니다.

이번 장에서는 컴퓨터 프로그램을 이용해 현실 세계를 시뮬레이션하는 것에 관해 좀 더 배우겠습니다.

현실 세계 모델링하기

컴퓨터를 이용해 현실 세계를 시뮬레이션하거나 모델링하는 이유는 많습니다. 이따금 시간, 거리, 위험성 또는 다른 여러 가지 이유로 실험하는 것이 타당하지 않을 때가 있습니다. 예를 들어, 23장에서는 동전 던지기를 수백만 번에 걸쳐 시뮬레이션했습니다. 실제 동전을 가지고 그렇게 할 만큼 시간이 많은 사람은 없겠지만 컴퓨터 시뮬레이션으로는 몇 초 내로 끝납니다.

이따금 과학자들은 "만약 … ?"라는 질문의 답을 얻고 싶어합니다. 만약 소행성이 달에 충돌하면 어떻게 될까요? 실제 소행성을 달에 충돌하게 할 수는 없겠지만 컴퓨터 시뮬레이션을 이용하면 어떤 일이 일어날지 알 수 있습니다. 달이 우주로 사라질까요? 지구와 충돌할까요? 궤도가 어떻게 바뀔까요?

비행기 조종사나 우주 비행사는 비행기나 우주선을 날게 하는 법을 배우지만 늘 실제 상황에서 연습할 수는 없습니다. 그렇게 하려면 엄청난 비용이 들 것입니다! (그리고 여러분이라면 연습생의 승객이 되고 싶겠습니까?) 그래서 그들은 시뮬레이터를 사용하는데, 시뮬레이터에서는 실제 비행기나 우주선과 동일한 제어기로 연습할 수 있습니다.

시뮬레이션을 할 때는 다음과 같은 일을 할 수 있습니다.

- 장비(컴퓨터를 제외하고) 없이도, 위험한 상황에 빠지지 않고도 실험을 하거나 기술을 연마할 수 있습니다.
- 시간을 줄이거나 늘릴 수 있습니다.
- 한 번에 여러 가지 실험을 할 수 있습니다.
- 비용이 많이 들거나 위험하거나, 현실 세계에서는 불가능한 일들을 해볼 수 있습니다.

이번 장에서 해볼 첫 번째 시뮬레이션은 중력과 관련이 있습니다. 여기서는 달에 우주선을 착륙시킬 텐데, 연료가 얼마 남지 않아서 우주선 엔진을 사용할 때 조심해야 합니다. 이것은 아주 오래 전에 인기 있었던 달 착륙선(Lunar Lander)이라는 아케이드 게임을 아주 단순화한 버전입니다.

달 착륙선

예제는 우주선이 달의 표면에서 조금 떨어진 상태에서 시작하겠습니다. 달의 중력이 우주선을 잡아당기기 시작할 것이므로 우주선 엔진을 이용해 표면으로 낙하하는 속도를 늦추고 안전하게 착륙하게 만들어야 합니다.

오른쪽 그림에서 프로그램이 실행되는 모습을 확인할 수 있습니다.

왼편에 있는 자그마한 회색 막대가 우주선 엔진입니다. 이 막대를 마우스를 이용해 위아래로 끌어서 엔진을 조종합니다. 연료 계기판에서는 연료가 얼마나 남았는지 알 수 있고 글자를 통해 속도(velocity), 가속도(acceleration), 고도(height), 추진력(thrust)에 관한 정보를 확인할 수 있습니다.

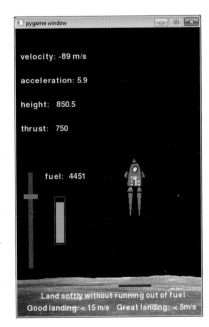

착륙 시뮬레이션하기

우주선 착륙을 시뮬레이션하기 위해서는 중력과 우주선 엔진의 추진력이 어떻게 균형을 이루는지 이해해야 합니다.

여기서는 시뮬레이션을 위해 중력은 일정하다고 가정합니다. 실제로는 그렇지 않지만 우주선이 달에서 너무 멀리 떨어져 있지만 않으면 시뮬레이션하기에 충분할 정도로 중력이 거의 일정해집니다.

> 📖 용어 설명
>
> **속도(velocity)**는 방향을 포함하고, **속력(speed)**은 그렇지 않다는 점만 제외하면 속도와 속력은 거의 같은 것입니다. 예를 들어, "시간당 15마일"은 속력을 기술한 것이고, "북쪽으로 시간당 15마일"은 속도를 기술한 것입니다. 많은 사람들이 실제로는 속도를 나타내면서 속력이라는 단어를 쓰거나, 그 반대인 경우가 많습니다. 예제 프로그램에서는 우주선이 위나 아래로 향하고 있는지 알고 싶기 때문에 속도를 사용하겠습니다.
>
> **가속도(acceleration)**는 속도의 변화량을 의미합니다. 양의 가속도는 속도가 증가하고 있음을 의미하고, 음의 가속도는 속도가 감소하고 있음을 의미합니다.

엔진의 추진력은 연료를 얼마나 소비하느냐에 따라 달라집니다. 이따금 중력보다 클 때도 있고 더 적을 때도 있습니다. 엔진이 꺼지면 추진력은 0이 되고 중력만 남습니다.

우주선에 가해지는 최종 힘을 구하려면 추진력과 중력을 더해야 합니다. 그 이유는 두 힘이 서로 반대 방향으로 향하기 때문인데, 하나는 양의 힘이고 다른 하나는 음의 힘에 해당합니다.

우주선에 가해지는 최종 힘을 구하고 나면 공식을 이용해 속력과 위치를 계산할 수 있습니다.

시뮬레이션에서는 다음과 같은 사항을 고려합니다.

- 우주선의 고도 및 속도와 가속도
- 우주선의 질량(연료 소비에 따라 변화함)
- 엔진의 추진력. 추진력이 높을수록 연료를 더 빨리 소비함
- 우주선에 남은 연료의 양. 연료를 소비할 때마다 우주선은 가벼워지지만 연료가 떨어지면 추진력을 낼 수 없습니다.
- 우주선에 가해지는 중력. 중력은 달의 크기 및 우주선과 연료의 질량에 따라 달라집니다.

파이게임의 귀환

여기서는 파이게임을 이용해 시뮬레이션을 수행하겠습니다. 파이게임 시계가 째깍거리는 시간을 단위 시간으로 사용하겠습니다. 파이게임 시계가 째깍거릴 때마다 우주선에 가해지는 최종 힘을 확인해 고도와 속도, 가속도, 남은 연료를 갱신합니다. 그런 다음 그러한 정보를 이용해 그래픽과 텍스트를 변경합니다.

애니메이션은 아주 간단하기 때문에 우주선에 대한 스프라이트는 사용하지 않겠습니다. 하지만 우주선의 엔진 막대(회색 사각형)에는 스프라이트를 사용할 텐데, 그렇게 해야 마우스로 드래그하기가 쉬워지기 때문입니다. 연료 계기판은 파이게임의 draw.rect() 메서드로 그린 사각형으로 만듭니다. 텍스트는 파이퐁에서 했던 것과 같이 pygame.font 객체로 만듭니다.

코드는 다음과 같은 일을 하는 영역으로 구성됩니다.

- 게임 초기화: 파이게임 창을 준비하고, 이미지를 불러오며, 변수에 초깃값을 설정
- 조절기에 대한 스프라이트 클래스를 정의
- 고도, 속도, 가속도, 연료 소비를 계산
- 각종 정보를 표시
- 연료 계기판 갱신
- 로켓 불꽃을 보여줌(추진력에 따라 불꽃 크기를 변경)
- 모든 것을 화면으로 블릿하고 마우스 이벤트를 검사하며, 조절기 위치를 갱신하고, 우주선이 착륙했는지 검사: 이 같은 작업은 모두 주 파이게임 이벤트 루프에서 수행
- "게임 종료"와 최종 상태를 표시

예제 24.1은 달 착륙선에 대한 코드를 보여주며, 예제 코드는 **\Examples\LunarLander** 폴더나 웹 사이트(**www.helloworldbook2.com**)에서 확인할 수 있습니다. 아울러 이 예제의 그래픽(우주선과 달 표면)도 확인할 수 있습니다. 코드와 주석을 살펴보고 프로그램이 어떻게 동작하는지 이해하기 바랍니다. 고도, 속도, 가속도 공식에 관해서는 걱정하지 않아도 됩니다. 이러한 내용은 모두 고등학교 물리시간에 배울 것이며, 시험을 치고 나면 금방 잊어버리게 됩니다(NASA에 취직하지 않는 이상). 아니면 이 프로그램이 관련 이론을 기억하는 도움될지도 모릅니다!

예제 24.1 달 착륙선

```
import pygame, sys

pygame.init()
screen = pygame.display.set_mode([400,600])
screen.fill([0, 0, 0])
ship = pygame.image.load('lunarlander.png')
moon = pygame.image.load('moonsurface.png')
ground = 540          ◀──── 착륙 지점의 y 좌표: 540
start = 90
clock = pygame.time.Clock()
```

프로그램을 초기화

```
ship_mass = 5000.0
fuel = 5000.0
velocity = -100.0
gravity = 10
height = 2000
thrust = 0
delta_v = 0
y_pos = 90
held_down = False
```

프로그램을 초기화

```
class ThrottleClass(pygame.sprite.Spritte):
    def __init__(self, location = [0,0]):
        pygame.sprite.Sprite.__init__(self)
        image_surface = pygame.surface.Surface([30, 10])
        image_surface.fill([128,128,128])
        self.image = image_surface.convert()
        self.rect = self.image.get_rect()
        self.rect.left, self.rect.centery = location
```

조절기에 대한 스프라이트 클래스

```
def calculate_velocity():
    global thrust, fuel, velocity, delta_v, height, y_pos
    delta_t = 1/fps         ◀─── 한번 째깍거리는 것은 하나의 파이게임 루프 프레임에 해당
    thrust = (500 - myThrottle.rect.centery) * 5.0    ◀─── 조절기 스프라이트의
                                                            y 좌표를 추진력의
    fuel -= thrust /(10 * fps)    ◀── 추진력에 따라          양으로 전환
                                      연료를 차감
    if fuel < 0: fuel = 0.0
    if fuel < 0.1: thrust = 0.0
    delta_v = delta_t * (-gravity + 200 * thrust / (ship_mass + fuel))
    velocity = velocity + delta_v
    delta_h = velocity * delta_t        물리 공식
    height = height + delta_h
    y_pos = ground - (height * (ground - start) / 2000) - 90
```

고도, 속도, 가속도를 계산

고도를 파이게임의 y 좌표로 변환

```
def display_stats():
    v_str = "velocity: %i m/s" % velocity
    h_str = "height: %.1f" % height
    t_str = "thrust: %i" % thrust
    a_str = "acceleration: %.1f" % (delta_v * fps)
    f_str = "fuel: %i" % fuel
    v_font = pygame.font.Font(None, 26)
```

폰트 객체를 이용해 상태를 표시

```python
    v_surf = v_font.render(v_str, 1, (255, 255, 255))
    screen.blit(v_surf, [10, 50])
    a_font = pygame.font.Font(None, 26)
    a_surf = a_font.render(a_str, 1, (255, 255, 255))
    screen.blit(a_surf, [10, 100])
    h_font = pygame.font.Font(None, 26)
    h_surf = h_font.render(h_str, 1, (255, 255, 255))
    screen.blit(h_surf, [10, 150])
    t_font = pygame.font.Font(None, 26)
    t_surf = t_font.render(t_str, 1, (255, 255, 255))
    screen.blit(t_surf, [10, 200])
    f_font = pygame.font.Font(None, 26)
    f_surf = f_font.render(f_str, 1, (255, 255, 255))
    screen.blit(f_surf, [60, 300])
```

폰트 객체를 이용해 상태를 표시

```python
def display_flames():
    flame_size = thrust / 15
    for i in range (2):
        startx = 252 - 10 + i * 19
        starty = y_pos + 83
        pygame.draw.polygon(screen, [255, 109, 14], [(startx, starty),
                            (startx + 4, starty + flame_size),
                            (startx + 8, starty)], 0)
```

불꽃을 나타내는 삼각형을 그림

두 개의 삼각형을 이용해 로켓의 불꽃을 표시

```python
def display_final():
    final1 = "Game over"
    final2 = "You landed at %.1f m/s" % velocity
    if velocity > -5:
        final3 = "Nice landing!"
        final4 = "I hear NASA is hiring!"
    elif velocity > -15:
        final3 = "Ouch! A bit rough, but you survived."
        final4 = "You'll do better next time."
    else:
        final3 = "Yikes! You crashed a 30 Billion dollar ship."
        final4 = "How are you getting home?"
    pygame.draw.rect(screen, [0, 0, 0], [5, 5, 350, 280],0)
    f1_font = pygame.font.Font(None, 70)
    f1_surf = f1_font.render(final1, 1, (255, 255, 255))
```

게임이 끝났을 때 최종 상태를 표시

```
        screen.blit(f1_surf, [20, 50])
        f2_font = pygame.font.Font(None, 40)
        f2_surf = f2_font.render(final2, 1, (255, 255, 255))
        screen.blit(f2_surf, [20, 110])
        f3_font = pygame.font.Font(None, 26)
        f3_surf = f3_font.render(final3, 1, (255, 255, 255))
        screen.blit(f3_surf, [20, 150])
        f4_font = pygame.font.Font(None, 26)
        f4_surf = f4_font.render(final4, 1, (255, 255, 255))
        screen.blit(f4_surf, [20, 180])
        pygame.display.flip()
```

게임이 끝났을 때 최종 상태를 표시

```
myThrottle = ThrottleClass([15, 500])
```

← 조절기 객체를 생성

```
running = True
while running:
    clock.tick(30)
```

← 주 파이게임 이벤트 루프를 시작

```
    fps = clock.get_fps()
    if fps < 1: fps = 30
    if height > 0.01:
        calculate_velocity()
        screen.fill([0, 0, 0])
        display_stats()
        pygame.draw.rect(screen, [0, 0, 255], [80, 350, 24, 100], 2)
```

연료 계기판 외곽선

```
        fuelbar = 96 * fuel / 5000
        pygame.draw.rect(screen, [0,255,0],
                [84,448-fuelbar,18, fuelbar], 0)
```

연료의 양

```
        pygame.draw.rect(screen, [255, 0, 0],
                [25, 300, 10, 200],0)
```

조절기 슬라이더

```
        screen.blit(moon, [0, 500, 400, 100])
```

← 달

```
        pygame.draw.rect(screen, [60, 60, 60],
                [220, 535, 70, 5],0)
```

착륙 지점

```
        screen.blit(myThrottle.image, myThrottle.rect)
```

← 추진 손잡이

```
        display_flames()
        screen.blit(ship, [230, y_pos, 50, 90])
```

← 우주선

```
        instruct1 = "Land softly without running out of fuel"
        instruct2 = "Good landing: < 15m/s Great landing: < 5m/s"
        inst1_font = pygame.font.Font(None, 24)
        inst1_surf = inst1_font.render(instruct1, 1, (255, 255, 255))
        screen.blit(inst1_surf, [50, 550])
```

모든 것을 그림

```
            inst2_font = pygame.font.Font(None, 24)
            inst2_surf = inst1_font.render(instruct2, 1, (255, 255, 255))
            screen.blit(inst2_surf, [20, 575])
            pygame.display.flip()


        else:       ←——— 게임 종료, 최종 점수를 출력
            display_final()


    for event in pygame.event.get():
        if event.type == pygame.QUIT:
            running = False
        elif event.type == pygame.MOUSEBUTTONDOWN:
            held_down = True
        elif event.type == pygame.MOUSEBUTTONUP:
            held_down = False
        elif event.type == pygame.MOUSEMOTION:
            if held_down:
                myThrottle.rect.centery = event.pos[1]
                if myThrottle.rect.centery < 300:
                    myThrottle.rect.centery = 300
                if myThrottle.rect.centery > 500:
                    myThrottle.rect.centery = 500
pygame.quit()
```

모든 것을 그림

조절기에 대한 마우스
드래그를 검사

조절기 위치를 갱신

프로그램을 한 번 실행해 봅시다. 어쩌면 우주선 조종을 잘 한다는 사실을 알게 될지도 모릅니다. 게임이
너무 쉽게 느껴지면 코드를 수정해 중력을 더 강하게 만들거나 우주선을 더 무겁게(질량이 더 크게) 만들
거나 연료를 더 적게 주거나 시작 고도나 속도를 다르게 설정할 수도 있습니다. 여러분이 만든 프로그램
이니 게임의 동작 방식을 직접 결정할 수 있습니다.

달 착륙선 시뮬레이션에서는 주로 중력을 다뤘습니다. 이번 장의 나머지 부분에서는 시뮬레이션의 또 한 가
지 중요한 요소인 시간에 대해 살펴보겠습니다. 그리고 시간을 관리하는 시뮬레이션을 만들어보겠습니다.

시간 관리

시간은 여러 시뮬레이션에서 중요한 요소입니다. 이따금 현실 세계보다 어떤 일들이 빠르게 일어나도록
시간을 빨리 흐르게 해서 어떤 일이 일어날지 확인하느라 오래 기다리지 않고 싶을 때가 있습니다. 때로

는 시간이 더 느리게 흘러가게 만들어 눈으로 확인하기에 너무 빠르게 진행되는 것들을 더 잘 볼 수 있게 만들고 싶을 때도 있습니다. 그리고 때로는 프로그램이 현실 세계와 똑같이 실제 시간에 맞춰 동작하게끔 만들고 싶을 때도 있습니다. 어떤 경우든 프로그램에서는 시간을 측정하기 위한 일종의 시계가 필요합니다.

모든 컴퓨터에는 시간을 측정하는 데 사용할 수 있는 시계가 내장돼 있습니다. 앞에서 이미 시간을 활용하고 측정하는 몇 가지 예를 살펴본 적이 있습니다.

- 8장에서는 time.sleep() 함수를 이용해 카운트다운 타이머를 만들었습니다.
- 파이게임 프로그램에서는 파이게임의 time.delay와 clock.tick 함수를 이용해 애니메이션 속도나 프레임률을 제어했습니다. 아울러 get_fps()를 이용해 애니메이션 실행 속도를 확인했는데, 이것은 시간을 측정하는 방법 중 하나입니다(각 프레임에 대한 평균 시간).

지금까지는 프로그램이 실행 중인 동안에만 시간을 관리했지만 때로는 프로그램이 실행 중이지 않을 때도 관리해야 할 때가 있습니다. 파이썬으로 가상 애완동물 프로그램을 만들었다면 항상 이 프로그램이 실행된 채로 두고 싶지는 않을 것입니다. 그 대신 이 프로그램을 잠시 동안 가지고 놀다가 멈춘 다음 나중에 다시 되돌아와서 실행하고 싶을 것입니다. 자리를 비운 동안에도 애완동물이 심심해하거나 배고파하거나 잠들어 있을 수 있습니다. 따라서 프로그램은 마지막으로 실행된 이후로 시간이 얼마나 지났는지 알아야만 합니다.

프로그램에서 이렇게 하는 한 가지 방법은 프로그램이 종료되기 전에 파일에 현재 시각에 대한 정보를 저장해두는 것입니다. 그런 다음 다음에 프로그램이 실행되면 파일을 읽어 이전 시간을 구해 현재 시각을 확인한 후 두 시간을 비교해 프로그램이 마지막으로 실행된 이후로 얼마만큼의 시간이 흘렀는지 확인할 수 있습니다.

파이썬에는 시간과 날짜를 다루는 특별한 종류의 객체가 있습니다. 다음 절에서 파이썬의 날짜 및 시간 객체에 관해 배우겠습니다.

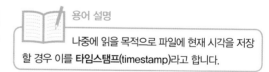

용어 설명

나중에 읽을 목적으로 파일에 현재 시각을 저장할 경우 이를 **타임스탬프**(timestamp)라고 합니다.

시간 객체

파이썬의 날짜 및 시간 객체 클래스는 datetime 모듈에 정의돼 있습니다. datetime 모듈에는 날짜, 시간을 비롯해 두 날짜나 시간 사이의 차이, 즉 **델타**(delta)를 다루는 클래스가 포함돼 있습니다.

용어 설명

델타는 "차이"를 의미하는 단어입니다. 이것은 그리스어 알파벳에 해당하며, Δ(삼각형)과 같이 생 겼습니다.

그리스어 알파벳은 과학과 수학에서 특정 단위의 축약형으로 자주 사용됩니다. 델타는 두 값의 차이를 나타내 는 데 사용됩니다.

여기서 첫 번째로 사용할 객체는 datetime 객체입니다(그렇습니다. 클래스의 이름이 모듈의 이름과 같습 니다). datetime 객체에는 연, 월, 일, 시, 분, 초가 포함돼 있습니다. datetime 객체는 다음과 같이 생성할 수 있습니다(인터랙티브 모드에서 따라 해 봅시다).

```
>>> import datetime
>>> when = datetime.datetime(2012, 10, 24, 10, 45, 56)
```
모듈명 ⟶   ⟵ 클래스명

datetime 객체의 내용을 확인해봅시다.

```
>>> print when
2012-10-24 10:45:56
```

보다시피 when이라는 datetime 객체를 만들었고, 이 객체에는 날짜와 시간 값이 담겨 있습니다.

datetime 객체를 만들 때 매개변수(괄호 안에 있는 숫자)의 순서는 연, 월, 일, 시, 분, 초입니다. 하지만 이 순서를 기억할 수 없다면 다음과 같이 각 매개변수에 이름을 지정하는 식으로 원하는 순서대로 전달할 수 있습니다.

```
>>> when = datetime.datetime(hour=10, year=2012, minute=45, month=10,
                             second=56, day=24)
```

datetime 객체로는 다른 작업도 할 수 있습니다. 연도나 날짜, 분과 같이 개별 정보를 구할 수도 있고, 날 짜 및 시간을 서식화된 문자열로 구할 수도 있습니다. 다음 예제를 인터랙티브 모드에서 실습해봅시다.

```
>>> print when.year
2012
>>> print when.day
24
>>> print when.ctime()
Wed Oct 24 10:45:56 2012
```
datetime 객체의 개별 정보를 가져옴

⟵ 날짜 및 시간의 문자열 버전을 출력

datetime 객체에는 날짜와 시간이 모두 포함돼 있습니다. 날짜만 필요한 경우에는 연, 월, 일만 담긴 date 클래스를 사용하면 됩니다. 반면 시간만 필요한 경우에는 시, 분, 초만 담긴 time 클래스를 사용하면 됩니다. 다음 예제를 봅시다.

```
>>> today = datetime.date(2012, 10, 24)
>>> some_time = datetime.time(10, 45, 56)
>>> print today
2012-10-24
>>> print some_time
10:45:56
```

datetime 객체와 마찬가지로 매개변수에 이름만 지정하면 원하는 순서대로 매개변수를 전달할 수 있습니다.

```
>>> today = datetime.date(month=10, day=24, year=2012)
>>> some_time = datetime.time(second=56, hour=10, minute=45)
```

datetime 객체를 date 객체와 time 객체로 나누는 것도 가능합니다.

```
>>> today = when.date()
>>> some_time = when.time()
```

그뿐만 아니라 datetime 모듈의 datetime 클래스에서 제공되는 combine() 메서드를 이용하면 date와 time을 합칠 수도 있습니다.

```
>>> when = datetime.datetime.combine(today, some_time)
```
　　　　　　　　　↑　　　　↑　　　　↑
　　　　　　　모듈명　 클래스명　 메서드

이제 datetime 객체가 무엇이고 datetime 객체의 속성을 살펴봤으므로 두 객체를 비교해 차이를 확인하는 방법을 살펴봅시다(두 시간 사이에 얼마만큼의 시간이 지났는지).

두 시간의 차이

시뮬레이션할 때는 시간이 얼마만큼 지났는지 알아야 할 때가 상당히 많습니다. 예를 들어, 가상 애완동물 프로그램에서는 애완동물이 얼마만큼 배고픈지 파악할 수 있게 마지막으로 애완동물에게 먹이를 준 이후로 시간이 얼마만큼 흘렀는지 알아야 할 수도 있습니다.

datetime 모듈에는 날짜나 시간의 차이를 확인하는 데 도움되는 객체 클래스가 있습니다. 이 클래스를 timedelta라고 합니다. **delta**라는 단어가 "차이"를 의미한다는 점을 잊지 마십시오. 따라서 timedelta는 두 시간 사이의 차이를 의미합니다.

timedelta를 생성해서 두 시간 간의 차이를 확인하려면 다음과 같이 두 시간을 서로 빼기만 하면 됩니다.

```
>>> import datetime
>>> yesterday = datetime.datetime(2012, 10, 23)
>>> tomorrow = datetime.datetime(2012, 10, 25)
>>> difference = tomorrow - yesterday          ←——— 두 날짜 간의 차이를 계산
>>> print difference
2 days, 0:00:00      ←——— 내일과 어제는 2일 차이가 남
>>> print type(difference)
<type 'datetime.timedelta'>      ←——— 두 날짜를 뺀 결과는 timedelta 객체
```

참고로 두 datetime 객체를 뺐을 때 그 결과는 datetime이 아니라 timedelta 객체입니다. 파이썬에서는 이를 자동으로 처리합니다.

짧은 단위의 시간

지금까지는 초 단위로 시간을 측정하는 방법을 살펴봤습니다. 하지만 시간 객체(date, time, datetime, timedelta)는 그보다 더 정밀합니다. 시간 객체는 마이크로초(microsecond), 즉 백만 분의 1초까지 측정할 수도 있습니다.

이를 확인하기 위해 now() 메서드를 실습해봅시다. now() 메서드는 컴퓨터 시계로 잰 현재 시각을 알려줍니다.

```
>>> print datetime.datetime.now()
2012-10-24 21:25:44.343000
```

여기서 초 부분을 보면 단순히 초만 나오는 것이 아니라 초 이하의 시간까지 나오는 것을 확인할 수 있습니다.

```
44.343000
```

제 컴퓨터에서는 마지막 세 자리가 항상 0으로 나오는데, 그 이유는 운영체제의 시계가 밀리초(1/1000 초)까지만 나타내기 때문입니다. 하지만 이 정도로도 충분히 정밀합니다!

한 가지 중요한 것은 이 부분이 실수처럼 보여도 실제로는 초와 마이크로초가 모두 정수형으로 저장된다는 것입니다. 즉, 44초와 343,000마이크로초의 형태로 저장됩니다. 이를 실수로 만들려면 간단한 공식을 적용해야 합니다. some_time이라는 time 객체가 있다고 가정하고, 초를 실수로 저장하고 싶다면 다음과 같은 공식을 적용하면 됩니다.

```
seconds_float = some_time.second + some_time.microsecond / float(1000000)
```

여기서는 정수 나누기 문제를 방지하기 위해 float() 함수를 사용하고 있습니다.

now() 메서드와 timedelta 객체를 이용하면 여러분의 키보드 입력 속도를 검사할 수 있습니다. 예제 24.2는 무작위 메시지를 보여주고, 사용자는 같은 메시지를 입력해야 합니다. 프로그램에서는 메시지를 입력하는 데 얼마나 걸리는지 측정한 다음 입력 속도를 계산합니다. 한번 실습해 봅시다.

예제 24.2 시간 차이 측정하기: 입력 속도 테스트

```python
import time, datetime, random
```
← sleep() 함수를 사용하기 위해 time 모듈을 사용

```python
messages = [
    "Of all the trees we could've hit, we had to get one that hits back.",
    "If he doesn't stop trying to save your life he's going to kill you.",
    "It is our choices that show what we truly are, far more than our abilities.",
    "I am a wizard, not a baboon brandishing a stick.",
    "Greatness inspires envy, envy engenders spite, spite spawns lies.",
    "In dreams, we enter a world that's entirely our own.",
    "It is my belief that the truth is generally preferable to lies.",
    "Dawn seemed to follow midnight with indecent haste."
    ]

print "Typing speed test. Type the following message. I will time you."
```
← sleep() 함수를 사용하기 위해 time 모듈을 사용

```
time.sleep(2)
print "\nReady..."
time.sleep(1)                      안내문을 출력
print "\nSet..."
time.sleep(1)
print "\nGo:"
message = random.choice(messages)  ◄─────  리스트에서 메시지를 선택
print "\n " + message
start_time = datetime.datetime.now()  ◄─────  시간 측정을 시작
typing = raw_input('>')
end_time = datetime.datetime.now()  ◄─────  시간 측정을 중지
diff = end_time - start_time
typing_time = diff.seconds + diff.microseconds / float(1000000)  ◄─────  소요 시간을 계산
cps = len(message) / typing_time
wpm = cps * 60 / 5.0  ◄─────  입력 속도를 측정하기 위해 한 단어를 다섯 글자로 가정
print "\nYou typed %i characters in %.1f seconds." % (len(message), typing_time)   출력 서식을
print "That's %.2f chars per sec, or %.1f words per minute" %(cps, wpm)            지정해 결과를 표시
if typing == message:
    print "You didn't make any mistakes."
else:
    print "But, you made at least one mistake."
```

timedelta 객체에 관해 한 가지 더 알아야 할 사항이 있습니다. 연, 월, 일, 시, 분, 초(및 마이크로초)를 포함하는 datetime 객체와 달리 timedelta 객체에는 일, 초, 마이크로초만 포함돼 있습니다. 월이나 연도를 표현하고 싶다면 날짜 수를 토대로 월이나 연도를 계산해야 합니다. 분이나 시를 표현하고 싶다면 초를 토대로 계산해야 합니다.

시간을 파일에 저장하기

이번 장의 초반부에 언급한 바와 같이 때로는 시간 값을 하드디스크 상의 파일에 저장해서 프로그램이 실행되고 있지 않을 때도 시간을 저장할 수 있게 만들어야 할 때가 있습니다. 프로그램이 실행을 마칠 때마다 now() 시간을 저장한다면 프로그램이 다시 실행됐을 때 시간을 검사해 다음과 같은 메시지를 출력할 수 있습니다.

이 프로그램을 마지막으로 사용한 이후로 2일, 7시간, 23분이 지났습니다.

물론 대부분의 프로그램은 이렇게 하지 않지만 어떤 프로그램은 실행 상태가 아니라 대기 상태로 얼마나 오랫동안 있었는지 알아야 하는 경우가 있습니다. 한 가지 예가 바로 가상 애완동물 프로그램입니다. 몇 년 전에 인기 있었던 가상 애완동물 프로그램과 마찬가지로 여러분이 프로그램을 사용하지 않을 때도 시간을 관리해야 할 수 있습니다. 가령 프로그램을 종료한 후 이틀 뒤에 다시 실행해 보면 가상 애완동물이 엄청 배고파할 것입니다! 애완동물이 얼마나 배가 고픈지를 프로그램으로 하여금 알 수 있게 만드는 방법은 가상 애완동물에게 마지막으로 먹이를 준 이후로 얼마나 시간이 지났는지 파악하는 방법밖에 없습니다. 여기에는 프로그램이 종료된 시간도 포함됩니다.

시간을 파일에 저장하는 몇 가지 방법이 있습니다. 다음과 같이 파일에 문자열을 쓸 수도 있습니다.

```
timeFile.write ("2012-10-24 14:23:37")
```

그런 다음 타임스탬프를 읽고 싶을 때 split() 같은 문자열 메서드를 이용해 문자열을 연, 월, 일이나 시, 분, 초와 같은 여러 부분으로 나눌 수 있습니다. 이렇게 해도 문제없이 잘 될 것입니다.

다른 방법은 22장에서 살펴본 pickle 모듈을 이용하는 것입니다. pickle 모듈을 이용하면 객체를 비롯해 어떤 종류의 변수도 파일에 저장할 수 있습니다. 여기서는 datetime 객체를 이용해 시간을 관리하고 있으므로 pickle을 이용해 datetime 객체를 파일에 저장하고 나중에 파일로부터 읽어오는 것은 아주 쉬울 것입니다.

이번에는 프로그램이 언제 마지막으로 실행됐는지를 출력하는 아주 간단한 예제를 만들어봅시다. 이 프로그램에서는 다음과 같은 일을 해야 합니다.

- 피클 파일을 찾아 엽니다. 파이썬에는 파일이 존재하는지 여부를 확인할 수 있는 os("운영체제(operating system)"의 줄임말)라는 모듈이 있습니다. 여기서는 isfile()이라는 메서드를 사용합니다.
- 파일이 존재하면 프로그램이 이전에 실행된 적이 있다고 가정하고 언제 마지막으로 실행됐는지 파악합니다(피클 파일에 있는 시간을 토대로).
  - 그런 다음 현재 시간이 담긴 새 피클 파일을 씁니다.
- 프로그램을 처음으로 실행한 것이라면 프로그램에서 열 피클 파일이 없을 것이므로 새 피클 파일을 생성했다는 메시지를 보여줍니다.

다음 예제를 봅시다. 이 예제를 실행한 후 어떻게 동작하는지 확인해 봅니다.

```
import datetime, pickle          datetime, pickle, os
import os                        모듈을 가져옴


first_time = True
if os.path.isfile("last_run.pkl"):          ◄──── 피클 파일이 존재하는지 확인
    pickle_file = open("last_run.pkl", 'r')          ◄──── 피클 파일을 읽기 위해 엶(파일이 존재하는 경우)
    last_time = pickle.load(pickle_file)          ◄──── 객체를 언피클링
    pickle_file.close()
    print "The last time this program was run was ", last_time
    first_time = False

pickle_file = open("last_run.pkl", 'w')          ◄──── 피클 파일을 쓰기 모드로 엶(또는 생성)
pickle.dump(datetime.datetime.now(), pickle_file)          ◄──── 현재 시간에 대한 datetime
                                                                    객체를 피클링
pickle_file.close()
if first_time:
    print "Created new pickle file."
```

이제 간단한 가상 애완동물 프로그램을 만드는 데 필요한 사항을 모두 배웠습니다. 이제 다음 절에서 가상 애완동물 프로그램을 만들어보겠습니다.

가상 애완동물

이번에는 아주 단순화한 가상 애완동물 프로그램을 만들겠습니다. 이 프로그램은 앞에서 언급한 바와 같이 시뮬레이션의 일종입니다. 가상 애완동물 장난감(자그마한 화면이 달린 열쇠고리 같은)을 구입할 수도 있고, 네오펫(Neopets)이나 웹킨즈(Webkinz) 같은 웹 사이트에도 가상 애완동물이 있습니다. 물론 이러한 모든 가상 애완동물 또한 시뮬레이션입니다. 이러한 가상 애완동물은 살아있는 동물을 흉내 내서 배가 고프기도 하고 심심해하거나 피곤해지기도 합니다. 가상 애완동물을 즐겁고 건강하게 만들려면 먹이도 주고 함께 놀아주거나 동물병원에 데려가기도 해야 합니다.

이번에 만들 가상 애완동물은 인터넷에서 구입하거나 즐길 수 있는 것들에 비해 훨씬 더 단순하고 덜 현실적입니다. 그 이유는 여기서는 가상 애완동물의 기초적인 원리만 알려주고 너무 복잡한 코드를 작성하고 싶지는 않기 때문입니다. 하지만 여러분은 간단한 프로그램으로 시작해서 원하는 대로 확장하거나 개선할 수 있습니다.

다음은 이번에 만들 프로그램의 기능을 정리한 것입니다.

- 애완동물과는 먹이 주기, 산책하기, 함께 놀아주기, 동물병원에 데려가기와 같은 4가지 활동을 할 수 있습니다.

- 애완동물에게는 배고픔, 행복, 건강이라는 세 가지 상태가 있습니다.

- 애완동물은 깨어있거나 잠을 잘 수 있습니다.

- 애완동물은 시간이 지나면 배고파집니다. 애완동물에게 먹이를 줘서 배고픔을 줄일 수 있습니다.
- 애완동물은 잠들어 있을 때 배고파지는 속도가 좀 더 느려집니다.
- 애완동물이 잠들어 있을 때 어떤 활동을 하면 애완동물이 깨어납니다.
- 애완동물이 너무 배고파지면 행복이 감소합니다.
- 애완동물이 너무 너무 배고파지면 건강이 감소합니다.
- 애완동물과 산책을 하면 행복과 건강이 함께 증가합니다.
- 애완동물과 놀아주면 행복이 증가합니다.
- 애완동물을 동물병원에 데려가면 건강이 증가합니다.
- 애완동물은 6가지 모습(그래픽)을 보일 수 있습니다.
  - 잠자는 모습
  - 깨어있지만 아무것도 안 하는 모습
  - 산책하는 모습
  - 노는 모습
  - 먹이를 먹는 모습
  - 동물병원에 가는 모습

그래픽에서는 간단한 애니메이션을 사용합니다. 다음 절에서는 이를 프로그램으로 구현하는 방법을 보여주겠습니다.

GUI

여기서는 가상 애완동물 프로그램의 PyQt GUI를 만들겠습니다. 프로그램에는 활동을 수행하는 버튼(실제로는 툴 바에 있는 아이콘)이 있습니다. 아울러 애완동물의 상태를 나타내는 진행표시줄이 있습니다. 보다시피 애완동물이 뭘 하고 있는지를 보여주는 그래픽도 있습니다.

참고로 창의 제목표시줄에는 **Virtual Pet**이라고 적혀 있습니다. 창의 제목을 설정하려면 어떻게 해야 할까요? Qt 디자이너 애플리케이션에서 새 폼을 만든 다음 객체 탐색기에서 **MainWindow** 객체를 클릭합니다. 그런 다음 속성 편집기에서 **windowTitle**이라는 속성을 찾아 **Virtual Pet**(또는 제목 표시줄에 보여주고 싶은 이름)으로 변경합니다.

애완동물의 활동에 대한 버튼 그룹은 **도구 모음(Toolbar)**이라고 하는 PyQt 위젯에 해당합니다. 도구 모음에는 메뉴와 같은 **동작(action)**이 있지만 도구 모음의 경우 각 동작이 해당 동작과 연결된 **아이콘(icon)**이라는 점이 다릅니다.

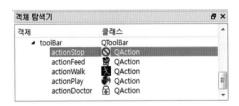

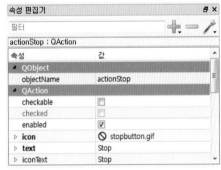

도구 모음을 추가하려면 주 창에 마우스 오른쪽 버튼을 클릭한 다음 **도구 모음 추가(Add Toolbar)**를 선택합니다. 이렇게 하면 창의 상단에 도구 모음이 만들어지는데, 현재는 해당 도구 모음이 매우 작을 것입니다. 객체 탐색기에서 도구 모음을 찾아 클릭한 다음 속성 편집기에서 **minimumSize** 속성을 찾습니다. 최소 크기의 너비와 높이를 각각 100과 50으로 설정합니다.

도구 모음에 동작(아이콘)을 추가하려면 Qt 디자이너의 우측 하단에 있는 **동작 편집기(Action Editor)** 탭을 클릭합니다. 동작 편집기 패널에서 마우스 오른쪽 버튼을 클릭한 다음 **새로 만들기(New)**를 클릭합니다. 그러면 새 동작을 추가하는 대화상자가 나타납니다. 이 대화상자에서는 **텍스트(Text)**만 입력하면 Qt 디자이너가 해당 객체의 이름을 채울 것입니다. 그리고 나서 중간에 점이 세 개(...) 표시돼 있는 자그마한 네모 상자를 찾아 오른쪽에 있는 화살표(아래로 향한)를 클릭합니다. 여기서 **파일 선택(Choose File)**을 선택한 다음 도구 모음 버튼에 사용하고 싶은 이미지 파일을 선택합니다.

새 도구 모음 아이콘을 추가하기 위한 마지막 단계가 하나 남아 있습니다. 새 동작을 만들고 나면 동작 편집기에 있는 목록에서 해당 동작을 볼 수 있을 것입니다. 이제 이 동작을 도구 모음으로 드래그합니다. 그렇게 하고 나면 새 동삭에 사용하려고 선택했던 그래픽이 도구 모음에 새 아이콘으로 나타날 것입니다. Qt 디자이너가 도구 모음에 맞춰 이미지의 크기를 자동으로 조절할 것입니다.

애완동물의 건강을 나타내는 계량기는 **Progress Bar**라고 하는 위젯입니다. 주 그래픽은 **Push Button**으로서 일반 버튼과 달리 이미지를 보여줍니다.

나머지 텍스트를 보여주는 부분은 **Label** 위젯입니다.

PyQt 디자이너를 이용하면 이와 같은 GUI를 만들 수 있습니다. 아니면 저자가 만들어둔 GUI(예제 폴더에 있는)를 Qt 디자이너로 불러와서 각 위젯과 속성을 확인해도 됩니다.

알고리즘

가상 애완동물 프로그램의 코드를 작성할 수 있으려면 애완동물의 행동에 관해 좀 더 구체적으로 알아야 합니다. 다음은 이 프로그램에서 사용할 알고리즘입니다.

- 프로그램에서는 애완동물의 "하루"를 60개의 부분으로 나누고 각각을 **단위시간(tick)**이라고 하겠습니다. 각 단위시간은 실제 시간으로 5초에 해당하므로 애완동물이 보내는 "가상의 하루"는 우리 시간으로 5분에 해당합니다.
- 애완동물은 48 단위시간 동안에 깨어있다가 12 단위시간 동안 자고 싶어할 것입니다. 애완동물을 중간에 깨울 수도 있지만 애완동물이 심술을 부릴 수도 있습니다.
- 배고픔, 행복, 건강은 0에서 8까지의 값으로 나타냅니다.

- 애완동물이 깨어 있을 경우 배고픔은 각 단위시간마다 1씩 증가하고 행복은 2 단위시간마다 1씩 감소합니다(산책하거나 놀고 있지 않을 경우).

- 애완동물이 잠들어 있을 때는 배고픔이 3 단위시간마다 1씩 감소합니다.

- 애완동물이 먹이를 먹을 때는 배고픔이 각 단위시간마다 2씩 감소합니다.

- 애완동물이 놀 때는 행복이 각 단위시간마다 1씩 증가합니다.

- 애완동물을 데리고 산책할 때는 행복과 건강이 2 단위시간마다 1씩 증가합니다.

- 애완동물을 동물병원으로 데려갈 때는 건강이 각 단위시간마다 1씩 증가합니다.

- 배고픔이 7에 도달하면 건강이 2 단위시간마다 1씩 감소합니다.

- 배고픔이 8에 도달하면 건강이 각 단위시간마다 1씩 감소합니다.

- 애완동물이 잠들어 있을 때 깨우면 행복이 4만큼 감소합니다.

- 프로그램을 실행하지 않을 때는 애완동물이 깨어있거나(아무것도 하지 않은 채로) 잠들어 있습니다.

- 프로그램을 재시작하면 단위시간이 얼마나 흘렀는지 계산한 다음 각 단위시간이 지날 때마다 상태를 갱신합니다.

규칙이 상당히 많아 보일 수도 있지만 실제로 코드로 작성하기에는 꽤 간단합니다. 사실 프로그램을 더 재미있게 만들기 위해 직접 행위를 더 추가하고 싶을 수도 있습니다. 곧이어 나올 코드에 설명을 덧붙였으니 참고하십시오.

간단한 애니메이션

파이게임을 사용할 때마다 애니메이션이 필요한 것은 아닙니다. **타이머(timer)**라는 것을 이용하면 PyQt에서도 간단한 애니메이션을 만들 수 있습니다. 타이머는 이벤트를 종종 만들어냅니다. 그럼 타이머가 울릴 때 어떤 일이 일어나도록 **이벤트 처리자**를 작성합니다. 이는 버튼을 클릭하는 것과 같이 사용자 동작에 대한 이벤트 처리자를 작성하는 것과 비슷합니다. 다만 타이머 이벤트는 사용자가 아닌 프로그램에 의해 생성된다는 차이점이 있습니다. 타이머가 초과됐을 때 타이머가 만들어내는 이벤트 유형을 **타임아웃(timeout)** 이벤트라 합니다.

가상 애완동물 GUI에서는 두 개의 타이머를 사용합니다. 하나는 애니메이션에 사용하고 다른 하나는 단위시간에 사용합니다. 애니메이션은 0.5초마다 갱신되고 단위시간은 5초마다 진행됩니다.

애니메이션 타이머가 울리면 애완동물의 이미지를 변경합니다. 각 활동(먹이 먹기, 놀기 등)마다 애니메이션이 있고, 각 애니메이션에 사용되는 이미지들은 리스트에 저장됩니다. 애니메이션은 리스트 내의 이미지를 모두 순회하는 방식으로 표현됩니다. 프로그램에서는 현재 일어나는 활동에 따라 어느 리스트를 사용할지 결정합니다.

시도하고, 또 시도하기

이 프로그램에서는 try-except 블럭이라는 새로운 것을 사용하겠습니다.

프로그램이 오류를 일으킬 수도 있는 작업을 할 경우 프로그램이 그냥 중단되게 하기보다는 오류를 잡아서 처리하는 편이 좋을 것입니다. try-except 블록이 바로 그러한 역할을 합니다.

예를 들어, 파일을 열려고 하는데 파일이 존재하지 않는다면 오류가 발생할 것입니다. 이 오류를 처리하지 않으면 프로그램이 해당 시점에 중단될 것입니다. 하지만 사용자가 파일명을 잘못 입력한 경우 사용자에게 파일명을 다시 입력해달라고 요청할 수도 있습니다. try-except 블록을 이용하면 오류를 잡아 프로그램을 계속 진행할 수 있습니다.

다음은 파일을 여는 try-except 블록의 예입니다.

```
try:
    file = open("somefile.txt", "r")
except:
    print "Couldn't open the file. Do you want to reenter the filename?"
```

시도하고자 하는 작업(오류를 일으킬 수도 있는)은 try 블록에 넣습니다. 이 경우에는 파일을 열려고 시도합니다. 오류가 발생하지 않는 경우에는 except 부분은 실행되지 않고 넘어갑니다.

try 블록의 코드가 오류를 일으키면 except 블록에 들어있는 코드가 실행됩니다. except 블록에 있는 코드는 프로그램에게 오류가 발생할 경우 어떻게 해야 할지를 말해줍니다. 이를 다음과 같은 식으로 생각하면 됩니다.

```
try:
    이 작업을 수행(다른 것은 아무것도 하지 않음)
except:
    오류가 발생하면 이 작업을 수행
```

파이썬에서는 try-except 구문을 이용해 **오류 처리(error handling)**라고 하는 것을 수행합니다. 오류 처리를 이용하면 잘못될 수 있는 코드(심지어 프로그램을 중단시킬 수도 있는)를 작성해도 프로그램이 여전히 동작할 것입니다. 이 책에서는 오류 처리에 관해 더 자세히 살펴보지는 않겠지만 가상 애완동물 코드에서 오류 처리를 보게 될 것이므로 오류 처리의 기초에 대해서는 알려주고 싶었습니다.

예제 24.4의 코드를 살펴봅시다. 코드 옆에 덧붙인 설명을 참고하면 프로그램이 어떻게 동작하는지 대부분 이해할 수 있을 것입니다. 예제가 다소 길기 때문에 전부 손으로 입력하고 싶지 않다면 \Examples\VirtualPet 폴더에서 예제 코드를 찾아볼 수 있습니다(이 책의 설치 프로그램을 사용한 경우). 아울러 이 책의 웹 사이트(www.helloworldbook2.com)에서도 예제 코드를 내려받을 수 있습니다. PyQt UI 파일과 모든 그래픽 파일도 예제 코드에 들어있습니다. 프로그램을 실행한 다음 코드를 살펴보고 프로그램의 동작 원리를 이해해봅시다.

예제 24.4 VirtualPet.py

```python
import sys, pickle,datetime
from PyQt4 import QtCore, QtGui, uic

formclass, baseclass = uic.loadUiType("mainwindow.ui")

class MyForm(baseclass, formclass):
    def __init__(self, parent=None):
        QtGui.QMainWindow.__init__(self, parent)
        self.setupUi(self)
        self.doctor = False
        self.walking = False
        self.sleeping = False
        self.playing = False
        self.eating = False
        self.time_cycle = 0
        self.hunger = 0
        self.happiness = 8
        self.health = 8
        self.forceAwake = False
        self.sleepImages = ["sleep1.gif","sleep2.gif","sleep3.gif", "sleep4.gif"]
        self.eatImages = ["eat1.gif", "eat2.gif"]
        self.walkImages = ["walk1.gif", "walk2.gif", "walk3.gif", "walk4.gif"]
        self.playImages = ["play1.gif", "play2.gif"]
        self.doctorImages = ["doc1.gif", "doc2.gif"]
        self.nothingImages = ["pet1.gif", "pet2.gif", "pet3.gif"]

        self.imageList = self.nothingImages
        self.imageIndex = 0
```

값 초기화

애니메이션에 사용할
이미지 리스트

```
        self.actionStop.triggered.connect(self.stop_Click)
        self.actionFeed.triggered.connect(self.feed_Click)
        self.actionWalk.triggered.connect(self.walk_Click)
        self.actionPlay.triggered.connect(self.play_Click)
        self.actionDoctor.triggered.connect(self.doctor_Click)


        self.myTimer1 = QtCore.QTimer(self)
        self.myTimer1.start(500)
        self.myTimer1.timeout.connect(self.animation_timer)


        self.myTimer2 = QtCore.QTimer(self)
        self.myTimer2.start(5000)
        self.myTimer2.timeout.connect(self.tick_timer)


        filehandle = True
        try:
            file = open("savedata_vp.pkl", "r")
        except:
            filehandle = False
        if filehandle:
            save_list = pickle.load(file)
            file.close()
        else:
            save_list = [8, 8, 0, datetime.datetime.now(), 0]
        self.happiness = save_list[0]
        self.health = save_list[1]
        self.hunger = save_list[2]
        timestamp_then = save_list[3]
        self.time_cycle = save_list[4]


        difference = datetime.datetime.now() - timestamp_then
        ticks = difference.seconds / 50
        for i in range(0, ticks):
            self.time_cycle += 1
            if self.time_cycle == 60:
                self.time_cycle = 0
            if self.time_cycle <= 48:
                self.sleeping = False
```

도구 모음 버튼에 대한 이벤트 처리자 연결

타이머 설정

피클 파일을 열려고 시도

파일이 열린 경우 피클 파일로부터 읽음

피클 파일이 열리지 않을 경우 기본값 사용

리스트에서 개별 값들을 가져옴

마지막으로 실행된 이후로 시간이 얼마나 흘렀는지 확인

깨어있음

프로그램이 종료된 시간 동안 지나간 모든 단위 시간을 시뮬레이션

```python
            if self.hunger < 8:
                self.hunger += 1
        else:
            self.sleeping = True
            if self.hunger < 8 and self.time_cycle % 3 == 0:
                self.hunger += 1
        if self.hunger == 7 and (self.time_cycle % 2 ==0) \
                        and self.health > 0:
            self.health -= 1
        if self.hunger == 8 and self.health > 0:
            self.health -=1
    if self.sleeping:
        self.imageList = self.sleepImages
    else:
        self.imageList = self.nothingImages


def sleep_test(self):
    if self.sleeping:
        result = (QtGui.QMessageBox.warning(self, 'WARNING',
            "Are you sure you want to wake your pet up? He'll be unhappy about it!",
            QtGui.QMessageBox.Yes | QtGui.QMessageBox.No,
            QtGui.QMessageBox.No))

        if result == QtGui.QMessageBox.Yes:
            self.sleeping = False
            self.happiness -= 4
            self.forceAwake = True
            return True
        else:
            return False
    else:
        return True


def doctor_Click(self):
    if self.sleep_test():
        self.imageList = self.doctorImages
        self.doctor = True
        self.walking = False
        self.eating = False
        self.playing = False
```

← 자는 중

프로그램이 종료된 시간
동안 지나간 모든 단위
시간을 시뮬레이션

애완동물의 상태에 따른
애니메이션 사용

← 대화상자 유형

← 표시할 버튼

← 기본 버튼

동작을 수행하기 전에 애완
동물이 자는 중인지 확인

병원 진찰 버튼에 대한
이벤트 처리자

```python
def feed_Click(self):
    if self.sleep_test():
        self.imageList = self.eatImages
        self.eating = True
        self.walking = False
        self.playing = False
        self.doctor = False
```

먹이 주기 버튼에 대한
이벤트 처리자

```python
def play_Click(self):
    if self.sleep_test():
        self.imageList = self.playImages
        self.playing = True
        self.walking = False
        self.eating = False
        self.doctor = False
```

놀아주기 버튼에 대한
이벤트 처리자

```python
def walk_Click(self):
    if self.sleep_test():
        self.imageList = self.walkImages
        self.walking = True
        self.eating = False
        self.playing = False
        self.doctor = False
```

산책하기 버튼에 대한
이벤트 처리자

```python
def stop_Click(self):
    if not self.sleeping:
        self.imageList = self.nothingImages
        self.walking = False
        self.eating = False
        self.playing = False
        self.doctor = False
```

중지 버튼에 대한
이벤트 처리자

```python
def animation_timer(self):
    if self.sleeping and not self.forceAwake:
        self.imageList = self.sleepImages
    self.imageIndex += 1
    if self.imageIndex >= len(self.imageList):
        self.imageIndex = 0
    icon = QtGui.QIcon()
```

애니메이션 타이머
(0.5초 간격)에 대한
이벤트 처리자

```
        current_image = self.imageList[self.imageIndex]
        icon.addPixmap(QtGui.QPixmap(current_image),
                    QtGui.QIcon.Disabled, QtGui.QIcon.Off)
        self.petPic.setIcon(icon)
        self.progressBar_1.setProperty("value", (8-self.hunger)*(100/8.0))
        self.progressBar_2.setProperty("value", self.happiness*(100/8.0))
        self.progressBar_3.setProperty("value", self.health*(100/8.0))


    def tick_timer(self):              ◄──── 5초 간격 타이머에 대한
        self.time_cycle += 1                  이벤트 처리자 시작
        if self.time_cycle == 60:
            self.time_cycle = 0
        if self.time_cycle <= 48 or self.forceAwake:
            self.sleeping = False
        else:
            self.sleeping = True
        if self.time_cycle == 0:
            self.forceAwake = False


        if self.doctor:
            self.health += 1
            self.hunger += 1
        elif self.walking and (self.time_cycle % 2 == 0):
            self.happiness += 1
            self.health += 1
            self.hunger += 1
        elif self.playing:
            self.happiness += 1
            self.hunger += 1
        elif self.eating:
            self.hunger -= 2
        elif self.sleeping:
            if self.time_cycle % 3 == 0:
                self.hunger += 1
        else:
            self.hunger += 1
            if self.time_cycle % 2 == 0:
                self.happiness -= 1
        if self.hunger > 8: self.hunger = 8
        if self.hunger < 0: self.hunger = 0
```

애완동물 이미지
(애니메이션) 갱신

애니메이션 타이머
(0.5초 간격)에 대한
이벤트 처리자

깨어있거나 자는
중인지 확인

활동에 따라 단위 시간을
더하거나 뺌

값이 범위를 벗어나는지
확인

```
        if self.hunger == 7 and (self.time_cycle % 2 ==0) :
            self.health -= 1
        if self.hunger == 8:
            self.health -=1
        if self.health > 8: self.health = 8
        if self.health < 0: self.health = 0
        if self.happiness > 8: self.happiness = 8
        if self.happiness < 0: self.happiness = 0
        self.progressBar_1.setProperty("value", (8-self.hunger)*(100/8.0))
        self.progressBar_2.setProperty("value", self.happiness*(100/8.0))
        self.progressBar_3.setProperty("value", self.health*(100/8.0))

    def closeEvent(self, event):
        file = open("savedata_vp.pkl", "w")
        save_list = [self.happiness, self.health, self.hunger, \
                    datetime.datetime.now(), self.time_cycle]
        pickle.dump(save_list, file)
        event.accept()

    def menuExit_selected(self):
        self.close()

app = QtGui.QApplication(sys.argv)
myapp = MyForm()
myapp.show()
app.exec_()
```

값이 범위를 벗어나는지 확인

진행표시줄 갱신

상태와 타임스탬프를 피클 파일에 저장

줄 연속 문자

sleep_test() 함수에서는 PyQt의 "경고 메시지" 대화상자를 사용합니다. 이 함수에 전달하는 매개변수는 어느 버튼을 보여주고 그러한 버튼 가운데 어느 버튼이 기본 버튼인지 지정합니다. 예제 24.4의 설명을 보면 이를 확인할 수 있습니다. 대화상자가 나타나면(애완동물을 깨우려고 했을 때) 다음과 같은 모습일 것입니다.

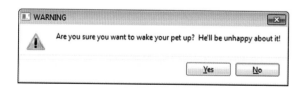

이 코드를 전부 이해하지 못하더라도 걱정할 필요는 없습니다. 원한다면 직접 PyQt에 관해 더 배우면 됩니다. PyQt 학습을 시작하기에 좋은 곳은 PyQt 웹 사이트에 있는 **www.riverbankcomputing. co.uk/software/pyqt/intro**입니다.

이번 장에서는 컴퓨터 시뮬레이션으로 할 수 있는 것들에 대해 살짝 맛만 봤습니다. 여기서는 중력이나 시간과 같이 현실 세계의 상황을 시뮬레이션하는 기초적인 방법을 살펴봤지만 컴퓨터 시뮬레이션은 과학, 공학, 약학, 금융을 비롯한 다른 여러 분야에서 폭넓게 사용됩니다. 그러한 시뮬레이션은 대부분 아주 복잡하고 가장 빠른 컴퓨터에서조차 실행하는 데 며칠 혹은 몇 주가 걸리기도 합니다. 그렇지만 열쇠고리에 붙어있는 자그마한 가상 애완동물 또한 시뮬레이션의 일종이며, 때로는 가장 간단한 시뮬레이션이 가장 재미있는 것일 때도 있습니다.

이번 장에서 배운 내용

이번 장에서는 다음과 같은 내용을 배웠습니다.

- 컴퓨터 시뮬레이션이란 무엇이고 그것을 사용하는 이유
- 중력, 가속도, 힘을 시뮬레이션하는 법
- 시간을 관리하고 시뮬레이션하는 법
- pickle을 이용해 타임스탬프를 파일에 저장하는 법
- 오류 처리(try-except)
- 타이머를 이용해 주기적으로 이벤트를 만들어내는 법

학습 내용 점검

1. 컴퓨터 시뮬레이션을 사용하는 3가지 이유를 나열하십시오.
2. 지금까지 본 적이 있거나 알고 있는 컴퓨터 시뮬레이션의 3가지 종류를 나열하십시오.
3. 두 날짜나 시간의 차이를 저장하는 데 사용되는 객체는 무엇입니까?

도전 과제

1. 달 착륙선 프로그램에 "궤도 이탈" 검사를 추가합니다. 우주선이 창의 위쪽을 벗어나고 속도가 +100m/s를 초과하면 프로그램을 중지하고 "달의 중력 밖으로 벗어났습니다. 오늘은 착륙할 수 없습니다!(You have escaped the Moon's gravity. No landing today!)"라는 메시지를 보여줍니다.

2. 우주선이 착륙하고 난 후 사용자가 프로그램을 재시작하지 않고도 달 착륙선 게임을 다시 한 번 플레이할 수 있게 옵션을 추가합니다.

3. 가상 애완동물 GUI에 Pause(잠시 멈춤) 버튼을 추가합니다. 이 버튼은 애완동물의 활동을 중지하거나 시간을 멈추며, 프로그램이 실행되고 있지 않은 경우에도 멈춘 상태를 유지합니다(힌트: 이는 피클 파일에 "잠시 멈춤" 상태를 저장해야 한다는 것을 의미합니다).

스키어 설명

10장에서는 스키어 게임을 입력하고 실행했습니다. 코드에 설명이 있었지만 다른 설명을 하지는 않았습니다. 코드를 입력하고 실행하는 것은, 심지어 코드를 완전히 이해하지 못했더라도 일반적으로 프로그래밍을 배우거나 특정 언어를 배우는 아주 좋은 방법이 될 수 있습니다.

하지만 이제 파이썬에 관해 좀 더 알게 됐으므로 스키어 프로그램이 동작하는 방법에 관해 조금 궁금할지도 모르겠습니다. 이번 장에서는 스키어 게임을 좀 더 자세히 살펴보겠습니다.

스키어

먼저 스키 선수를 프로그래밍하겠습니다. 스키어 프로그램을 실행했을 때 스키 선수가 화면에서 좌우로만 움직인다는 것을 확인했을 것입니다. 스키 선수는 위아래로 움직이지 않습니다. 스키를 탈 때 언덕 "아래로" 움직이는 것처럼 보이게 하는 효과는 배경(나무와 깃발)이 스키 선수를 지나서 위로 스크롤하는 식으로 만들어집니다.

스키 선수가 언덕 아래로 내려가는 이미지로는 5가지가 있습니다. 하나는 직선으로 내려가는 이미지를, 두 개는 왼쪽으로 방향을 바꾸는 이미지(조금 움직이는 것과 많이 움직이는 이미지)를, 나머지 두 개는 오른쪽으로 방향을 바꾸는 이미지(조금 움직이는 것과 많이 움직이는 이미지)를 나타냅니다. 프로그램이 시작되면 이러한 이미지 리스트를 만들고 이미지를 특정 순서대로 리스트에 집어넣습니다.

```
skier_images = ["skier_down.png",
                "skier_right1.png", "skier_right2.png",
                "skier_left2.png", "skier_left1.png"]
```

이 순서가 왜 중요한지 조만간 살펴보겠습니다.

스키 선수가 바라보는 방향을 관리하기 위해 angle이라는 변수를 사용합니다. 이 변수는 다음과 같이 −2 ~ +2 범위의 값을 가집니다.

- −2: 왼쪽으로 크게 방향을 바꿈
- −1: 왼쪽으로 작게 방향을 바꿈
- 0: 직진
- +1: 오른쪽으로 작게 방향을 바꿈
- +2: 오른쪽으로 크게 방향을 바꿈

(참고로 오른쪽과 위쪽은 화면의 오른쪽과 왼쪽을 의미하며, 앞으로 보겠지만 스키 선수의 오른쪽과 왼쪽이 아닙니다).

angle 변수의 값을 이용해 어느 이미지를 사용할지 알 수 있습니다. 사실, angle 변수의 값을 이미지 리스트의 인덱스로 사용해도 됩니다.

- skier_images[0]은 스키 선수가 직진하는 이미지입니다.

- skier_images[1]은 스키 선수가 오른쪽으로 살짝 방향을 바꾸는 이미지입니다.

- skier_images[2]는 스키 선수가 오른쪽으로 크게 방향을 바꾸는 이미지입니다.

이제 조금 까다로운 부분이 나옵니다. 12장에서 리스트에 관해 이야기했을 때 음수 리스트 인덱스를 지정하면 리스트를 한 바퀴 돌아서 리스트의 끝에서부터 반대로 인덱스를 센다고 했던 것이 기억나십니까? 따라서 이 경우에는

- skier_images[-1]은 스키 선수가 왼쪽으로 살짝 방향을 바꾸는 이미지입니다 (대개 skier_images[4]로 나타낼 것입니다).
- skier_images[-2]는 스키 선수가 왼쪽으로 크게 방향을 바꾸는 이미지입니다 (대개 skier_images[3]으로 나타낼 것입니다).

이제 앞에서 왜 이미지를 그러한 순서로 리스트에 배열했는지 이해할 수 있을 것입니다.

- angle = +2 (오른쪽으로 크게 방향을 바꿈) = `skier_images[2]`

- angle = +1 (오른쪽으로 작게 방향을 바꿈) = `skier_images[1]`

- angle = 0 (직진) = `skier_images[0]`

- angle = −1 (왼쪽으로 작게 방향을 바꿈) = `skier_images[-1]` (`skier_images[4]`와 동일)

- angle = −2 (왼쪽으로 크게 방향을 바꿈) = `skier_images[-2]` (`skier_images[3]`과 동일)

10장에서는 스키 선수에 대한 클래스를 만들었는데, 이 클래스는 파이게임의 `Sprite`에 해당합니다. 스키 선수는 항상 창의 위쪽으로부터 100픽셀만큼 떨어져 있고, 창의 가운데에서 시작합니다. 이때 스키 선수의 x축 좌표는 320인데, 창의 너비가 640픽셀이기 때문입니다. 따라서 스키 선수의 초기 위치는 [320, 100]입니다. 스키 선수 클래스 정의의 첫 번째 부분은 다음과 같습니다.

```
class SkierClass(pygame.sprite.Sprite):
    def __init__(self):
        pygame.sprite.Sprite.__init__(self)
        self.image = pygame.image.load("skier_down.png")
        self.rect = self.image.get_rect()
        self.rect.center = [320, 100]
        self.angle = 0
```

스키 선수의 방향을 바꾸는 클래스 메서드를 만들었으며, 이 메서드에서는 angle을 변경하고, 올바른 이미지를 불러오며, 스키 선수의 속도를 설정합니다. 속도는 x 요소와 y 요소가 모두 포함돼 있습니다. 스키 선수 스프라이트는 좌우로만(x−속도) 움직입니다. 반면 y−속도는 배경이 스크롤되는 속도를 결정합니다(스키 선수가 얼마나 빠르게 언덕 "아래로" 내려가는지). 스키 선수가 직진할 때는 내려가는 속도가 빠르고, 방향을 바꿀 때는 내려가는 속도가 좀 더 느립니다. 속도를 계산하는 공식은 다음과 같습니다.

```
speed = [self.angle, 6 - abs(self.angle) * 2]
```

위 코드의 abs는 angle의 절댓값을 구합니다. 즉, 부호(+나 −)를 무시합니다. 아래로 향하는 속도를 나타낼 때는 스키 선수가 향하는 방향은 무시하고 얼마나 많이 방향을 바꾸는지만 알면 됩니다.

방향을 바꾸기 위한 전체 메서드는 다음과 같습니다.

```python
def turn(self, direction):
    self.angle = self.angle + direction
    if self.angle < -2: self.angle = -2
    if self.angle > 2: self.angle = 2
    center = self.rect.center
    self.image = pygame.image.load(skier_images[self.angle])
    self.rect = self.image.get_rect()
    self.rect.center = center
    speed = [self.angle, 6 - abs(self.angle) * 2]
    return speed
```

스키 선수를 앞뒤로 움직이는 메서드도 필요합니다. 이렇게 해서 스키 선수가 창의 가장자리를 지나가지 않게 할 수 있습니다.

```python
def move(self, speed):
    self.rect.centerx = self.rect.centerx + speed[0]
    if self.rect.centerx < 20: self.rect.centerx = 20
    if self.rect.centerx > 620: self.rect.centerx = 620
```

예제에서는 화살표 키를 이용해 스키 선수를 좌우로 움직이므로 파이게임을 초기화하는 부분과 이벤트 루프 코드를 추가합니다. 그리고 나면 스키 선수가 포함된, 동작하는 프로그램이 만들어집니다. 다음 예제를 봅시다.

예제 25.1 스키어 게임 만들기: 스키 선수만 구현된 버전

```python
import pygame, sys, random

skier_images = ["skier_down.png",
                "skier_right1.png", "skier_right2.png",     # 방향에 따른 스키 선수
                "skier_left2.png", "skier_left1.png"]       # 이미지

class SkierClass(pygame.sprite.Sprite):
    def __init__(self):
        pygame.sprite.Sprite.__init__(self)
        self.image = pygame.image.load("skier_down.png")
        self.rect = self.image.get_rect()
        self.rect.center = [320, 100]
        self.angle = 0
```

```
    def turn(self, direction):
        self.angle = self.angle + direction
        if self.angle < -2: self.angle = -2
        if self.angle > 2: self.angle = 2
        center = self.rect.center
        self.image = pygame.image.load(skier_images[self.angle])
        self.rect = self.image.get_rect()
        self.rect.center = center
        speed = [self.angle, 6 - abs(self.angle) * 2]
        return speed

    def move(self, speed):
        self.rect.centerx = self.rect.centerx + speed[0]
        if self.rect.centerx < 20: self.rect.centerx = 20
        if self.rect.centerx > 620: self.rect.centerx = 620

def animate():
    screen.fill([255, 255, 255])
    screen.blit(skier.image, skier.rect)
    pygame.display.flip()

pygame.init()
screen = pygame.display.set_mode([640,640])
clock = pygame.time.Clock()
skier = SkierClass()
speed = [0, 6]


running = True
while running:
    clock.tick(30)
    for event in pygame.event.get():
        if event.type == pygame.QUIT: running = False
        if event.type == pygame.KEYDOWN:
            if event.key == pygame.K_LEFT:
                speed = skier.turn(-1)
            elif event.key == pygame.K_RIGHT:
                speed = skier.turn(1)
    skier.move(speed)
    animate()

pygame.quit()
```

스키 선수가 +/-2보다 많이 방향을 바꾸지 않게 함

스키 선수를 좌우로 움직임

화면을 다시 그림

키 누름을 검사

주 파이게임 이벤트 루프

원쪽 화살표 키를 누르면 왼쪽으로 방향을 바꿈

오른쪽 화살표 키를 누르면 오른쪽으로 방향을 바꿈

예제 25.1을 실행하면 스키 선수를 볼 수 있으며(점수나 장애물이 없음), 스키 선수를 좌우로 방향을 바꿀 수 있습니다.

장애물

다음으로 할 일은 장애물(나무와 깃발)을 만드는 것입니다. 이번에는 진행을 단순하게 하기 위해 처음부터 다시 시작하겠습니다. 즉, 스키 선수 없이 장애물만 만들겠습니다. 스키 선수 코드 다음에 장애물 코드를 두는 식으로 두 코드를 함께 작성해 두겠습니다.

스키어 게임의 창은 640 x 640픽셀로 구성돼 있습니다. 진행을 단순하게 하고 장애물이 너무 가까이에 붙지 않도록 창을 10 x 10 크기의 격자로 나눕니다. 이 격자에는 100개의 공간이 있으며, 각 격자상의 공간은 64 x 64픽셀로 구성됩니다. 장애물 스프라이트는 그다지 크기 않기 때문에 장애물 스프라이트가 격자 상으로 인접한 경우에도 사이사이에 약간의 공간이 있을 것입니다.

개별 장애물 만들기

먼저 개별 장애물을 만들어야 합니다. 장애물을 나타내기 위해 ObstacleClass라는 클래스를 만들었습니다. 스키 선수와 마찬가지로 장애물 또한 파이게임 Sprite입니다.

```
class ObstacleClass(pygame.sprite.Sprite):
    def __init__(self, image_file, location, type):
        pygame.sprite.Sprite.__init__(self)
        self.image_file = image_file
        self.image = pygame.image.load(image_file)
        self.rect = self.image.get_rect()
        self.rect.center = location
        self.type = type
        self.passed = False
```

장애물 지도 만들기

이번에는 장애물로 채워진 지도를 만들어봅시다. 이 지도는 10 x 10 격자를 채울 정도의 크기이고, 이로써 640 x 640픽셀 크기의 화면을 채우게 됩니다. 여기서는 100개의 사각형 격자에 무작위로 10개의 장애물(깃발과 나무)을 뿌립니다. 각 장애물은 깃발이나 나무가 될 수 있습니다. 따라서 2개의 깃발과 8개의 나무라든가 7개의 깃발과 3개의 나무, 또는 합이 10이 되는 어떤 조합도 가능합니다. 깃발과 나무의 개수는 무작위로 선택됩니다. 격자 상의 위치 또한 무작위입니다.

한 가지 조심해야 할 부분은 두 개의 장애물이 같은 위치에 겹치면 안 된다는 것입니다. 따라서 이미 사용한 위치를 관리해야 합니다. locations 변수는 이미 사용한 위치의 리스트입니다. 새로운 장애물을 특정 위치에 배치할 때 먼저 해당 위치에 이미 장애물이 있는지 검사합니다.

```
def create_map():
    global obstacles
    locations = []
    for i in range(10):                                    ← 화면당 10개의 장애물
        row = random.randint(0, 9)
        col = random.randint(0, 9)
        location = [col * 64 + 32, row * 64 + 32 + 640]    ← 장애물의 (x, y) 위치
        if not (location in locations):                    ← 같은 위치에 2개의 장애물이 놓이지 않게 함
            locations.append(location)
            type = random.choice(["tree", "flag"])
            if type == "tree": img = "skier_tree.png"
            elif type == "flag": img = "skier_flag.png"
            obstacle = ObstacleClass(img, location, type)
            obstacles.add(obstacle)
```

그런데 왜 y 위치에는 640픽셀을 더했죠?

좋은 지적입니다! 그렇게 한 이유는 게임이 시작될 때 화면을 장애물로 가득 차게 만들고 싶지 않기 때문입니다. 즉, 화면이 빈 상태로 시작한 다음 밑에서부터 장애물이 나타나게끔 만들고 싶기 때문입니다. 그래서 각 화면 배경을 창의 하단 "아래"에 만들었습니다. 이를 위해 640(창의 높이)을 각 장애물의 y값에 더한 것입니다.

게임이 시작되면 장애물은 위로 스크롤되게 하고 싶습니다. 이를 위해 각 장애물의 y 위치를 변경합니다. 이를 얼마만큼 변경할지는 스키 선수가 언덕 아래로 내려오는 속도에 따라 달라집니다. 이를 update()라는 메서드에 넣었고, 이 메서드는 ObstacleClass에 포함돼 있습니다.

```python
def update(self):
    global speed
    self.rect.centery -= speed[1]
```

speed 변수는 스키 선수의 속도이며, 전역 변수입니다. speed에는 스키 선수의 x 속도와 y 속도가 모두 포함돼 있어서 인덱스 [1]을 이용해 y(수직) 속도를 구할 수 있습니다.

첫 번째 장애물 화면이 모두 화면에 표시되고 나면 또 다른 장애물 화면을 하단에 만들어야 합니다. 언제 이렇게 할지 어떻게 알 수 있을까요? 이를 위해 map_position이라는 변수를 둬서 화면이 얼마나 스크롤됐는지 관리할 수 있습니다. 주 반복문에서 이를 수행합니다.

```python
running = True
    while running:
        clock.tick(30)
        for event in pygame.event.get():
            if event.type == pygame.QUIT: running = False

        map_position += speed[1]          ◀──── 얼마만큼 스크롤됐는지 기록

        if map_position >= 640:
            create_map()                  │ 장애물 화면이 모두 스크롤됐을 경우
            map_position = 0              │ 새로운 장애물 화면을 생성
```

스키 선수만 있던 코드에서처럼 animate() 함수가 모든 것을 새로 그리게 합니다.

지금까지 설명한 내용을 모두 종합하면 장애물만 있는 코드는 다음과 같습니다.

예제 25.2 스키어 게임 만들기: 장애물만 구현된 버전

```python
import pygame, sys, random

class ObstacleClass(pygame.sprite.Sprite):
    def __init__(self, image_file, location, type):
        pygame.sprite.Sprite.__init__(self)
        self.image_file = image_file
        self.image = pygame.image.load(image_file)
        self.rect = self.image.get_rect()
        self.rect.center = location
        self.type = type
        self.passed = False

    def update(self):
        global speed
        self.rect.centery -= speed[1]


def create_map():
    global obstacles
    locations = []
    for i in range(10):
        row = random.randint(0, 9)
        col = random.randint(0, 9)
        location = [col * 64 + 32, row * 64 + 32 + 640]
        if not (location in locations):
            locations.append(location)
            type = random.choice(["tree", "flag"])
            if type == "tree": img = "skier_tree.png"
            elif type == "flag": img = "skier_flag.png"
            obstacle = ObstacleClass(img, location, type)
            obstacles.add(obstacle)


def animate():
    screen.fill([255, 255, 255])
    obstacles.draw(screen)
    pygame.display.flip()
```

장애물 스프라이트
(나무와 깃발)에 대한 클래스

장애물로 구성된 하나의
"화면"을 생성: 640 x 640

← 화면당 10개의 장애물

← 두 개의 장애물이 같은 위치에
만들어지는 것을 방지

모든 것을 새로 그림

```
pygame.init()
screen = pygame.display.set_mode([640,640])
clock = pygame.time.Clock()
speed = [0, 6]                                            모든 것을 초기화
obstacles = pygame.sprite.Group()
map_position = 0
create_map()


running = True
while running:
    clock.tick(30)
    for event in pygame.event.get():
        if event.type == pygame.QUIT: running = False

        map_position += speed[1]    ◄─────  장애물이 얼마만큼 스크롤       주 반복문
                                            됐는지 기록

        if map_position >= 640:
            create_map()            │ 하단에 새로온 장애물
            map_position = 0        │ 구역을 생성

    obstacles.update()
    animate()

pygame.quit()
```

예제 25.2를 실행하면 나무와 깃발이 화면 위로 스크롤되는 것을 확인할 수 있습니다.

장애물이 화면 위로
스크롤돼서 올라가고
나면 어떻게 되나요?

좋은 질문입니다. 현재 코드에서는 장애물이 창의 위쪽 끝으로 올라가고 나면 y 위치가 계속 마이너스 값이 됩니다. 게임이 오랫동안 실행되면 엄청나게 많은 장애물 스프라이트가 만들어집니다. 그렇게 되면 실제로 특정 시점에 프로그램이 종료되거나 메모리가 고갈될 수도 있습니다. 따라서 이를 정리할 필요가 있습니다.

장애물 클래스에 대한 update() 메서드에 장애물이 화면 위로 사라졌는지 확인하는 검사를 추가합니다. 그러한 경우 장애물을 화면에서 제거합니다. 파이게임에는 이를 위해 kill()이라고 하는 내장 메서드를 제공합니다. 새로 수정한 update() 메서드는 다음과 같습니다.

```
def update(self):
    global speed
    self.rect.centery -= speed[1]
    if self.rect.centery < -32:    ◀──── 스프라이트가 화면 위로
                                          지나갔는지 확인
        self.kill()    ◀──── 화면에서 제거
```

이제 스키 선수와 장애물을 하나로 합칠 준비가 끝났습니다.

- SkierClass와 ObstacleClass가 모두 필요합니다.
- animate() 함수에서는 스키 선수와 장애물을 모두 그려야 합니다.
- 초기화 코드에서는 스키 선수와 최초 지도를 생성해야 합니다.
- 주 반복문에는 스키 선수의 키 이벤트를 처리하고 새로운 장애물 구역을 생성하는 부분을 모두 포함해야 합니다.

기본적으로 이것은 예제 25.1과 예제 25.2를 합치는 것에 해당합니다. 그 결과를 예제 25.3에서 확인할 수 있습니다.

예제 25.3 스키 선수와 장애물을 합친 결과

```python
import pygame, sys, random

skier_images = ["skier_down.png", "skier_right1.png", "skier_right2.png",
                "skier_left2.png", "skier_left1.png"]

class SkierClass(pygame.sprite.Sprite):
    def __init__(self):
        pygame.sprite.Sprite.__init__(self)
        self.image = pygame.image.load("skier_down.png")
        self.rect = self.image.get_rect()
        self.rect.center = [320, 100]
        self.angle = 0

    def turn(self, direction):
        self.angle = self.angle + direction
        if self.angle < -2: self.angle = -2
        if self.angle > 2: self.angle = 2
        center = self.rect.center
        self.image = pygame.image.load(skier_images[self.angle])
        self.rect = self.image.get_rect()
        self.rect.center = center
        speed = [self.angle, 6 - abs(self.angle) * 2]
        return speed

    def move(self, speed):
        self.rect.centerx = self.rect.centerx + speed[0]
        if self.rect.centerx < 20: self.rect.centerx = 20
        if self.rect.centerx > 620: self.rect.centerx = 620

class ObstacleClass(pygame.sprite.Sprite):
    def __init__(self, image_file, location, type):
        pygame.sprite.Sprite.__init__(self)
        self.image_file = image_file
        self.image = pygame.image.load(image_file)
        self.rect = self.image.get_rect()
        self.rect.center = location
        self.type = type
        self.passed = False
```

스키 선수 코드

장애물 코드

```
    def update(self):
        global speed
        self.rect.centery -= speed[1]
        if self.rect.centery < -32:
            self.kill()

def create_map():
    global obstacles
    locations = []
    for i in range(10):
        row = random.randint(0, 9)
        col = random.randint(0, 9)
        location = [col * 64 + 32, row * 64 + 32 + 640]
        if not (location in locations):
            locations.append(location)
            type = random.choice(["tree", "flag"])
            if type == "tree": img = "skier_tree.png"
            elif type == "flag": img = "skier_flag.png"
            obstacle = ObstacleClass(img, location, type)
            obstacles.add(obstacle)
```

장애물 코드

```
def animate():
    screen.fill([255, 255, 255])
    obstacles.draw(screen)
    screen.blit(skier.image, skier.rect)
    pygame.display.flip()
```

스키 선수와 장애물을 다시 그림

```
pygame.init()
screen = pygame.display.set_mode([640,640])
clock = pygame.time.Clock()
points = 0
speed = [0, 6]
skier = SkierClass()          ←──── 스키 선수 생성
obstacles = pygame.sprite.Group()
create_map()                  장애물 생성
map_position = 0
```

모든 것을 초기화

```
running = True
while running:                주 반복문
    clock.tick(30)
```

```
for event in pygame.event.get():
    if event.type == pygame.QUIT: running = False

    if event.type == pygame.KEYDOWN:
        if event.key == pygame.K_LEFT:
            speed = skier.turn(-1)
        elif event.key == pygame.K_RIGHT:
            speed = skier.turn(1)
    skier.move(speed)

    map_position += speed[1]

    if map_position >= 640:
        create_map()
        map_position = 0

    obstacles.update()
    animate()

pygame.quit()
```

주 반복문

예제 25.3을 실행하면 스키 선수를 언덕 아래로 내려오도록 조종할 수 있고, 장애물이 스크롤되면서 지나가는 것을 볼 수 있습니다. 게다가 스키 선수가 좌우 및 언덕 아래로 향하는 속도가 모두 어느 방향으로 전환하느냐에 따라 달라지는 것도 확인할 수 있습니다. 이로써 게임이 거의 완성돼 가고 있습니다.

마지막으로 필요한 두 가지는 다음과 같습니다.

- 스키 선수가 나무에 닿거나 깃발을 먹었을 때를 감지
- 점수를 기록하고 표시

16장에서 충돌 감지를 하는 법을 배웠습니다. 예제 25.3에서는 이미 장애물 스프라이트를 스프라이트 그룹에 넣었으므로 spritecollide() 함수를 이용해 스키 선수가 나무 스프라이트나 깃발 스프라이트에 닿은 경우를 감지할 수 있습니다. 그리고 나서 스키 선수가 닿은 것이 나무인지 깃발인지 확인한 다음 그에 따라 처리하면 됩니다.

- 나무에 닿았으면 스키 선수의 이미지를 "충돌" 이미지로 변경한 다음 점수에서 100점을 뺍니다.
- 깃발에 닿았으면 점수에 10점을 더하고 화면에서 깃발을 제거합니다.

이를 위한 코드는 주 반복문에 들어가며, 수정된 주 반복문은 다음과 같습니다.

```python
hit = pygame.sprite.spritecollide(skier, obstacles, False)    ←——— 충돌 검사
if hit:
    if hit[0].type == "tree" and not hit[0].passed:           나무에 닿음
        points = points - 100

        skier.image = pygame.image.load("skier_crash.png")     1초 동안 "충돌" 이미지를 보
        animate()                                              여줌
        pygame.time.delay(1000)
        skier.image = pygame.image.load("skier_down.png")      스키를 타고 내려가는 것을
        skier.angle = 0                                        계속 진행
        speed = [0, 6]
        hit[0].passed = True    ←——— 이미 이 나무에 닿았음을 기록

    elif hit[0].type == "flag" and not hit[0].passed:          깃발에 닿음
        points += 10
        hit[0].kill()    ←——— 깃발 제거
```

hit 변수는 스키 선수 스프라이트가 어떤 장애물 스프라이트와 충돌했는지 알려줍니다. 이 변수는 리스트지만 여기서는 항목이 하나밖에 없습니다. 그 이유는 스키 선수는 한 번에 한 장애물하고만 충돌할 수 있기 때문입니다. 따라서 스키 선수와 충돌한 장애물은 hit[0]에 들어있습니다.

passed 변수는 나무와 충돌했음을 나타내는 데 사용됩니다. 이렇게 하면 스키 선수가 언덕 아래로 내려가는 것을 계속 진행할 때 그 즉시 같은 나무와 다시 한 번 부딪히지 않게 됩니다.

이제 점수를 표시해야 합니다. 이를 위해서는 세 줄의 코드가 더 필요합니다. 초기화 영역에서는 font 객체를 생성하는데, 이 객체는 파이게임의 Font 클래스의 인스턴스에 해당합니다.

```python
font = pygame.font.Font(None, 50)
```

주 반복문에서는 font 객체를 새로운 점수 텍스트로 렌더링합니다.

```python
score_text = font.render("Score: " +str(points), 1, (0, 0, 0))
```

그리고 animate() 함수에서는 좌측 상단에 점수를 표시합니다.

```python
screen.blit(score_text, [10, 10])
```

필요한 것은 이게 전부입니다. 이 코드를 모두 종합하면 10장의 예제 10.1과 같은 코드가 만들어집니다. 이제서야 코드를 더 잘 이해하게 됐을 것입니다. 스키어가 동작하는 원리를 이해하는 것은 여러분이 직접 게임에 관해 생각하고 개발할 때 도움될 것입니다.

Hello Python!

이번 장에서 배운 내용

이번 장에서는 다음과 같은 내용을 배웠습니다.

- 스키어 프로그램의 각 부분이 작동하는 법
- 스크롤되는 배경을 만드는 법

도전 과제

1. 스키어 프로그램을 수정해서 게임 진행을 좀 더 어렵게 만드십시오. 이때 다음과 같은 사항을 적용할 수 있습니다.
   - 게임이 진행됨에 따라 속도를 높입니다.
   - 언덕 아래로 내려갈수록 나무가 더 많이 나오게 합니다.
   - "얼음"을 추가해서 방향 전환을 더 어렵게 만듭니다.

2. 스키어 게임에 영감을 준 스키프리 프로그램에는 무서운 눈사람(Abominable Snowman)이 무작위로 나타나 스키 선수를 쫓아옵니다. 제대로 된 도전 과제를 해보고 싶다면 무서운 눈사람과 같은 것을 스키어 프로그램에 추가해 보십시오. 그러려면 새로운 스프라이트 이미지를 찾거나 직접 만들고, 해당 스프라이트가 원하는 대로 작동하게 만들려면 코드를 어떻게 수정해야 할지 알아내야 할 것입니다.

파이썬 전투

이 책에서는 여러분만의 게임을 만드는 방법을 다뤘습니다. 그런데 아직까지 이야기하지 않은 게 하나 있다면 바로 게임 인공지능(AI; artificial intelligence)입니다. 팩맨(Pac-Man) 이후로 거의 모든 게임에는 플레이어를 공격하는 일종의 인공지능이 있으며, 이번 장에서는 직접 인공지능을 만드는 법을 보여주겠습니다.

파이썬 전투

이번 장에서 만들 AI는 파이썬 전투(Python Battle)라는 게임의 일부입니다. 파이썬 전투는 규칙이 간단한 단순한 게임입니다. 각 차례마다 앞으로 이동하거나 다른 방향으로 전환하거나 공격할 수 있습니다. 봇이 다른 봇을 공격할 경우 공격받은 봇은 체력이 1만큼 줄어듭니다. 체력을 모두 잃은 봇은 게임에서 패배합니다. 봇은 바로 앞에 있는 사각 영역만 공격할 수 있습니다.

그런데 파이썬 전투에는 한 가지 재미있는 부분이 있습니다. 바로 로봇을 통해 플레이되는 게임이라는 점입니다. 따라서 봇을 조종하는 전략, 즉 AI를 코드로 작성한 후 파이썬 전투를 실행해 다른 AI에 대해 얼마나 잘 작동하는지 확인해야 합니다. 물론 AI 코드 및 파이썬 전투 자체는 파이썬으로 작성돼 있습니다.

참고로 이 책의 설치 프로그램을 실행했다면 파이썬 전투가 이미 컴퓨터에 들어 있을 것입니다. 설치 프로그램에는 여러분이 직접 시험해 볼 수 있게 CircleAI(전장을 원형으로 이동합니다), RandomAI(무작위로 이동하고 회전합니다), NullAI(아무것도 하지 않습니다)라는 세 개의 AI 프로그램이 포함돼 있습니다. 각 AI를 실행해 보면서 누가 이기는지 확인해 봅시다.

파이썬 전투 실행하기

파이썬 전투를 실행하려면 다음과 같은 단계를 따릅니다.

1. 사용하고 싶은 AI 스크립트를 PythonBattle.py와 같은 폴더에 둡니다.

2. PythonBattle.py를 실행합니다.

3. 다음과 같은 프롬프트가 나타날 것입니다.

   Enter red AI:

   사용하고 싶은 AI 스크립트의 이름을 입력합니다. 파일명 끝의 .py 확장자는 입력하지 않습니다. 예를 들어, CircleAI.
   py를 테스트하고 싶다면 circleai를 입력하면 됩니다.

4. 청색 AI에 대해서도 동일한 과정을 밟습니다.

5. 누가 전투에서 이기는지 지켜봅니다.

6. 전투가 끝나면 파이게임 창을 닫습니다.

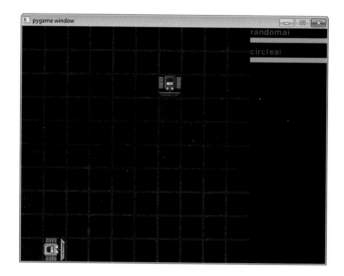

게임 규칙

이제 몇 번의 파이썬 전투를 지켜봤을 것이므로 게임의 동작 방식을 좀 더 자세히 들여다봅시다. 각 차례
마다 로봇은 다음의 6가지 중 하나를 할 수 있습니다.

- 앞으로 한 칸 이동
- 뒤로 한 칸 이동

- 왼쪽으로 방향 전환

- 오른쪽으로 방향 전환

- 바로 앞에 있는 공간을 공격

- 현 위치 고수

이와 더불어 로봇은 언제든지 안내판을 볼 수 있습니다. 게임의 목표는 적을 10번에 걸쳐 성공적으로 공격하는 것입니다.

CircleAI와 RandomAI가 작동하는 모습을 지켜보는 동안 청색 영역과 적색 영역을 눈여겨봅시다. 로봇이 사각 영역을 이동할 때 해당 영역은 로봇과 같은 색깔(청색이나 적색)로 바뀝니다. 차례가 1,000번을 넘으면 로봇이 상대방을 공격하거나 체력이 서로 같아도 색깔이 같은 사각 영역이 많은 로봇이 게임에서 이깁니다.

파이썬 전투 로봇 만들기

CircleAI와 RandomAI를 물리칠 수 있게 로봇을 만들어 봅시다. 로봇을 만드는 첫 번째 단계는 전략을 생각해 내는 것입니다. 우리의 첫 파이썬 전투 로봇의 경우 다음과 같이 간단한 전략으로 시작해 봅시다.

1. 적과 마주치면 적을 공격합니다.

2. 벽을 마주하고 있으면 방향을 바꿉니다.

3. 그 밖의 경우에는 앞으로 이동합니다.

이것은 가장 발전된 전략은 아니지만 CircleAI는 이길 수 있을 것입니다. 그렇지 않다면 언제든지 되돌아가서 세부사항을 조정할 수 있습니다.

두 번째 단계는 로봇에 대한 코드를 작성하는 것입니다. 새 파이썬 파일(파일명은 **better_than_circleai.py**로 하겠습니다.)을 만든 다음 다음과 같은 코드를 입력합니다.

```python
class AI:
    def __init__(self):
        pass
    def turn(self):
        pass
```

이것은 모든 로봇이 처음 시작할 때 사용하는 기본 코드입니다. _init_() 함수는 게임이 시작하고 AI가 만들어질 때 호출됩니다. turn() 함수는 매번 호출되고 로봇이 어떻게 동작할지를 결정합니다. 클래스의 이름은 AI여야 하며, 그렇지 않을 경우 파이썬 전투가 AI 코드를 찾지 못할 것입니다.

로봇 코드를 작성하는 다음 단계는 봇이 전략을 수행하게 만드는 코드를 추가하는 것입니다. 로봇을 움직이려면 다음과 같은 함수를 사용합니다.

- `self.robot.lookInFront()`
- `self.robot.turnRight()`
- `self.robot.turnLeft()`
- `self.robot.goForth()`
- `self.robot.attack()`

이 메서드들은 `self.robot.xx()` 형태로 호출해야 하는데, `self`는 AI를 조종하는 로봇이 아닌 AI를 가리키며, AI 객체가 실제로 움직이거나 공격하는 것은 아니기 때문입니다. AI 객체는 로봇에게 어떻게 작동할지를 알려주는 책임을 맡고 로봇 객체가 이동이나 공격을 담당합니다.

이제 turn() 메서드를 작성해봅시다. `pass`를 제거하고 다음과 같은 코드를 추가합니다.

```
self.robot.goForth()
```

이제 로봇을 테스트하면 매번 앞으로 이동하려는 모습을 볼 수 있습니다. 이렇게 되면 금방 로봇이 전장의 벽에 닿습니다. 이동하는 과정에서 상대방과 마주치면 로봇은 이동하던 것을 멈추기만 합니다. 이를 `self.robot.lookInFront()`를 이용해 수정할 수 있습니다. 이 함수는 공격할 수 있는 로봇이 바로 앞에 있을 경우 "bot"을 반환합니다. turn() 함수를 다음과 같이 변경합니다.

```
if self.robot.lookInFront() == "bot":
    self.robot.attack()
else:
    self.robot.goForth()
```

이제 로봇이 이동하는 과정에서 뭔가와 마주치면 공격합니다. 하지만 로봇이 벽을 공격하면 가만히 공격을 중단합니다. `self.robot.lookInFront()`는 벽에 부딪힐 경우 "wall"을 반환합니다. 다음 코드를 turn() 함수의 `self.robot.attack()`과 `else:` 사이에 추가합니다.

```
elif self.robot.lookInFront() == "wall":
    self.robot.turnRight()
```

이제 코드를 실행하면 로봇이 원을 그리면서 이동하기 시작합니다! 로봇이 벽에 부딪히면 오른쪽으로 방향을 바꾸고 다음 벽에 부딪히면 다시 오른쪽으로 방향을 바꾸는 식으로 이동합니다. 대신 봇이 벽에 부딪혔을 때 전장을 모두 돌아다니게 하고 싶을 것이며, 그러자면 두 번에 걸쳐 오른쪽으로 방향을 바꿔야 합니다. 따라서 로봇이 벽에 부딪힐 경우 오른쪽으로 방향을 바꿔야 합니다. 그리고 나서 다음 차례에서 다시 오른쪽으로 한 번 더 방향을 바꿔야 합니다. 기본적으로 봇이 유턴 과정을 기억하게 만들 필요가 있습니다. 이 경우 AI에 현재 진행 중인 과정을 추적하는 새로운 속성(변수)을 추가하는 식으로 이를 달성할 수 있습니다. __init__() 함수에 다음과 같은 코드를 추가합니다.

```python
self.currentlyDoing = "forward"
```

이렇게 하면 게임을 시작했을 때 로봇에게 앞으로 이동해야 한다고 알려줍니다. 로봇이 유턴하는 중이면 이 변수를 "turnRight"로 변경해 로봇에게 오른쪽으로 회전해야 한다는 사실을 상기시킬 수 있습니다. turn() 함수를 수정하고 나면 최종 코드는 다음과 같습니다.

예제 26.1 완성된 로봇 AI

```python
class AI:
    def __init__(self):
        self.currentlyDoing = "forward"
    def turn(self):
        if self.robot.lookInFront() == "bot":
            self.robot.attack()
        elif self.robot.lookInFront() == "wall":
            self.robot.turnRight()
            self.currentlyDoing = "turnRight"
        elif self.currentlyDoing == "turnRight":
            self.robot.turnRight()
            self.currentlyDoing = "forward"
        else:
            self.robot.goForth()
```

이 코드를 실행하면 AI에 몇 가지 결함이 있다는 사실을 알 수 있습니다. 로봇이 CircleAI를 물리칠 수 있게 변경해 봅시다.

좀 더 복잡한 로봇

첫 번째 로봇은 상당히 단순했고, CircleAI를 이기지 못했습니다. 다른 로봇을 물리치게 하려면 아주 훌륭한 전략이 필요합니다. 아주 훌륭한 전략이란 "적이 내 앞에 오기 전까지 원형으로 이동하는" 것 이상입니다. 아주 훌륭한 전략에서는 사용 가능한 모든 명령을 총동원해야 합니다. 대부분의 경우 아주 훌륭한 전략은 로봇의 작동 방식과 관련해서 깊이 있는 사고를 필요로 합니다.

지난 절에서 언급하지 않은 메서드가 몇 가지 있는데, 이러한 메서드는 승리 전략을 만들어내는 데 도움될 수 있습니다.

- `self.robot.goBack()`: 이름을 통해 충분히 의미를 파악할 수 있습니다. 로봇이 뒤로 이동하게 합니다.
- `self.robot.checkSpace(space)`: 전장 위의 임의 지점을 살펴볼 수 있습니다.

  예를 들어, `self.robot.checkSpace((3,3))`을 이용하면 (3,3) 지점에 있는 것이 무엇인지 알 수 있습니다. 거기에 아무것도 없으면 `"blank"`가 반환됩니다. 그렇지 않을 경우 `"bot"`(적이 있을 경우), `"me"`(여러분의 로봇이 있을 경우), `"wall"`(해당 지점이 경계선 바깥인 경우)을 반환합니다.

- `self.robot.locateEnemy()`: 적의 위치와 방향을 반환합니다.
- `self.robot.position`: 현재 위치를 반환합니다.
- `self.robot.rotation`: 방향을 반환합니다.
- `self.robot.calculateCoordinates(direction, distance, position)`: 나중에 설명합니다. 우선 파이썬 전투의 좌표계가 작동하는 법을 이해해야 합니다.

좌표계

파이썬 전투에서는 좌표계가 (1,1)에서 (10,10)까지 이어집니다. 좌표계는 파이게임과 마찬가지로 좌측 상단을 기준으로 합니다. 벽은 전장을 사방으로 둘러싸고 있습니다. `self.robot.position`으로 좌표계에서의 로봇의 위치를 확인할 수 있습니다.

방향

방향은 0 ~ 3 범위의 숫자로 저장됩니다. 0은 위(북쪽), 1은 오른쪽(동쪽), 2는 아래(남쪽), 3은 왼쪽(서쪽)을 나타냅니다. 로봇이 오른쪽으로 방향을 바꿀 경우 방향에 1을 더합니다. 왼쪽으로 방향을 바꿀 경우에는 방향에서 1을 뺍니다. 아주 간단합니다. `self.robot.rotation`으로 로봇의 방향을 확인할 수 있습니다.

calculateCoordinates()

calculateCoordinates() 함수는 distance, direction, position이라는 3개의 매개변수를 받습니다. 기본적으로 이 함수는 direction 방향의 position 위치에서 distance만큼 떨어진 지점의 좌표를 반환합니다. 예를 들어, calculateCoordinates(2,3,(5,5))는 (5,5)에서 왼쪽(왼쪽 방향은 3으로 나타냅니다)으로 2개의 사각 영역만큼 떨어진 지점을 찾습니다.

이제 전략을 하나 생각해낼 수 있습니다. 여기서는 다음과 같이 직관적인 전략을 만들겠습니다.

1. 적이 있는 방향으로 이동합니다.
2. 가능한 경우 공격합니다.

먼저 앞에서 만든 로봇의 기본 코드로 시작해봅시다.

```python
class AI:
    def __init__(self):
        pass
    def turn(self):
        if self.robot.lookInFront() == "bot":
            self.robot.attack()
```

이 코드는 이번에 만들 전략의 두 번째 부분, 즉 "가능한 경우 공격합니다"를 처리합니다. 이제 첫 번째 부분을 코드로 작성해야 합니다. turn() 함수에 다음과 같은 코드를 추가합니다.

```python
    else:
        self.goTowards(self.robot.locateEnemy()[0])
```

이렇게 하면 적의 위치를 인자로 해서 AI 클래스의 self.goTowards() 메서드를 호출할 것입니다. self.robot.locateEnemy() 메서드는 적의 위치와 방향이 담긴 리스트를 반환합니다. 이 코드를 실행하면 아직 self.goTowards()를 정의하지 않았기 때문에 프로그램이 동작하지 않을 것입니다. 이제 다음과 같이 goTowards() 메서드를 정의해봅시다.

```python
    def goTowards(self,enemyLocation):
        myLocation = self.robot.position
        delta = (enemyLocation[0]-myLocation[0],
                enemyLocation[1]-myLocation[1])
```

보다시피 대상 위치와 여러분이 조종하는 로봇의 위치 간의 차이, 즉 델타를 찾는 것으로 시작합니다. 다음으로 적 로봇과 마주하려면 어느 방향이어야 할지 알아내야 합니다.

```
if abs(delta[0]) > abs(delta[1]):
    if delta[0] < 0:
        targetOrientation = 3        ◀──────  왼쪽으로 방향 전환
    else:
        targetOrientation = 1        ◀──────  오른쪽으로 방향 전환
else:
    if delta[1] < 0:
        targetOrientation = 0        ◀──────  위쪽으로 방향 전환
    else:
        targetOrientation = 2        ◀──────  아래쪽으로 방향 전환
```

이제 해당 방향으로 이동해야 합니다. 이미 해당 방향으로 보고 있다면 손쉽게 처리할 수 있습니다.

```
if self.robot.rotation == targetOrientation:
    self.robot.goForth()
```

그렇지 않을 경우 어느 방향으로 전환할지 알아내야 합니다. 먼저 올바른 방향으로 전환하는 데 필요한 차례가 얼마나 남았는지 계산합니다.

```
else:
    leftTurnsNeeded = (self.robot.rotation - targetOrientation) % 4
```

다음으로 올바른 방향으로 방향을 바꿔야 합니다. 왼쪽으로 3번 이상 돌아야 한다면 오른쪽으로 한 번 돌아도 됩니다.

```
if leftTurnsNeeded <= 2:
    self.robot.turnLeft()
else:
    self.robot.turnRight()
```

다음은 로봇의 전체 코드입니다.

예제 26.2 좀 더 복잡한 로봇

```python
class AI:
    def __init__(self):
        pass
    def turn(self):
        if self.robot.lookInFront() == "bot":
            self.robot.attack()
        else:
            self.goTowards(self.robot.locateEnemy()[0])
    def goTowards(self,enemyLocation):
        myLocation = self.robot.position
        delta = (enemyLocation[0]-myLocation[0],enemyLocation[1]-myLocation[1])
        if abs(delta[0]) > abs(delta[1]):
            if delta[0] < 0:
                targetOrientation = 3        ←——— 왼쪽으로 방향 전환
            else:
                targetOrientation = 1        ←——— 오른쪽으로 방향 전환
        else:
            if delta[1] < 0:
                targetOrientation = 0        ←——— 위쪽으로 방향 전환
            else:
                targetOrientation = 2        ←——— 아래쪽으로 방향 전환
        if self.robot.rotation == targetOrientation:
            self.robot.goForth()
        else:
            leftTurnsNeeded = (self.robot.rotation - targetOrientation) % 4
            if leftTurnsNeeded <= 2:
                self.robot.turnLeft()
            else:
                self.robot.turnRight()
```

CircleAI를 대상으로 이를 시험해 봅시다. 분명 열심히 노력한 보람이 있을 것이며, 마침내 적을 물리칠 수 있을 것입니다. AI를 **morecomplicatedai.py**라는 이름으로 저장하고 PythonBattle을 다시 한 번 실행합니다.

```
>>>
Enter red AI: circleai
Enter blue AI: morecomplicatedai
        .
        .
        .
Red wins with 10 health!
```

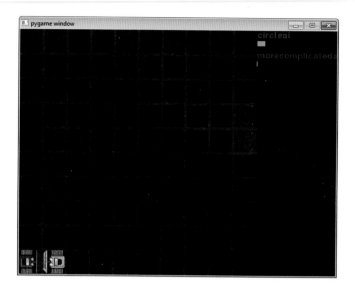

뭐야!
CircleAI가
다시 이겼
어요!

CircleAI를 물리치기 위해 전략을 조금 더 고쳐야 할 것 같습니다. CircleAI는 물리치기가 아주 어려운데, 그 이유는 공격하기가 쉽지 않기 때문입니다. 측면이나 뒤에서 봇을 공격하려고 하면 여러분이 조종하는 로봇이 한 번 더 공격하기도 전에 달아날 것입니다. 게다가 CircleAI 봇은 벽에 붙어서 움직이기 때문에 공격할 수 있는 부분은 한쪽 면밖에 없습니다. 앞에서 봇을 공격하려고 하면 CircleAI 봇이 첫 번째 공격을 하고 따라서 게임에서 이길 것입니다. CircleAI는 가장 발전된 전략이 아님에도 물리치기가 정말 어렵습니다.

CircleAI가 앞으로 마주치게 될 AI라는 사실을 알고 있다면야 CircleAI를 계속해서 물리칠 수 있는 AI를 고안하는 것도 가능할 것입니다. 하지만 다른 플레이어가 어떤 전략을 AI에 사용할지 알 수 없다면 훨씬 더 물리치기가 까다로울 것입니다.

이번 장에서 배운 내용

이번 장에서는 다음과 같은 내용을 배웠습니다.

- 게임이 AI를 이용해 적을 영리하게 만드는 법
- PythonBattle의 일부분으로 AI를 직접 만드는 법

도전 과제

1. 전략을 수정해서 CircleAI를 물리치는 로봇을 고안해 내십시오.

또 뭘 배워야 할까?

27장은 이 책의 마지막 장입니다. 지금까지 책을 끝까지 읽고 예제를 실행해 보면서 프로그래밍 기초를 충분히 이해하고 재미있는 것들을 해봤을 것입니다.

이번 장에서는 프로그래밍에 관해 배울 수 있는 곳을 몇 군데 정리했습니다. 일반적인 프로그래밍을 비롯해 파이썬, 게임 프로그래밍 등에 관한 자료를 알아보겠습니다.

프로그래밍에 관해 더 배우고자 하는 것은 프로그래밍을 통해 하고 싶은 일이 무엇인가에 달렸습니다. 여러분은 파이썬으로 시작했으며, 이 책에서 배운 대다수의 내용은 일반적인 프로그래밍 개념으로서 다른 컴퓨터 언어에도 똑같이 적용됩니다. 배우는 방법과 대상은 학습 목표가 무엇이냐에 따라 달라집니다. 이를테면, 이러한 학습 목표에는 게임이나 웹 프로그래밍, 로봇 프로그래밍 등이 있습니다(로봇을 동작시키려고 해도 소프트웨어가 필요합니다).

어린이 프로그래머를 위한 자료

어린이 독자의 경우 파이썬을 이용해 프로그래밍을 배우는 것이 즐거웠다면 다른 방식으로 해보는 것도 재미있을 것입니다. 스퀵 이토이(Squeak Etoys)는 어린이들을 위한 프로그래밍 "언어"로서 그래픽으로 구성돼 있습니다. 코드를 거의 작성할 일 없이 그래픽 객체를 만들고 그것의 속성과 동작을 바꾸는 식으로 프로그램을 만들 수 있습니다. 내부적으로는 그래픽 객체가 스몰토크(Smalltalk)라는 언어로 된 코드로 바뀝니다. 이토이에 대해서는 **squeakland.org**에서 자세한 사항을 확인할 수 있습니다.

스퀵과 비슷한 또 하나의 언어는 스크래치(Scratch)입니다. 스크래치도 스퀵과 비슷하게 드래그 앤드 드롭을 이용해 프로그램을 만들 수 있습니다. 스크래치 프로그램은 웹 상에서 공유할 수도 있습니다. 스크래치에 관해서는 **scratch.mit.edu**에서 자세한 사항을 확인할 수 있습니다.

파이썬

파이썬을 배울 수 있는 곳은 많습니다. 파이썬 온라인 문서는 파이썬에 관해 빠짐없이 다루고 있지만 읽기가 다소 어려울 수 있습니다. 여기엔 언어 레퍼런스, 라이브러리 레퍼런스, 전역 모듈 색인을 비롯해 파이썬을 만든 귀도 반 로섬(Guido van Rossum)이 쓴 자습서도 있습니다. 파이썬 온라인 문서는 **docs.python.org**에서 확인할 수 있습니다.

파이썬에 관해 좀 더 심화된 내용을 다룬 책도 많습니다. 사실 너무 많아서 한두 권만 추천할 수 없을 정도입니다. 각자의 취향과 학습 방식, 파이썬으로 할 수 있는 특정 주제에 따라 어떤 책을 선택해야 할지 달라집니다. 그렇지만 파이썬을 좀 더 배우고 싶다면 자신에게 맞는 책을 분명 찾을 수 있을 것입니다.

메일링 리스트도 유용합니다. 메일링 리스트에 글을 게시하면 다른 사용자가 최선을 다해 답해줄 것입니다. 대부분의 리스트에는 보관 페이지가 있어서 그곳에서 이미 누군가가 올린 글을 읽어보거나 검색해볼 수 있습니다.

게임 프로그래밍과 파이게임

게임을 만들어보고 싶다면 이 주제를 다룬 책이 아주 많습니다. 너무 많아서 여기에 일일이 열거할 수 없을 정도입니다. 아마 OpenGL(Open Graphics Language의 줄임말)과 같은 것을 배우고 싶을 것입니다. OpenGL은 많은 게임에서 사용하는 그래픽 시스템입니다. OpenGL은 PyOpenGL이라는 모듈을 이용해 파이썬에서도 이용할 수 있으며, 이를 주제로 한 책도 여러 권 있습니다.

파이게임에 관심이 있다면 파이게임에 관해 배울 수 있는 곳이 몇 군데 있습니다. 파이게임 사이트인 **pygame.org**에는 각종 예제와 자습서가 있습니다.

파이게임을 이용해 게임 프로그래밍을 정말로 하고 싶다면 몇 가지 아주 훌륭한 자료를 확인해볼 수 있습니다. 그중 하나는 파이게임 메일링 리스트인데, 여러분에게 굉장히 도움될 것입니다. 파이게임 메일링 리스트는 **pygame.org/wiki/info**에서 확인할 수 있습니다. 메일링 리스트의 주소는 **pygame-users@seul.org**입니다.

게임에 정밀한 물리학이 필요하다면 PyMunk라는 라이브러리를 이용할 수 있습니다. PyMunk는 Chipmunk Physics라는 것을 기반으로 합니다. Chipmunk를 이용하면 2차원 평면에 원, 선, 도형 등을 만들 수 있습니다. 그런 다음 그러한 도형을 대상으로 중력이나 마찰력과 같은 기초 물리력을 시뮬레이션할 수 있습니다. PyMunk는 **pymunk.org**에서 확인할 수 있습니다.

기타 게임 프로그래밍(파이썬 이외의 환경)

게임을 만드는 데 관심이 있다면 유니티(Unity) 게임 엔진도 살펴볼 만합니다. 유니티에는 3D 게임 엔진과 그래픽 엔진, 스크립트 작성과 관련된 다양한 것들이 포함돼 있습니다. 스크립트를 작성하는 데 사용할 수 있는 언어 중 하나는 Boo이며, 파이썬과 비슷한 점이 많습니다.

이미 즐겨봤을 법한 게임 중 일부는 코드를 작성해 게임을 확장할 수 있습니다. 예를 들어, Roblox(**www.roblox.com**)에서는 루아(Lua)라는 언어로 코드를 작성할 수 있습니다. 마인크래프트(Minecraft, **www.minecraft.com**)에 사용되는 모드(mod)는 루아나 자바(Java)로 코드를 작성할 수 있습니다(참고로 인기 있는 게임인 앵그리 버드(Angry Birds)는 루아로 작성돼 있습니다).

BASIC

도서관에서 책을 살펴보고 있다면 1980년대에 쓰여진 어린이들을 위한 프로그래밍 책이 상당히 많고, 그 중 상당수가 그 당시 아주 인기 있었던 BASIC이라는 언어를 사용하고 있다는 것을 알 수 있습니다(요즘 사용되는 컴퓨터를 대상으로 하는 BASIC 버전도 있습니다). 이러한 책에서는 게임을 상당히 많이 다루는 경향이 있습니다. 한 가지 재미있게 해볼 만한 것은 과거의 BASIC 책에 실린 게임을 파이썬으로 재작성해보는 것입니다. 필요하다면 파이게임이나 PyQt를 이용해 그래픽을 처리할 수도 있습니다. 그렇게 하는 과정에서 많은 것을 배우게 되리라 장담합니다.

모바일 앱

아이폰이나 안드로이드 폰용 앱을 만드는 데 관심이 있다면 그러한 앱을 만드는 몇 가지 방법이 있습니다. 폰갭(PhoneGap, phonegap.com)이라는 도구를 이용해 HTML5와 CSS 기반 아이폰 앱을 작성할 수 있습니다. 이 경우 앱을 다른 폰 운영체제(안드로이드나 블랙베리 OS)로 손쉽게 이식할 수도 있습니다. 또 다른 방법은 오브젝티브-C(Objective-C)라는 언어와 코코아(Cocoa)라는 라이브러리를 이용해 네이티브 아이폰 코드를 작성하는 것입니다. 여기에 사용되는 편집기는 Xcode라고 하며, Xcode는 맥 OS X에서만 실행됩니다. 안드로이드용 앱은 주로 자바로 작성되지만 폰갭 같은 라이브러리를 이용해 다른 언어로도 프로그래밍할 수 있습니다.

주위를 둘러보세요

살펴볼 만한 다른 주제를 비롯해 프로그래밍 일반 및 파이썬과 같은 다양한 프로그래밍 영역에 도움될 만한 자료가 수도 없이 많습니다. 언제든지 도서관이나 서점에 들러 관심 있는 주제를 다룬 책을 찾아볼 수 있습니다. 게다가 인터넷 검색을 통해 도움될 만한 온라인 자습서나 파이썬 모듈이 있는지 확인해볼 수 있습니다.

파이썬을 배우는 것도 긴 여정이 될 수 있지만 어떤 특정한 작업을 하기 위해서는 C, C++, 자바, 자바스크립트(자바와 다른) 등과 같은 다양한 언어가 필요할 수도 있습니다. 만약 그렇다면 해당 언어를 가르쳐주는 책이나 기타 참고자료가 필요할 것입니다. 여러분이 선택할 수 있는 언어는 너무나도 많아서 그러한 주제에 대해서는 제가 해줄 만한 조언이 많지 않을 것입니다.

무엇을 하게 되든 프로그래밍을 즐기십시오! 끊임없이 배우고 탐험하고 실험하십시오. 프로그래밍은 배우면 배울수록 점점 더 재미있을 것입니다!

그럼 안녕!

변수명(식별자)을 짓는 규칙은 다음과 같습니다.

- 글자나 밑줄 문자로 시작해야 합니다. 그 이후에는 글자나 숫자, 밑줄 문자를 제한 없이 쓸 수 있습니다.
- 글자는 대문자나 소문자일 수 있으며, 대소문자를 구별합니다. 다시 말해, Ax는 aX와 같지 않습니다.
- 숫자는 0~9 사이의 어떤 숫자든 가능합니다.

글자, 숫자, 밑줄 문자 외에는 다른 어떤 글자도 사용할 수 없습니다. 공백이나 문장부호, 기타 글자는 변수명에 사용할 수 없습니다.

~ ` ! @ # $ % ^ & * ( ) ; - : " ' < > , . ? / { } [ ] + = /

허용되는 유일한 글자는 밑줄 문자입니다. 밑줄 문자를 사용한 예는 다음과 같습니다.

- first_number = 15
- student_name = "John"

first와 number 사이에 있는 글자가 밑줄 문자입니다. student와 name 사이에도 밑줄 문자가 있습니다. 프로그래머들은 변수명에 포함된 두 단어를 분리하기 위해 밑줄 문자를 사용할 때가 있습니다. 공백은 변수명에 쓸 수 없기 때문에 공백 대신 밑줄 문자를 사용하는 것입니다.

정확히 어떤 용도로 사용하는 것인지 모른다면 밑줄 문자를 변수명의 앞이나 뒤에 사용하는 것은 권장하지 않습니다. 식별자의 앞이나 뒤에 밑줄 문자를 사용하는 것이 특별한 의미가 있는 경우가 있습니다. 따라서 다음과 같은 이름은 사용하지 않습니다.

- _first_number = 15
- student_name_ = "John"

다음은 올바른 변수명의 예입니다.

- my_answer
- answer23
- answer_23
- YourAnswer
- Your2ndAnswer

다음은 올바르지 않은 변수명의 예입니다.

- 23answer (변수명은 숫자로 시작할 수 없습니다).
- your-answer (하이픈 문자는 사용할 수 없습니다).
- my answer (공백은 사용할 수 없습니다).

파이썬 2와 파이썬 3의 차이점

이 책 전반에 걸쳐 파이썬 2와 파이썬 3의 몇 가지 차이점에 관해 언급했습니다. 이 책에서는 파이썬 2를 사용하지만 파이썬 3으로 작성된 코드인지 알아보고 필요한 경우 코드를 파이썬 3과 호환되도록 작성하는 법을 알려주고 싶었습니다. 부록 B에서는 이 책에서 다룬 파이썬 관련 내용 가운데 파이썬 2와 파이썬 3의 차이점에 관해서만 살펴보겠습니다(예를 들어, 파이썬에서는 유니코드 문자열을 다른 방식으로 처리하지만 이 책에서는 유니코드에 관해서는 다루지 않았기 때문에 파이썬 3 유니코드 변화에 관해서는 언급하지 않겠습니다).

이를 염두에 두고 파이썬 3이 파이썬 2와 다른 부분을 살펴봅시다.

print

파이썬 3에서는 print가 함수입니다. 따라서 다음과 같이 작성하는 대신

```
print "Hello, World!"
```

다음과 같이 작성해야 합니다.

```
print("Hello, World!")
```

이와 관련된 몇 가지 차이점이 있습니다. 파이썬 3에서는 파이썬 2에서 했던 것과 같이 다음 print의 출력 결과가 같은 줄에 나오도록 끝에 콤마를 둘 수 없게 됐습니다. 즉, 파이썬 3에서는 다음과 같이 작성하는 대신

```
print "Hello",
print "World!"
```

다음과 같이 해야 합니다.

```
print("Hello", end=" ")
print("World! ")
```

end 인자로 할 수 있는 것도 많지만 거의 사용되지 않는 편입니다. 원한다면 파이썬 3 문서에서 그러한 내용을 찾아볼 수 있습니다.

print에 적용되는 코드 색상이 파이썬 2와 파이썬 3에서는 다른 것을 볼 수 있습니다. 그 이유는 파이썬 2에서는 print가 키워드지만 파이썬 3에서는 print()가 함수이기 때문입니다.

input()

파이썬 3에서는 파이썬 2에서 raw_input()이었던 함수가 이제 input()으로 이름이 바뀌었습니다. 이 함수는 문자열을 반환하고 입력 문자열을 평가하지 않습니다(예: 입력 내용을 int나 float로 변환).

파이썬 2에서 input()이라는 이름으로 불렸던 함수(입력 내용을 평가해서 가능할 경우 숫자로 변환하는)는 파이썬 3에서는 존재하지 않습니다.

따라서 다음과 같이 작성하는 대신(파이썬 2에서)

```
your_name = raw_input("Enter your name: ")
```

다음과 같이 작성해야 하며(파이썬 3에서)

```
your_name = input("Enter your name: ")
```

다음과 같이 작성하는 대신(파이썬 2에서)

```
age = input("Enter your age: ")
```

다음과 같이 작성해야 합니다(파이썬 3에서).

```
age = int(input("Enter your age: "))
```

정수 나눗셈

파이썬 3에서 세 번째로 주요한 변화는 정수 나눗셈을 처리하는 방식입니다. 3장에서 "정수 나눗셈"에 관해 이야기한 내용을 기억하십니까? 그래서 다음과 같은 결과가 나타납니다(파이썬 2에서).

```
>>> print 5/2
2
```

파이썬 2에서는 기본적으로 **정수 나눗셈**을 합니다. 파이썬 3에서는 기본적으로 **실수 나눗셈**(floating-point division)을 합니다. 따라서 파이썬 3에서는 다음과 같은 결과가 나타납니다.

```
>>> print(5/2)
2.5
```

파이썬 3에서 정수 나눗셈을 히고 싶디면 다음과 같이 이중 진빙 슬래시를 사용하면 됩니다.

```
>>> print(5//2)
2
```

정수 나눗셈에서 나머지를 구하는 나머지 연산자(%)는 파이썬 3과 파이썬 2에서 동일하게 동작합니다.

파이썬 2:

```
>>> print 5%2
1
```

파이썬 3:

```
>>> print(5%2)
1
```

range()

파이썬 2에서 range() 함수는 리스트를 반환합니다. 하지만 파이썬 3에서 range() 함수는 범위 객체를 반환합니다. 각 항목을 순회할 목적으로는 파이썬 3의 범위 객체는 파이썬 2의 리스트와 기본적으로 똑같은 방식으로 동작합니다. 하지만 범위 객체를 출력해 보면 범위 내의 개별 값을 볼 수 없습니다.

파이썬 2:

```
>>> print range(5)
[0, 1, 2, 3, 4]
```

파이썬 3:

```
>>> print(range(5))
range(0, 5)
```

파이썬 2에서 파이썬 3으로 변환하기

파이썬 2로 작성된 코드를 파이썬 3 코드로 자동으로 변환하는 2to3이라는 도구가 있습니다. 파이썬 3을 사용 중이라면 이 책의 예제 중 일부를 시험해볼 수 있습니다. 그중 대다수는 문제 없이 동작할 것입니다. 하지만 이 책의 코드에 대해 2to3을 검사해 보지는 않았기 때문에 모든 예제가 동작하리라 장담할 수는 없습니다.

파이썬 3이 파이썬의 최신 버전이기는 하지만 여전히 파이썬 2가 폭넓게 사용되고 있습니다. 아주 많은 사람들이 파이썬 3에서는 동작하지 않는 파이썬 2 코드를 작성했기 때문에 계속해서 파이썬 2를 사용 중인 회사와 사람들이 많습니다. 업데이트되지 않은 모듈도 많고, 일부 모듈은 아마 업데이트되지 않을 것입니다. 파이썬 3보다 파이썬 2에 관한 자료가 훨씬 더 많으며, 이것은 이 책에서 파이썬 2를 사용하기로 결정한 이유 중 하나이기도 합니다. 하지만 여러분이 진행하는 프로그래밍 프로젝트에서 파이썬 3을 사용해보고 싶다면 여러분에게 최고의 행운이 함께하길 바랍니다.

연습 문제 해답

부록 C에서는 각 장의 끝에 있는 '학습 내용 점검'과 '도전 과제'의 해답을 정리했습니다. 물론 답이 하나만 있는 것은 아니지만(특히 '도전 과제'의 경우에는) 여러분이 생각하는 답이 맞는지 확인할 때 여기에 있는 해답을 참고할 수 있습니다.

1장: 시작하기

학습 내용 점검

1. 윈도우에서는 시작 메뉴를 열고 Python 2.7 항목 아래에 있는 IDLE (Python GUI) 항목을 선택해서 IDLE을 시작합니다. 맥에서는 독(Dock)에 있는 IDLE을 클릭하거나(애플리케이션을 독에 추가했다면) **응용 프로그램(Application)** 폴더에 있는 Python 2.7 폴더의 IDLE.app을 더블클릭합니다. 리눅스에서는 어떤 윈도우 관리자를 사용하느냐에 따라 다르지만 보통 **응용 프로그램**이나 **프로그램** 같은 메뉴가 있습니다. 참고로 리눅스에서는 IDLE을 사용하지 않는 사람들이 많으며, 대부분 터미널에서 파이썬을 곧바로 실행하거나 vi나 이맥스(Emacs) 같은 편집기를 이용해 코드를 편집합니다.

2. print는 출력 창(첫 번째 예제에서는 IDLE 셸 창)에 텍스트를 표시합니다.

3. 파이썬에서 곱셈 기호는 *(애스터리스크 기호)입니다.

4. 프로그램을 실행하면 IDLE에 다음과 같은 줄이 표시됩니다.

   ```
   >>> ================= RESTART =================
   ```

5. 프로그램을 "실행"하는 것은 프로그램을 "작동시킨다"의 또 다른 표현입니다.

도전 과제

1. >>> print 7 * 24 * 60 (일주일은 7일이고, 하루는 24시간이며, 1시간은 60분이다).

   답으로 10,080이 나옵니다.

2. 프로그램은 다음과 같을 것입니다.

```
print "My name is Warren Sande."
print "My birth date is January 1, 1970."
print "My favorite color is blue."
```

2장: 기억하세요: 메모리와 변수

학습 내용 점검

1. 문자열을 따옴표로 감싸면 변수가 문자열임을 의미합니다.

2. 질문은 "변수에 할당된 값을 변경할 수 있습니까?"였습니다. 그것은 "변경"이 무엇을 의미하느냐에 따라 달라집니다. 만약 다음과 같이 하면

   myAge = 10

   다음과 같이 할 수 있습니다.

   myAge = 11

   myAge에 할당된 내용을 변경했습니다. myAge 태그를 다른 것으로 옮긴 것입니다. 즉, 10에서 11로 태그를 옮겼습니다. 하지만 실제로는 10에서 11로 변경한 것은 아닙니다. 즉, "변수의 값을 변경했다"라기보다는 "이름을 다른 값에 재할당했다"라거나 "변수에 새로운 값을 할당했다"라고 하는 것이 더 정확한 표현입니다.

3. 아닙니다. TEACHER는 TEACHEr와 같지 않습니다. 변수명은 대소문자를 구별하기 때문에 두 변수의 마지막 글자가 차이를 만들어냅니다.

4. 그렇습니다. 'Blah'와 "Blah"는 같습니다. 둘은 모두 문자열이며, 이 경우 파이썬은 문자열을 둘러싸고 있는 여는 따옴표와 닫는 따옴표만 맞으면 따옴표의 종류에 대해서는 신경 쓰지 않습니다.

5. 아닙니다. '4'는 4와 같지 않습니다. 첫 번째는 따옴표로 둘러싸여 있기 때문에 문자열입니다(단 한 글자만 들어있더라도). 두 번째는 숫자입니다.

6. 답은 b입니다. 2Teacher는 올바른 변수명이 아닙니다. 파이썬에서 변수명은 숫자로 시작할 수 없습니다.

7. "10"은 따옴표로 둘러싸여 있기 때문에 문자열입니다.

도전 과제

1. 인터랙티브 모드에서는 다음과 같을 것입니다.

```
>>> temperature = 25
>>> print temperature
25
```

2. 다음과 같이 하거나

```
>>> temperature = 40
>>> print temperature
40
```

혹은 다음과 같이 할 수도 있습니다.

```
>>> temperature = temperature + 15
>>> print temperature
40
```

3. 다음과 같이 할 수 있습니다.

```
>>> firstName = "Fred"
>>> print firstName
Fred
```

4. 변수를 이용할 경우 일주일은 몇 분인지 계산하는 프로그램은 다음과 같을 것입니다.

```
>>> DaysPerWeek = 7
>>> HoursPerDay = 24
>>> MinutesPerHour = 60
>>> print DaysPerWeek * HoursPerDay * MinutesPerHour
10080
```

5. 하루가 26시간이라면 어떻게 되는지 확인하기 위해 다음과 같이 할 수 있습니다.

```
>>> HoursPerDay = 26
>>> print DaysPerWeek * HoursPerDay * MinutesPerHour
10920
```

3장: 기초 수학

학습 내용 점검

1. 파이썬에서는 곱셈을 나타내는 기호로 *(애스터리스크)를 사용합니다.

2. 파이썬에서는 8 / 3 = 2입니다. 그 이유는 8과 3이 모두 정수이기 때문에 파이썬 2에서는 가장 가까운 정수로 내림 값을 구하기 때문입니다(참고로 파이썬 3에서는 답으로 2.66666666667이 나오는데, 파이썬 3에서는 정수에 대해 "정수 나눗셈"을 하지 않기 때문입니다. 파이썬 2에서는 기본적으로 정수 나눗셈을 수행합니다).

3. 나머지를 구하려면 나머지 연산자를 사용하면 됩니다: 8 % 3

4. 8 / 3의 결과를 실수로 얻고 싶다면 둘 중 하나를 실수로 변경합니다: 8.0 / 3 혹은 8 / 3.0(참고로 파이썬 3에서는 자동으로 실수 결과를 얻습니다).

5. 파이썬에서 6 * 6 * 6 * 6을 계산하는 또 다른 방법은 무엇입니까? 6 ** 4

6. 17,000,000을 E-표기법으로 나타내면 1.7e7입니다.

7. 4.56e-5는 0.0000456과 같습니다.

도전 과제

1. 다음은 이 문제를 푸는 몇 가지 방법입니다. 같은 작업을 수행하는 다른 방법을 생각해냈을 수도 있습니다.

   a) 각자 식당에서 내야 할 금액을 계산하십시오.

   ```
   >>> print 35.27 * 1.15 / 3
   >>> 13.5201666667
   ```

   결과를 반올림하면 각자 $13.52를 내야 합니다.

   b) 사각형의 넓이와 둘레를 계산하십시오.

   ```
   length = 16.7
   width = 12.5
   Perimeter = 2 * length + 2 * width
   Area = length * width
   print 'Length = ', length, ' Width = ', width
   print "Area = ", Area
   print "Perimeter = ", Perimeter
   ```

다음은 이 프로그램의 실행 결과입니다.

```
Length = 16.7 Width = 12.5
Area = 208.75
Perimeter = 58.4
```

2. 다음은 화씨에서 섭씨로 온도를 변환하는 프로그램입니다.

```
fahrenheit = 75
celsius = 5.0/9 * (fahrenheit - 32)
print "Fahrenheit = ", fahrenheit, "Celsius =", celsius
```

3. 일정한 거리를 특정 속도로 운전했을 때 걸리는 시간을 계산하십시오.

```
distance = 200
speed = 80.0
time = distance / speed
print "time =", time
```

(나눗셈을 할 때는 적어도 숫자 중 하나는 실수로 만들어야 합니다. 그렇지 않으면 계산 결과로 정수 내림값이 나옵니다).

4장: 자료형

학습 내용 점검

1. int() 함수는 항상 값을 내림합니다(다음으로 가장 작은 정수로).

2. 온도 변환 프로그램에서 다음과 같은 코드가 동작했습니까?

```
cel = float(5 / 9 * (fahr - 32))
cel = 5 / 9 * float(fahr - 32)
```

다음 코드를 실행하고 결과를 확인합니다.

```
>>> fahr = 75
>>> cel = float(5 / 9 * (fahr - 32))
>>> print cel
0.0
```

왜 코드가 제대로 동작하지 않았습니까?

괄호 안의 내용이 맨 먼저 실행된다는 점을 기억하십시오. 따라서 다음과 같은 내용이 먼저 실행된 후

```
75 - 32 = 43
```

다음 내용이 실행됩니다.

```
5 / 9 = 0
```

코드가 왼쪽에서 오른쪽으로 실행되기 때문에 5 / 9가 먼저 실행됩니다. 5와 9는 모두 정수이기 때문에 파이썬은 정수 나눗셈을 수행하고 결과를 내림합니다. 답이 1보다 작기 때문에 결과가 0으로 내림됩니다. 그런 다음 아래와 같은 코드가 실행되고

```
0 * 43 = 0
```

이어서 다음과 같이 진행됩니다.

```
float(0) = 0.0
```

float()를 실행할 때가 되면 너무 늦은 것입니다. 이미 답이 0이 된 후입니다! 같은 원리가 두 번째 공식에도 적용됩니다.

3. int()에 전달하는 숫자에 0.5를 더하는 식으로 int()가 내림하는 대신 반올림하게 만들 수 있습니다.

다음 예제를 인터랙티브 모드에서 실행해 봅시다.

```
>>> a = 13.2
>>> roundoff = int(a + 0.5)
>>> roundoff
13
>>> b = 13.7
>>> roundoff = int(b + 0.5)
>>> b
14
```

원래 숫자가 13.5보다 작을 경우 int()에는 14보다 작은 숫자가 전달되므로 13으로 내림합니다.

원래 숫자가 13.5이거나 13.5보다 크면 int()에는 14와 같거나 14보다 큰 숫자가 전달되므로 14로 반올림합니다.

도전 과제

1. float()를 이용해 문자열을 실수로 변환할 수 있습니다.

   ```
   >>> a = float('12.34')
   >>> print a
   12.34
   ```

   그런데 결과가 문자열이 아니라 숫자인지 어떻게 알 수 있을까요? 자료형을 검사해봅시다.

   ```
   >>> type(a)
   <type 'float'>
   ```

2. int()를 이용해 실수를 정수로 변환할 수 있습니다.

   ```
   >>> print int(56.78)
   56
   ```

   보다시피 답이 내림됐습니다.

3. int()를 이용해 문자열을 정수로 변환할 수 있습니다.

   ```
   >>> a = int('75')
   >>> print a
   75
   >>> type(a)
   <type 'int'>
   ```


5장: 입력

학습 내용 점검

1. 다음과 같은 코드를 이용하면

   ```
   answer = raw_input()
   ```

   사용자가 12를 입력할 경우 answer에는 문자열이 담깁니다. 그 이유는 raw_input()은 항상 문자열을 반환하기 때문입니다.

다음 프로그램을 실행해 결과를 확인해봅시다.

```
print "enter a number: ",
answer = raw_input()
print type(answer)
```

```
>>> =============== RESTART ===============
>>>
enter a number: 12
<type 'str'>
>>>
```

보다시피 raw_input()은 문자열을 반환합니다.

참고로 파이썬 3에서는 raw_input()이 단순히 input()을 호출하기만 합니다.

2. raw_input()이 프롬프트 메시지를 출력하게 하려면 다음과 같이 괄호 안에 따옴표로 감싼 텍스트를 넣으면 됩니다.

```
answer = raw_input("Type in a number: ")
```

3. raw_input()을 이용해 정수를 구하려면 int()를 이용해 raw_input()으로 얻은 문자열을 변환하면 됩니다. 이를 다음과 같이 두 단계에 걸쳐 할 수 있습니다.

```
something = raw_input()
answer = int(something)
```

아니면 다음과 같이 한 번에 할 수도 있습니다.

```
answer = int(raw_input())
```

4. 이것은 int() 대신 float()를 사용한다는 점만 빼면 앞의 질문과 굉장히 비슷합니다.

도전 과제

1. 인터랙티브 모드에서 다음과 같이 하면 됩니다.

```
>>> first = 'Warren'
>>> last = 'Sande'
>>> print first + last
WarrenSande
```

이런! 이름 사이에 공백이 없습니다. 다음과 같이 이름 끝에 공백을 추가하거나

```
>>> first = 'Warren '
```

다음과 같이 해봅시다.

```
>>> print first + ' ' + last
Warren Sande
```

혹은 다음과 같이 콤마를 써도 됩니다.

```
>>> first = 'Warren'
>>> last = 'Sande'
>>> print first, last
Warren Sande
```

2. 프로그램은 다음과 같을 것입니다.

```
first = raw_input('enter your first name: ')
last = raw_input('enter your last name: ')
print 'Hello,', first, last, 'how are you today?'
```

3. 프로그램은 다음과 같을 것입니다.

```
length = float(raw_input ('length of the room in feet: '))
width = float(raw_input ('width of the room in feet: '))
area = length * width
print 'The area is', area, 'square feet.'
```

4. 3번 문항의 프로그램에 다음과 같이 몇 줄을 추가할 수 있습니다.

```
length = float(raw_input ('length of the room in feet: '))
width = float(raw_input ('width of the room in feet: '))
cost_per_yard = float(raw_input ('cost per square yard: '))
area_feet = length * width
area_yards = area_feet / 9.0
total_cost = area_yards * cost_per_yard
print 'The area is', area_feet, 'square feet.'
print 'That is', area_yards, 'square yards.'
print 'Which will cost', total_cost
```

5. 프로그램은 다음과 같을 것입니다.

```
coins500 = int(raw_input("How many 500-won coins? "))
coins100 = int(raw_input("How many 100-won coins? "))
coins50 = int(raw_input("How many 50-won coins? "))
coins10 = int(raw_input("How many 10-won coins? "))
total = 500 * coins500 + 100 * coins100 + 50 * coins50 + 10 * coins10
print "You have a total of: ", total
```

6장: GUI: 그래픽 사용자 인터페이스

학습 내용 점검

1. EasyGui를 이용해 메시지 상자를 표시하려면 다음과 같이 msgbox()를 사용합니다.

```
easygui.msgbox("This is the answer!")
```

2. EasyGui를 이용해 문자열을 입력으로 받으려면 enterbox를 사용합니다.

3. 정수를 입력으로 받으려면 enterbox(사용자에게서 문자열을 받는)를 사용한 다음 문자열을 int로 변환하면 됩니다. 혹은 integerbox를 사용할 수도 있습니다.

4. 실수를 입력으로 받으려면 enterbox(사용자에게서 문자열을 받는)를 사용한 다음 문자열을 float() 함수를 이용해 문자열을 실수로 변환하면 됩니다.

5. 기본값은 "자동으로 입력된 값"과 같습니다. 기본값을 사용하는 예를 들어보자면 학급 내 모든 학생이 이름과 주소를 입력해야 하는 프로그램을 작성할 경우 현재 여러분이 살고 있는 도시의 이름을 주소의 기본 도시명으로 지정할 수 있습니다. 이를 통해 학생들은 다른 도시에 살고 있지 않은 이상 도시명을 입력하지 않아도 됩니다.

도전 과제

1. 다음은 EasyGui를 이용하는 온도 변환 프로그램입니다.

```
# tempgui1.py
# EasyGui 버전의 온도 변환 프로그램
# 화씨를 섭씨로 변환합니다
import easygui

easygui.msgbox('This program converts Fahrenheit to Celsius')
temperature = easygui.enterbox('Type in a temperature in Fahrenheit:')
```

```
Fahr = float(temperature)
Cel = (Fahr - 32) * 5.0 / 9
easygui.msgbox('That is ' + str(Cel) + ' degrees Celsius.')
```

2. 다음은 여러분에게 이름과 주소의 각 부분을 물어본 다음 전체 주소를 보여주는 프로그램입니다. 여기서는 강제로 줄바꿈 (newline)하는 법을 알아두면 도움이 됩니다. 줄바꿈은 이어지는 텍스트가 새로운 줄에서 시작하게 만듭니다. 줄바꿈을 위해서는 \n을 사용합니다. 줄바꿈에 대해서는 21장에서 설명하지만 여기서 미리 알아두고 넘어갑니다.

```
# address.py
# 주소의 각 부분을 입력한 후 전체 주소를 출력
import easygui
name = easygui.enterbox("What is your name?")
addr = easygui.enterbox("What is your street address?")
city = easygui.enterbox("What is your city?")
state = easygui.enterbox("What is your state or province?")
code = easygui.enterbox("What is your postal code or zip code?")

whole_addr = name + "\n" + addr + "\n" + city + ", " + state + "\n" + code

easygui.msgbox(whole_addr, "Here is your address:")
```

7장: 판단과 결정

학습 내용 점검

1. 출력 결과는 다음과 같습니다.

   ```
   Under 20
   ```

   왜냐하면 my_number가 20보다 작아서 if 문의 검사 결과가 true가 되어 if 다음에 오는 블록(이 경우에는 한 줄짜리 코드)이 실행되기 때문입니다.

2. 출력 결과는 다음과 같습니다.

   ```
   20 or over
   ```

   왜냐하면 my_number가 20보다 커서 if 문의 검사 결과가 false가 되어 if 다음에 오는 블록(이 경우에는 한 줄짜리 코드)이 실행되지 않기 때문입니다. 그 대신 else 블록에 있는 코드가 실행됩니다.

3. 어떤 숫자가 30보다 크지만 40보다 작거나 같은지 검사하려면 다음과 같은 코드를 작성하면 됩니다.

```
if number > 30 and number <= 40:
    print 'The number is between 30 and 40'
```

혹은 다음과 같이 할 수도 있습니다.

```
if 30 < number <= 40:
    print "The number is between 30 and 40"
```

4. 어떤 글자가 대소문자와 상관없이 Q인지 확인하려면 다음과 같은 코드를 작성하면 됩니다.

```
if answer == 'Q' or answer == 'q':
    print "you typed a 'Q' "
```

참고로 여기서 출력한 문자열에서는 큰따옴표를 사용하고 문자열 안에서 Q를 작은따옴표로 감싸고 있습니다. 따옴표를 출력하고 싶은 경우 문자열을 감싸는 따옴표와 다른 종류의 따옴표를 사용하면 됩니다.

도전 과제

1. 다음은 가능한 해답 중 하나입니다.

```
# 할인율을 계산하는 프로그램
# 10만원 이하이면 10% 할인, 10만원 초과는 20% 할인
item_price = float(raw_input ('enter the price of the item: '))
if item_price <= 10.0:
    discount = item_price * 0.10
else:
    discount = item_price * 0.20
final_price = item_price - discount
print 'You got ', discount, 'off, so your final price was', final_price
```

이 예제에서는 소수점 둘째 자리로 반올림하는 것과 원화 기호를 출력하는 것에 대해서는 고려하지 않았습니다.

2. 다음은 가능한 해답 중 하나입니다.

```python
# 축구 선수의 나이와 성별을 확인하는 프로그램
# 10~12살 범위의 소녀만 받아들인다
gender = raw_input("Are you male or female? ('m' or 'f') ")
if gender == 'f':
    age = int(raw_input('What is your age? '))
    if age >= 10 and age <= 12:
        print 'You can play on the team'
    else:
        print 'You are not the right age.'
else:
    print 'Only girls are allowed on this team.'
```

3. 다음은 가능한 해답 중 하나입니다.

```python
# 연료가 필요한지 확인하는 프로그램
# 다음 주유소는 200km 거리에 있다
tank_size = int(raw_input('How big is your tank (liters)? '))
full = int(raw_input ('How full is your tank (eg. 50 for half full)?'))
mileage = int(raw_input ('What is your gas mileage (km per liter)? '))
range = tank_size * (full / 100.0) * mileage
print 'You can go another', range, 'km.'
print 'The next gas station is 200km away.'
if range <= 200:
    print 'GET GAS NOW!'
else:
    print 'You can wait for the next station.'
```

5리터의 비상 연료를 추가하려면 다음 코드를

```python
range = tank_size * (full / 100.0) * mileage
```

아래와 같이 변경합니다.

```python
range = (tank_size - 5) * (full / 100.0) * mileage
```

4. 다음은 간단한 암호 프로그램입니다.

```
password = "bigsecret"
guess = raw_input("Enter your password: ")
if guess == password:
    print "Password correct. Welcome"
    # 프로그램 코드의 나머지 부분
else:
    print "Password incorrect. Goodbye"
```

8장: 반복문

학습 내용 점검

1. 반복문은 5번 실행됩니다.

2. 반복문은 3번 실행되고 값은 다음과 같습니다: i = 1, i = 3, i = 5

3. range(1, 8)의 결과는 [1, 2, 3, 4, 5, 6, 7]입니다.

4. range(8)의 결과는 [0, 1, 2, 3, 4, 5, 6, 7]입니다.

5. range(2, 9, 2)의 결과는 [2, 4, 6, 8]입니다.

6. range(10, 0, -2)의 결과는 [10, 8, 6, 4, 2]입니다.

7. continue를 사용하면 현재 반복을 중단하고 다음 반복으로 건너뜁니다.

8. while 반복문은 검사 조건이 false이면 끝납니다.

도전 과제

1. 다음은 for 반복문을 이용해 사용자가 선택한 구구단을 출력하는 프로그램입니다.

```
# 10까지 구구단을 출력하는 프로그램
number = int(raw_input('Which table would you like? '))
print 'Here is your table:'
for i in range(1, 11):
    print number, 'x', i, '=', number * i
```

2. 다음은 while 반복문을 이용해 1번 문항과 같은 구구단을 출력하는 프로그램입니다.

```
# while 문을 이용해 구구단을 출력하는 프로그램
number = int(raw_input('Which table would you like? '))
print 'Here is your table:'
i = 1
while i <= 10:
    print number, 'times', i, '=', number * i
    i = i + 1
```

3. 다음은 사용자가 정의한 범위의 구구단을 출력하는 프로그램입니다.

```
# 구구단을 출력하는 프로그램
# 사용자가 얼마까지 곱할지 입력한다
number = int(raw_input('Which table would you like? '))
limit = int(raw_input('How high would you like it to go? '))
print 'Here is your table:'
for i in range(1, limit + 1):
    print number, 'times', i, '=', number * i
```

참고로 for 문에서는 range() 함수의 두 번째 내용으로 숫자가 아닌 변수를 지정했습니다. 이 부분에 대해서는 11장에서 더 자세히 배웁니다.

9장: 주석

도전 과제

1. 다음은 온도 변환 프로그램에 추가할 만한 주석의 예입니다.

```
# tempconv1.py
# 화씨에서 섭씨로 온도를 변환하는 프로그램
Fahr = 75
Cel = (Fahr - 32) * 5.0 / 9  # 정수 나눗셈이 아닌 실수 나눗셈
print "Fahrenheit = ", Fahr, "Celsius = ", Cel
```

10장: 게임할 시간

도전 과제

1. 프로그램을 입력한 후 실행해봤습니까? 그래픽 이미지를 프로그램과 같은 폴더에 넣는 것을 잊지 마십시오.

11장: 중첩 반복문과 가변 반복문

학습 내용 점검

1. 파이썬에서는 다음과 같이 range( ) 함수에 변수를 집어넣어 가변 반복문을 만들 수 있습니다.

    ```
    for i in range(numberOfLoops)
    ```

    또는

    ```
    for i in range(1, someNumber)
    ```

2. 중첩 반복문을 만들려면 다음과 같이 반복문을 다른 반복문의 본문에 넣으면 됩니다.

    ```
    for i in range(5):
        for j in range(8):
            print "hi",
        print
    ```

    이 코드는 "hi"를 한 줄에 8번 출력하고(안쪽 반복문), 이러한 줄을 5번 출력합니다(바깥쪽 반복문).

3. 15개의 별표가 출력됩니다.

4. 코드의 출력 결과는 다음과 같습니다.

    ```
    * * *
    * * *
    * * *
    * * *
    * * *
    ```

5. 4단계의 의사결정 트리의 경우 2**4, 즉 2 * 2 * 2가지의 가능한 선택이 있으므로 총 16개의 가능한 선택이 있습니다. 즉, 트리를 지나가는 16개의 경로가 있습니다.

도전 과제

1. 다음은 사용자의 입력을 받는 카운트다운 프로그램입니다.

```python
# 카운트다운 타이머가 사용자에게 몇 초 동안 카운트다운할지 묻습니다
import time
start = int(raw_input("Countdown timer: How many seconds? ", ))
for i in range (start, 0, -1):
    print i
    time.sleep(1)
print "BLAST OFF!"
```

2. 다음은 각 숫자 옆에 별표를 출력하는 프로그램입니다.

```python
# 카운트다운 타이머가 사용자에게 몇 초 동안 카운트다운할지 묻고
# 각 숫자 옆에 별표를 출력합니다

import time
start = int(raw_input("Countdown timer: How many seconds? ", ))
for i in range (start, 0, -1):
    print i,
    for star in range(i):
        print '*',
    print
    time.sleep(1)
print "BLAST OFF!"
```

12장: 함께 모으기: 리스트와 딕셔너리

학습 내용 점검

1. append(), insert(), extend()를 이용해 리스트에 항목을 추가할 수 있습니다.

2. remove(), pop(), del을 이용해 리스트에서 항목을 제거할 수 있습니다.

3. 리스트의 정렬된 사본을 구하려면 다음과 같이 할 수 있습니다.

   - new_list = my_list[:]와 같이 자르기를 이용해 리스트의 사본을 만듭니다. 그런 다음 new_list.sort()로 새 리스트를 정렬합니다.

   - sorted() 함수를 이용합니다: new_list = sorted(my_list)

4. `in` 키워드를 이용하면 리스트에 특정 값이 있는지 확인할 수 있습니다.

5. `index()` 메서드를 이용하면 리스트에 들어있는 값의 위치를 확인할 수 있습니다.

6. 튜플은 리스트와 비슷하지만 변경할 수 없는 컬렉션입니다. 튜플은 변경 불가능하며, 리스트는 변경 가능합니다.

7. 몇 가지 방법을 통해 리스트의 리스트를 만들 수 있습니다.

   - 중첩 대괄호를 이용하는 방법

   ```
   >>> my_list = [[1, 2, 3], ['a', 'b',
   'c'], ['red', 'green', 'blue']]
   ```

   - `append()`를 이용해 리스트를 추가하는 방법

   ```
   >>> my_list = []
   >>> my_list.append([1, 2, 3])
   >>> my_list.append(['a', 'b', 'c'])
   >>> my_list.append(['red', 'green', 'blue'])
   >>> print my_list
   [[1, 2, 3], ['a', 'b', 'c'], ['red', 'green', 'blue']]
   ```

   - 개별 리스트를 만든 다음 하나로 합치는 방법

   ```
   >>> list1 = [1, 2, 3]
   >>> list2 = ['a', 'b', 'c']
   >>> list3 = ['red', 'green', 'blue']
   >>> my_list = [list1, list2, list3]
   >>> print my_list
   [[1, 2, 3], ['a', 'b', 'c'], ['red', 'green', 'blue']]
   ```

8. 두 개의 인덱스를 이용하면 리스트의 리스트에서 값을 가져올 수 있습니다.

   ```
   my_list = [[1, 2, 3], ['a', 'b', 'c'], ['red', 'green', 'blue']]
   my_color = my_list[2][1]
   ```

   이 코드의 실행 결과는 `'green'`입니다.

9. 딕셔너리는 키–값 쌍의 컬렉션입니다.

10. 딕셔너리에는 키와 값을 지정해 항목을 추가할 수 있습니다.

    ```
    phone_numbers['John'] = '555-1234'
    ```

11. 키를 이용해 딕셔너리에 들어있는 항목을 찾으려면 인덱스를 사용하면 됩니다.

```
print phone_numbers['John']
```

도전 과제

1. 다음은 5개의 이름을 받아 리스트에 넣은 다음 그것들을 출력하는 프로그램입니다.

```
nameList = []
print "Enter 5 names (press the Enter key after each name):"
for i in range(5):
    name = raw_input()
    nameList.append(name)


print "The names are:", nameList
```

2. 다음은 원본 리스트와 정렬된 리스트를 출력하는 프로그램입니다.

```
nameList = []
print "Enter 5 names (press the Enter key after each name):"
for i in range(5):
    name = raw_input()
    nameList.append(name)


print "The names are:", nameList
print "The sorted names are:", sorted(nameList)
```

3. 다음은 리스트에서 세 번째 이름만 출력하는 프로그램입니다.

```
nameList = []
print "Enter 5 names (press the Enter key after each name):"
for i in range(5):
    name = raw_input()
    nameList.append(name)


print "The third name is:", nameList[2]
```

4. 다음은 사용자가 리스트에 들어있는 이름을 대체할 수 있는 프로그램입니다.

```
nameList = []
print "Enter 5 names (press the Enter key after each name):"
for i in range(5):
    name = raw_input()
    nameList.append(name)
print "The names are:", nameList
print "Replace one name. Which one? (1-5):",
replace = int(raw_input())
new = raw_input("New name: ")
nameList[replace - 1] = new
print "The names are:", nameList
```

5. 다음은 사용자가 단어와 정의로 구성된 사전을 만들 수 있는 프로그램입니다.

```
user_dictionary = {}
while 1:
    command = raw_input("'a' to add word, 'l' to lookup a word, 'q' to quit ")

    if command == "a":
        word = raw_input("Type the word: ")
        definition = raw_input("Type the definition: ")
        user_dictionary[word] = definition
        print "Word added!"

    elif command == "l":
        word = raw_input("Type the word: ")
        if word in user_dictionary.keys():
            print user_dictionary[word]
        else:
            print "That word isn't in the dictionary yet."

    elif command == 'q':
        break
```

13장: 함수

학습 내용 점검

1. def 키워드를 이용해 함수를 만듭니다.

2. 함수의 이름과 괄호를 사용해 함수를 호출합니다.

3. 함수를 호출할 때 괄호 안에 인자를 넣어 함수에 인자를 전달합니다.

4. 함수가 받을 수 있는 인자의 개수에는 제한이 없습니다.

5. 함수는 return 키워드를 이용해 호출자에게 정보를 돌려줍니다.

6. 함수가 실행을 마치면 지역 변수는 파괴됩니다.

도전 과제

1. 함수를 여러 개의 print 문으로 구성할 수 있습니다.

```
def printMyNameBig():
    print " CCCC      A      RRRRR  TTTTTTT EEEEEE RRRRR  "
    print " C    C   A A     R    R    T    E      R    R "
    print "C        A   A    R    R    T    EEEE   R    R "
    print "C       AAAAAAA   RRRRR     T    E      RRRRR  "
    print " C    C A     A   R    R    T    E      R    R "
    print " CCCC A       A   R    R    T    EEEEEE R     R"
```

이 함수를 호출하는 프로그램은 다음과 같이 작성할 수 있습니다.

```
for i in range(5):
    printMyNameBig()
```

2. 다음은 7개의 인자를 받는 주소 출력 예제입니다.

```
# 7개의 인자를 받는 함수를 정의
def printAddr(name, num, street, city, prov, pcode, country):
    print name
    print num,
    print street
    print city,
    if prov !="":
        print ", "+prov
    else:
```

```
        print ""
    print pcode
    print country
    print

    # 함수를 호출하고 7개의 인자를 전달
    printAddr("Sam", "45", "Main St.", "Ottawa", "ON", "K2M 2E9", "Canada")
    printAddr("Jian", "64", "2nd Ave.", "Hong Kong", "", "235643", "China")
```

3. 정답이 없습니다. 한 번 해보기 바랍니다.

4. 잔돈을 합산하는 함수는 다음과 같습니다.

```
def addUpChange(coins500, coins100, coins50, coins10):
    total = 500 * coins500 + 100 * coins100 + 50 * coins50 + 10 * coins10
    return total
```

이 함수를 호출하는 프로그램은 다음과 같습니다.

```
coins500 = int(raw_input("How many 500-won coins?: "))
coins100 = int(raw_input("How many 100-won coins?: "))
coins50 = int(raw_input("How many 50-won coins?: "))
coins10 = int(raw_input("How many 10-won coins?: "))

total = addUpChange(coins500, coins100, coins50, coins10)

print "You have a total of: ", total
```

14장: 객체

학습 내용 점검

1. 새 객체 유형을 정의하려면 class 키워드를 사용합니다.

2. 속성은 객체에 관해 "알고 있는 사항"을 가리킵니다. 속성은 객체에 담긴 변수에 해당합니다.

3. 메서드는 객체에 대해 할 수 있는 동작에 해당합니다. 메서드는 객체에 담긴 함수에 해당합니다.

4. 클래스는 객체의 정의 또는 설계도입니다. 인스턴스는 설계도로부터 객체를 만들 때 얻게 되는 것입니다.

5. self라는 이름은 보통 객체 메서드에서 인스턴스 참조로 사용됩니다.

6. 다형성은 서로 다른 객체에 대해 이름이 같은 두 개 이상의 메서드를 둘 수 있는 것을 의미합니다. 메서드가 어느 객체에 속해 있느냐에 따라 각 메서드가 서로 다른 방식으로 동작할 수 있습니다.

7. 상속은 객체가 "부모"로부터 속성과 메서드를 물려받을 수 있는 것을 의미합니다. "자식" 클래스(하위 클래스나 파생 클래스 라고 합니다)는 부모의 속성과 메서드를 모두 받을 수 있고 부모와 공유하지 않는 속성과 메서드도 포함할 수 있습니다.

도전 과제

1. 은행 계좌에 대한 클래스는 다음과 같습니다.

```python
class BankAccount:
    def __init__(self, acct_number, acct_name):
        self.acct_number = acct_number
        self.acct_name = acct_name
        self.balance = 0.0

    def displayBalance(self):
        print "The account balance is:", self.balance

    def deposit(self, amount):
        self.balance = self.balance + amount
        print "You deposited", amount
        print "The new balance is:", self.balance

    def withdraw(self, amount):
        if self.balance >= amount:
            self.balance = self.balance - amount
            print "You withdrew", amount
            print "The new balance is:", self.balance
        else:
            print "You tried to withdraw", amount
            print "The account balance is:", self.balance
            print "Withdrawal denied. Not enough funds."
```

그리고 다음은 이 클래스를 검사해 제대로 동작하는지 확인하는 코드입니다.

```
myAccount = BankAccount(234567, "Warren Sande")
print "Account name:", myAccount.acct_name
print "Account number:", myAccount.acct_number
myAccount.displayBalance()

myAccount.deposit(34.52)
myAccount.withdraw(12.25)
myAccount.withdraw(30.18)
```

2. 이자계정을 만들려면 BankAccount의 하위 클래스를 만든 다음 이자를 더하는 메서드를 만듭니다.

```
class InterestAccount(BankAccount):
    def __init__(self, acct_number, acct_name, rate):
        BankAccount.__init__(self, acct_number, acct_name)
        self.rate = rate

    def addInterest (self):
        interest = self.balance * self.rate
        print "adding interest to the account,", self.rate * 100, "percent"
        self.deposit (interest)
```

다음은 이 클래스를 검사하는 코드입니다.

```
myAccount = InterestAccount(234567, "Warren Sande", 0.11)
print "Account name:", myAccount.acct_name
print "Account number:", myAccount.acct_number
myAccount.displayBalance()
myAccount.deposit(34.52)
myAccount.addInterest()
```

15장: 모듈

학습 내용 점검

1. 모듈을 사용할 때의 장점은 다음과 같습니다.

   ■ 코드를 한 번 작성한 다음 여러 프로그램에서 사용할 수 있습니다.

   ■ 다른 사람이 작성해둔 모듈을 사용할 수 있습니다.

   ■ 코드 파일을 더 작게 만들어 코드에서 원하는 내용을 더 쉽게 찾을 수 있습니다.

   ■ 작업을 수행하는 데 필요한 부분(모듈)만 사용할 수 있습니다.

2. 파이썬 코드를 작성한 다음 그것을 파일로 저장하는 식으로 모듈을 만들 수 있습니다.

3. 모듈을 사용하고 싶을 경우 import 키워드를 사용합니다.

4. 모듈을 가져오는 것은 이름공간을 가져오는 것과 같습니다.

5. time 모듈을 가져와 해당 모듈 내의 모든 이름에 접근하는 두 가지 방법은 다음과 같습니다.

   ```
   import time
   ```

   또는

   ```
   from time import *
   ```

도전 과제

1. 모듈을 작성하려면 "큰 글씨" 함수에 대한 코드를 파일(bigname.py 같은)에 넣기만 하면 됩니다. 그런 다음 모듈을 가져와 함수를 호출하려면 다음과 같이 하면 됩니다.

   ```
   import bigname
   bigname.printMyNameBig()
   ```

   또는 다음과 같이 할 수도 있습니다.

   ```
   from bigname import *
   printMyNameBig()
   ```

2. c_to_f()를 주 프로그램의 이름공간으로 가져오려면 다음과 같이 하거나

   ```
   from my_module import c_to_f
   ```

또는 다음과 같이 할 수도 있습니다.

```
from my_module import *
```

3. 1~20 범위의 무작위 정수를 5개 출력하는 프로그램은 다음과 같습니다.

```
import random
for i in range(5):
    print random.randint(1, 20)
```

4. 무작위 실수를 3초마다 30초 동안 출력하는 프로그램은 다음과 같습니다.

```
import random, time
for i in range(10):
    print random.random()
    time.sleep(3)
```

16장: 그래픽

학습 내용 점검

1. RGB 값 [255, 255, 255]는 흰색을 만들어냅니다.

2. RGB 값 [0, 255, 0]은 녹색을 만들어냅니다.

3. 사각형을 그리려면 파이게임 메서드인 `pygame.draw.rect()`를 사용합니다.

4. 여러 개의 점을 잇는 선을 그리려면 `pygame.draw.lines()` 메서드를 사용합니다.

5. 픽셀이라는 용어는 "picture element"를 줄인 말이며, 화면(또는 종이)상의 한 점을 의미합니다.

6. 파이게임 창에서 [0, 0] 위치는 좌측 상단 모서리에 해당합니다.

7. 다이어그램에서 [50, 200]은 글자 B에 해당합니다.

8. 다이어그램에서 [300, 50]은 글자 D에 해당합니다.

9. `blit()` 메서드는 파이게임에서 이미지를 복사하는 데 사용됩니다.

10. 이미지를 이동하거나 애니메이션을 적용하려면 다음과 같은 두 단계를 이용합니다.

   - 이전 위치에 있던 이미지를 삭제합니다.

   - 새 위치에 이미지를 그립니다.

도전 과제

1. 다음은 화면에 몇 가지 도형을 그리는 프로그램입니다. 이 프로그램을 \answers 폴더의 IO_CH16_1.py나 웹 사이트에서도 확인할 수 있습니다.

```python
import pygame, sys
pygame.init()
screen=pygame.display.set_mode((640, 480))
screen.fill((250, 120, 0))
pygame.draw.arc(screen, (255, 255, 0), pygame.rect.Rect(43, 368, 277, 235), -6.25, 0, 15)
pygame.draw.rect(screen, (255, 0, 0), pygame.rect.Rect(334, 191, 190, 290))
pygame.draw.rect(screen, (128, 64, 0), pygame.rect.Rect(391, 349, 76, 132))
pygame.draw.line(screen, (0, 255, 0), (268, 259), (438, 84), 25)
pygame.draw.line(screen, (0, 255, 0), (578, 259), (438, 84), 25)
pygame.draw.circle(screen, (0, 0, 0), (452, 409), 11, 2)
pygame.draw.polygon(screen, (0, 0, 255), [(39, 39), (44, 136), (59, 136),
    (60, 102), (92, 102), (94, 131), (107, 141), (111, 50), (97, 50), (93, 86),
    (60, 82), (58, 38)], 5)
pygame.draw.rect(screen, (0, 0, 255), pygame.rect.Rect(143, 90, 23, 63), 5)
pygame.draw.circle(screen, (0, 0, 255), (153, 60), 15, 5)
clock = pygame.time.Clock()
pygame.display.flip()

running = True
while running:
    clock.tick(60)
    for event in pygame.event.get():
        if event.type == pygame.QUIT:
            running = False
        elif event.type == pygame.KEYDOWN and event.key == pygame.K_ESCAPE:
            running = False
pygame.quit()
```

2. 비치볼 이미지를 다른 이미지로 변경하려면 다음 코드에 있는 파일명을

```python
my_ball = pygame.image.load('beach_ball.png')
```

다른 이미지의 파일명으로 바꾸면 됩니다.

3. 예제 16.16에서 다음 코드를

```
x_speed = 10
y_speed = 10
```

다음과 같이 다른 내용으로 변경합니다.

```
x_speed = 20
y_speed = 8
```

4. 공이 "보이지 않는" 벽에서 튕기게 만들려면 예제 16.16에 있는 다음과 같은 코드를

```
if x > screen.get_width() - 90 or x < 0:
```

다음 코드로 변경합니다.

```
if x > screen.get_width() - 250 or x < 0:
```

이렇게 하면 공이 창의 가장자리에 닿기 전에 반대 방향으로 튕깁니다. y축의 "바닥"에 대해서도 같은 작업을 수행합니다.

5. 다음은 예제 16.6에서 `display.flip` 메서드를 `for` 반복문 안으로 옮기고 지연 시간을 추가한 코드입니다.

```
import pygame, sys, random
pygame.init()
screen = pygame.display.set_mode([640,480])
screen.fill([255, 255, 255])
for i in range (100):
    width = random.randint(0, 250)
    height = random.randint(0, 100)
    top = random.randint(0, 400)
    left = random.randint(0, 500)
    pygame.draw.rect(screen, [0,0,0], [left, top, width, height], 1)
    pygame.display.flip()
    pygame.time.delay(30)
```

프로그램을 실행하면 사각형이 제각기 나타나게 되는데, 그 이유는 프로그램의 실행 속도를 늦추고 각 사각형이 그려진 후 화면을 갱신하기 때문입니다. 이를 사인 곡선을 그리는 프로그램에 적용하면 사인 곡선을 구성하는 각 점이 그려지는 모습을 볼 수 있습니다.

17장: 스프라이트와 충돌 검사

학습 내용 점검

1. 사각 영역 충돌 감지란 객체 주위를 둘러싸고 있는 사각 영역을 이용해 두 그래픽 객체가 닿거나 겹쳤을 때를 감지하는 것을 의미합니다.

2. 픽셀 단위 충돌 감지란 그래픽 객체의 외곽선을 이용해 충돌 감지를 수행하는 것입니다. 사각 영역 충돌 감지에서는 객체를 둘러싸고 있는 사각 영역을 이용해 충돌 여부를 판단합니다. 픽셀 단위 충돌 감지는 더 정확하고 현실적이지만 더 많은 코드를 실행해야 해서 속도가 좀 더 느립니다.

3. 일반 파이썬 리스트나 파이게임 스프라이트 그룹을 이용해 여러 개의 스프라이트 객체를 함께 관리할 수 있습니다.

4. 각 프레임 사이에 지연 시간을 더하거나 `pygame.time.Clock`을 이용해 특정 프레임률을 지정하는 식으로 코드상에서 애니메이션 속도(프레임률)를 조절할 수 있습니다. 그뿐만 아니라 각 프레임에서 객체가 얼마만큼 이동할지(픽셀 수) 변경할 수도 있습니다.

5. 지연 메서드를 이용하는 것은 정확도가 조금 떨어지는데, 각 프레임마다 코드 자체를 실행하는 데 걸리는 시간을 고려하지 않기 때문에 정확한 프레임률을 알 수가 없습니다.

6. `pygame.time.Clock.get_fps()`를 이용하면 현재 실행 중인 프로그램의 프레임률을 확인할 수 있습니다.

18장: 새로운 종류의 입력: 이벤트

학습 내용 점검

1. 프로그램이 응답할 수 있는 두 종류의 이벤트는 키보드 이벤트와 마우스 이벤트입니다.

2. 이벤트를 처리하는 코드를 이벤트 처리자라고 합니다.

3. 파이게임에서는 `KEYDOWN` 이벤트를 이용해 키 누름을 감지합니다.

4. `pos` 속성을 통해 이벤트가 발생했을 때의 마우스의 위치를 알 수 있습니다.

5. `pygame.USEREVENT`를 통해 사용자 입력에 대한 이벤트 번호를 확인할 수 있습니다.

6. 타이머를 만들려면 `pygame.time.set_timer()`를 사용합니다.

7. 파이게임 창에서 텍스트를 표시하려면 `font` 객체를 사용합니다.

8. 다음은 글꼴 객체를 사용하기 위한 3단계입니다.

   - 글꼴 객체를 생성합니다.

   - 표면을 만들고 텍스트를 렌더링합니다.

   - 이 표면을 화면 표면으로 블릿합니다.

도전 과제

1. 공이 위가 아닌 패들의 옆에 닿았을 때 이상하게 동작하는 이유는 무엇일까요? 그 이유는 충돌이 발생했을 때 코드에서는 공의 y 방향(아래가 아닌 위로 가게 만드는)을 반대로 만들기 때문입니다. 그런데 공은 옆에서 오고 있기 때문에 여전히 패들과 "충돌"하게 되고, 이것은 방향을 반대로 바꾼 후에도 마찬가지입니다. 반복문의 다음번 반복(한 프레임 뒤에)에도 다시 방향을 반대로 바꾸기 때문에 다시 밑으로 내려가고, 같은 현상이 반복됩니다. 이 문제를 해결하는 간단한 방법은 공이 패들과 충돌했을 때 항상 "위로"(음수 y-속도) 올라가도록 설정하는 것입니다. 이 경우 공이 패들의 옆에 맞아도 공이 위로 튕겨 올라가기 때문에(그다지 현실적이지 않습니다!) 완벽한 해법은 아닙니다. 하지만 공이 패들 주위로 튕기는 문제는 해결됩니다. 더 현실적인 해법이 필요하다면 코드를 좀 더 작성해야 합니다. 즉, 공이 "튕기기" 전에 패들의 어느 가장자리와 충돌했는지 검사하는 코드를 보강해야 할 것입니다.

2. 프로그램에 무작위성을 추가하는 코드의 예를 웹사이트에 있는 **TIO_CH18_2.py**에서 확인할 수 있습니다.

19장: 사운드

학습 내용 점검

1. 사운드를 저장하는 데 사용되는 파일의 형식으로는 웨이브(.wav), MP3(.mp3), 오그 보비스(.ogg), 윈도우 미디어 오디오(.wma)가 있습니다.

2. 음악을 재생하는 데는 `pygame.mixer` 모듈이 사용됩니다.

3. 각 사운드 객체의 `set_volume()` 메서드를 이용해 파이게임 사운드 객체의 볼륨을 설정합니다.

4. `pygame.mixer.music.set_volume()`을 이용해 배경 음악의 볼륨을 설정할 수 있습니다.

5. 음악이 서서히 사라지게 만들려면 `pygame.mixer.music.fadeout()` 메서드를 사용합니다. 인자로 음악이 서서히 사라지는 시간을 밀리초(1000분의 1초) 단위로 설정합니다. 예를 들어, `pygame.mixer.music.fadeout(2000)`으로 지정하면 2초에 걸쳐 사운드가 서서히 사라질 것입니다.

도전 과제

1. 사운드가 추가된 숫자 알아맞히기 프로그램의 코드는 웹사이트에 있는 **TIO_CH19_1.py**에서 확인할 수 있습니다.

20장: GUI 더 알아보기

학습 내용 점검

1. GUI의 세 가지 그래픽 요소의 이름은 **컨트롤**(control), **위젯**(widget), **컴포넌트**(component)입니다.

2. 메뉴로 들어가기 위해 누르는 키(Alt 키와 함께)를 단축키(hot key 또는 shortcut)라고 합니다.

3. Qt 디자이너 파일의 이름은 .ui로 끝나야 합니다.

4. PyQt를 이용해 GUI에 넣을 수 있는 컴포넌트의 종류로는 버튼, 체크박스, 진행표시줄, 리스트, 라디오 버튼, 스핀 박스, 슬라이더, 텍스트 필드, 이미지, 라벨 등이 있습니다. 전체 목록을 확인하려면 Qt 디자이너에서 **위젯 상자**(Widget Box)를 살펴보십시오.

5. 위젯이 어떤 동작을 수행하게 하려면 이벤트 처리자가 있어야 합니다.

6. Qt 디자이너에서 핫키를 정의하는 데는 &(앰퍼샌드)가 사용됩니다.

7. Qt 디자이너에서 스핀 박스의 내용은 항상 정수입니다.

도전 과제

1. Qt 디자이너를 이용한 숫자 알아맞히기 게임은 웹사이트에서 TIO_CH20_1.py와 TIO_CH20_1.ui라는 이름으로 확인할 수 있습니다.

2. 스피너 문제를 해결하려면 먼저 Qt 디자이너에서 스핀 박스 위젯을 선택합니다. **속성 편집기**에서 minimum 속성과 maximum 속성을 변경합니다. minimum 속성은 -1000과 같은 값으로 설정하고, maximum 속성은 1000000과 같이 아주 큰 값으로 설정합니다.

21장: 출력 서식 지정과 문자열

학습 내용 점검

1. 두 개의 분리된 print 문이 있고 내용을 한 줄로 출력하고 싶다면 다음과 같이 첫 번째 print 문의 끝에 콤마를 두면 됩니다.

```
print "What is",
print "your name?"
```

2. 뭔가를 출력할 때 빈 줄을 넣고 싶다면 다음과 같이 아무 내용도 출력하지 않는 print 문을 추가하거나

```
print "Hello"
print
print
print
print "World"
```

다음과 같이 줄바꿈 문자(\n)를 출력하면 됩니다.

```
print "Hello\n\n\nWorld"
```

3. 출력 결과를 열에 맞춰 표시하려면 탭 문자(\t)를 사용하면 됩니다.

4. 숫자를 E-표기법으로 출력하려면 다음과 같이 서식 문자열(%e나 %E)을 사용합니다.

```
>>> number = 12.3456
>>> print '%e' % number
1.234560e+001
```

도전 과제

1. 프로그램은 다음과 같습니다.

```
name = raw_input("What is your name? ")
age = int(raw_input("How old are you? "))
color = raw_input("What is your favorite color? ")

print "Your name is", name,
print "you are", age, "years old,",
print "and you like the color", color
```

2. 탭을 이용해 시간표를 열에 맞춰 출력하는 코드는 다음과 같습니다.

```
for looper in range(1, 11):
    print looper, "\ttimes 8 =\t", looper * 8
```

보다시피 time이라는 단어 앞과 = 기호 뒤에 \t가 들어가 있습니다.

3. 다음은 분모가 8인 분수를 출력하는 프로그램입니다.

```
for i in range(1, 9):
    fraction = i / 8.0
    print str(i) + '/8 = %.3f' % fraction
```

첫 번째 부분인 print str(i) + '/8 =에서는 분수를 출력합니다. 마지막 부분인 %.3f' % fraction에서는 소수점 자릿수가 3자리인 실수를 출력합니다.

22장: 파일 입출력

학습 내용 점검

1. 파이썬에서 파일을 다루는 데 사용되는 객체를 **파일 객체**(file object)라 합니다.

2. 파이썬에 내장된 함수인 open( ) 함수를 이용하면 파일 객체를 생성할 수 있습니다.

3. **파일명**(filename)은 디스크(또는 USB 같은 다른 저장소)에 파일을 저장하는 데 사용되는 이름입니다. **파일 객체**는 파이썬에서 파일을 다루는 데 사용되는 것이며, 파일 객체의 이름은 디스크상의 파일명과 같지 않아도 됩니다.

4. 프로그램이 파일을 읽거나 쓰는 것을 완료하면 프로그램에서는 해당 파일을 닫아야 합니다.

5. 파일을 추가 모드로 열고 파일에 내용을 기록하면 기록한 정보는 파일 끝에 추가됩니다.

6. 파일을 쓰기 모드로 연 다음 파일에 내용을 기록하면 파일에 들어있었던 내용은 모두 사라지고 새 데이터로 대체됩니다.

7. 읽은 지점을 처음으로 되돌리려면 다음과 같이 seek( ) 메서드에 0을 지정하면 됩니다.

   myFile.seek(0)

8. pickle을 이용해 파이썬 객체를 파일에 저장하려면 pickle.dump( ) 메서드를 사용하며, 이때 다음과 같이 저장하고 싶은 객체와 파일명을 dump( ) 메서드에 전달합니다.

   pickle.dump(myObject, "my_pickle_file.pkl")

9. 피클 파일로부터 객체를 언피클링, 즉 다시 가져오려면 pickle.load( ) 메서드를 사용하며, 이때 다음과 같이 피클 파일을 인자로 전달합니다.

   myObject = pickle.load("my_pickle_file.pkl")

도전 과제

1. 다음은 괴상한 문장을 만들어내는 간단한 프로그램입니다.

   ```
   import random

   noun_file = open("nouns.txt", 'r')
   nouns = noun_file.readline()
   noun_list = nouns.split(',')
   noun_file.close()

   adj_file = open("adjectives.txt", 'r')
   adjectives = adj_file.readline()
   ```

```
adj_list = adjectives.split(',')
adj_file.close()

verb_file = open("verbs.txt", 'r')
verbs = verb_file.readline()
verb_list = verbs.split(',')
verb_file.close()

adverb_file = open("adverbs.txt", 'r')
adverbs = adverb_file.readline()
adverb_list = adverbs.split(',')
adverb_file.close()

noun = random.choice(noun_list)
adj = random.choice(adj_list)
verb = random.choice(verb_list)
adverb = random.choice(adverb_list)

print"The", adj, noun, verb, adverb + '.'
```

단어 파일은 콤마로 분리된 단어 목록으로 구성돼 있어야 합니다.

2. 다음은 텍스트 파일에 데이터를 저장하는 프로그램입니다.

```
name = raw_input("Enter your name: ")
age = raw_input("Enter your age: ")
color = raw_input("Enter your favorite color: ")
food = raw_input("Enter your favorite food: ")

my_data = open("my_data_file.txt", 'w')
my_data.write(name + "\n")
my_data.write(age + "\n")
my_data.write(color + "\n")
my_data.write(food)

my_data.close()
```

3. 다음은 pickle 모듈을 이용해 데이터를 저장하는 프로그램입니다.

```
import pickle

name = raw_input("Enter your name: ")
age = raw_input("Enter your age: ")
color = raw_input("Enter your favorite color: ")
food = raw_input("Enter your favorite food: ")

my_list = [name, age, color, food]

pickle_file = open("my_pickle_file.pkl", 'w')
pickle.dump(my_list, pickle_file)

pickle_file.close()
```

23장: 기회를 잡아라: 무작위성

학습 내용 점검

1. 무작위 이벤트란 어떤 결과가 나타날지 미리 알 수 없는 사건을 의미합니다. 무작위 이벤트의 두 가지 예로 동전 던지기(앞면이 나올지 뒷면이 나올지 알 수 없습니다)와 주사위 쌍을 굴리는 것(주사위에 어떤 숫자가 나올지 알 수 없습니다)이 있습니다.

2. 11면 주사위를 굴리는 것은 6면 주사위 두 개를 굴리는 것과 다른데, 11면 주사위의 경우 2~12 범위에 해당하는 숫자가 나올 확률이 모두 동일하기 때문입니다. 반면 6면 주사위의 경우 특정 숫자(두 주사위의 합계)가 다른 숫자에 비해 나올 확률이 더 높습니다.

3. 다음은 파이썬에서 주사위 굴리기를 흉내 내는 두 가지 방법입니다.

```
import random
sides = [1, 2, 3, 4, 5, 6]
die_1 = random.choice(sides)
```

혹은

```
import random
die_1 = random.randint(1, 6)
```

4. 카드 한 장을 나타내기 위해 객체를 사용했습니다.

5. 카드 패를 나타내기 위해 리스트를 사용했습니다. 리스트의 각 항목은 카드 한 장(객체)이었습니다.

6. 카드 패 또는 손에 있는 카드를 제거하기 위해 `deck.remove()` 또는 `hand.remove()`와 같이 리스트를 대상으로 `remove()` 메서드를 사용했습니다.

도전 과제

1. 직접 프로그램을 실행해 보고 결과를 확인합니다.

24장: 컴퓨터 시뮬레이션

1. 컴퓨터 시뮬레이션은 다양한 이유로 사용됩니다.

   - 비용을 절약하기 위해: 현실 세계에서 하려면 비용이 많이 드는 실험을 하는 경우

   - 사람이나 장비를 보호하기 위해: 현실 세계에서 하려면 아주 위험한 경우

   - 현실 세계에서는 불가능한 것들을 시도해보기 위해: 달에 커다란 행성을 충돌시키는 것과 같은 실험을 수행하는 경우

   - 시간이 흘러가는 속도를 높이기 위해: 현실 세계에 비해 실험을 더 빨리 진행시켜야 하는 경우. 빙하가 녹는 것과 같이 시간이 아주 오래 걸리는 현상을 연구하는 데 적합합니다.

   - 시간이 흘러가는 속도를 늦추기 위해: 현실 세계에 비해 실험을 더 느리게 진행시켜야 하는 경우. 전자가 이동하는 것과 같이 아주 빠르게 일어나는 현상을 연구하는 데 적합합니다.

2. 생각할 수 있는 어떤 종류의 컴퓨터 시뮬레이션도 나열할 수 있습니다. 여기에는 게임, 수학, 과학 프로그램, 심지어 날씨 예측(컴퓨터 시뮬레이션으로 만들어지는)과 같은 것도 포함될 수 있습니다.

3. `timedelta` 객체는 두 날짜나 시간 사이의 차이를 저장하는 데 사용됩니다.

도전 과제

이번 절의 프로그램은 이 책에 싣기에 상당히 깁니다. 각 프로그램을 웹 사이트에서 모두 확인할 수 있습니다.

1. TIO_CH24_1.py: 궤도 이탈을 검사하는 달 착륙선

2. TIO_CH24_2.py: 다시 시작하는 메뉴가 포함된 달 착륙선

3. TIO_CH24_3.py: 잠시 멈춤(Pause) 버튼이 포함된 가상 애완동물 GUI

26장: 파이썬 전투

도전 과제

1. 다음은 CircleAI를 물리치는 기초적인 로봇입니다.

```python
class AI:
    def __init__(self):
        self.isFirstTurn = True
    def turn(self):
        if self.isFirstTurn:
            self.robot.turnLeft()
            self.isFirstTurn = False
        elif self.robot.lookInFront() == "bot":
            self.robot.attack()
        else:
            self.robot.doNothing()
```

이 로봇의 전략은 CircleAI가 주위에 올 때까지 기다렸다가 CircleAI가 가까이에 붙었을 때 공격합니다. 이 로봇은 CircleAI의 동작 방식을 참고해서 만들었고 다른 로봇은 이기지 못할 것입니다. 26장에서 언급한 바와 같이 전투할 때마다, 심지어 상대가 어떤 로봇인지도 알 수 없는 상태에서도 이기는 로봇을 만들기란 아주 아주 어려울 것입니다.

ㄱ - ㄷ